JN199909

中央大学社会科学研究所研究叢書……38

“臨場・臨床の智”の工房

国境島嶼と都市公営団地のコミュニティ研究

新　原　道　信　編著

中央大学出版部

“臨場・臨床の智”の工房

国境島嶼と都市公営団地のコミュニティ研究

Laboratory for "Living Knowledge"

—— Community Studies in the Border Islands and the Urban Public Housing

Bottega per "cumscientia ex klinikós"

—— Studi sulle comunità nelle isole di confine e all' edilizia popolare

献　辞

考えるとは，その生を最大限生かし生ききること，
存在と契り続けることだと教えてくださった
真下信一先生とその友愛への勇気に捧ぐ

まえがき

本書は，中央大学社会科学研究所の研究チーム「惑星社会と臨場・臨床の智」（2016年度から2018年度）の研究成果である。また，新原道信が研究代表者として取得した研究助成金——中央大学特定課題研究費「惑星社会の『限界を受け容れる自由』に関するリフレクシヴな比較調査研究」（2016年度）と「“社会文化的な島々”から見た〈基地〉の“比較学”」（2018年度），前川財団家庭教育研究助成金「大学の『第三の使命（コミュニティを基盤とした調査と教育の試み）』に関するイタリアとの共同研究」（2016年度），「大学と地域の協業による立川・砂川地区『子どもプロジェクト』の試みに関するイタリアとの共同研究」（2017年度），「“社会の子どもたち”が巣立つ共創・共成コミュニティに関するイタリアとの共同研究」（2018年度），科学研究費・基盤研究B海外学術調査「“惑星社会”の問題に応答する“未発の社会運動”に関するイタリアとの比較調査研究」（2015年度から2018年度）によって実施した調査研究活動の成果も含まれている。そしてまた本書は，編者の長年の共同研究者であるイタリアの社会学者A. メルッチ（Alberto Melucci）とA. メルレル（Alberto Merler）との間で積み上げてきた社会学的探求の一環である。

調査研究チームを代表して　　新 原 道 信

目　　次

第2章　イタリアの “国境地域／境界領域” から惑星社会を見る
──ランペドゥーザとサンタ・マリア・ディ・ピサの “臨場・臨床の智” ──

新原道信

第Ⅱ部　都市公営団地をめぐるフィールドワーク／デイリーワーク

第Ⅲ部 乱反射する生身のリフレクション

第７章　「同時代のこと」に応答する“臨場・臨床の智”
——かたちを変えつつうごいていく
“智”の工房——

新原道信

序 章
何をめざし，何を試みたのか
——惑星社会と“臨場・臨床の智”——

新 原 道 信

私は学校卒業証書や肩書きで生活しない。私は私自身を作り出したので，私一個人は私のみである。私は自身を作り出さんとこれまで日夜苦心したのである。されば私は私自身で生き，私のシムボルは私である。のみならず，私の学問も私の学問である。そして私の学問は妻と共にし，子供たちとともにした。これがため長男龍雄を巴里で失った。かくして私は自ら生き，またこれからもこれで生きんと思う。かの聖人の言に「朝(あした)に道を聞いて夕(ゆうべ)に死すとも可なり」とある。私は道学者ではないが，この言は私の最も好む所で，街の学者として甘んじている。

鳥居龍蔵『ある老学徒の手記』（鳥居 2013［1953］：467-468）より

1．はじめに——対位的な“臨場・臨床の智”

本書は，中央大学社会科学研究所の共同研究チーム「惑星社会と臨場・臨床の智」（2016～2018年度）の研究活動に基づいている。「惑星社会」チームは，社会的痛苦の縮減を可能とする“生存の場としての地域社会の共創（Co-creating Regions and Communities for Sustainable Ways of Being)”を長期目標としている。本研究チームは，イタリアの社会学者 A. メルッチ（Alberto Melucci）が提唱する“惑星社会（planetary society)”論[1]を現代社会認識の基点とし，そこに生ずる社会問題に応答することをめざしている。惑星社会論は，システム化・ネットワーク化の可能性に注目するグローバル社会論に対して，自然や資源の有限性，極度にシステム化した社会の統治性の限界に着目する現代社会論であり，同時代認識である。

これまで，“惑星社会の諸問題を引き受け／応答する（responding for/to the multiple problems in the planetary society）”ための“臨場・臨床の智（cumscientia ex klinikós, living knowledge）”を探求するべく〈調査研究／教育／大学と地域の協業〉を行ってきた。この試みの“土台・足場（base）”であり“基点／起点（anchor points）”となっていたのが，“臨場・臨床の智”の工房である。

本書では，〈よりゆっくりと，やわらかく，深く，耳をすましてきき，勇気をもって，たすけあう（lentius, suavius, profundius, audire, audere, adiuvare）〉——“たった一人で異郷／異教／異境の地に降り立ち”，“ともに（共に／伴って／友として）創ることを始め”，“複数の目で見て複数の声を聴き，複数のやり方で書いていく”——というかたち（form）ですすめてきた協業の試みをふりかえり，今後の方向性を確認する。

本書に先立つ『“境界領域”のフィールドワーク——惑星社会の諸問題に応答するために』（新原 2014a）においては，〈エピステモロジー／メソドロジー／メソッズ／データ〉のとりまとめと，“惑星社会のフィールドワーク（Exploring the Planetary Society, Esplorando la società planetaria）”の成果を提示した。続いて，『うごきの場に居合わせる——公営団地におけるリフレクシヴな調査研究』（新原 2016a）においては，“コミュニティを基盤とする参与的調査研究（Community-Based Participatory Research（CBPR））”[2]と“療法的でリフレクシヴな調査研究（Therapeutic and Reflexive Research（T&R））”[3]の組み合わせによるコミュニティでのフィールドワーク／デイリーワークの成果をとりまとめた。本書はこれらの共同研究による著作の続編となっている[4]。本書は，二つの前著とつながる点も多く，議論を展開するなかで，頻繁に前著に遡及することをご海容いただけたら幸いである（またもし，前著もご笑覧いただけるなら，出会ったひとたち，今はなきひとたちにとっても本望である）。

「工房（laboratorio/bottega）」という活動形態とその特徴は，初期シカゴ学派からの水脈である「社会的発明」と，ブラジル・イタリアからの流れである「社会のオペレーター」に由来している。日本とイタリアで，同時並行的にそれぞれのフィールドと深くかかわる〈調査研究／教育／大学と地域の協業〉を行い，研究交流と比較を持続的に行ってきた。そこでは，フィールドに内在する“臨場・臨床の智”を“探究／探求”するために，当事者集団が持つ「組成（人的な結びつきの在り方や，内面崩壊や形骸化を防ぎ世代継承をしていくための仕組み）」と，調査研究者側の「組成（composition）」を，〈合わせ鏡〉のかたちとする努力を続けた。しかしこの試みは，後述するように，繰り返し，内面崩壊，形骸化の危機に直面した。

本書は，「後から来るひとたち」が〈調査研究／教育／大学と地域の協業〉を“ともに（共に／伴って／友として）創ることを始める”ための参考資料の提供を眼目としている。“臨場・臨床の智”の工房の展開についてふりかえることを通じて，惑星社会が抱えるジレンマと限界を凝視し，しかしながらそのような場所において見出すべき“多系／多茎の可能性（le vie possibili verso i vari sistemi, the possible routes to the various systems）”を模索したいと考えている。

第Ⅰ部では，“惑星社会のフィールドワーク”の試みが紹介されている。一見，「遠き」“端／果て”にあると思われていることや場所に足を延ばし，“生身の現実（cruda realtà, crude reality）”に手持ちのわずかな道具で応答しようとするひとたちと出会う。

第Ⅱ部では，一見，「近く」にあるが，視野の“端／果て”に置かれた問題に応答するコミュニティでのフィールドワーク／デイリーワークについて紹介する。前著『うごきの場に居合わせる』（新原 2016a）では，1990年代から2000年代前半にかけて10年ほどの間，持続的にかかわり続けた「湘南団地」における〈調査研究／教育／大学と地域の協業〉についてとりまとめた。本書は，これに続いて，2012年以降に立川・砂川地区で着手した「立川プロジェクト」の試みの始動から展開過程についての「中間報告」を行う[5)]。

第Ⅰ部と第Ⅱ部は，「遠く／近く」という対比であると読まれる可能性もあるが，いま私たちは，「遠い／近い」と分けられない惑星社会を生きている。惑星社会においては，「遠い／近い」「マクロ／ミクロ」「グローバル／ローカル」は，再帰的に循環し，衝突・混交・混成・重合を常態としている。二項対立の思考態度（mind-set）に縛られている私たちの認識や知覚の在り方（ways of being）を流動化させることなく，この現に起こりつつある現代的／現在的な社会現象を把握することは出来ない。そのためには，対位的な“うごき”が必要となる。しかも，「断言」的にそう言い放つだけでなく，デイリーワークとして自ら“[何かを] 始める（beginning to）”ことをやり続けるしかないと，私たちは考えた[6)]。

ここから，本書の副題を「国境島嶼と都市公営団地のコミュニティ研究」とした。第Ⅰ部では，“国境地域／境界領域（borderland, frontier/liminal territories)”——“端／果て”とされてきた国境島嶼（border island）の“社会文化的な島々”と都市の内なる“社会文化的な島々”に赴き，“臨場・臨床の智”に出会う。第Ⅱ部では，“臨場・臨床の智”（に気づく智を磨くため）の工房をつくる。ここでは，コミュニティ研究をしつつも，その研究をする「調査者のコミュニティ」についてのリフレクションも内包している。

前任校の横浜市立大学時代以降の調査研究グループやゼミナール，すなわち自らの調査研究「コミュニティ」の活動・関係性そのものを「剔（えぐ）り」「撃ち抜く」かたちで，各種のリフレクションを行った（すべて記録を遺しているが公表が難しい性質の内容となっている)。とりわけ，形骸化から内面崩壊への時期においては，「分析と記録の嵐はなぜ始まり，どのようにして立ち消えたのか」「ひとはいかなる条件下で分析しがちであるか」「いかなる状況のもとで分析をなすべきか（ひとはいかなる時に枠組みそのものを考えざるを得ないか）を「問いかけ」，満身創痍とならぬものは誰一人いなかった。

それゆえ，本研究は，〈合わせ鏡〉のコミュニティが乱反射するかたちで双方とも“かたちを変えつつうごいていく（changing form)”地域コミュニティと調査者「コミュニティ」の関係性の研究となっている。このように，“臨場・臨床的な在り方（ways of being involved in the crude reality)”で，「新たな問い」を発見していくための試行となっているのが，第Ⅰ部と第Ⅱ部である。

第Ⅲ部では，惑星規模の臨機応変な“うごき”と，一つの場所に長くかかわり，その場のうごきに“居合わせ（being involved with the field）”続けることで，かなり後から遅れてやって来る“乱反射する生身のリフレクション（dissonant crude reflection, riflessione disfonica cruda）”について紹介する[7)]。とりわけ，『うごきの場に居合わせる』（新原 2016a）の続編として書かれた第6章は，「調査者／当事者」という関係性の“メタモルフォーゼ（changing form / metamorfosi）”を体言している。第7章は，「（限界状況のなかでの）工房」の水脈について遡及しつつ，現在そして未来を照射する試みを行っている。

“臨場・臨床の智”の工房を“土台・足場（base）”かつ“基点／起点（anchor points）”とする「一期一会」（第Ⅰ部）と「持続」（第Ⅱ部）のフィールドワークの組み合わせにより，具体／メタレベルの双方で，個々人の“拘束と絆（servitude humana, human bondage）”[8)]が串刺しになるかたちで，多在かつ多面的に，他端／多端へと，その“根（radice）”を伸ばしていくことを，企図している。

最後に，本書も含めて「3.11以降」の共同著作は，いずれも特定の二者の「間」の“毛細管現象／胎動／交感”から来る“うごき”の産物である。メルレルとの間で，メルッチ夫妻との間で，これまでの歩みをともにした若いフィールドワーカー，学生たち，フィールドで出会い，「盟約」を切り結んだひとたち，それぞれとの「間」に在る。

それは，鶴見良行が愛した「マングローブの根」のごとき“転成／転生”を様態とする。すなわち，「地上の草や木々は，一見かなり離れているようにみえても，互いの地中の根は，遠方まで伸び，もつれてからまりあっている。マングローブの根は，単にからまりあっているだけでなく，地表すれすれに伸びていく水中根の部分とそこから地上へと突き出し伸びている気根（呼吸根）の部分とが同時に在る。『気根（呼吸根）』というのは，いわば，水面下の根系から境界をこえ，大気の世界へとやってきた『肺魚』のような存在だ。われわれはついつい，根もまた主たる根から傍流の根へと分岐する構造を持っていると考えてしまうのだが，実際のマングローブの根は，同時に多在かつ多面的で，かつ他端／多端へとのびていく存在」（新原 2007a：252-253）である。

〈合わせ鏡〉の「工房」でもフィールドでも，何よりも大切にしたのは，以下のような“願望と企図”である。すなわち「草木を『移植』するときは，微細な根は切り落とされる。草をどんなに根絶しようとしても，除草剤などを使って土壌そのものを『絶命』させない限りは，側根や根系やひげ根，不定根，さらには，個々の根の端の根毛や根冠などが地中に残る。その塵芥，魑魅魍魎（ちみもうりょう），残滓をかきあつめて，まぜこぜにしていくと，どうなるだろう。きっとその，地中に残され，生きのびてしまった個々の根の端の根毛や根冠から，ずれて，はみ出し，染みだす，閉じない循環の構造を持つ“思行（臨場・臨床の智）”をなす“詩草”は生まれるのだろうと考えた。……側根や根系やひげ根，不定根，さらには，個々の根の端の根毛や根冠などの『がらくた市』，自分の意志や論理だけでは動いていかない，もつれてからまりあった“根”であればと考えた」（ibid.：253）。

本書は，本章冒頭エピグラフの鳥居龍蔵による「私のみ／ともに」という対位的な言葉にあるように，「間」から生まれる“臨場・臨床の智”，後から来るひとたちの“メタモルフォーゼ（changing form, metamorfosi）”の“多系／多茎の可能性（le vie possibili verso i vari sistemi, the possible routes to the various systems）”に賭けた「工房」の話である。

2．“生存の場としての地域社会”の受難と廃棄[9]

極限状況を超えて光芒を放つ人間の美しさと，企業の論理とやらに寄生する者との，あざやかな対比をわたくしたちはみることができるのである。……意識の故郷であれ，実在の故郷であれ，今日この国の棄民政策の刻印を受けて潜在スクラップ化している部分を持たない都市，農漁村があるであろうか。このようなネガを風土の水に漬けながら，**心情の出郷**を遂げざるを得なかった者たちにとって，故郷とはもはやあの，出奔した切ない未来である。地方を出てゆく者と**居ながらにして出郷を遂げざるを得ない者**との等距離に身を置きあうことができればわたくしたちは故郷を再び媒介にして，民衆の心情とともに，おぼろげな抽象世界である未来を共有できそうにおもう。その密度の中に彼らの唄があり，私たちの詩（ポエム）もあろうというものだ。そこで私たちの作業を記録主義とよぶことにする……と私は現代の記録を出すについて書いている。

石牟礼道子『苦海浄土』「あとがき」（石牟礼 2004［1969］：359-360）より[10)]

惑星社会は，様々な背景（roots and routes）を持った“受難者／受難民（homines patientes）”を生み出し続けている。水俣にはいま私たちが直面している「地球全体の問題の核がある」とした石牟礼道子は，「この国の棄民政策の刻印を受けて潜在スクラップ化している」都市と地域，そこに／そこから離れて暮らす「出郷者」を語った。「（故郷という）出奔した切ない未来」にむけての声なき声を描き遺した石牟礼の言葉，言い換えれば，水俣からの“惑星社会の問題”への「問いかけ」は，〈存在〉としては，惑星社会を生きる私たちすべてにとっての“わがこと（my cause）”とならざるを得ない。にもかかわらず〈意識〉のレベルでは“ひとごと（not my cause）”である，いや，出来ればそう（“ひとごと”）であってほしいとなる“無関心（mancanza d'interesse/lack of interest, distacco/detachment, estraneo/extraneous）”のメカニズムを理解することが課題となる。

地域社会は“根こそぎ（uprooting/eradication, sradicamento/eliminazione）”に破壊され，「自分の背骨が折られていく」[11)]という思いで，そこから／そこで「出郷」したひとたちが，うめき声をあげ，声を押し殺しつつ暮らしている。恣意的な境界線が引かれ／分断され／除外され，「ここに居る」（最首悟）[12)]しかないひとたちが，「心情の出郷」と「居ながらにして出郷を遂げざるを得ない者」となっている。

そして，水俣の有機水銀のみならず放射能汚染物質，PCB 他，各種の化合物，さらにプラスチックもまた，「廃棄物」となった後も，大気圏に，大地に，水系に，「異物」として滞留し続ける。生態系の循環のもとで，風に運ばれ，雨や雪に付着して，私たちのもと，大地のもとにやって来る。天然の鮎やヤマメ，日本の農山村を豊かな恵みで満たした川や土は，「異物」の受け皿へとその姿を変え，やがて私たちの身体にも蓄積されていき，予測困難な「劇的な収支決算」

を，これから生まれ来る世代にもたらし続ける。土地がこわれ，過去の記憶や資産，仕事や暮らしから切り離され，「未来」は不透明であるにもかかわらず，「開発・成長」という枠組みの範囲内での「問題解決」の施策は，「過去の成功への『過剰適応』」「パターン化された『模範解答』」[13] に縛られている。

ここには，「政府主導の開発・成長」という中央集権システムのなかで繰り返されてきた「中心—周辺」の構造，上野英信が追いかけ，掘り続けようとした「棄民／棄国」[14] の問題ともつながってくる。すなわち，地方の廃棄，不採算部門の廃棄，価値の廃棄，自然・地域・価値・願望，何よりも人間そのものの“廃棄（dump［ing］）” [15] の問題である。

本研究チームのいま一つの同時代認識の背骨となっているのは，イタリアからブラジル，そしてアフリカを経て，地中海に活動の舞台を移した社会学者A. メルレルの“島嶼社会論（teoria dell'insularità）”——ひとの移動と衝突・混交・混成・重合によって変化し続ける社会のうごきを，“社会文化的な島々（isole socio-culturali）”というメタファーによってとらえる社会理論である [16]。

メルレルは，イタリアから南米への移民の動態を研究し，ひとの移動について，「移動はまたある所与の状況の外に出ること（emigrare）であるのと同時に，新たな状況へと入り込むこと（immigrare）であるが，それは，度重なる多方向への旅（帰還し，再び旅立ち，再び入植し，複数の場所の間で，一定期間をおいて繰り返し移動しつづけること）を繰り返すという〈ひとつの再帰的な旅〉をしつづける状態を意味する。この観点からするなら，たまたまあるものが特定の土地に留まり『定住している』という現象は，この循環し再帰し多系的に展開していく旅の一場面を見ているということになるだろう」（Merler 2004 = 2006：63-64）と述べた。

前著『うごきの場に居合わせる』（新原 2016a）の舞台となった湘南団地では，元三池炭鉱労組の活動家とブラジルから「帰国」し，工場で働く“受難者／受難民の子どもたち”が，同じ団地の住民として暮らしていた。メルレルの言葉を借りれば，ひとつの団地の中に，複数の“社会文化的な島々”が存在し，その背後には，幾重の〈再帰的な旅〉が伏流していることになる。いままさに不可逆的な現象として起こっているヨーロッパやアメリカにおける“受難者／受難民”そして“受難者／受難民の孫たち”の増大は，「征服」「植民」「棄民」などと結びついていた再帰的な運動である[17]。そしてまた，「廃棄物」の〈再帰的な旅〉は，生物の身体に，深い影響を与えていく。放射能，各種の化合物，プラスチックなどが，生体に与える影響に関する「実験」[18]もまた，現在進行形で続いている。

「限界状況（Grenzsituation）」は，ナチスの時代を生きたドイツの哲学者カール・ヤスパースの言葉である。死，病，痛苦，紛争，罪責，偶然など，膨大な時間とエネルギーを費やして人類がつくりあげてきた「日常」を粉砕してしまうような「限界状況」から，私たちは逃れることは出来ない。それでもなお，もし，石牟礼が“出会って”いたような，「極限状況を超えて光芒を放つ人間の美しさ」，言い換えるならば，“臨場・臨床の智”が立ち上がる瞬間や場が在るのだとしたら，それはいかなる条件のもとで起こるのか。「その密度の中に『彼らの唄』があり，私たちの詩(ポエム)もあ」るような，願望としての「切ない未来」であるところの「自分のまち」，すなわち，“生存の場としての地域社会”への可能性をどこに見出すのか。

メルッチは，「私たちは，まさにはじめて本当の意味で人類史の岐路に立っています」（Melucci 2000a = 2001：2-3）と言った。この“見知らぬ明日（unfathomed future, domani sconosciuto）”を生きる私たちを根深く貫いている“無関心／関心の欠落／没参加”のもとで，それだからこそ，なおのこと，“臨場・臨床的な在り方（ways of being involved in the crude reality）”が重要となって来る。ここでは，以下のような「問いかけ」を自らを課しつつ，さらに考察をすすめることとしたい。

いまもなお，これからもずっと，放射能を含んだ水が流され続けているこの時代に，なぜ私たちは，自分の身体の問題でもある“惑星社会の諸問題”を意識できないのか？

受難，死，喪失，廃棄，社会的痛苦を「おわったこと，なかったこと」にする力に取り囲まれつつも，いかにして，“無関心”“関心の欠落”“故意の近

視眼”“選択的盲目”から“ぶれてはみ出す”のか？

3．“惑星社会”のジレンマと“臨場・臨床の智”

本調査研究チーム，とりわけ新原は，イタリアの社会学者A. メルッチ（Alberto Melucci），A. メルレル（Alberto Merler）との協業を通じて，〈惑星社会の諸問題を引き受け／応答する臨場・臨床の智〉を身体化するための試みを積み重ねてきた。惑星社会の構造と動態，そこから生じる諸問題は必ずしも「明晰」「判明」ではない。惑星社会は，きわめて“複合・重合”的な「ひとつのまとまり」を持った有機体として形成されており，問題は複雑さや微細さとともに立ち現れる。グローバリゼーションによって「外部」（あるいは（「植民」の対象となるはずの）「フロンティア」「荒野」）は消失し，また，線形に予測される未来も失われ，私たちが思っていたほど，「グローバル社会」は広くも無限でもない。「それは，外部の環境および私たちの社会生活そのものに介入していく力によって，完全に相互に結合していく社会であるが，しかし依然として，そのような介入の手が届かない本来の生息地である惑星としての地球（the planet Earth）に拘束されているような社会でもある。社会的行為のためのグローバルなフィールドとその物理的な限界という，惑星としての地球の二重の関係は，私たちがそこで私的生活を営む“惑星社会（the planetary society）”を規定している」（Melucci 1996 = 2008：3）。

メルッチは，ミラノ大学において，個々人あるいは集団が結ばれ／切り離される社会的プロセスのなかでも，とりわけ意味が形成されるプロセスに着目して社会現象をとらえる「文化的プロセスの社会学（Sociologia dei processi culturali, Sociology of Cultural Processes）」を講じていた。なぜなら彼は，「より目に見えやすい集合的な出来事」のみならず，病や死など，個々人にとっての「センセーショナルな出来事」も含めて，「日常生活における数々の体験」「諸関係の微細な網の目」のなかで創り出されている社会文化的プロセスをとらえたいと考えていたからである。

人々の情緒や情動的な体験は，「集合的な出来事」や社会的な「大変動」とは切り離され，「単なる断片」とされてしまいがちである。しかしその，見えにくい「諸関係の微細な網の目」は，「より目に見えやすい」「センセーショナルな出来事を解き放つ」社会文化的プロセスとして“衝突・混交・混成・重合の歩み（percorso composito）”を続けている。ある特定の「出来事」の背後には，“未発の状態（stato nascente, nascent state）”[19]とでも呼ぶべきものが，「伏流水」のように存在している。

この観点から見た場合，日本社会とそこに生きる私たちの“状況と条件”は，「震災，津波，原発事故」で変わってしまったのではない。多重で多層かつ多面的な問題は，「3.11 以前」にも“未発の状態”で客観的現実のなかにすでに存在し，「3.11」はその問題が顕在化する契機となったに過ぎない。ごくふつうの生活者が，実にたやすく，ある日突然，“受難者／受難民（homines patientes）”となる。震災や水害の「被災者」となり，「病者」とされ，戦場となり，汚染された土地からの強制退去者や避難者となり，放射能汚染に曝される。

惑星社会において，ひとたびこの“地域社会／地域／地（region and community/territory/terra）”[20]の許容範囲を超えた資源の採掘や汚染が起これば，たやすく「自家中毒」を起こし，“生存”の基盤が脅かされる。“惑星社会”は，すべてがローカルな運命共同体，逃げていく場所のないテリトリー（領域・圏）として存立している。想像したり把握したりすることが困難な“惑星社会”への洞察が，倫理的のみならず論理的必然となった社会を私たちは生きている。他方で，（研究者も含めた）個々人の「条件」としては，その全景を見ることは難しく，想像力の限界にふれるような問題である“惑星社会の諸問題”が発生するメカニズムを把握することは，きわめて困難なものとなっている。

では「流動」や「無形」「不定形」，「水面下」「不可視」のプロセス，微細に，秘めやかに，個々人の奥深いところで潜在し，すでに在る現実の中に，生起し続けている社会文化的プロセスをどうとらえるのか。“未発の状態”で伏流している問題を根本的にとらえなおすための理論・調査法はいかなるものか，潜在的な“受難者／受難民”でもある「惑星社会の住民（the planet Man）」は，いか

図序-1 “地域社会／地域／地”の図

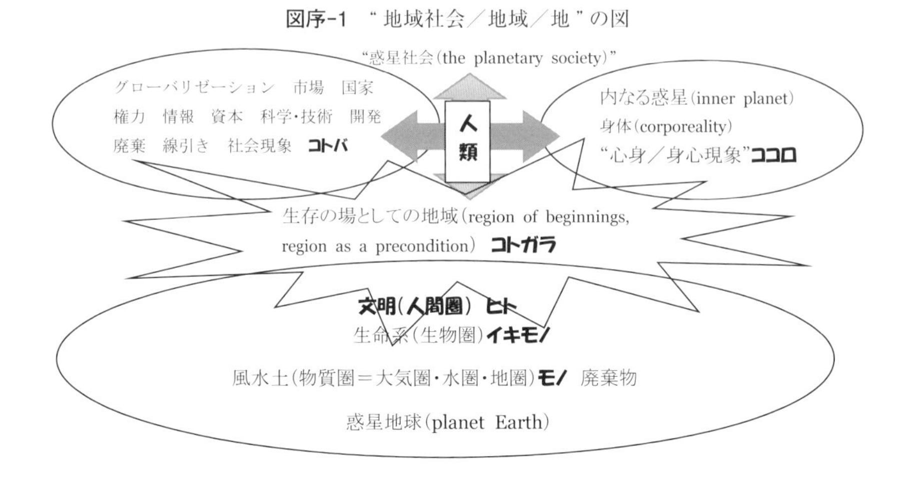

なる関係性を取り結んでいくのか――すべてにおいて「新たな問い」の立て方が求められている。

(1)　惑星社会のジレンマへの「新たな問い」[21)]

メルッチは，惑星社会が抱える諸問題に対峙しようとするときの「ジレンマ」についての根本問題を，隠蔽のメカニズムにあるとした[22)]。すなわち，解決不能な問題であるにもかかわらず，「両極に対立するものからどちらか一方を選択せよというありえない要求を私たちに突きつけてくる」ことで，「決定それ自体の足下にあるジレンマを巧妙に回避し，それを否認して隠蔽する」というメカニズムである（Melucci 1996 = 2008：174）。

“故意の近視眼（intentional myopia, miopia intenzionale）”と“選択的盲目(bendarsi gli occhi)”――意図的に目を閉ざし生身の現実に対して心に壁をつくる性向，「絶えざる意思決定」という「対処」によってジレンマを「回避・否認・隠蔽」しようとする思考態度（mind-set）が根深く存在している。

〈顕在化し可視的なものとしてとらえうる「出来事」の水面下に潜在しつつ流動し変化し蓄積されている状態とその社会文化的プロセス〉という，測定あるいは把捉の困難・限界を抱える対象に対して，［理解を］始める（beginning to）ためには，異なる境界線の引き方，補助線の引き方，「新たな問い」を提示することでメタモルフォーゼを誘発する必要がある。

そのためには，「予め答えが含まれているような問題解決（problem-solving）」だけでなく，「新たな問いを立てること（formulat*ing* new question）」，そして，「問いのレベルにおけるフィールドを常に再構築すること（restructuring of the field at the level of interrogation）」が現在最も求められている（Melucci 1996 = 2008：196）。

ここで-*ing* 形で示される「新たな問い」は，「解決（solution）」への道筋が「予め含まれている」ものではない。むしろ，枠組みそのものへの「問い」を発することによって，既存の「問題解決」のフィールドを一度は突き崩し再構造化することを求める。しかもそのやり方は，メタレベルのコミュニケーションという「（深層からの）問いかけ」，すなわち思考の枠組みを異とする他者との「間で（inter）」問いを発する（rogare）という不協の多声（polifonia disfonica）の構造を持っている。手元に蓄積された知慧（sapienza）や智恵（saperi）を尊重しつつも，これまでの「知」の枠組みを一度は手放すことを恐れずに，「（「問題解決」だけではない）新たな問い」を発するという在り方である[23]。

すなわち，「たとえ劇的な解決の見通しがたたないものであったとしても，この時代の重大なジレンマと対峙するような新しい視角」（Melucci 1996 = 2008：173）をもたらす潜在的な“うごき”に着目し，根本的な問いかけをし直す，し続けることが学問の使命となる。「こんにち必要なのは，問題のなかに予め答えが含まれているような問題解決だけではなく，新たな問いを立てること」を可能とするような“智”，「リスクを受け容れ，規定できないものを甘受し，既に知られ，分類され，決定されていたかに見えるものを，一時保留にすることを厭わないような能力」（ibid.: 196）に裏付けられた学問である。

⑵　“生身の現実”に開かれた“臨場・臨床の智”

メルレルとメルッチによれば，可変的で複合的・重合的な「現実」を把握するためには，構造分析を可能とするような社会科学的な概念とは別に，“生身の現実”の“うごき（nascent processes, processi nascenti）”に応じて，かたちを変えつつうごいていくような「開かれた理論（teoria disponibile）」が必要となる。この新たな学の“基点／起点”となり得るものは，個々人の“複合的身体”の内面，すなわち，意識されないがゆえに語られない，あるいはうっすらとは意識されてはいるのだが言語化するには至っていなくて語れない，不可視でなおかつ微視的な痛み／傷み／悼み”[24] に向き合う“臨場／臨床の智（cumscientia ex klinikós）”である。“臨床・臨場の智”は，二人のイタリア人社会学者A. メルレル（Alberto Merler），A. メルッチ（Alberto Melucci），それぞれとの“対話的なエラボレイション（練成　coelaborazione, elaborazione dialogante）”を結晶化させた言葉である。

“臨場”は，「解決」の方向性を提示したり出来なくとも，準備は不十分であったとしても，その臨場の場に引き込まれ，巻き込まれる（being involved with the field）ようにして“居合わせる（being there by accident at the nascent moments in which critical events take place）”力である。これが，「同時代のこと」に臨むという能動の側面から見ているのだとしたら，“臨床”は，受動のなかの能動，たとえば筆舌に尽くしがたい痛苦を持って生きるひとが持つ受苦の力である。ことに臨むにあたって，“臨場”のみならず，“臨床”すなわち“床に臨む”としたのは，たとえば身近な他者が大病となり，どんなふうに声をかけたらいいのかわからない，しかし気持ちだけでも寄り添い，少しでも「相手のこと」を理解したい，痛みを分有したいといったときに求められる力も含まれている。

そして，ここでの「他者の病」とは，人間のみならず，社会や地球の病であったりする。さらには，この場では，意図的選択的に「臨む」ばかりでなく，気がついたら「臨んでしまっていた（引き込まれ，巻き込まれた）」というような，鳴動，つらなりが，能動／受動といった「区分」をこえて起こっている。

“智”という漢語に対応するラテン語系のcumscientiaという造語は，cum（いっしょに），scientia（“識る＝scire”こと）という組み立てとなっている。“智（cumscientia）”とは，日々の仕事や暮らしのなかで培われた個々の“智恵（saperi）”と，それらが結びつけられて，一つのまとまりを持ったものとしての“智慧

（saggezza）”，そして，複数の「知（scienza）」を組み合わせ一つのまとまりとなった“知慧（sapienza）”とが，そのひとに独自の仕方で結びつけられている[25)]。

メルッチによれば，相互依存的で相互作用的な惑星社会においては，異質性を含み込んだ「諸関係の微細な網の目」が“多重／多層／多面”化することによって，「限定されたものやマージナルなものもまた／かえって効果的であったりもする」（Melucci 1996 = 2008：vii）。着目すべきは，「想定外の状況」に直面した個々人のなかに，生存の在り方（ways of being）にまで及ぶ価値観の見直しが萌芽している点である。ここで求められるのは，個々人の深部における微細でリフレクシヴ（再帰的／内省的／照射的）な“うごき”の可能性に着目し，その“うごき”の多方向性に応ずるかたちでの社会構想――問題のなかに予め答えが含まれているような「問題解決」ではなく既存の領域を横断して新たな問いを立てる「学」の創出である。すなわち，社会分析の通常のパラダイムである社会的資源と機会の分配構造，欲求・価値志向の充足と環境適応力の維持，配分ルールの整備等の，いわば「外部」あるいは「周辺」，さらには“端／果て（punta estrema/finis mundi，terra of the end of world）”に置いてきた「視点」を内面化した「学」である。「視点」の内面化のためには，「個（体）的」で内面の奥深くに生起している社会文化的プロセスの“うごき（nascent moments of relationship）”を比較し，一つ一つ意味付け定義し直すための〈エピステモロジー／メソドロジー〉が必要となる。

“臨場・臨床の智”の学は，いわば，“うごきの比較学（“Comparatology”of nascent moments）”――惑星社会のもとでの“移行，移動，横断，航海，推移，変転，変化，移ろいの道行き・道程（passaggio）”に在る“うごきの場に居合わせ”，その場の組成が持つ“衝突・混交・混成・重合”，「錯綜」の動態を，比較のなかで把握することを試みる。

そこでは，①個別性・固有性を持った場所における“地域社会（region and community）”のコミュニティ研究を基本としながら，②特定のコミュニティの背後にある“地域社会／地域／地（region and community/field/terra）”を全景把握する試みとしての“地域学（Terranology，terranologia）”，そして③“比較学

(Comparatology)" [26] を内包している。

しかしながら，このような方向性――「新たな問い」はすぐに理論とはならない。2000年5月に白血病の身体で日本に来てくれたとき，メルッチは，「(いま必要なのは) 現実を単に当たり前のもの，明白なものとして見てしまわないための，リアルな現実をとらえるためのある種のフィルター，現実が持つ意味について問いを発するためのレンズとなるような理論です。このような理論なしに社会を観察するとどうなるでしょうか。素朴な経験主義，無意識に蓄積してきた判断で社会を理解することになってしまいます。ですから，必ずしも統合された一般理論ではなく，現実にふれようとするときに，その土台として分析の指針となりうるような "かまえ (disposizione)" を必要とするのです」と言った (Melucci 2000b = 2010 : 55)。

そして，「問いを発するためのフィルター，レンズとなるような理論」は，他者との間の "交感／交換／交歓 (scambio, Verkehr)" "寄せ集めるという骨折り (spezzare le ossa per essere eterogeneo)"，簡単には聞こえてこない声を聴き合うことによってしか創られないという言葉を，メルッチは遺した。生前のメルッチとの「間」でなされたこのやりとりは，哲学の恩師・真下信一から贈られた「誠者天之道也，誠之者人之道也 (誠は天の道なり，これを誠にするは人の道なり)」『中庸』を想い起こさせた。このような，生身の人間にとって逃れようのない "臨場・臨床的な在り方"，「(我が) 身を投ずる」(上野英信)，「我が身を持って証立てる (sich betätigen)」(ヘーゲル) という在り方と不可分に結びつくかたちで，〈対位的な "思行 (思い，志し，想いを馳せ，言葉にして，考えると同時に身体がうごいてしまっているという投企)" の冒険〉を試みることとなった。

4．惑星社会のフィールドワーク ―― "境界領域" とりわけ "国境地域" から見る

本節においては，第Ⅰ部で展開しているフィールドワークの意味づけを行いたい [27]。メルッチが提起した "惑星社会の諸問題を引き受け／応答する" という

ミッション（使命）に対して，「既存の関係性が切り結び直される瞬間に居合わせ」た先にあるものは何か。それは，「ただ存在するという理由のみによって静かに尊重されるようなテリトリー」（Melucci 1996 = 2008：176）を自ら定義し直し，名付け直す，すなわち“生存の場としての地域社会の探究／探求（Exploring Communities for Sustainable Ways of Being）”という社会構想として理解され得る[28)]。この“探究／探求”のためになされるのが，“惑星社会のフィールドワーク（Exploring the Planetary Society，Esplorando la società planetaria）”であり，そのフィールドワークの「導き手（mentor）」となるのがA. メルレルである。

惑星社会の（“境界領域”への）フィールドワークは，“国境地域”の再定義を促す。borderlandには，国境地域，境界地，紛争地，奥地，僻地などの意味が混在している。「境界地，紛争地」は，国家間関係の「中心」から見た場合に覇権が衝突する場所という含意となる。他方で，「奥地，僻地」などは，中心的な都市から見て社会文化的に劣位の土地という含意を持つ。そしてまた「どっちつかずの領域・状態」「境界線」「境界領域」という含意のなかには，「管理」された社会の中心部と比して「明晰・判明さ」を欠く「薄暗さ・曖昧さ（obscurity）」を持つ場という視線が組み込まれている。

そこには，鹿野政直が島尾敏雄の言葉から「鳥島は入っているか」（島尾 1982：228-29）（鹿野 1988：10-11）[29)] と問いかけたように，“端／果て（punta estrema/finis mundi，terra of the end of world）”，中心的な視野からは選択的に見落とされている対象（外生変数）という含意が組み込まれている。他方で，こうした場所あるいは人々は，国際紛争などの緊張・対立が生じた場合には，突如，注目され「南島」として「発見」されたりする[30)]。この「看過」と「発見」の組み合わせによって，「回避・否認・隠蔽」が補強されていく。しかし実は，“国境地域（borderland，frontier/liminal territories，zona di confine，territorio limitrofo）”は，地球規模の複合的問題を抱える“惑星社会”を生きざるを得ない現代人にとって，サイバースペースやデジタルネットワークの背後に存在している“生身の現実（crude reality）”にふれる場となっている。

地理的・客体的な“国境地域（borderland）”は，同時に，“心身／身心現象”そして歴史の波動の双方での“限界状況（liminality, limit-situation）”が立ち現れる“境界領域（borderland/limit-situation）”でもある。それゆえ，“生身の都市・地域（living city, community and region）”を視野の“端／果て”から探っていくことは，とりわけ，“惑星社会”という“状況・条件”のもとでより大きな意味を持つ。しかしこの対比は，中心的都市におけるジレンマへの「無関心」と“国境地域”における「関心」という対立的な図式とはなっていない。そこでは，いかなる“うごき（nascent moments of relationship）”のなかで，意図的に目を閉ざし生身の現実に対して心に壁をつくる性向である“故意の近視眼”と“臨場・臨床の智”が“衝突・混交・混成・重合”しているのかを理解するための方法が必要となる。

私たちは，『“境界領域”のフィールドワーク――惑星社会の諸問題に応答するために』（新原 2014a）でとりまとめた同時代認識と〈エピステモロジー／メソドロジー／メソッズ／データ〉を“基点／起点”としながら，2017年3月石垣調査[31]，2018年3月ランペドゥーザ調査[32]と宮古・石垣調査[33]において，（世界システム，国家間関係，国家・地域の関係の）視野の端から探っていくというスタイルを意識したうえで，“国境地域／境界領域”のフィールドワークを行った。

チュニジアの首都チュニスよりも南に位置するイタリア最南端の島ランペドゥーザは，戦略上の「橋頭堡」として，基地・軍事施設が置かれてきたことを除けば，イタリア人・ヨーロッパ人の視野の外に置かれていた。ところが，1986年4月16日カダフィからのミサイル報復攻撃で「注目」され，以後，（皮肉なことに）マス・ツーリズムの観光開発がすすめられていった（第2章で言及する）。そして，近年は，アフリカからヨーロッパへの移民・難民の「玄関口」として「再発見」されている。琉球弧のなかでも，固有の歴史を持つ宮古・石垣などの「先島」（宮古列島と八重山列島）は，尖閣諸島をめぐる緊張と基地建設をめぐる問題のなかで「再発見」されている（石垣については第1章で言及する）。

“惑星社会のフィールドワーク”を意識するかたちで入った上記の調査においては，ランペドゥーザ，サッサリ，石垣，宮古それぞれの場所で，島嶼・国境地域の比較をめぐる議論を行っている。“複数の目で見て複数の声を聴き，複数のやり方で書いていく”という〈エピステモロジー／メソドロジー／メソッズ〉は，とりわけイタリアとの間――サルデーニャ州サッサリの共同研究者（メルレルなど）と市民，ミラノのメルッチ夫妻からの人的ネットワークのなかで練りあげてきた。「3.11以降」は，よりインテンシブなかたちで，シンポジウム・セミナー・論文などの発話・対話のかたちをとり，毎年，お互いの社会の動向を，視野の“端／果て”から探っていくことを試みている[34]。今回のランペドゥーザ，石垣・宮古調査においても，キーパーソンとの間で，同様の対話を試みている。そのなかで，まさに“惑星社会”という“状況・条件”下であるからこそ，“端／果て”からつながるという事態に遭遇した[35]。それゆえ，“国境地域／境界領域（borderland, frontier/liminal territories, zona di confine, territorio limitrofo）”を名付け直すという営みは，アジア・太平洋とイタリア・地中海の“社会文化的な島々（isole socio-culturali）”のつらなりによってすすめているということになる。

この一連の調査の旅程を，“惑星社会のフィールドワーク”の観点から見直すなかで，国境島嶼地域の〈基地〉問題と住民の〈うごき〉に関する比較調査研究というテーマが浮かび上がってきている。調査研究のフィールドとして考えられるのは，“基地”建設が地域問題の焦点となるような地域である。ここでの“基地（base, camp, installation）”とは，国家や地方自治体が計画・政策的に設置する巨大な施設（拠点）のメタファー（仮設概念）である。それゆえ，軍事施設のみならず，核施設，空港，清掃工場・最終処分場，下水処理場，火葬場，食肉処理施設，石油備蓄基地など，「迷惑施設（NIMBY）」と称される施設が含まれる。

この調査研究は，①特定の地域社会・場所が“基地”の候補地として選択される場合，そこにはいかなるメカニズム・構造的要因が働いているのか，その条件となっている要素・相関関係を事例研究により析出する。②「迷惑施設（NIMBY）」と称される施設が建設される地域・場所が，特定の社会内で，いかなる固有性（差異性と特殊性）を有しているのかを，地域の歴史的社会的側面から把握する。③そのうえで，事例研究に即して，長期的に持続してきた地域生活のなかに「侵入」してきた“基地”による「断裂」とそこでの持続・抵抗，同化と異化，すなわち地域開発／地域の「自立」の社会文化的プロセス（波動）を“社会文化的な島々”の理論からとらえ直すことを目標とする。

“惑星社会のフィールドワーク”は，現に今起こりつつある焦眉の問題，小さな兆しに対して，臨機応変に，“臨場・臨床の場”で，“生身の現実”をよく見て，かすかな声とまなざしに耳をすまし，意味づけ，再解釈し，新たな枠組を練り上げることを基本とする。そこでは，以下のような点が重要となる：

⑴ 「絶えざる意思決定」という反応によってジレンマを「回避・否認・隠蔽」しようとする思考態度（mind-set）に対して，「たとえ劇的な解決の見通しがたたないものであったとしても，この時代の重大なジレンマと対峙するような新しい視角」（Melucci 1996 = 2008：176）をもたらすような“うごき”への着目が課題となる。

⑵ ここでの“うごき”とは，“惑星社会の諸問題（the multiple problems in the planetary society）”への対処の在り方（ways of reaction）がもたらす「ジレンマ」（それは同時多発的に展開・循環・再帰する）が持つ関係性からぶれてはみ出す応答（response）がなされる瞬間，既存の関係性が切り結び直される瞬間（nascent moments in reconstellation of relationship, momenti nascenti di ricostellazione relazionale）である。その場では，“うごき”に対する抑止の力が同時に存在する。

⑶ 調査研究のフィールドとなるのは，“うごき”の萌芽と抑止の力がぶつかりあう“臨場・臨床”の場である[36]。フィールドワークの目的となるのは，惑星社会の特定の場・瞬間に偏在する世界システムの既存の関係性が切り結び直される瞬間に居合わせる（being involved with the field, being there by accident at the nascent moments in which critical events take place）ことである。

⑷ そこでの“衝突・混交・混成・重合の歩み（percorso composito）”，“移行，移動，横断，航海，推移，変転，変化，移ろいの道行き・道程の社会文化的プロセス（passaggio dei processi socioculturali, passage of socio-cultural processes)”に出来る限り居合わせ，その意味の総体の把握につとめることが“惑星社会のフィールドワーク”さらには“臨場・臨床の智”の「学」の目標であり，そしてまた，この“うごき”のなかから次なる一歩がしだいに明らかになっていく。

以下は，稿をあらためて，述べなければならないことだが，2017年3月の石垣調査でも，“うごき”が立ち上がる瞬間に居合わせた。「石垣島に軍事基地をつくらせない市民連絡会」のFさんのご尽力で，自衛隊の基地建設予定地とされている於茂登・開南・嵩田地区の方たちと話をしたときのことである。参集者の方たちからの「なぜここに来たのか」という鋭い「問いかけ」の後，無駄な装飾の一切ない，しかし情景が体感されるような言葉が発せられた：

「田舎がいやで那覇に出た。楽しかったけれど石垣と空気が違う。しまの暮らしは時間がゆっくりと流れる。騒音は牛にとってたいへんなストレスとなる。これが牛飼いの気持ちだ。観光はいやだ。レンタカーが走っているだけでもいやだ。」
「最後の計画移民だった。小1の時はジャングルだった。父たちが嘉手納から先遣隊としてやって来た。陸稲をつくったがイノシシに食べられた。硬い地面に埋まっている石ころを掘り出し，畑をつくった。新しい土地を求めてやって来たのに，また『二の舞』か！　小さな島はどうなってもいいのか！　ここは石垣島の真ん中で一番いい場所なんだ。市長に『ちゃんと勉強せい』と言ってください。」
「昭和32年の計画移民で北谷からやって来た。於茂登岳の山からのきれいな水がある。高いところにタンクをつくり，自然な流れで農業が出来る。」
「前の戦争の犠牲が残っている。父親は波照間，西表に疎開してマラリアを持ち帰った。土地が破壊されればこのときの二の舞となってしまう。」
「子どもの頃，土地改良前，野菜，花卉栽培，サトウキビのなかで，虫や魚をとって遊んだ。高校を出た後，いちど外に出て，20歳でもどってきた。

どうすればいいかわからないでいる。ただ静かな環境で農業をしたい。次世代にこのまま引き継ぎたい。八丈島でホテルの廃墟を見た。観光の危なさがある。自衛隊が来れば風評被害で農業もだめになる。」

濃密な話の後，前公民館長たちのご厚意で，あと10冊ほどしかのこってないという入植50周年記念誌をご恵贈いただいた。「最初に入植した父母の世代は，嘉手納などから来てたいへんな苦労をしたこともあって，この土地への愛着が強いんで，生ぬるい反対運動やっていると怒られるんだよ」と言い，少し笑った。話に興奮していたため，気がつかなかったが，虫の声がここちよく聞こえている。

（2017年3月28日：於茂登公民館での新原のフィールドノーツより）

2018年3月，宮古から移動し，石垣を再訪した。市役所前で，「市民連絡会」のFさんたちと再会した。その後ろには，昨年の集会に少し遅れてやって来て，「緑一面のこの風景自体がブランドだ。これがなくなってしまうのはいやだ」と話していたHさんが居た。「市民派議員」となっている彼との再会を喜んだ。

こうした“旅／フィールドワーク”の途上で，“臨場・臨床の智”が立ち上がる瞬間に“居合わせ”，つかまれ，その水流に呑み込まれ，巻き込まれるなかで，次なる“うごき”が指し示されてきたと，いま理解している。

5．コミュニティでのフィールドワーク／デイリーワーク

前節では，「遠き」“端／果て”へのフィールドワークに言及したが，本節においては，「近き」“端／果て”，第Ⅱ部で展開している「コミュニティでのフィールドワーク／デイリーワーク」の意味づけを行いたい。第3節から第4節にかけて，なぜ“惑星社会のフィールドワーク”が“端／果て”から見るという“臨場・臨床的な在り方”をとるのかについて述べた。惑星社会は，「すべてがローカルな運命共同体，逃げていく場所のないテリトリー（領域・圏）」として存立しており，「遠く／近く」という対置が成立しにくい“状況と条件（situazione e condizione)"[37] を持つことが大きな理由となっている。

Think globaly, act localy は，「3.11 以降」の惑星社会においては，どのように言い換えられるのだろうか。メルッチならば，Think planetary, act contrapuntally あるいは poly/dis-phonically（いまこの自分の持ち場で，惑星そのものの命運を考え，不協和音となることを恐れず，常に自分のなかに／他者との間で多声を確保しつつ，対位的に考え，跛行的に行動しなさい）というのではないか。主著，『プレイング・セルフ――惑星社会における人間と意味』（Melucci 1996 = 2008）というタイトルには，"惑星社会" という現在を生きる人間が，構造とシステムに組み込まれた「自己」から "ぶれてはみ出し（playing & challenging)"，自らの "かたちを変えつつうごいていく（changing form)" ことへの「誘（いざな）い」があった。

それゆえ，"惑星社会のフィールドワーク" は，「遠く」だけではない。「近く」にあって「(視野には）入って来ない」場所，いわば，「近く」に潜在する "端／果て"，「足下にあるジレンマ」に引き込まれていくようなフィールドワークへと向かう[38]。「湘南プロジェクト」そして「立川プロジェクト」のフィールドは，そこに暮らし，問題と格闘するひとたちから「呼ばれた（calling があった)」という側面と同時に，「近く」に潜在する "端／果て"（としてしまっている自分たち）を意識させられ，気がついたらその場に立ってしまっていたという身体感覚があった。

なぜ立川・砂川地区，そして立川団地なのか？[39]　私たちのフィールドの「選択」には，量子力学の世界における「量子もつれ」――離れた場であるのに絡み合い，編み合わされているような現象――のような相関関係を持つフィールドからの calling を待つというスタイルがあった。「待つ」ことが可能となる条件としては，声をかけられたらすぐに応える準備があるという "協働／協力性（disponibilità, willingness)" と "無償性／無条件性／惜しみなさ（gratuitousness, guratuità)" が求められていた。この「陰徳」の部分を育む場所と時間を必要とした。これが，相関関係を予感するフィールドに入っていく（"存在と契りを結ぶ（s'engager)"）ときに，その〈合わせ鏡〉となるような「工房」を，繰り返し

「普請」しようとしてきたことの“背景（roots and routes）”に在る。

この“うごき（nascent moments of relationship）”は，個々人の“心身／身心現象（fenomeno dell'oscurità antropologica）”のレベルでも起こり，身体を串刺しにするかたちで，各自の“コーズ（cause, causa）”を呼び起こす。前著『うごきの場に居合わせる』（新原 2016a）の「湘南プロジェクト」において主要なメンバーであった金迅野（現在は在日大韓基督教会横須賀教会牧師）は，「東京オリンピックというプロジェクト」によって，東京都心に存在していた「朝鮮人部落から強制退去させられることの見返り」として「住むことを『許された』」立川団地で少年時代を過ごした。金迅野によれば，はじめて湘南団地を訪れたとき，1960年代の立川団地の風景や匂いが体内から湧き上がり，「かつての立川団地」と〈合わせ鏡〉であるような場所だ（「この街は私のものだ！」）という“トータルな直観（intuizione composita）”が訪れたという（新原 2016a：89-90）。

東京と神奈川の二つの都市公営団地は，1964年の東京オリンピックによる都心の「整備（クリアランス）」，安保体制下の高度経済成長，ベトナム戦争のもとでの公営団地の建設という大きな社会の構造的なうねりのなかで，一人の人間の“背景（roots and routes）”に刻み込まれている。〈構造〉と〈情動〉の結節点として，湘南団地は「インドシナ定住難民の受け入れ先」となり，いまはなき，「かつての立川団地」もまた，「都市のなかの異形」の「受け入れ先」となっていた。

「3.11以降」，本調査研究グループは，原発・震災問題も含めた複合的な問題，とりわけ「地域社会の解体と再編」の問題を抱える被災地と，被災地からの避難者を受け入れつつも，それと同時に「高齢化・無縁化」などの問題を抱える都市公営団地との関係に着目し，日本とイタリア（ミラノ，サッサリ，トリエステなど）の共同研究者と連絡をとりあいつつ，砂川地区の立川団地を主たるフィールドとして，以下のことに着手した：

⑴　調査研究グループの形成：初期シカゴ学派的な研究集団（現場主義，小集団による問題発見，多声の確保による調査研究アプローチの錬磨，メンバーの世

代交代と智の継承などの側面を持った「調査者の知的コミュニティ」）をめざし，若手研究者・院生・学生によるコミュニティ形成活動の母体として「立川プロジェクト」を立ち上げた。

(2)　調査研究者育成プログラムの構築：新原が担当する四つのゼミ（大学院文学研究科と文学部の社会学専攻，FLP[40] 地域・公共マネジメント，FLP 国際協力の各ゼミ）の有志により，講義・ゼミ・研究会を有機的に組み合わせ，“コミュニティを基盤とする参与的調査研究”と“療法的でリフレクシヴな調査研究”を習得し，フィールドで実践する調査者育成のプログラムを中央大学内に構築した。

(3)　調査法の錬磨：立川団地自治会の方々との協力体制により初期段階の調査（フィールドの講造認識・分析，データ収集，フィールドでの諸活動への持続的参加システム構築等）を行い調査研究方法の錬磨・修正をすすめた。

(4)　コミュニティ形成の条件析出：立川団地を中心とした調査結果に基づき，異質性を含みこんだ持続可能なコミュニティ形成の条件を考察した。

2012年以降は，団地の定例役員会なども含め，主要な行事すべてにおいて協業関係を持続するなかで，砂川地区において，立川プロジェクトのメンバーは，「中大生」として認知されるようになり，活動の領域は，砂川地区の他の諸組織・団体へと拡がってきた。2018年現在では，長期にわたる地域活動で獲得した信頼関係に基づき，砂川地区のコミュニティのなかで“社会の子どもたち”が巣立つ試み――子どもたち（未来の地域住民，地域教育・福祉・行政の担い手である「社会のオペレーター」）を育て，子どもたちがお互いに学びあい，「（子どもたちを育てる）大人」も育てるという共創・共成型のコミュニティ形成――をより自覚的にすすめることを企図している。これはまた，〈地域で育つ子ども／子どもを育てる親と地域／地域に入り・学ぶ大学生を育てる大学〉の相乗効果（大学と地域の協業）を創出することでもある[41]。

そしてこの立川・砂川での試みには，二つの“背景（roots and routes）”が存在している。

(1)「社会的発明」と初期シカゴ学派

W. F. ホワイトのアメリカ社会学会会長就任演説「人間の諸問題を解決するための社会的発明」において，「外から」「上から」の「介入」――「どんな種類のものであっても，外部から組織やコミュニティの内部にもち込まれる，ある何ものか」に対して，「外部からのいかなる直接の影響にもよらずコミュニティもしくは組織に出現する可能性をもち，またしばしば現に出現する」ところの「社会的発明」を対置した。ホワイトが，「介入」と「発明」を厳密に区別し，当事者たちの「自律的創造」を強調するのは，「外部のものが介入し，コミュニティや組織が必要とするものを発明してくれるのを待たずとも，自分たち自身の社会的発明を考案することを」可能にする「創造力の途方もない資源を備えている」（Whyte 1982 = 1983：233-234）からである。

さらに，「社会的発明」をリードする資質に恵まれた傑出した「偉人」や「カリスマ」のパーソナリティや性格に依拠して説明するのではなく，「組織構造のデザイン，組織間の関係，人間が自然的社会的環境と取り結ぶ相互行為活動および関係を形造る一組の手続き」に焦点を当てることの意義を強調する（ibid.: 236）。主観的な精神現象，態度・信念・価値は「人びとががんこな社会問題に取り組むなかで，彼らの活動や相互行為そして物理的社会的環境との関係を再構築する創造的な方法を工夫するにつれてはじめて変わるものだ。人びとがそのような変化をもたらすのを可能とする社会的発明を研究するなかでわれわれはもっと有用な応用社会学を築くことができる」と述べる（ibid.: 259）。

ホワイトはまた，スペイン・バスク地方の協同組合コミュニティについてのキャサリン夫人たちとの共同研究をとりまとめた『モンドラゴンの創造と展開』の「あとがき」において，「モンドラゴンとつかの間の巡り合いをした人は静止画面を見たようなもので，この機構と過程が数年間でわずかしか変化しないという印象を持つであろう。しかし複合体のダイナミズムは著しいのである。……モンドラゴンの人々は外部の人たちにサービスすることを嫌がっているのではない。しかし，彼らは自分たちを伝道団とは思っていない。彼らはまずもって自分たちの自身の利益と必要について注意を向けなければならないのである」（Whyte & Whyte：1988 = 1991：372, 375）と述べている。

ホワイトは，異境（異なる言語・文化・歴史）の地で，その現実に寄り添い，居合わせ，潜在し，時として可視化する複合的な“うごき”としての「創造」「変化」の瞬間に居合わせた。そして，フィールドを「消費」するようなかたちでモンドラゴンを訪れる訪問希望者たちの交通整理を企図した。この“臨場・臨床的な在り方（ways of being involved in the crude reality）”，すなわち眼前の問題に応答するなかで調査研究の方法を「手放す（unlearning in the field）」ことも恐れず，理論と方法自体も臨場・臨床の場で〈発明〉していく“フィールドワーク（learning in the field）という発想は，トゥレーヌの「社会学的介入」からの「離脱」を図ったメルッチと共鳴する点が多い[42)]。

立教大学から中央大学に着任した奥田道大は，「モノグラフィックな社会学作品」「社会学らしくない社会学の作品」（奥田 2000：168, 169）が中央大学社会学研究室からつくられていくことを構想していた。奥田は，「進行中の社会的諸過程（ongoing of the social process）」にふれるために，現地に赴き，「目にしているものを良く読み，その後に，核心となる資料を選択し，記録」し，「地点地図や比率地図を作成し，インタビューを行い，各種の集まりに臨席し，あらゆる方法での観察を行い，都市諸現象にかんする体系的な記録を積み重ねていった」（Faris 1970［1967］：33, 71, 88）初期シカゴのスタイルを念頭においていた。すなわち，自分が意識する「中心部」にだけ焦点をあてるのではなく，たった一人でフィールドに入っていき，引き込まれ，巻き込まれ，その土地や人々の生のリアリティと契りを結び，それを受けとめ，ぐいっとのみこんだうえで，「複雑なものを複雑なままでとらえる」「その世界じしんに語らせる」（奥田 2000：141）という在り方（ways of being）である。

“臨場・臨床の智”の工房という試みもまた，フィールドの当事者のなかの“臨場・臨床の智”と，それをとらえる側の“智”の往還が埋め込まれたモノグラフ（作品という意味での opera）の「つくり手（homo fabel）」となるひとたちの原体験・原思想をつくるという調査研究／教育／地域活動ということになる。なすべきは，シカゴ学派が作成した「図」の「取り込みによる忘却（Obliteration by Incorporation）」（Merton 1993）ではなく，どのように「地」を〈あるき・みて・きいて・しらべ・ふりかえり・ともに考え・かく〉かを学び，自らの「同時代」に応答することである。

パークやバージェスが，学生も含めて社会学や社会調査の理論と実践について膨大な議論を積み重ね，フィールドで出会った“探究／探求”すべき問題に導かれ，調査方法を生み出していったように，また「社会学上の新しい事実発見と解明が，都市，社会，あるいは個別ケースの当事者に『コンサルテーション』の機能を持つことに他ならない」という「臨床社会学」を構想していった（奥田 1990：234）ようにである。とりわけ「3.11 以降」は，「問題解決」など簡単には出来ない“状況と条件”のなかで，私たちもまた，初期シカゴ学派のように，living society（city, community and region）のなかに降り立つしかないと考えた。

(2)　ブラジル・イタリアからの地域と大学の協業と「社会のオペレーター」の育成

いま一つの水脈には，メルレルの試み FOIST ／ INTHUM がある[43]。メルレルは，1942 年にイタリア北部の都市トレントで生まれ、貿易商の父や家族とともにブラジルへとわたり、サンパウロで青少年時代を過ごした。サンパウロ大学大学院を卒業後、アメリカ、アフリカ、ヨーロッパの各地の大学で教育研究活動を行い、イタリアに「帰還」した後は、地中海の島サルデーニャの国立サッサリ大学に勤務し、40 年以上にわたって，サルデーニャの地域形成と研究・教育・地域活動の国際的なネットワーク形成に寄与してきた[44]。

「社会政策と人間育成プロセスのためのラボラトリー」である FOIST（Laboratorio per le politiche sociali e i processi formativi）は，1977/78 年度に，メルレルによってサッサリ大学に設置された地域社会政策と人間形成（地域に暮らす大人・子どもの教育と「社会のオペレーター」の育成）にかかわる「工房」であり，学生・教員の共同作業の場，地域との関係をつくる場，様々な地域での試みの歴史を蓄積する場として形成されてきた。主な活動内容は，自治体や学校，あるいは民間諸団体との協力で，青少年問題，教育問題，福祉の問題などに関する公開討論の組織，外部から講師を招いてシンポジウムの開催[45]，個々の地域に関する資料の蓄積と公開などである。また月2回程度のペースで行われる研究会には，学生，教員のみならず，福祉職や教職についている卒業生が集まり，各自が地域で直面している諸問題や取り組みについて情報交換をしたり互いに協力を要請したりする。彼らは，サルデーニャ州の各地に出かけていって，地域問題や青年問題について現場の人々と話しを積み重ねていく。こうした現場での活動と相補うかたちで，モノグラフ的な共同研究としてまとめられていった。

メルレルの実践感覚の“背景（roots and routes）”となっているもののなかでも，ブラジル・サンパウロでの経験はとりわけ大きいと考えられる[46]。ブラジルにおける大学の使命は，後にFOISTの基調となる「地域とのかかわり，コミュニティとのかかわり，市民とのかかわり（Rapporto con il territorio, con la comunità, con la citttadinanza）」であった。

20世紀前半，ブラジルの大学は，地域の要請を掘り起こし地域と協業する役目を社会学に求めた。また地方自治体を運営していくために，指導者層の育成が必要となり，サンパウロ大学では，新たな社会を構想するエリート指導層（classe dirigente）の育成がめざされた。そして，南米社会を支配するヨーロッパ中心の世界の構造を理解し根本問題を把握する研究者，社会や地域の問題に取り組む人間の育成がめざされたことがブラジルの非常に大きな特徴だった。メルレルの恩師O. イアンニ（Octavio Ianni）[47]に代表される社会学者たちの取り組みは，1930年代から80年代まで受け継がれてきた。

メルレルにとっての“願望のヨーロッパ”[48]のプラットフォームであり，エラスムス計画[49]や，地域での異文化セミナー，精神病院の地域開放活動[50]や刑務所との協業[51]の拠点として，40年以上続いたFOIST[52]は，現在，大きな危機と岐路にたたされている[53]。ヨーロッパにおける学位認定の均質化と代替可能性を目的として，1999年に調印された「ボローニャ・プロセス（Bologna Process）」以降，イタリアの大学内の研究・教育条件は，極度に悪化していった。そのなかで，FOISTもまた，大学内での部屋の確保や研究費の確保が困難となった。そのため，調査研究／地域との協業の拠点を確保するべく，2015 年には大学の外に INTHUM[54] の研究機能を移設した。現在はサッサリ市の郊外に位置するサンタ・マリア・ディ・ピサ（Santa Maria di Pisa）地区 において，“コミュニティを基盤とする参与的調査研究”（Merler&Vargiu 2008）をすすめている（現在の活動については，第 2 章で言及する）。

6．「“臨場・臨床の智” の工房」という企図

では自分たちは，何を試みたのか？　新原は，1987 ～ 1989 年のイタリア留学から帰国後の 1990 年以降も，FOIST の企画などをともにし，とりわけ，1994 ～ 1995 年の在外研究においては，拙著『ホモ・モーベンス』（新原 1997）で詳述したように，FOIST の日常的な活動，INTHUM の立ち上げに深くかかわった。そして，1995 年の帰国後すぐに，日本版 FOIST の立ち上げに着手した。メルレルたちの活動から学び，「社会のオペレーター」を，「生活の場に居合わせ，声を聴き，要求の真意をつかみ，様々な「領域」を行き来し，〈ひとのつながりの新たなかたち〉を構想していくひと」として再定義し，ゼミ活動の最重要課題とした[55]。

新原の前任校である横浜市立大学では，神奈川をフィールドとして，各種の研究会・プロジェクトを組織し，臨場・臨床の社会学に関する〈調査研究／教育／大学と地域の協業〉の母体となる独立研究科の大学院を構想していたが実現には至らなかった。「湘南プロジェクト」「聴け！プロジェクト」の “基点／起点” となっていた横浜市立大学を去らざるを得なくなり，中央大学に異動した 2003 年以降は，「プロジェクト」から巣立っていった院生・学生，「社会のオペレーター」たちに，ほとんどすべてを託すかたちとなっていった。

横浜・神奈川でのほとんどの試みは瓦解し，中央大学では，ゼロから，“低きより（廃墟から）” 始めざるを得なかった。横浜市立大学においては，すべての研究会・プロジェクトのとりまとめ役を新原が担い，大学院・学部ゼミとは相対的に分離したかたちをとっていたが，中央大学においては，前任者の奥田道大

の「学生・院生を研究仲間とする」スタイルから学び，大学のゼミを〈調査研究／教育／大学と地域の協業〉の“基点／起点”とするスタイルを明確に選択した。2003 ～ 2010 年は，文学部の社会学研究室における大学院と学部のゼミの土壌を耕すことに専念した。2010 ～ 2011 年にふたたびメルレルのもとでの在外研究期間を組み込むことで，意図的かつ象徴的な「死（ゼミ教員の不在）」によって，院生・学生たちのなかから“創起するうごき（movimenti emergenti）”が起こることを期待した。そして，イタリア滞在中に，『旅をして，出会い，ともに考える』（新原 2011）により，これからの〈エピステモロジー／メソドロジー／メソッズ／データ〉を整理し，帰国後の準備をすすめた。

しかし，2011 年の帰国直前に「3.11」が発生し，より根源的な意味で，“未発の状態”が顕在化してしまった。帰国後は，この根こそぎの“瓦礫”から出発せざるを得なかった。「3.11」以降の中央大学においては，新学部や研究科の構想ではなく，既存の制度のなかで，小さな学科程度の院生・学生（70 ～ 80 人程度）を指導するかたちを構想した。中央大学内の全学部から，フィールドワークに興味関心・意欲を持つ学生をゼミ生として受け入れることが可能な FLP（Faculty Linkage Program）プログラムと，文学部社会学専攻の大学院・学部ゼミとを組み合わせて，「工房」の基盤を確保しようと考えた。

本書の第 3 章では，「象徴的な死」の意味を理解していた阪口毅から見た「新原ゼミ」そして「立川プロジェクト」についての詳細な記述と解釈がある。ここでは，2003 年から 2010 年にかけての醸成期間，そして“瓦礫”の 2011 年以降の「問いかけ」のみ，提示しておきたい。

(1)　2003 年から 2010 年の「問いかけ」

①　たったひとりで“異郷／異教／異境”の地に降り立つ／ともに（共に／伴って／友として）創ることを始める：

◇　相手の社会的文脈に入り込む……自分にとって疎遠な（アウェイの）フィールド（グラウンド）で，たとえ相手の言葉を自由に操れなくても鍵となる概念は相手の言葉で表す。相手の暮らしのリズムに自分を埋め込む。

◇　相手のなかの“智”と出会う……当事者も気付いていない相手の内にある“智”を発見し相手に伝える。

◇　“化学反応／生体反応（reazione chimica/vitale）”は，後から遅れてやって来る……いっしょにいるとき何かが起こるような「交換／やりとり」ではなく，ズレやブレをともなって他者と“出会う”。

◇　骨惜しみをしない……“驚きと遊び心と探求心（a sense of wondering & playing & exploring）”を大切に，多くのひとたちの「汗かき仕事」――その場でそれぞれがどのように振る舞ったのかを複数の人間が複数の目でとらえ，複数の声を聴き取り，複数のやり方で書いていくというスタイル――により，“ともに（共に／伴って／友として）”，ゼミをやり続ける。

②　［他者の社会的痛苦を知覚する］社会学的想像力（共感・共苦・共歓の力）と，“自執と自失”をこえ出ていく，“領域横断力／突破力”のいかなる部分をどのようになし得たのか／なし得なかったのか？

⑴　教えられたり，指示されたりする前にまず自分で始めてみる力。

⑵　自分に対して向けられていないコメントをわがこととして聴く力。

⑶　自分がいまだ体験していないことだとしても興味関心（コミットメント）を持とうとしつづける力。

⑷　自分の（既存の）枠組みによる整理・分析の対象としてしまうのでなく，相手の独自の筋やリズムを理解しようとする力。相手の文脈を理解しようとすることで，自分の枠組みをかえていく力。

⑸　自分で考え行動するべきことがらと，どうしても自分の力では突破できないことがらとを見極め，自らの答え／応えを準備したうえでアドバイスを受ける力。

⑹　個別的問題をある特定の条件下で考える力。「すっきり」，「くっきり」，思いついたままに言い放つのでなく，複雑なやり方で考え，調べ，語る力。

③　フィールドワーク／デイリーワークにおいて，他のメンバー，過去の

未来のメンバーたち，フィールドで出会った人々との関係で何をなし得たのか／なし得なかったのか？

◇　自分たちのグループは誰に対して何を言ったのか，他のグループが何を言ったのか。その際にフィールドのひとびとは視野に入っていたのか。

◇　グループワークにおいて，自分はどのようにコミットメント（s'engager）をしたのか。渾身の力をこめて場とかかわったのか。もしこの場でなされる報告内容と自分の考えがズレがあるとしたら，その矛盾に対していかなる行動（同化，同調，馴致，衝突，反乱，一揆，亡命，等々）を起こしたのか。勇気を持って他者とぶつかりあったのか（それとも，やり過ごしたのか）。

◇　暴力と騒音の縮減：いまこの場で声を発することが出来ない他者を想起し，行為すること，自分中心主義（自執と自失），他者感覚の欠如，眼前の暴力と騒音に対する沈黙をこえるという課題に対して，何をなし得たのか／なし得なかったのか。論文の提出直前や最終報告といった「危機的」で“根本的瞬間”において，すでにひとから与えてもらっていたものを，いかなる形で想起し，考え行動することが出来たのか／出来なかったのか。

これらは，初期シカゴ学派のように，院生・学生に対する協業への厳しい要求であったことから，教員と学生，あるいは学生間に，強い反発，過度の同化，過度の拒否反応，摩耗，軋轢，フリーライド，怨恨，冷笑，等々，様々なことが起こった。

こうした反応は，横浜市立大学在任中，後半期のゼミで起こった対立や内面崩壊とも連続性があるものだった。個々人の内面での「もやもや」や「漠然たる不安」は，社会の根底からの変化との深いかかわりがあるのにもかかわらず，「問題解決」の「処方箋」は，ミクロアプローチかマクロアプローチに分裂して提示される。他方で，この時代の奥底に在る「原問題」を考える“かまえ”として提示された“臨場・臨床の智”には，引き込まれる面があるのと同時に，「外部世界」との断裂を予感し，少しでも“臨場・臨床的な在り方”に惹かれる学生は，大きなジレンマ（「価値観の葛藤」）を内面に抱えることになる（鈴木 2016：367-368）。

「葛藤」の中身を構成している一方の要素である支配的な思考態度（mind-set）は，以下のようなものであると考えていた（これ自体，学生とともに自らをふりかえり析出した観点である）：

① 「われわれ」中心主義

「仲間（われわれ）」であると判断した相手に対しては，どこまでも無限定に斟酌し，「かれら」に対しては，すべてが排除の理由となる（つまりそこには明確な理由など存在しない）。その場にいることが自分にとって有利に働くと信じているから，「とりあえず」な感じでその行列に参入する。「なんとなく」その場にいて，心では別のことを考えるようにして，やりすごし，面従腹背をするのが「大人」の態度であると思っている（「目的を持ったひとたちをとてもうらやましいと思います」「同じことをひとにされたら腹が立つ」「だからたとえ本当は興味がなく，実は聞いていなかったとしても，聞いている態度を見せることができるのが大人だと思います」）。

「かれら」は，常に「説明責任」を求められるが，いかに答えようとも，その内容が「われわれ」の理解とは異なるものであるが故に，単純に全否定・拒絶の対象となるか，あるいは，過剰な全肯定の対象となる。すなわち，「かれら」の内容に固有の必然的なつらなり／つながりはズタズタに引き裂かれ，個々の断片として変成された後に保存液を注射されピンでとめられ，すでに「確立」されている体系の中に整理・吸収されていく。「われわれ」の前では，たとえば，「かわいそうな（あるいは「かわいい，反抗しない」）外国人，障がい者，被害者」等々，システムの周辺部を補完するパーツとしてのみ「承認」されることを，圧倒的多数派が全方位的に展開する「善意」によって，繰り返し繰り返し思い知らされ，気がつかないうちに「かれら」は，相手の理解の仕方でのみ「自己の物語」を語るようになる（「日本人よりも大和魂をもった朝鮮人」「幼少期のトラウマに苦しみつつも弁護士にまでなった努力家」など）。

② 「快」の追求と「不快」（内なる異質性・複合性・重合性）の徹底した排

除・根絶

粗雑で強い言葉を「普段着の」「自然な」「率直な」「正直な」「○○らしい」として賞揚し，複合的に思考することを嫌悪する。やや違和感を感じるものであっても，自らの領域（テリトリー）を犯さないものであるならば，「それもあり」「しかたがないと思う」「いろいろ事情があったのかも」と「許容」し，自己の安寧を保つ。語りの途中に「複雑さ」が混入していたとしても，それは聞き流せばいいのであって，結論が自分の当面の安楽を犯さない単純なものである限りは捨て置く。

そこでは，単純で，サッパリ，クッキリした，強い言葉によってのみやりとりがなされる無性格な世界が出現する。「なにものであるかはわからない」が，おそらく「やっぱり」「みんないっしょ」「われわれはわれわれ」といった空疎な命題のみが繰り返し繰り返し追認されていく。

排除・根絶の対象となるのは，複合的な思考である。自らの内にも他者の内にも，対位法で表すしかないような矛盾，ズレ，ブレが存在している。この身体の複合性を表す語りも当然ながら複合的にならざるを得ないのだが，この自らの内部にまで食い込んでくるような働きかけに対しては，強固に拒絶する。すなわち，あくなき快適の追求／不快の忌避・排除・根絶である。

③　承認獲得の思考と行動様式

心ならずも「上昇」「成長」（一切の「敗北」の排除・根絶）を選択するが，そこでは「退却」「離脱」への恐怖が先行している。強固でリニアな「成長物語」作成のために，すべてのひとびと，ことがらは「活用」され「消費」される。危険を冒さないでガラス越しに他者の難点を指摘し，優位性を示すことを基本姿勢とする。自分のアピールにつながらない下働きなどではいっさい動かず，他者にすべてやらせる。他方で，その場の流れとは関係なく，あくまで自分のペースで介入し，自分の優位性を主張するための発言はするが，そこから生じる諸問題への配慮はなく，後始末は一切しない。すべては本人の「思いこみ（私念）」によって表象されるところの支配的システムの中で，より優位な位置をとるための効率性の追求によって，行為は計画化されており，「物語」はカタルシスを基調として組み立てられる。

ゼミ生の募集，ゼミの運営においては，「現在，支配的であると考えられる思考態度（mind-set）から“ぶれてはみ出し”，異なる社会の在り方（ways of being）を構想している」こと，「しかしながら，そのような場もまた『社会の縮図』であり，社会が抱える矛盾そのものと対面し，個々人もまた『葛藤』せざるを得ない」ことを伝えた。そして，こころある学生も含めて，抜きがたく縛られている「異なった価値観の葛藤」（鈴木 2016：368）を強く意識し，“メタモルフォーゼ（change form / metamorfosi）”の機会を待った[56)]。

(2)「3.11 以降」の問いかけ

新原の大学教師としてのキャリアの中間地点にあたる 2010 年度に，「復路」である 20 年をどうするかを考え，これまでの各種の試みを生かし直すための時間として，在外研究の機会をいただいた。しかし，帰国直前の 3 月 11 日，新原研究室で資料整理をしてくれていた阪口毅からの緊急連絡が入った。

「Friday, March 11, 2011 2:52 PM　東京で強い地震がありました」――第一報は，出国にむけて荷物の準備をしていたイタリア時間の午前 7 時 52 分に届いた。すぐさま，「チェルノブイリの記憶」が蘇った。福島の原発で「炉心熔融」さらには「臨界」となる可能性が高い。2009 年の「新型インフルエンザ」事件における日本社会の統治力の崩壊現象も頭をよぎった。そして，宮沢賢治の東北人のための叫び声が想起された。第二報は，「Friday, March 11, 2011 3:18 PM　Subject：地震で出てきました」で，「揺れ始めに扉を開けて外に避難したので無事です。ただ，8 階，9 階とも棚の本や資料が落下している状態のようです。大学にいる人はみんな外に出てきています」だった。その後，各年代の卒業生から，自分たちの学年の同級生やその家族の安否について，とりわけ被災地を故郷に持つ卒業生についての報告が，続々と届いた[57)]。3 月 14 日に帰国し，圧倒的な現実を前にして，毎日，ただ涙を流し，怒り，あせり，へたりこんでしまいつつあった。どうにか，4月下旬に，「死者とともにあるということ・肉声を聴くこと」というつたない文章を書いた[58]。連休明けに両親の故郷・飯舘村のことで卒論を書いた卒業生から，「ゆっくりと自分の背骨が折られていくような気がします」という言葉が届いた[59]。

そして，サルデーニャの友人や卒業生とのやりとりのなかで，あらためて，以下のような“かまえ”からの“思行（思い，志し，想いを馳せ，言葉にして，考えると同時に身体がうごいてしまっているという投企）”を積み上げていこうと決意した。……震災，津波，放射線被害のもっと奥底にある「社会の原問題」は何か。そこに暮らすひとたちの“願望と企図”，その一方で，制度のなかでつくられている社会の方向性をどう考えたらいいのか。ごくふつうのひとたちの“毛細管現象／胎動／社会運動”に気づくために――すぐには「見えない」けれど，底流には確かに存在し続けてきた社会の“根（radice）”，この“根の流動性／重合性（fluidità/compositezza delle radici umane）”にふれることを可能とする「学」はいかなるものか？――“見知らぬ明日”のなかで，新たな“未発の瓦礫（macerie/rovine nascenti, nascent ruin）”を予感しつつ，それでもなお，人間に“埋め込まれ／植え込まれ／刻み込まれ／深く根をおろした”ものであるはずの“臨場・臨床の智”が，きらっと輝く瞬間があるとしたらそれは，いかなる条件のもとで，いかなる旅程をともなって現象するのか。聴こえない声を聴く，果たされなかった想いを引き継ぐ，そうした試みに身を投じてしまわざるにはいられないひとたちのつらなりを創ることを，こころあるひとたちと少しでも，“ともに（共に／伴って／友として）”していきたい。

現に今起こりつつある焦眉の問題，小さな兆しに対して，臨機応変に，“臨場・臨床の場”で，“生身の現実”をよくみて，かすかな声とまなざしに耳をすまし，意味付け，再解釈し，新たな枠組を練り上げるという“願望と企図”――大学での日々の営みを行うなかで，「3月11日は終わらない」という感覚を共有してくれる学生の数が増してきているようにも感じた。まさにいま，こころある学生は，〈自分の足で歩き，ひとが見落としたものをよくみて，聴こえない声を聴くことの力，“生身”のひとにきちんと出会い，ともにじっくりと考える力〉を求めていると感じ，「3.11 以降」は，以下のようなメッセージを，念仏のように学生たちに対して送り続けた。

人間の里山・里海へ

「願望と企図の力（ideabilità e progettuabilità）」は，膨大に蓄積されたが捨て置かれてしまった記録や記憶のなかから，粘り強く丹念に，渉猟し，徹底して探しまわり，踏破し，「生存の場としての未発のコミュニティ」の萌芽を掘り起こし，すくいとるための補助線です。この力は，イタリアの知識人——グラムシ，そしてバザーリアやランゲルが持っていた「謙虚と確信（umiltà e convinzione）」の力でもあります。当面の戦いに勝利する（vincere）力ではないかもしれませんが，ともに（cum）困難を乗り越える（superare）力，納得し確信し自らの過ちを悟る（convincersi）力であり，その道程（percorso, passaggio）への誠実さ（fedeltà ）こそが人間の道（真理）であるというかまえ・流儀，すなわち道を信ずる力でもあります（「誠者天之道也，誠之者人之道也（誠は天の道なり，これを誠にするは人の道なり）」『中庸』／「朝に道を聞かば，夕に死すとも可成り」『論語』）。

放射能を含んだ水は，地球上を循環し，私たちの身体に蓄積され，とりわけ生まれ来る子どもたちに影響を与え続けます。これまでも，人間が生み出した多くの有害物質を，森や海は，やわらかく受けとめ，やわらげてくれました。私たちは，この物質や生命の関係性の「網の目（web）」のなかで，その「間（liminality, betwixst and between）」で，生存を確保してきました。森や土が生きていれば，汚染された物質を浄化し，地下水流を生み出してくれます。膨大な時間をかけて創られてきた「網の目」の構造とその意味を理解することです。

人間の社会もまた，「網の目」が生きていれば，不条理な苦痛をやわらげてくれます。各世代のつなぎ役が，「（我が）身を投ずる」（上野英信）試みをし続けてきたのは，一個人では応答しきることは出来ない困難と痛苦をやわらげることを可能とする「網の目」の構築でした。汚染水が流れ続けると

> いう「統治性の限界（the Limits of Governmentality）」のなかで，それでも人間に出来ることは，「水を浄化してくれる里山・里海」のような人間の「網の目」を創ろうとし続けることです。
> 「湘南プロジェクト」と「聴け！プロジェクト」，そしてこれから新たに始めようとしている「立川プロジェクト」は，自分と他者の「間」に，「網の目」を創るための試みです。そのすべてがうまくいかなかったとしても，この方向性は，これからの惑星社会を生きていくときに決してまちがっていないはずだと思っています。よりゆっくりと，やわらかく，深く，耳をすましてきき，勇気をもって，たすけあうことに費やした時間とエネルギー，ひととひとの「間」に創られた「網の目」だけが，後に遺され，託されていきます。これは，システム化された社会のなかで既定された範囲の消費や搾取・蕩尽の「端末」でなく，一個人では応答しきることは出来ない困難と痛苦をやわらげることを可能とする「網の目」を構築する「メディア・媒介項（medium, mezzo）」，時代と世代の「つなぎ役（riempitivo, fill-in）」となろうとしたひとたちの軌跡を，私たちもまた辿るということです。到達点でありこれからの起点となるもの，いま身体にのこっている“身実（みずから身体をはって証立てる真実）”は，人間の里山・里海を創るという方向性です。

このような「価値言明」，「問いかけ」に対して，学生たちからは，非常に強い「反応」がかえってきた。とりわけゼミのスタイルに強い影響を受け，あるいはまた反発した学生には，なんらかの“痛み／傷み／悼み”を抱えた学生[60]，社会文化的に境界領域を生きている学生[61]などがいた。自分で考えてもよいのだという状況を，戸惑いつつも楽しめるひとは定着した。卒業後，「一流企業」に勤めたが，福祉職，教育職，さらには有機農業に転じたりした学生がいたことから，「宗教ゼミ（人生の選択をあやまらせるので危険！？）」と言われる理由ともなっていた。

他方で，「グローバル」「国際」「上昇」「成功」といった達成感を基準とする学生は，評価基準のちがいに戸惑い，時には嫌悪が生じた。定型化された組織内の「代表」や「幹部」などでありたい学生は，不定形な組織形態への不満（達成感のなさ）が生じた。限定された課題を与えてもらい，毎回確実に評価してもらうという「型」がないことへの不安・不満を持つ学生，自分が集団の「代表」として認知されていないことへの不満を持つ学生は，離れていった。また，最小限の努力でフリーライドしようとする「狡知」をもった学生もまた，自分の努力が不当に低い評価を受けるという不満を持ち，他のゼミ生の（献身的な）在り方を（「それでは社会で生きていけない」「負け組となる」と）批判した。

しかし，この「葛藤（ジレンマ）」は，「はまった」個々人と「忌避した」個々人の間の分裂／断裂というよりは，すべての個々人の内奥を深く串刺しにするかたちで現象しているものであったと，参加者の多くがいまふりかえっている[62]。

(3) “臨場・臨床の智”の工房

① このプロジェクトは，“臨場・臨床の智（cumscientia ex klinikós, living knowledge）”を持った“リフレクシヴで療法的なプレイング・セルフ（Reflexive & Therapeutic Playing Self）”と成りゆく“社会のオペレーター（operatori sociali）”育成のための“工房（laboratorio/bottega per istruirsi viaggiando）”である。

② “不断・普段の営み”としての「フィールドワーク／デイリーワーク」と，“対話的なエラボレイション”による**“うごきの場の共創・共成”**[63]を並行して行う。

③ “徒弟／修行／見習い／伝承・伝達”のプロセスを重視する。「伝達・伝承する」は，まずtrasmettereであり，「伝え・託す」べき「他者」を必要とする。そしてまた，「意志の疎通を図る」ためには，「コミットメント」すべき「なんらかの共同の場」を必要とする。

④ 大学の内部にも“伝承・伝達”の「舞台（arena）」と「舞台裏（retroscena）」の“工房（bottega, laboratory）”を設けることで，“無償性／無条件性／惜し

図序-2　“臨場・臨床の智”の工房

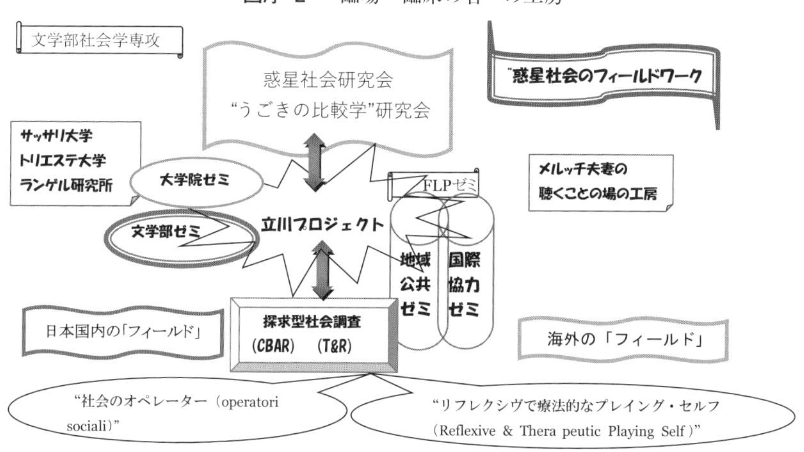

Progetto di Bottega per ‘cumscientia ex klinikós’, Laboratory for Living Knowledge
Istruirsi viaggiando verso una ideabilità e una progettuabilità

みなさ（gratuitousness, guratuità)”に支えられ，つくられ続けている「人間の里山・里海」の「フィールド」で出会う“地識人（the wise on the street, i saggi della strada)”と“対話的にふりかえり交わる（riflessione e riflessività)”足場をつくる。

こうした「危険」な“願望と企図”への参加を学生に呼びかけるにあたっては，“臨場・臨床の智”の工房の「図」を配布し，いま参加しているそれぞれのゼミが，タテ・ヨコ・ナナメ，多方向に伸びていく「網の目」「人間の里山・里海」[64]の複合的な“うごき（nascent moments of relationship)”のなかに在るものだという説明をした。そしてまた，“寄せ集めるという骨折り（spezzare le ossa per essere eterogeneo)”は，「研究室（laboratory)」というよりは，フィールドワークという野良仕事，汗かき仕事をする人間，さらにその下支えを続ける「職人の工房（bottega)」であることも，繰り返し言及していった。

そしてまた，「社会のオペレーター（生活の場に居合わせ，声を聴き，要求の真意をつかみ，様々な「領域」を行き来し，〈ひとのつながりの新たなかたち〉を構想していくひと)」の育成を，ゼミおよび関連する講義・実習系科目や「立川プロジェクト」などの場で行っていることも伝えた。

こうした活動のなかで，「価値言明」レベルの自覚化と「汗かき仕事」によるオリジナルデータの蓄積を強みとすることは，伝統化し継承されてきた。他方で，先行研究の蓄積に基づく理論と方法の自覚的選択が年々弱くなっていったが，垂直的な組織運営とはことなる関係性構築の試み（“創造的プロセス（the creative process, il processo creativo）”），ゼミの運営と世代継承を通じて，〈形骸化による内面崩壊〉という水路から抜け出し，お互いの関係性を切り結び続ける試みとなるようこころがけた。

このなかで活動する個々人にとっては，以下のような療法的な意味があった。自分の“固有の生の軌跡（roots and route of the inner planet）”のなかにすでに在る“拘束／絆（servitude humana/human bondage）”の意味を，「社会」に適応するなかで考えなくなっていく。いまとなっては“景観（panorama）”のなかに埋

図序-3　新原ゼミの社会のオペレーター養成プログラム

＜フィールドワーク基礎＞
2年次　前期　後期
＜フィールドワーク実践＞
3年次　前期　後期
＜たったひとりで異境／異郷／異教に降り立つ＞
4年次　前期　後期
大学院

学部／大学院ゼミ
地域公共ゼミ
国際協力ゼミ

社会調査実習
（観察／フィールドワーク）
社会調査法／国際ＦＷ論
地域社会／現代社会研究

社会学とフィールドワークに関する基礎的学習

サマースクール
&
報告会

国際フィールドワークの準備

社会学の文献購読

合宿フィールドワーク(低関与型フィールドワークの実践)

立川プロジェクト
（関与型フィールドワークの実践と研究グループ運営）

個人の調査研究
プロジェクト&ゼミ論文
卒業研究論文

合宿フィールドワーク

卒業論文
卒業研究

修士論文
博士論文

個人研究
（地域であれ、本であれ、自分でフィールドを探す）
↑↓
立川プロジェクト
合宿フィールドワーク
国際フィールドワーク

（2年生のチューターになる）
（2、3年生のチューターになる）
（TA･チューター）

新原ゼミの「エピステモロジー／メソドロジー／メソッズ」：
☆エピステモロジー:〈よりゆっくりと，やわらかく，深く，耳をすましてきき，勇気をもって，たすけあう〉
☆メソドロジー：突破・横断する／開く（「喪失」「限界」を受け容れる）の対位法
たったひとりで異郷／異教／異境の地に降り立つ／ともに（共に／伴って／友として）創ることを始める
☆メソッズ：〈あるき・みて・きいて・しらべ・ふりかえり・ともに考え・かく〉“臨場・臨床の智”の育成
☆関与型フィールドワークを行うために必要な“臨場・臨床の智”――フィールドへの入り方，ひととの接し方，関係のつくり方，所作，マナー，エチケットなど――は「座学」だけで学ぶことは難しく「先輩職人の背中」から学ぶというクラフト・ワークのスタイルをとる。

め込まれてしまっている“多系／多茎の可能性”を再発見する／とりもどすプロセス――他者との／ひととひとの間での“対話的なエラボレイション（co-elaboration, coelaborazione, elaborazione dialogante）”のなかで，ふりかえり／照らし合い，そこでの理解や言葉が療法的な意味を持って行くことが，関与型フィールドワークのゼミ活動の意味となっている。「調査研究」それ自体でなく，それを含み込み，下支えする「関係性の動態」の側にこそ「療法的な意味」がある。自分の内なる社会的病をとらえることで，“自らの社会的病とともにある社会の医者”である“リフレクシヴで療法的なプレイング・セルフ（Reflexive & Therapeutic Playing Self）”となっていく。ゼミという相対的に守られた場所で，「自分をひらく」練習をしていく。「二重の否定性の運動」（ヘーゲル）でもあった。

ここでの“伝承・伝達（trasmissione）”のかたちは，データを提示し〈エピステモロジー／メソッズ〉のみ伝え，メソドロジーは当人たちが／で，“ともに（共に／伴って／友として）創ることを始める”というものだった。卒業していく学生は，ともにはいなくなってしまった大半の時間のなかでともにあるために，いずれは別れる相手に何を贈り，遺せるかを考えつつ，時間と場所をともにしていた。教員や院生，上級生は，学問の“かまえ”，エピステモロジー，理論，技法・作法のすべてを，他のひとたちに提供する。そのために，同時におなじことをする機会を繰り返しつくり，何度も実際にやってみせ，同じメッセージを違う言い方で何度も噛んで含めるように言うことをしていた。

“臨場・臨床の智”の工房を“基点／起点”としてデイリーワークとして続けてきた「湘南プロジェクト」「聴け！プロジェクト」「立川プロジェクト」など，各種のプロジェクトは，それぞれの学生にとって主要な研究の領域とは異なる場における「（野良での）汗かき仕事（フィールドワーク／デイリーワークのグループワーク）」であり，むしろ，「陰徳」を積むという「感性的人間的営み（sinnlich menschliche Tätigkeit）」である。

すなわちそれは，各自がいずれ出会うはずの，固有の“使命（professione, Beruf, calling, vocation ）”“メチエ（職務，誓願，使命：métier, professione, Beruf）”，自ら

表し出すべき“コーズ，わがこと，わたしのことがら（cause, causa, meine Sache）”の“背景（roots and routes）”に向けての，ポリフォニックでディスフォニックな“不断・普段の営み”であった。

横浜市立大学時代に，一橋大学の院生として各種研究やプロジェクトにかかわってくれた中村寛（現在は，多摩美術大学教員）は，湘南プロジェクトでの日々を過ごした後に，ニューヨーク・ハーレムへと旅立っていった（中村 2014, 2015）。

東京工業大学の院生だった鈴木鉄忠（本書の執筆者の一人であり，現在は共愛学園前橋国際大学教員）は，数理社会学を「手放し」，トリエステへと旅立った（鈴木 2014, 2016）。

中里佳苗（本書の執筆者の一人であり，困難を抱える子どもたちの支援プロジェクトの代表となっている）は，一橋大学での博士論文執筆を「手放し」，「社会のオペレーター」となった。そしていま，かなり後からやって来た“臨場・臨床の智”の力によって，「生きた『吹き溜まり』」（中里 2016），そして本書においても，「社会学らしくない社会学の作品」（奥田 2000：169 ）を“描き遺”そうとしている。

阪口毅（本書の執筆者の一人であり，現在は立教大学教員）は，まずは湘南団地に「顔を出し」，その後，自分のフィールドである新宿・大久保地区に，“たった一人で降り立”った後に（阪口 2013; 2014），立川プロジェクトの立ち上げに尽力し，現在は，砂川から武蔵野へとフィールドを移し，「工房」を「旅立って」いる。

本書の執筆者である大谷晃と鈴木将平は，これからの「旅立ち」を予感し準備している。

その他のゼミ生も，新卒後に就いた職種・地位を「手放し」，新たな場へとうごいていった。“うごきの場に居合わせる（being involved with the field, Il gioco relazionale nel campo di azione）”ことを旨とした“臨場・臨床の智”の工房それ自体が，“うごきの創起（movimenti emergenti）”をもたらす場であったと考えたい。

7．おわりに——同時代の問題に応答する学問の運動

メルッチは，新たに始める・創ることとかかわるひとたち（当事者）の智を理

解しようとする調査研究をする側が，〈合わせ鏡〉のような個人・集団としての関係性を持つ必要があると考えていた。白血病となる直前の社会運動に関する共同調査研究の成果であり，質的調査の方法論についての集大成である『リフレクシヴな社会学にむけて』（Melucci 1998）のなかで，理論と方法の形骸化をすでに予感していた。同書で共同研究者のC. ランチ（Ranci 1998）が言及した「調査者と当事者の関係性の困難」の問題を自ら語り直す必要性を感得しており，社会運動，日常性，欲求，情動，思春期の若者，生きにくさ，創造性，メタモルフォーゼの研究などを通じての理解をテープに吹き込んで“遺して”くれた（Melucci 2000c = 2014）。

ここでメルッチは，「契約」[65] あるいは関係性の「遊び」[66] という言い方で，「客観的」調査に対しても，参与的調査に対しても，両者の対立の図式とは異なる根本的なジレンマをとらえたうえで，すすもうとした[67]。

ここから私たちは，非対称性や異質性を含み混むかたちで，当事者との間での〈合わせ鏡〉を構築しようと考えた。この〈合わせ鏡〉は，団地自治会と「工房」の双方の組織形態のレベルのみならず，使用する言葉のレベルでも“乱反射するリフレクション（dissonant reflection, riflessione disfonica）”とでも言うべきものが起こった（新原 2016a：418-456）。「湘南プロジェクト」では「社会のオペレーター」という言葉が当事者たちのなかで共有されるようになっていったが，「立川プロジェクト」においては，第4章でも言及されるように，「社会的発明」という言葉をすでに自治会側が持っていた（立川団地自治会 2012：13）。

ここには，相互理解と“伝承・伝達（trasmissione）”の不調和・不協和音が常に内在している。その相補的な欠落やズレやネジレが，異質性の高い「コミュニティ」を存続させ，形骸化（集団内部にたやすく形成されるピラミッド構造や抑圧移譲）を回避・縮減するための条件であると考えている。「知（scienza）」や“知慧（sapienza）”だけでなく，むしろ“地識（streetwise）”や“智恵（saperi）”，“臨場・臨床の智（cumscientia ex klinikós, living knowledge）”の“無償性の交感（accettazione di guratuità）”によって構成される小社会の原型を創るところまで，下から創っていく。それ以上の規模の統御については，その社会組織の内容そのものによって規定される形式を後発的に考えるかたち（後発的な制度設計）をとる。

“思行”の中身は，“うごきの場に居合わせる（being involved with the field, Il gioco relazionale nel campo di azione)”，“対話的／対位的に(dialogically and contrapuntally)”“跛行的に（unsymmetrically, contrapuntally and poly/dis-phonically）”になされる“多重／多層／多面”の「一所懸命」の“フィールドワーク（learning/unlearning in the field)”となる。求められるのは“フィールドワークの力（自分で道を切り開き，大切なこと／ひとに出会い，ともに場を創る力)”である。

常にその「道は普請中（strada facendo)」，道はつくり続けられている。このひどく偏った，足りないところのある「晩年の様式（La vita in “late style”［stile tardo］)」で，うごきのなか，余裕のないなかで自らふりかえり続ける，その営みを特定の他者との間で“交感／交換／交歓”しつづけようとする。そのための「工房（ベースキャンプ)」づくりが，「帝国」が建設する「基地」に対抗することになっていると考えている。

同時代の問題に応答する学問の運動としての“臨場・臨床の智”の工房は，“かたちを変えつつうごいていく（changing form)”ものである。その具体的展開は，以下の各章に託したい。哲学の恩師・真下信一が，困難な時代に創起した“限界状況の想像・創造力（imagination and creativity of limit-situation）”とともに……。

> 学問をしっかり勉強しよう，――誇張でも尚更，嘘でもなく，本当に此の気持が，唯，此の気持ちだけが，此の小さな雑誌のまはりに，私達を集めた。学問への此の純情以外の，どこかから持ち込まれた何らかの立場や方法は，私達には，もともと何らの関心もない。私達は，嘘でない，浮いてゐない，地についた研究を，よしその歩度は狭くとも，よしその歩調は遅くとも，だが撓（たわ）まずに続けたい。その為には，此の雑誌は，注意深く，自らを，第一には，所謂アカデミズムから，第二には，所謂ジャーナリズムから，守らねばならない。これら二つは，私達の方向と歩調とを乱す最悪

の妨害だからである。と同時に，此の雑誌は，毅然として自らを，本当のアカデミズムに，本当のジャーナリズムに鍛へ上げねばならない。人間の文化の本当の動きに沿うて，それに逆行的にでなく，斜線的にでなく，恰も直角に力を当てて推して行きたいからである。花は大きくとも果（み）のないむだ花であらんよりは，たとひ営みは貧しく，咲く花は小さくとも――『だが，生きた，多実な，本当の，力に充ちた，全能な，客観的な，絶対的な人間的認識の生きた樹』に咲いた果（み）を実る花でありたい。

真下信一「『美・批評』に就て――再刊の辞」（真下 1980［1934］：46）

28歳の恩師が発した言葉より

注

1）“惑星社会”という「もののみかた」については，（新原 2013a; 2013b）などを参照されたい。

2）“コミュニティを基盤とする参与的調査研究（Community-Based Participatory Research（CBPR））”は，メルレルの研究グループFOISTと新原が実践してきた方法であり（Merler 2011），K. レヴィン，O. ボルダ，P. フレイレ等の流れを汲む。W.F. ホワイトが『ストリート・コーナー・ソサエティ』の経験に基づき提唱した「参与的行為調査（Participatory Action Research）」（Whyte 1993 = 2010），ニューヨーク・ハーレムの公営団地でエスノグラフィック・フィールドワーク（EFW）を実践してきた二人の社会学者T. ウイリアムズ（Terry Williams）とW. コーンブルム（William Kornblum）の方法と多くの共通点を持っている（Williams&Kornblum 1994 = 2010）。

3）メルッチは，編著書『リフレクシヴ・ソシオロジーにむけて――質的調査と文化』（Melucci 1998）において，質的調査研究を中心とした多角的社会調査法の成果をとりまとめている。“療法的でリフレクシヴな調査研究”は，同書以後のメルッチ最晩年の企図を再構成した多角的調査方法である。メルッチの死後，メルッチの臨床社会学的研究を引き継いだアンナ夫人，フェラーラ大学教授M. イングロッソ（Marco Ingrosso）と新原は，聴くことの場を創る“地識人（street Wise）”／“智識人（gens in cumscientia）”のセッション・工房を企図してきた。(1)“痛む／傷む／悼むひと（homines patientes）”のエスノグラフィー／モノグラフの蓄積，(2) 絵画・詩・舞踏などの創造活動の蓄積，(3) メルッチが残した講義テープのライブラリーを活用しつつ療法的でリフレクシヴな能力を身につけた調査者育成のためのワークショップ等を試みている。メルッチの最晩年の企図については，「A. メルッチの“未発のリフレクション”」（新原 2017c）を参照されたい。

4) 『うごきの場に居合わせる』（新原 2016a）では，新原がフィールドに「巻き込まれる」調査研究の「代表」として，中村寛・中里佳苗・鈴木鉄忠が，フィールドに「巻き込まれる」調査研究に「巻き込まれた若手」としての立ち位置から執筆している。今回は，新原と阪口毅がこの組み合わせとなっている（大谷晃と鈴木将平はまだ“固有の生の軌跡（roots and route of the inner planet）”をふりかえる地点には達していない「初学者」として執筆することになる）。大学人となっている中村寛・鈴木鉄忠・阪口毅（大谷晃・鈴木将平），「社会のオペレーター」となった中里という組み合わせでもある。

5) 本書においては，第Ⅱ部第3章から第5章で2012年から現在進行形で続けている立川プロジェクトについて言及する。また，第Ⅲ部第6章で，「その後」の湘南プロジェクトについて言及する。

6) E. サイードが，V. ウルフを例としながら提示した，「独断的な言葉（dogmatic voice providing the *ipsissima verba*）」——“ipsedixit（he himself said it）＝権威をもったものからの独断・断定”——から“ぶれてはみ出す”智恵に触発された：

「人ができるのはただ，なんであれ，自分のいだいている意見を，自分はどのようにして，いだくようになったのかをつまびらかにすることだけである」。自分の議論の楽屋裏をさらけだすことは，ウルフによると，いきなり真実をしゃべることとは異なる行為である。……「聴衆のひとりひとりが自分の手で結論を導きだせるようなチャンスを，聴衆にあたえるにこしたことはない。そのためにも，聴衆に，語り手の限界や，語り手がいだく偏見や個人的嗜好をとくと観察してもらうのだ」。戦術としてみると，これはもちろん武装解除であり，みせたくもない個人的事情をさらすというリスクもある。しかし，**わが身の欠点をさらけだしつつ，整合的な議論**（combination of vulnerability and rational argument）を展開することによって，自分の話題にふさわしいとっかかりをウルフは手に入れることになった。彼女は，決定的な言葉をもたらす独断的な予言者としてしゃべるのではなく，知識人として，女性という忘れられた「弱き性」を女性にみあった言葉で表象するのだから（Woolf 1929 = 1999: 5）（Said 1994 = 1998: 69–70）。

7) “乱反射する生身のリフレクション（dissonant crude reflection, riflessione disfonica cruda）”については，（新原 2016c）を参照されたい。

8) De servitude humanaは，“自分の内に根付くもの，自らを拘束するもの（servitude humana）”——*Humanam impotentiam in moderandis et coercendis affectibus Servitutem voco.* ＝感情を統御し抑制する上の人間の無能力を私は隷属（*servitus*）と呼ぶ（*Benedictus de Spinoza, Ethica Ordine geometrico demonstrata, 1677, Pars quarta, De servitude humana. Seu de affectuum viribus* ＝スピノザ『エチカ（倫理学）』第四部「人間の隷属あるいは感情の力について」）に由来する（Spinoza 1915［1677］＝ 2011）。スピノザから，S. モームは，自らの作品に，『人間の絆（Of human bondage）』というタイトルを付けた（Maugham 1963［1915］

= 2007)。M. メルロー＝ポンティは，主著『知覚の現象学』の最後尾で，アントワーヌ・ド・サン＝テグジュペリの『戦う操縦士』(Saint-Exupéry［1963［1942］= 2000）の下記の一節を引用した。『知覚の現象学』は，メルッチの愛読書でもあった：

君の息子が炎に包まれていたら，君は彼を救け出すことだろう……もし障碍物があったら，肩で体当りをするために君は君の肩を売りとばすだろう。君は君の行為そのもののうちに宿っているのだ。君の行為，それが君なのだ……君は自分を身代りにする……君というものの意味が，まばゆいほど現われてくるのだ。それは君の義務であり，君の憎しみであり，君の愛であり，君の誠実さであり，君の発明なのだ……人間というのはさまざまな絆(きずな)の結節点にすぎない，人間にとっては絆(きずな)だけが重要なのだ（Merleau-Ponty 1945 = 1974: 375-376)。

9)　ここに述べる同時代認識は，「“受難の深みからの対話”に向かって」（新原 2015c）という論稿において展開したものがもととなっている。

10)　石牟礼の「あとがき」によれば，「『苦海浄土』の一部は1960年1月『サークル村』に発表，同年『日本残酷物語』（平凡社）に一部。後，続稿をのせるべく1963年『現代の記録』を創刊したが，資金難のため，チッソ安定賃金反対争議特集に止まり，1965年，『熊本風土記』創刊とともに稿をあらため，同誌欠刊まで，遅々として書き続けられた。原題『海と空のあいだに』である」。“惑星社会の諸問題”に目をむけ耳をすますなら，「水俣／MINAMATA」は終わったことではない。いまなお水銀は，日本から海外へと輸出され，金採取の現場では水銀汚染に直面し続けている。水銀規制に関する国際会議は2013年10月9～11日に熊本で開かれ，「水銀に関する国際条約」は，「水俣条約」という名前で採択された。「我々は水俣市と熊本市から出発する」と。石牟礼道子は，2013年7月の「社会学者・鶴見和子さん」を偲ぶ会で，皇后と話し，手紙を書いた。10月27日，天皇と皇后は水俣を訪れ「真実に生きることでできる社会をみんなで作っていきたい」と話した。

11)　本章第6節37頁でもふれるが，「“交感／交換／交歓”のゆくえ」（新原 2015d）という論稿で，詳細に述べている。

12)　「3.11」から一年後の2012年3月，神奈川県秦野市の市民団体に招かれた最首悟は，「重度障害（しょうがい）をかかえた娘を連れて急いでどこかに逃げ出すことは不可能です。どんな事態となっても“ここに居る”しかありません。だから，地球上のすべての原発をゼロにすべきである，放射性廃棄物の入った瓦礫をあらゆる自治体・住民は全面拒否すべきだ，という“極論”を言いたいのです」と言った。ここでの発言には，「知識人・科学者」としてでなく「障がい者を家族に持つ老人」としての“偏ったトタリティ（totalità parziale)”，“生存の場としての地域社会”から“臨場・臨床の智”を産出しようとする「価値言明」であると感得した（Cf. 最首 1998)。

13)　「過剰適応」「模範解答」については，経営学者の野中郁次郎たちの共同研究『失敗の本質』から示唆を受けている。状況認識能力の欠如に関する過去と今日の相似形（日本軍の失敗と今日の企業組織の失敗）について，野中郁次郎は，以下のように述べている。日本軍の失敗の本質とは何か。「戦略的合理性以上に，組織内の融和と調和を重視し，その維持に多大のエネルギーと時間を投入せざるを得なかった」「過去の成功への『過剰適応』」，「日本軍のエリートには，狭義の現場主義を超えた形而上学的思考が脆弱で，普遍的な概念の創造とその操作化ができる者は殆どいなかった」「自らの依って立つ概念についての自覚が希薄だからこそ，いま行っていることが何なのかということの意味がわからないままに，パターン化された『模範解答』の繰り返しに終始する」，「一九八〇年代末から顕在化した世界秩序の枠組みの増幅的な変動と模索の過程の中で湾岸戦争が生じた。これに対するわが国の対応の仕方は，本質的議論を避け，まさに主体的に独自の戦略概念を形成することができないという，自己革新能力の欠如を確認する以外の何物でもなかった。不確実性が高く不安定かつ流動的な危機的状況では，日本軍にみられたような戦略・組織特性は有効に機能しえず，さまざまな組織的欠陥を露呈したのだった」。いまでは「概念創造能力の不在を，第一線現場での絶えざる自己超越や，実施段階における創意工夫による不確実性吸収だけでカバーすることができなくなってきた」「なぜなら，このようなやり方は，既成の秩序やゲームのルールの中で先行目標を後追いする時にのみ，その強みを発揮するからである」「グランド・デザインや概念は他から与えられるものではなく，自らが作り上げていくものなのである」（野中他 1991：409-412）。

14）上野英信が見続けようとした「棄民／棄国」については『出ニッポン記』の下記の記述を見ていただきたい：

いよいよ別れの日がきた。一夜語りあかした伊王島の青年［長崎港外の伊王島炭鉱で働いていたという青年（引用者補足）］が，私の手をかたく握りしめていった。「三池のみなさんによろしゅう伝えてください」／ほかの連中も彼につづいていった。／「俺からもよろしゅう！」／「俺からもほんとうによろしゅう！」／「三池だけは忘れんけんなあ！」／誰の眼もうるんでいた。伊王島の青年だけではない。みんな，「三池だけが日本の思い出」なのであった。……この国の地底深くとじこめられた“下罪人”にとっては，三池こそ，呪われた日本という国の底の底であると受けとめられていたからである。……「三池だけが日本の思い出」といい，「三池のみなさんによろしゅう」という。それはそのまま，日本という国のもっとも深い地底に生きながら葬り去られた自己自身に対しての，哀切な決別の挨拶でもあるのだ。そして，まさに棄国とは，そのようにみずからを，この国のもっとも底部に生き埋めにした人間のみがとることができる行動であり，思想でこそあれ，単に棄民があれば棄国があるというような論理のあやではない（上野 1995［1977］：41-42）。

上野はここで，なぜ特定のひとだけがこうした「決断」をしなければならなかったのかという問いを発している（いま［3.11 以降］の惑星社会を生きる私たちが直面している問いでもある）。福岡や北海道からの炭坑離職者たちは，日本国の直轄移住地であるジャングル地帯で苦闘した後，農業を諦めブラジルや南米諸国の都市へ，さらには地球の裏側へと「帰国」し，職を求めた。そのなかには，原子力発電所の下請け労働者となったものもいた。

15）“廃棄（dump［ing］）”については，拙稿「A. メルッチの『限界を受け容れる自由』とともに」（新原 2014b：41-66）において論じている。“廃棄物の発明（invention of refuse）”“造り出された廃棄物（invented refuse）”は，物質循環や生態系のなかで溶解することなく，流動し，残存し，生物の体内に蓄積し，人間の身体へと到達し，“廃棄物の反逆（rivolta dei rifiuti，revolt of refuse）”が現象するという見方である。ラテン語系の言葉であれば，「廃棄する＝abbandonare（leave，abandon）」，「廃棄＝rifiuti（refuse，waste）」となるが，日本語の“廃棄”に相当するヨーロッパ言語として選択したのは，中期オランダ語 dompen の「沈める」「埋める」，スウェーデン方言 dompa の「ドスンと落とす」などに由来する dump［ing］である。dump は，ゴミを捨てる・投棄する，人を見捨てる・見限る・放り出す・首にする，ひとに押しつける，過剰移民を外国に送り出す，責任を投げ出す・転嫁する，考え・政策などを棄てる・やめる，過剰商品を投げ売りする，汚物や核廃棄物を海や陸に棄てる，人をだます・弱みにつけこむ・けなす・こきおろす・やつあたりする・破滅させる・殺す，吐く・もどす，患者をたらい回しにする，などの意味を持つ。患者の廃棄，外国人の廃棄，地方の廃棄，不採算部門の廃棄，価値の廃棄（民主主義とか，内面の自由とか，平和とか平等とか思想とか，そのような人間的価値の廃棄など），自然，地域，価値，願望，“良心（の呵責）／罪責の感覚”，何よりも人間そのものの廃棄の問題が含まれている。「廃棄する（dispose，throw away［out］，scrap，cancel，dump）」「廃棄されたもの（garbage，rubbish，junk，waste，trash，dust）」「廃棄物処理（a refuse landfill，a garbage dump，RDF（refuse-derived fuel）」「ゴミ収集人と廃棄物処理事業（a dustman，a waste management business）」「［無許可の］ごみ廃棄場，［放射線廃棄物の］処理場（dumping ground）」「有用な人材（a useful［valuable］person，a person of service to the nation state）」「無用のひと／有害なひと（a useless［unserviceable，unhelpful，unwanted］person ／ pest）」「プルトニウムと劣化ウラン弾（Plutonium，Depleted uranium ammunition）」などの含意から，「ゴミ」「瓦礫」「廃棄物」，「役に立たないもの／ひと」「不要物／有用な人材でないひと」「毒物／（社会の）害虫（とされるひと）」「廃材／廃人」なども含めて，“廃棄（dump［ing］）”“廃棄物の発明（invention of refuse）”“造り出された廃棄物（invented refuse）”“廃棄物の反逆（rivolta dei rifiuti，revolt of refuse）”を考えている。「廃棄された生」については，（Bauman 2004＝2007）の論考も参照されたい。

16）メタファーとしての“社会文化的な島々”は，空間的な広がりをもった場として山や平野の中にも存在しうるし，エスニシティ，文化，経済活動のあり方，言語，宗教などを紐帯として形成された社会集団にも適用しうる概念である。理論の形成過程と詳細については，（新原 2017a）を参照されたい。

17）「“うごきの比較学”にむけて」（新原 2017b）でも論じているが，グローバリゼーション／ポストモダンという「ズレ」や「緊張関係」を伴った運動のなかで，たしかに，「資本と情報」の移動は大きな力となっている。メルッチの言い方によるなら，「社会的行為のためのグローバルなフィールド」の「広がり」の力であるが，このなかで，社会構成体の様々なレベルを越境し移動していく個々人の身体的体験は，自らの，そして惑星地球そのものの「物理的な限界」と深く結びついている。そのひとつの現れとして，近年の“ひとの移動”の背後には，「逆転する植民現象」，すなわち，「植民・移民」は単に「過去」ではなく，モダンそのものが循環し，現在の構成要素となっている。その結果，グローバリゼーションは，地球規模で「国民」「市民」といった枠からはみ出す“受難者／受難民（homines patientes）”の存在が可視化するプロセスとなる。気候変動，原子力，遺伝子操作，超高度化したテクノロジー，グローバル化した市場の「統治性の限界（the Limits of Governmentality）」など，近代社会が生み出した「限界のないリスク」によって，「選択のジレンマ」を抱える「ごくふつうのひとびと」は，たやすく“受難者／受難民”へと変化をしていく。この“心身／身心現象（fenomeno dell'oscurità antropologica）”における内なる社会変動の意味と構造をとらえることが重要だという理解である。「逆転する植民現象」については，『境界領域への旅』（新原 2007a）においても論じた。「植民地化」と「労働力移送」の世界規模の運動は，同時に，絶えず“混交・混成・重合”してゆくクレオリザシオン（*créolisation*）をもたらした。このプロセスはいまや世界の各地にひろがっている。私たちがいま立ち会っているのは「逆転する植民現象」，「荒野」として「発見」されたものたちの反逆であり，阻止しようとしてもできない不可逆的現象である。これらはいずれも，コロンブスの「発見」以来の「植民地支配」という（人間によって創り出された関係の重合性の）拘束によって，「歴史を自らつくれなかった民（欠けたる存在）」として自らを定義せざるを得なかった人々が持つ意味をとらえ直すものである（Cf. Glissant 1997 = 2000）。これは，第 2 章のランペドゥーザでのフィールドワークとも，かかわってくる視角である。

18）生物としての人間が，いかなる知性にとっても対応困難な現実に直面するという限界状況，「私たちは，実験場に暮らす実験動物だ」と自らを理解し語るチェルノブイリの人々については，（Petryna 2013 = 2016）（Svetlana 1997 = 2011［1998］）などから示唆を受けている。

19）“未発の状態（stato nascente, nascent state）”についての考察は，「“未発の状態／未発の社会運動”をとらえるために」（新原 2015b）および「A. メルッチの“未発の社会運動”論をめぐって」（新原 2016e）での論考と重複している。

20）「“うごきの比較学”にむけて」（新原 2017b：85）でも論じている。“地域社会／地域／地（region and community/field/terra）”は，ここでのフィールドワーク（“惑星社会のフィールドワーク”）が，“引き受け／応答する”相手となる圏域である。
◇ “生存の場としての地域”は，モノ［風水土（物質圏＝大気圏・水圏・地圏）］，イキモノ［生命系（生物圏）］，ヒト［類的存在としての人類の文明（人間圏）］によって構成される。一つのローカルな単位となった“惑星社会”を支えている“生存の場としての地域（region of beginnings, region as a precondition）”は，“廃棄（dump［ing］）”も“線引き（invention of boundary）”もできないひとつの単位（element）として存在している。「市民」「国民」「正常」「健常」といった「区分」（“線引き”）によって生じる「選別・排除」によって，「外部」へと「移譲」したり，根絶・排除することが出来ない“異物（corpi estranei）”が（再帰的な移動をしつつも）常住する。

◇　すなわち，都市・地域の社会（科）学が設定する“地域社会（region and community）”の背後の“地域（regione, region, area, zone, territory, field, element）”，さらには，その“地域”の背後の“地（terra, ground/soil）”“地球（Terra, the planet Earth）”である。“地（terra）”の固有性と行き会う／生き合うことで蓄積されてきた“智恵（saperi）”“智（cumscientia）”が，“臨場・臨床の智”の土壌を形成している。この認識のもと，下記のような理解をしている：

フィールドワーク（learning/unlearning in the field）は，“うごきの場に居合わせ（being involved with the field）”は，“関係性の動態を感知する（percepire il passaggio di relatività, perceiving the passage of relationship）”ためのものだ。

地域学は，区切ることのできない“生存の場としての地域社会の探究／探求（Exploring Communities for Sustainable Ways of Being）”であり，その“端／果て（punta estrema/finis mundi）”と“境界領域（cumfinis）”をフィールドとして，《社会構造の“移行・移動・横断・航海・推移・変転・変化・移ろいの道行き・道程（passaggio）”に着目し，そこに生起する“複合・重合”的で“多重／多層／多面”の“うごき（nascent moments of relationship）”を捉え，個々人と社会の“メタモルフォーゼ（変異＝change form/metamorfosi）”の条件を析出する営み》である。

学問（惑星社会の諸問題に応答する総合人間学としての社会学）は，《〈モノ（物財）―コトバ（意識，集合表象）―ココロ（心身／身心現象）〉の“境界領域”にある多系／多茎の可能性（le vie possibili verso i vari sistemi）を“探究／探求”する営み》である。

21）「“うごきの比較学”にむけて」（新原 2017b）においても，この点を論じている。

22）第一のジレンマは，「自律性」と「管理」，個人の選択と，行動の管理・制御との間に生じる。第二に，「システムそのものへの自己介入の力を拡大させようとする（全能（omnipotence）への）衝動」と内外の自然からの制約を引き受ける“責任／応答力（responsibility）”との間のジレンマを生み出す。第三に，科学的知識によってもたらされた不可逆な現実と可逆的な選択とのジレンマをもたらす。第四には，「世界システムの地球規模の拡張」により，文化の異質性や多様性に対する「包摂（inclusion）と排除（exclusion）」のジレンマをもたらす（Melucci 1996 = 2008: 174-175）。

23）死という限界状況を目前にしたメルッチが，展開しようとしたリフレクションについては，「A. メルッチの“未発のリフレクション”」（新原 2017c）を参照されたい。

24) “社会の中で生み出された痛苦／痛み（patientiae, sufferentiae, doloris ex societas）”を，社会（科）学的に認識するときは，“社会的痛苦”という言葉をあて，生身の人間の“わがことがら”として体感する状況を表す場合には“痛み”という言葉をあてた。市井三郎の定義による「“不条理な”苦痛」に相当する（市井 1971）。宗教や文学の対象であり生の意味とかかわる根源的痛苦，不快の根絶・排除／不快との共存，あるいは緩和医療といったイッシューとかかわる心身の（兆候としての）痛苦とは区別して，社会学が対象とする相対的剥奪感，不安，不満，ちょっとした不具合（piccoli mali, minor ailments）なども含めての痛苦として“社会的痛苦”を考えた。それゆえ，“痛み”と“社会的痛苦”（さらには，根源的痛苦や心身の痛苦）の関係性は，“衝突・混交・混成・重合”ということになる。
25) 能動と受動の間の衝突が顕著に顕れている場合には，「・」でなく「／」として，“臨場／臨床の智（cumscientia ex klinikós）”と表記すべきであろう。
26) “比較学（Comparatology）”は，comparative study でも，comparative method（ology）でもなく，個々の科学の境界を横断し，異なる境界線の引き方，新たな比較（対話）可能性を提示する。既知の分類による属性の比較にとどまらず，別ものとされたもの同士の“未発の状態（nascent state）”に着目し，関係性のうごき（nascent moments of relationship），すなわち〈関係性の（在り方そのものが変化していく社会文化的）プロセスを比較（対話）のなかで感知する智（cumscintia for perceiving the dynamism, puls, rhythms, roots and routes of relationship）〉である。
27) 「“うごきの比較学”から見た国境地域」（新原 2018：23-26）で，これまでのフィールドワークの整理を試みた論考と重複している。
28) 「ただ存在するという理由のみによって静かに尊重されるようなテリトリー」（未発のコミュニティ）については，新原道信「惑星社会のフィールドワークにむけてのリフレクシヴな調査研究」新原道信編『うごきの場に居合わせる――公営団地におけるリフレクシヴな調査研究』中央大学出版部，2016 年，68-74 ページで論じている。
29) 「各種の日本地図を見ますと，種子，屋久までは書き入れてありますが，その南の方はたいてい省略されています。それは地図の紙面がないということだけではないようです。われわれの意識の底にそこははずしてもいいというような感覚がのこっているのです。たとえば奄美の地図を書く時に，徳之島の西の方の鳥島を落としていても平気だという気持ちをなくしたいのです」という言葉である。
30) 島の「発見」については，「ヘテロトピアの沖縄」（新原 2003）で論じている。
31) 2017 年 3 月の石垣調査では，新原と鈴木鉄忠で，①自衛隊基地候補地（於茂登・開南・嵩田・川原）のフィールドワーク，②基地反対の市民運動団体のメンバーとの懇談，③基地候補地の地域住民との懇談，④石垣・八重山に関する資料収集などを行った。
32) ランペドゥーザ島において，メルレルと新原と鈴木鉄忠は，現地のフィールドワーク（新港と旧港，リゾート開発地区，アラビア語で船名が記されている難破船，環境保護教育センター，教会，市役所と大通り（Via Roma），難民収容所，空軍基地，旧 NATO（米軍）基地，北西部の岬から北岸をすすみ，北東岸の灯台と軍事施設，難民たちも埋葬されている共同墓地，ディーゼル発電所，海水淡水化施設など），とキーパーソン（元市長，医師，心理療法士など）への非構造的インタビューを行った。観光に特化した産業構造の歴史的経緯とその歪み，移民・難民という“他者”に対する否定的反応というグローバルな現象と国内・国外における格差の拡大の接点，島嶼の軍事化とフロンティア化，島嶼地域のマスツーリズムと持続可能な社会に向けた課題が明らかになった。

33）新原と鈴木鉄忠による宮古島調査においては，基地関連施設のフィールドワーク（伊良部大橋；伊良部島，長山港（海上保安庁の巡視艇・拠点）；渡口の浜（米海兵隊 Facebook 掲載の写真で「標的」とされた場所）；下地島空港；白鳥崎公園；ふなうさぎバナタ；佐良浜港，旧千代田カントリークラブ・陸上自衛隊基地予定地ゲート前；敷地内の御嶽（うたき）の森；千代田・野原地区；アリランの碑（「宮古島に日本軍「慰安婦」の記念碑を建てる会」），高澤義人の詩碑；航空自衛隊機宮古島分屯基地；準天頂衛星システム宮古島追跡管制局；保良（ぼら）地区の旧保良鉱山・弾薬庫予定地，自衛隊射撃訓練場；沖縄県不発弾保管庫・弾薬庫，旧宮古島 DGPS 局・海上保安庁射撃訓練場；東平安（ひがしへんな）崎；高野漁港・水陸両用車上陸予定地；「不法投棄・散乱ごみ監視事業」住民訴訟判決説明会；久松地区の市指定建造物「久松みゃーか」（巨石墓群），久松五勇士顕彰碑，久松の機関銃壕，松原公園清掃業務など），および，軍事基地配備と地域社会の実態調査と資料収集，反対運動参加者との意見交換を行った。石垣島においては，2017 年に会っていただいた方たちと再会の後，字（あざ）・公民館・コミュニティに関する資料収集，石垣市役所市史編纂課にて関連資料の問い合わせと収集を行った。

34）日本とイタリア，それぞれの“国境地域（borderland, frontier/liminal territories, zona di confine, territorio limitrofo）”における比較と対話は，近年では，2016 年 2 月にサルデーニャ・ミラノ調査，3 月沖縄調査，8 月サルデーニャ調査を行い，2017 年には，2 月サルデーニャ調査，3 月に石垣と長崎県の川棚調査などを行い，2018 年 3 月のランペドゥーザ調査後のサッサリ，ミラノ，そして宮古と石垣での調査と続いている。たとえば，下記のような報告と討論により，長年かかわりのある研究者・市民との間での“対話的にふりかえり交わる（riflessione e riflessività）”調査をしている：

- Michinobu Niihara e Tetsutada Suzuki, “Terza Missione dell'Università e responsabilità della ricerca : Esperienze di formazione e ricerca con le comunità”, in Laboratorio FOIST per le Politiche Sociali e i Processi Formativi with EnRRICH – Enhancing Responsible Research and Innovation through Curricula in Higher Education, Dipartimento di Scienze Umanistiche e Sociali – Università degli Studi di Sassari, Sassari, il 24 febbraio 2016.
- Michinobu Niihara, “Coesione sociale e promozione della cittadinanza

attiva. Ricerche a confronto nel contesto giapponese e in quello sardo ed europeo", in Associazione IntHum – Laboratorio interculturale di ricerca e di promozione della condizione（H）umana, Sassari, il 8 agosto 2016.
– Michinobu Niihara e Tetsutada Suzuki, "Ricerca sociale e impegno comunitario", in FOIST per le Politiche Sociali e i Processi Formativi Laboratorio, Dipartimento di Scienze Umanistiche e Sociali – Università degli Studi di Sassari, Sassari, il 24 febbraio 2017.
– Michinobu Niihara e Tetsutada Suzuki, "Disuguaglianze, senso civico, partecipazione. Come lavorare insieme. Le nostre esperienze e quelle giapponesi a confronto", in Associazione IntHum – Laboratorio interculturale di ricerca e di promozione della condizione（H）umana e Comunità Attive e Promozione della Coesione Sociale, Sassari, il 24 febbraio 2017.
– Michinobu Niihara e Tetsutada Suzuki, "Settimo incontro di comunità fra cittadini del quartiere di Santa Maria di Pisa, ricercatori e operatori sociali", a seguito delle riunioni e delle "Caminate comunitarie" realizzate nel quartiere, in Ricerca su: "CapacitAzione: comunità attive e promozione della coesione sociale" presso Uffici Comunali del Settore Coesione Sociale e Pari Opportunità, Sassari, il 27 febbraio 2017.
2018年3月のランペドゥーザ調査では，ランペドゥーザからサッサリに移動してすぐに，メルレルが主導する地域研究所（INTHUM）が企画したセミナー「島嶼，コミュニティ，人間の移動」に報告者として参加し，イタリアと日本の宮古島・石垣島の島嶼・国境地域の比較をめぐる議論を行った。
– Michinobu Niihara e Tetsutada Suzuki, "Comparazioni e narrazioni tra isole giapponesi, pelagie e sarde, di ritorno da Lampedusa, Incontrano le equipe dell'associazione IntHum, del Laboratorio FOIST", in Associazione IntHum – Laboratorio interculturale di ricerca e di promozione della condizione（H）umana e Comunità Attive e Promozione della Coesione Sociale, Sassari, il 10 marzo 2018.
サッサリのセミナーでは，（a）小さな島嶼の軍事化とフロンティア化，（b）国家中心型とは異なった辺境・境界地域の視点の意義などの論点を明確化し，今後の共同比較研究の方向性について確認した。ミラノにおいては，メルッチ夫人のアンナ・ファブリーニ氏との談話を行い，現代社会と身体の関連をめぐる意見交換と今後の研究についての打合せを行っている。

35）石垣と宮古，それぞれの場所でキーパーソンの方たちには，『"境界領域"のフィールドワーク』（新原 2014a）と『うごきの場に居合わせる』（2016a）をお渡ししている。その後になし得た懇談の場では，イタリア・地中海・サルデーニャからの知見をお伝えし，懇談の記録は，出席者の方たちにテープ起こししたものを返している。メール等でのやりとりのなかでも，個々の論題とかかわると思われる論稿（沖縄に関するものだけでなく，サルデーニャ・地中海の島々が直面している状況に関するもの）をお送りするなどした。そのなかで，自らが置かれている“状況・条件”を“大きくつかみ（comprendend）”，“臨場・臨床の智”を持つ“地識人（the wise on the street，i saggi della strada）”たちとの間で，これまで本調査研究グループが蓄積してきた言葉（理論，ものの見方）への「共感」が生まれた。たとえば以下のようなものである：

> 島尾敏雄さんの引用は「その通り！」と思います。些細なことですが，テレビの天気予報，今でこそ NHK は八重山地方の予報を流しますが，かつてはありませんでした。民放ではいまだに無い局もあります（2018 年 3 月宮古・石垣調査後のやりとりより）。

36）“うごき”の萌芽と抑止については，「3.11」直後の「いままでと同じではいられない」という知覚と，「おわったこと」にしようとする“忘却（amnesia）”“忘我・自失（raptus）”の力，受難・死・喪失・社会的痛苦を「なかったこと」にする“没思考の浄化主義（purificanismo spensierato）”の力について，（新原 2014a: 2-6）で論じている。

37）ここでの「条件」「状況」という言葉は以下のような含意で使用している。中世ラテン語の situare に由来する「状況（situazione）」の，situs は positua，つまり，位置，もののあり方，置かれ方，配置，ひとの姿勢，姿態とかかわる。ラテン語の condicione から来ている「条件（condizione）」は，いっしょに（con），言う（dicere），同意する（convenire），契約＝同意のうえで決める（stabilire di commune accordo）とかかわる。どちらの言葉にも，人間の主観／主体的側面と客体的側面があり，「条件」には，相互承認／間主観の契機がある。たとえばアーレントの著作は The Human Condition。どちらの言葉にも，人間の主観／主体的側面と客体的側面があり，「条件」には，相互承認／間主観の契機がある。漢語の「状況」「条件」は，それぞれラテン語の原意と照応した訳語となっている。

38）『うごきの場に居合わせる』（新原 2016a）における主要なフィールドとなった「湘南団地」は，1990 年代当時，「在住外国人支援」「内なる国際化」などの路線からは，注目されなかった，あるいは地域における「特殊な場所」という見方が存在することによって意識的にかかわることを忌避されてきたという側面があった。“端／果て”という視点から，この場が選ばれた（あるいは自治会役員や外国人リーダーから選ばれた，首根っこをつかまれ「引っ張り込まれた」とも言える）。

39）しかしながら，学生にとって，立川基地や砂川闘争は，「おわったこと」「なかったこと」である。立川基地跡の国営昭和記念公園は，箱根駅伝予選会会場であり，隣接する立川広域防災基地が，旧日本陸軍の飛行場跡地であることも知られることはない。学生には，機会をとらえて，「基地」「墜落」「事故」「事件」の比較学というかたちで以下のような話をしている：

> 一見，自分とは「無縁」な，「基地」「墜落」「事故」「事件」は「他人事」であったのだろうか？　東京・横浜など，「首都圏」で生きる人間として，“追想しつづけ（remembering, ricordando）”ざるを得ないことがらとして……

1953年6月18日，立川基地を離陸した大型輸送機グローブマスター（C-124）が，東京都小平町（現・小平市）に墜落し，乗員や米兵など129名全員死亡。
1955年9月4日，土地の強制接収と基地建設が進行中の嘉手納村（現在の嘉手納町）で，強姦され下腹部から肛門にかけて刃物によって切り裂かれた幼女（6歳児）の遺体が発見された。
1955年9月19日，横田基地を離陸した米軍のF-80シューティングスターが，八王子市神戸（現・八王子市大楽寺町）に墜落。パイロット1名，地上の住民5名が死亡。
1955年10月9日，立川基地を離陸したB-26爆撃機が東京都南多摩郡日野町（現・日野市）に墜落。
1959年6月30日，アメリカ占領下の沖縄・石川市（現・うるま市）の宮森小学校（現うるま市立宮森小学校）に，F100Dジェット戦闘機が墜落，死者17人（小学生11人，一般住民6人），重軽傷者210人，校舎3棟，民家27棟，公民館1棟が全焼，校舎2棟と民家8棟が半焼。
1964年4月5日，嘉手納基地を離陸したF8U-2クルセイダーが厚木基地へ向かう途中，町田市中心街に墜落，住民4人死亡（町田米軍機墜落事故）。
1964年9月8日，厚木基地を離陸したF-105が，厚木市旭町の相模川河川敷に墜落，乗員2名が死亡。
1964年9月8日，厚木基地を離陸した大和市の鉄工所にF-8戦闘機が墜落，住民と従業員5人死亡（大和米軍機墜落事故）。
1968年6月2日，板付基地第313航空師団第15戦術偵察飛行隊所属のRF-4Cファントム偵察機が，九州大学大型計算機センターの屋上に墜落。
1977年9月27日13時20分，厚木基地を離陸したアメリカ海軍RF-4BファントムII611号機）が，エンジン火災を起こし，横浜市緑区荏田町（現・青葉区荏田北三丁目・大入公園付近）に墜落した。事故発生から10分後，自衛隊が出動，脱出したパイロット2名を「救出」し，厚木基地に帰還。墜落現場は米軍の管制下に置かれた（cf. 土志田2005）。
1995年9月4日，沖縄のキャンプ・ハンセンに駐留するアメリカ海軍軍人3名が12歳の女子小学生を拉致。粘着テープで顔を覆われ，手足を縛られた上で車に押し込まれ，海岸に連れて行かれ強姦され，負傷した。
2004年8月13日，在日米軍のヘリコプターが沖縄国際大学に墜落。
2016年4月28日，沖縄県うるま市でウォーキングに出かけた女性が拉致・暴行・強姦の上殺害された。

40) Faculty-Linkage Programは，中央大学内の教育制度で，学際的な領域の問題解決能力を育成するプログラムとして，「環境・社会・ガバナンス」「ジャーナリズム」「国際協力」「スポーツ・健康科学」「地域・公共マネジメント」を開設している。新原は，このなかで「国際協力」と「地域・公共マネジメント」のゼミナールを担当し，ここでは，フィールドワークにより国際社会／地域社会の現実に迫ることを希望する全学部の学生が学んでいる。

41)　まちづくり・子育てのモデルケースとされてきた立川・砂川地区の諸組織・団体は，徐々に活動の維持が困難となってきており，持続可能性を内在的に探り，その“智”を次世代に伝えることが急務となりつつある。現在の信頼関係に基づき，研究／地域活動を継続すれば，より多くの地域貢献の成果が生まれることが予想される。学問上の貢献としては，本調査研究の成果は，新原が1987年より共同研究を続けているイタリア他で報告・議論すると同時に，Living Knowledge 等の国際的なネットワークやワークショップで開示された。立川の事例は先進的であると評価され，UNESCO で同様のプロジェクトをすすめる Rajesh Tandon（PRIA, India），Budd Hall（University of Victoria, Canada）や，ブラジル・エスピリトサント連邦大学との連携にも着手している。調査で得られた知見の意味を解釈する創造的プロセスを公共化することにより，〈子どもたち／地域住民／大学人の“共創・共成”による“臨場・臨床の智”の育成の在り方〉の地球規模での意味づけをしていくこと可能となると考えられる。

42)　この点については，『社会学理論応用事典』の「社会学的介入」（新原 2017d: 630-631），「未発の社会運動」（新原 2017d：634-635）を参照されたい。

43)　メルレルの〈調査研究／教育／大学と地域の協業〉については，「A. メルレルの“社会文化的な島々”から世界をみる試み」（新原 2017a）を参照されたい。

44)　1980年代には，国内の不均等発展，地域問題としてのイタリア南部問題への対処として繰り返し策定された総合開発計画の破綻とそれにともなう地域社会の解体に関する地道な実証研究を積み重ね，「サッサリの社会科学者グループ」（Merler con gli altri 1982）として内外に知られるようになった。他方で，自らがヨーロッパと南米の間を移動した人間であることから，南米各国への移民に関する厖大な質的調査と南米社会の社会学的研究を行ってきた（Merler e Mondardini 1987）。

45)　たとえば，「北海道，サハリン，千島列島における複合的エスニシティ」「ラテンアメリカの先住民とサルデーニャ」「あらたな開発・発展のための教育と研究」「計画，起業家精神，開発・発展」「日本の社会学」「社会的連帯と市民活動」「不平等，市民感覚，参加」「島嶼性，コミュニティ，ひとの移動」「調査研究／地域活動と社会の変化」といったテーマでの開催を共同企画してきた。

46)　FOIST は，1977年に設立されたのだが，その「始まり」以前に，メルレルが深くかかわってきた4つの活動があった：

①　ブラジルのサンパウロでの研究活動（I.E.I）：1960年代にメルレルが大学と大学院時代を過ごした時期に当たる。ここでは三つの目的が自覚的に掲げられていた。教育，調査，そして最後が非常に特徴的と思われる Extensão universitária（「外に拡がる大学」という意味で，大学の外で行われる活動）である。

②　トレントの研究所：この活動は1970年，71年，77年に行われた。メルレルがトレント大学で教鞭をとった時期である。

③　ミラノでの研究拠点（I.A.R.D）：1971年，72年の行われたもので，「資料センター」ではとくに若者を対象とした支援や調査が行われていた。社会

的サービス（社会福祉）に重点を置いた活動や視点は，その後のFOISTの方向性にも影響を与えた。

④　サルデーニャ北東部ガッルーラ（Gallura）地方の中心的な都市テンピオでの共同地域研究の活動（C. S. C.- ISES TEMPIO）：一時期メルレルもテンピオに住んでおり，サッサリ大学までバスで通っていた。学生のなかにもテンピオから通学している人がいたことから，ガッルーラの地域研究をやろうということになった。そのときに収集した資料がFOISTの資料室に加えられることになる。

これら四つの潮流が重ね合わせられて，1971年サッサリで，地域研究のグループが結成される。1974年の研究グループを経て，1977年公式にFOISTが始まった。

47)　ラテンアメリカの社会学を常にリードし，南米社会・ブラジル社会の従属構造のすぐれた分析を行ってきたO. イアンニ（Octavio Ianni）は，その晩年のエネルギーの大半を，南米社会からグローバリゼーションの意味を解読することに捧げた。彼は，グローバル社会という一つの運動，一つの傾向を根本的に把握するために，世界の諸地域において現に起こっている個々の小さな事実にふれて，汚れつつ，その場の意味を，一見隔絶されているように見える他の小さな場の意味と対比しつつ，なにをどう考えるのかというところから考えることの重要性を，繰り返し語った。そして，イアンニの著書『グローバリズムの時代』（1996年）のイタリア語版（Ianni 1996 = 1999）に紹介文を寄せたS. サッセン（Saskia Sassen）は，国家の単位を前提として移動の骨組みのみを分析しがちな既存の研究に対して，イアンニの仕事は，変容の実態と意味を把握するという質的試みにとってきわめて重要な寄与をなしているとした。イアンニは1926年に生まれ2005年4月4日に亡くなった。1969年の軍政下のブラジルで，サンパウロ大学の職を追われ，祖国から離れざるを得なくさせられたが，いまだ軍政下の1977年に帰国した。2005年4月10日付の『ル・モンド』の追悼文は，この老社会学者がいかに南米社会に勇気を与えていたかを報じた。日本でもよく知られるようになったS. サッセンが，別の社会的文脈からイアンニの業績を評価していることが，両者の関係から見てとれる。イアンニとメルレルは，年の差をこえて1960年代のブラジルの軍政下をともにたたかった同志だった。

48)　メルレルは，「ヨーロッパの社会的空間の再構成」というテーマで，この点について論じている。「すでに『他者』によって満たされてしまったこの『半島』ヨーロッパが，社会的なるものとして生きていくための希望……『他者』は，まさにヨーロッパが生み出し，もたらした移動によって，生み出された痛苦をわがものとするところから生まれたものたちであり，われわれはこの『異端』たちとの関係をとらえ直すことから始めるしかなく……太古から連綿と続いた移動，そしてこの500年の移動が，モザイク状に刻印された現在のヨーロッパの地域社会においては，無数の“複合し重合する私（io composito）”との協業を，これまでの視点からするなら『異端』としか思えないような各自の独自のあり方で始めていくしかないのである（Merler 2004 = 2006：76-77）」。この発言は，現在の「難民問題」

への予見的認識となっている（この点は，稿をあらためて述べたい）。

49）エラスムス計画（ERASMUS, European Region Action Scheme for the Mobility of University Students）は，EU における学生の流動化の促進をめざすもので，1987 年に設立された。1994 年に欧州連合が策定したソクラテス計画（1999 年 12 月 31 日終了），2000 年 1 月 24 日よりソクラテス II 計画，2007 年 1 月 1 日より，EU 生涯学習計画（2007-2013 年）に統合された。各地の言語・文化の違いを尊重したうえで認識し相互理解を促進することを目的として，EU 域内の教員・学生の移動に対応するための母体となった。1999 年のボローニャ宣言以降のボローニャ・プロセスにおけるヨーロッパの高等教育の標準化（授業料の導入，学科の改廃，大学の組織改革の連続など）の方向性とは異なるものだった。

50）「境界領域の思想」（新原 1998）という論稿において，メルレルたちのもとで育った FOIST の学生たちによるサッサリ市のリツェッドゥ地区にあった精神病院の地域開放のうごきについてまとめている。

51）2018 年 8 月に，メルレルと二人で，刑務所受刑者との協業（異文化セミナー）を試みたアジナーラ島を再訪している。

52）これまでの活動をグローバルな社会的文脈のなかに位置づける試みが，メルレルの弟子のヴァルジウたちを中心にすすめられている。Living Knowledge ネットワークへの参加であり，FOIST の試みを EU の教育大学プロジェクトに位置付けて再解釈し，大学外部から資金を取得し，活性化させようと奮闘している。

53）イタリアのすべての人事が予算の問題によりストップし，国家規模で行われている正教授，准教授の資格試験を突破したとしても，受け入れ先の大学を確保できない。イタリアの大学教員として採用されるためには，全国レベルで招集される人事委員会によって「任用に適正な研究者である（idoneità）」とされる教員のリストに載ることがまず求められる。次に，そのリストのなかから自分を招聘してくれる大学が現れる必要がある。これまでは，メルレルのような正教授が引退する場合は，各大学の予算はそのまま維持されていたため，後任人事として第一の層（prima facia）である正教授をそのまま招聘する，あるいは教授分の予算で第二の層（seconda fascia）の准教授を二人招聘する，あるいは講師・助教（ricercatore）を三人招聘することが出来た。しかしいまは，メルレルが退職した場合，大学にのこされる予算は三分の一程度で，最大限でも講師・助教（ricercatore）を一人招聘することしかできない。年配の教員は退職していくのに，新規の教員は採用されないため，カリキュラムを維持することが出来なくなり，いくつかの専攻は閉鎖せざるを得なくなっている。

54）INTHUM の活動は，「異文化と人間の条件の研究センター（Centro di ricerca sull'interculturalità e sulla condizione umana）」として 1989 年からサッサリ大学内で始められたものだったが，2015 年より，市民活動家や他分野の研究者，「社会のオペレーター」となった卒業生なども招集し，「（人間の条件を研究し改善するための異文化工房）Laboratorio interculturale di ricerca e di promozione della condizione（H）umana）」と改名し，活動を再編した。

55) 以後，ゼミ生を募集する際には，たとえば以下のようなかたちで「社会のオペレーター」をキーコンセプトとしている：

「フィールドワークの力で〈ひとのつながりの新たなかたち〉を構想する」

① 異なる言語・文化・社会を生きるひとたちとの間で，いかにして水平的な人間関係（根本からの協力関係）を創るのか？――新原ゼミは，とりわけ「3.11以降」の日本で求められている地域社会の担い手となる「社会のオペレーター（生活の場に居合わせ，声を聴き，要求の真意をつかみ，様々な「領域」を行き来し，〈ひとのつながりの新たなかたち〉を構想していくひと）」の育成をめざしています。担当教員の新原は，地域社会学者として，イタリア・日本などを中心とした世界の諸地域でコミュニティの現実とかかわってきた経験から，学生のみなさんに“フィールドワークの力（自分で道を切り開き，大切なこと／ひとに出会い，ともに場を創る力）”を伝えていきます。

② 新原ゼミは，“コミュニティを基盤とする参与的調査研究”を共通のテーマとして，大学の外の世界とつながっています。一つは，立川の昭和記念公園に隣接する立川・砂川地区での息の長い地域活動（「立川プロジェクト」）です。ひとのつながりが創られていく場に居合わせ，一人一人のひとにきちんとかかわりたいという想いから，公営団地の運動会や夏祭り，防災ウォークラリー，子どもたちの夏期合宿といったイベントのお手伝い，毎月の役員会など地域づくりの舞台裏にも参加させていただくことで，コミュニティ形成の現場を体感しています。もう一つは，私たちとほぼ同じ試みを地域でしているイタリアの大学とのかかわりです（ここから，インドやカナダ，さらには宮古・石垣，台湾などとのつながりを創りつつあります）。

③ ゼミは，文学部・大学院・FLP地域公共・FLP国際協力の四つのゼミによって構成され，ゼミ・学部の枠をこえた交流・協力をしています。卒業生は，国内外の大学院進学・留学，東京・神奈川・兵庫・大阪・静岡・岩手・新潟，横浜などの自治体職員，国家公務員，国際交流・協力関係の官公庁・組織・諸団体（JICA，国際交流協会，日本文化会館，青年海外協力隊，NPO，NGO，日本語教師，起業家など），小中高・大学の教員，社会福祉職，銀行・商社・メーカー，生保・損保，広告代理店，CA・車掌・運転士，新聞記者などとして働くなかで，他者とともに場を創ることを始める力を活かしています。卒業生は，自治体職員，省庁などの公務員，教員職，大学事務職，研究職，商社・銀行などの海外部門，海外の諸組織・団体職員，蓄えた力を活かしています。留学や海外研修，海外実態調査では，現地で助けてくれる卒業生がいたりもします。

④ 大学在学中にすべきことは，知識の蓄積以上に，汗をかいて，足で稼ぐこと，全景把握を試みること，“生活・生存の場”としての地域の構造を把握する力と人々の汗や想いを掬い取る力を身につけることです。「ふつう」にこのゼミをやったひとたちは，短期的に速くいこうとする人たちよりも，より深く遠くまで，そして（結果的には）より早く，自分のなすべきことに到達していきます（「急がば回れ」です）。想像力と創造力を大切に，このゼミで自分を試していってもらえたら幸い

です。

56)　「待つ」ことの支えとなったのは，中央大学赴任後に，横浜市立大学で非制度的に続けていた 2003 ～ 2006 年の「自主ゼミ」に参加してくれた学生たちの存在であった。横浜市立大学在任中の後半期には，ゼミへの志望者は極度な減少傾向にあったが，中央大学への異動が明らかになった後，なぜか志望者が増加し，彼らの希望により，「自主ゼミ」が立ち上げられ，「（自主）ゼミ生」たちは，横浜市立大学での「仮住まい」のゼミ（親しかった教員に頼み，部屋を確保してもらった），中央大学でのゼミ・授業，そしてかなりのメンバーが，「湘南プロジェクト」に参加してくれ，就職後もずっと通い続けてくれた。『うごきの場に居合わせる』（新原 2016a：550-554）で哀悼した故・Fn くんは，そのなかでも，社会や他者へのふれかたを大きく変えていった一人だった。彼らのなかにあった，遅れてやってくる“メタモルフォーゼ（changing form / metamorfosi）”，“かたちを変えつつうごいていく（changing form）”姿を間近に見させてもらったことから，当面の苦境に対する柔軟性を保つことが出来た。

57)　メルッチやメルレルたちとともに，“臨場・臨床の智”――物理的距離の如何にかかわらず，“生身の現実”に肉薄するところの〈エピステモロジー／メソドロジー／メソッズ／データ〉――を“探究／探求”してきたが，こうしたことを為し得る“智”を「おまえは持とうしてきたのか」と再審された気がして，信頼できる複数のひとたちと原発の状況について話をした。チェルノブイリ以後の状況から多くを学び，イタリアの 4 基の原発の廃止運動とかかわった友人たちは，「少なくとも奥さんと娘はイタリアに残せ」と言った。二転三転した後に，予定より少し早く家族を連れて成田に降り立ち，バスとタクシーを乗り継いでどうにか帰宅し，当面は生活を再編することにエネルギーの大半を割かざるを得なかった。友人の在日外国人たちは次々と出国していった。

58)　『境界領域への旅』（新原 2007a）を作ってくれた編集者・西浩孝氏に，尻をたたかれるようにして，かろうじて，チェルノブイリの事故が起こった 4 月 26 日に向けて，想いを言葉にした：メールマガジン「大月書店通信」第 28 号（2011.4.26），新原道信「死者とともにあるということ・肉声を聴くこと――2011 年 3 月の震災によせて」http://www.otsukishoten.co.jp/news/n2274.html および http://www.otsukishoten.co.jp/files/memento_mori_20110426.pdf

59)　以下のような言葉であったが，彼女の“背景（roots and routes）”として存在している無数のひとたち，生きもの，土地のすべてが溶かし込まれている「魂の塊」のように感じて，PC の画面から思わず身体を一歩後ずさりさせてしまった。どうしても，この言葉が頭をはなれず，寄稿を依頼していただいた似田貝香門・吉原直樹編『震災と市民　第 II 巻』「“交感／交換／交歓”のゆくえ」（新原 2015d）においても，引き込まれるように彼女とその“背景（roots and routes）”の話を書いてしまった。この卒業生は，ご両親が飯舘村の出身で福島県浜通りの北部に位置する町に育ち，地元の進学校から東京の大学に進学，「飯舘村が注目」されるようになる数年前に，この父祖の地で調査し，中学生の声を聴き，卒論を仕上げた：

「ご無沙汰しております。お変わりありませんでしょうか。私は元気です。けれどこの2ヶ月の間に，私の故郷を取り巻く環境が大きく変わってしまい，そのことが少なからず自分に影響を与えているようです。自分は今後どういうつもりで東京に暮らし，故郷を思い，原発のあり方を考えなければいけないのか，考えるきっかけにしたく，メール致しました。自宅は福島と宮城の県境にある海沿いの町のため，津波の被害が甚大でした。海から1キロほど離れていますが，数十センチ浸水しました。両親は無事でしたが，同級生を含む，地元の方100人以上が亡くなったそうです。GWに地元に一度帰ったのですが，自宅から見えていた景色からは，人々の生活が消え失せていました。**部屋の一階からは波しぶきがはっきりと確認できる程，何もありません。**線路や駅も流されました。しかしあまり取り乱すものではないのですね。行く前は，きっと泣き喚いたりするんだろうな……と思っていたのですが，テレビで見ていたような光景を実際に目にすると，ただ呆然とするだけでした。以前どんな風景だったか思い出せる物は，影も形も残っていなかったからかもしれませんが。
さらに，自宅から50キロほど離れた原発の事故により，まず自宅のことを一番に心配しましたが，今は飯舘村のことがとても心配です。このような形で全国的に有名な村になるとは思っていませんでした。原発による恩恵は何も受けていないのに，こんな時だけなぜ……と思う日々です。両親共に飯舘村出身ですが，その親戚たちは今バラバラの場所に避難しているということです。**牛を，田んぼを，先祖の墓を置いて，見えない恐怖から逃げ出さなければならない心情を考えるとゆっくりと自分の背骨が折られていくような気がします。**」
「悲しいです。今後，自分が福島県出身であることを隠そうとすること，3.11は自分は東京にいたと必死に説明することなど，自分は今後やりかねないと思うのです。飯舘の老人ホームで長いこと暮らしていた祖母が亡くなったのが，昨年の秋で良かったと思ってしまうことも。津波と原発事故により，自分の故郷はめちゃくちゃになってしまったのに自分は平然と東京で暮らしていることにも腹が立ちます。けれど私は福島に帰っても役に立たないし，実は福島に帰ることも怖いと思ってしまうのです。自分のルーツをそんな風に感じていることが，とても悲しいです。自分が暮らしていた町も，飯舘村も何もないけど温かくて，自分を守ってくれる場所でした。昔はあんなに出て行きたいと思っていたはずなのに，こんな形で故郷の大切さに気づくなんて，今さら遅い，って感じですよね。静かに，遠く離れたところから見ているしかできないことをやるせなく感じます。ここから自分ができることが，何かあるのでしょうか。」
「私はこの二ヶ月の間，当事者に非常に近い存在でありながら，本当の当事者ではないとどこかで考えていたのだと思います。一人で考え込むだけで，誰かに自分の気持ちを伝えることもしてきませんでした。しかし，私もやはり当事者ですね。故郷が，誰かの為に破壊されつつあるのですから。飯舘村で生まれ育った両親は，私よりもずっと辛い思いをしているはずです。友人や親戚たちを全国のニュースで見ることになるとは思っていなかったと父は先日言っていました。
それでも私たち家族はこの震災に関して，どこか距離を置いて見ていたような気がします。本当に被害の大きかった人たちに比べれば大したことないから……避難しなくちゃいけないわけじゃないから……帰省した時に感じた空気です。あえて口にしない。私もその「空気」に呑まれていました。
しかし私はこの事態について，みっともなくてもいいから誰かとかかわりを作って行く必要があるのだと思います。飯舘には，昨年の秋に祖母の葬式で行って以来です。その日は福島まで父が迎えに来てくれて，村に着くまでの車中ではいつものように話をしていました。なぜその話になったかは覚えていませんが，父がふと八木重吉の詩を教えてくれました。以降，私もよく口ずさむようになった詩です。
「こころの暗い日にふるさとは　祭りのようにあかるんでおもわれる」
金銭的な事情で高校卒業後に上京せざるを得なかった父は，この詩を写真立てに置いて，仕事をしていたと言いました。人よりも牛の方が多いような村であっても，父にとっては何よりも賑やかで温かい場所なのだと，その時改めて感じたことを覚えています。飯舘を故郷に持つ両親が，平気でいるはずがありませんよね。
泣きながら，もっとかかわり合いを持ってみようと思います。家族とも，友人とも。
この事態を冷静に遠くから眺めているなんて，やっぱり無理です。両親や，親戚，それにかかわる人たちのルーツのために，私も当事者としてこの事態に正面から向き合ってみようと思います。震災以降の新原ゼミのMLには，本当に励まされていました。ゼミ生にもどうか宜しくお伝え下さい。本当にありがとうございました。」

60）家族関係の「問題」を抱えた学生，障がい者を家族に持つ学生などがいた。

61）入学当初は「ふつうに恵まれた家庭の子ども」という自己認識だった学生が，ある日「在日コリアン」であることを自覚し，フィリピンなどからの「出稼ぎ労働者」の支援活動に入っていったり，インドやアフリカに旅立つ学生などがいた。

62）『うごきの場に居合わせる』所収の（中里 2016）（鈴木 2016），本書の第3章などを参照されたい。

63）“うごきの場の共創・共成”とは，「小さな神や預言者」が出現することを回避しつつ，［変化しつづける］“偏ったトタリティ”を持った個々人が，“［小さな智恵や努力を］持ち寄り）”，“不協の多声（polifonia disfonica）”が発せられる場，“乱反射するリフレクション（dissonant reflection, riflessione disfonica）”の場を創ることである。

64）里山・里海のなかでも，とりわけ里山は，「自然」のものではなく，とりわけ近代になってからの人間の工夫のなかで創出されたものであることも説明した。

65) メルッチは，調査者と当事者（自らの行為のリフレクションをしていくという意味での調査者でもある）との関係性を「契約」という言葉で表している：

社会調査における人間の関係性は，調査にかかわる調査者と当事者の双方が，一定の書式を持った書類にサインをするといったかたちでの契約とはなっていない。そこでは，利害関心と目的に関する何らかの一致点があるかないかが問題となる。調査者と当事者の間の利害関心と役割があまりにも異なっている場合には，調査者が社会調査を実施したとしても，当事者は調査者にとって意味のある情報の提出を拒否することが出来るし，わざとねじ曲げて伝えることも出来る。調査者と当事者の利害関心と役割に関する距離感がきわめて小さい場合には，調査者の調査目的が優先した調査が行われるか，あるいは，当事者の意志と目的に従うかたちで調査者は調査をする装置と化す。従って，ここでの契約とは，紙面上のサインの話ではなく，お互いの距離を確認し適切な間隔を設定することを意味している（Melucci 2000c = 2014：99-100）。

66) フィールドにおける関係性の“うごき（nascent relationship）”を，メルッチは「遊び（gioco, play）」という言葉で表している。ここでの「遊び」はネジの「遊び」という含意から派生しており，ゆるく固定されたピボット・ピンのように揺れうごく関係性の「遊び」は，調査そのものにも個々の調査研究者にも起こっていくものである。社会調査そのものについて言えば，調査のプロセスは，「アプリオリに決定されているものではない。……経験的調査を体験したものなら誰しも，調査のなかで調査のプロセスそのものも変わっていくこと，実際に行われたことは，始まった当初のプロジェクトから異なることを識っている。……論理的かつ線形的に仮説を検証」する社会調査は，実は，「当事者との間に起こる予想外の出来事や困難のなかでの関係性の修正に拘束されてもいる」。つまりは，「調査者も当事者も，自らの境界を揺り動かし，パートナーの動きと変化する周囲の環境に応じて動く」ものなのであり，「その関係性の『遊び』自体が調査のプロセスとなっている」のであるとする（Melucci 2000c = 2014：100-101）。

67) メルッチによれば，「観察か介入かという（観念的）対立はフィールドのなかでは乗り越えられてしまう（現実に先を越されてしまう）。なぜなら，社会調査においては，『純粋な観察』はあり得ず，観察はすでに介入であり，フィールドをかえてしまうから」（Melucci 1998：26）である。さらに，科学的観察がリフレクシヴであることの困難についても言及し，「リフレクシヴな観察者は，自らが観察しているフィールドの内側に自らも在ることで，その場に居つつ同時に客体として自らを観察することは出来ないことに自覚的である。（フィールドの）内側にあるリフレクシヴな観察者は，自らを観察するためにはフィールドの観察をやめざるを得ない」（ibid.: 298-299）とする。そして，「観察者と被観察者というふたつの側面を持つアクターは，不透明な部分を常に残し，主体としてまったく判明であることはない。そのため，調査は，より可視的な部分を俊別し，『他者からの視点で見る』可能性へとむかう」（ibid.: 306-307）のだとする。

後に，メルッチは，テープ起こし原稿である「リフレクシヴな調査研究にむけて」のなかで，「調査者と当事者は，同じフィールドで調査という体験をともにするプレーヤーである。……経験的調査を体験したものなら誰しも，調査のなかで調査のプロセスそのものも変わっていくこと，実際に行われたことは，始まった当初のプロジェクトから異なることを知っている。……両者の関係性そのものの動きを，リフレクションとメタ・コミュニケーションの場に含みこまざるを得ない。……関係性の『遊び』によって，社会調査が主観から分離された客観的な現実を忠実に映し出すという幻想はこわれてしまう。……本当の意味で調査者と当事者の間に適切な距離を得るためにはこのメタレベルの認識が必要である」と述べている（Melucci 2000c = 2014：100-101）。

引用・参考文献

Bauman, Zygmunt, 2004, *Wasted lives: modernity and its outcasts*, Cambridge: Polity.（= 2007, 中島道男訳『廃棄された生：モダニティとその追放者』昭和堂）

Faris, Robert E.L., 1970［1967］, *Chicago sociology, 1920–1932*（The heritage of sociology）, Chicago: University of Chicago Press.（= 1990, 奥田道大・広田康生訳『シカゴ・ソシオロジー：1920-1932』ハーベスト社）

土志田勇，2005『「あふれる愛」を継いで――米軍ジェット機が娘と孫を奪った』七つ森書館。

Glissant, Édouard, 1997, *Traité du tout-monde,* Paris:Gallimard.（= 2000，恒川邦夫訳『全-世界論』みすず書房）

Ianni, Octavio, 1996, *A Era Do Globalismo,* Rio de Janeiro:Civilização Brasileira.（=1999，traduzione di Francesco Lazzari, *L'era del globalismo,* Padova: CEDAM）

市井三郎，1971『歴史の進歩とはなにか』岩波書店。

石牟礼道子，2004［1969］『新装版 苦海浄土――わが水俣病』講談社。

鹿野政直，1988『「鳥島」は入っているか――歴史意識の現在と歴史学』岩波書店。

Maugham, W. Somerset, 1963［1915］, *Of human bondage*, Harmondsworth: Penguin.（= 2007, 中野好夫訳『人間の絆』新潮社）

真下信一，1980［1934］「『美・批評』に就て――再刊の辞」『真下信一著作集 5　歴史と証言』青木書店。

Melucci, Alberto, 1996, *The Playing Self: Person and Meaning in the Planetary Society*, New York: Cambridge University Press.（= 2008, 新原道信他訳『プレイング・セルフ――惑星社会における人間と意味』ハーベスト社）

———, 1998, *Verso una sociologia riflessiva: Ricerca qualitativa e cultura*, Bologna: Il Mulino.

———, 2000a, "Sociology of Listening, Listening to Sociology".（= 2001, 新原道

信訳「聴くことの社会学」地域社会学会編『市民と地域――自己決定・協働，その主体　地域社会学会年報 13』ハーベスト社）

―――, 2000b, "Homines patientes. Sociological Explorations (Homines patientes. Esplorazione sociologica)", presso l'Università Hitotsubashi di Tokyo.（= 2010, 新原道信「A. メルッチの"境界領域の社会学"――2000 年 5 月日本での講演と 2008 年 10 月ミラノでの追悼シンポジウムより」『中央大学文学部紀要』社会学・社会情報学 20 号（通巻 233 号）にて訳出）

―――, 2000c, "Verso una ricerca riflessiva", registrato nel 15 maggio 2000 a Yokohama.（= 2014, 新原道信訳「リフレクシヴな調査研究にむけて」新原道信編『"境界領域"のフィールドワーク――惑星社会の諸問題に応答するために』中央大学出版部）

Merleau-Ponty, Maurice, 2005 [1945], *Phénoménologie de la perception*, Paris: Gallimard.（= 1974, 竹内芳郎・木田元・宮本忠雄訳『知覚の現象学　2』みすず書房）

Merler, Alberto (e gli altri), 1982, *Lo sviluppo che si doveva fermare*. Pisa-Sassari: ETSIniziative Culturali.

―――, (e G. Mondardini), 1987, "Rientro emigrati: il caso della Sardegna", in *Antropos*, n. 18.

―――, 2004, *Mobilidade humana e formação do novo povo / L'azione comunitaria dell'io composito nelle realtà europee: Possibili conclusioni eterodosse*.（= 2006, 新原道信訳「世界の移動と定住の諸過程――移動の複合性・重合性から見たヨーロッパの社会的空間の再構成」新原道信他編『地域社会学講座 第 2 巻　グローバリゼーション／ポスト・モダンと地域社会』東信堂）

―――, (and A. Vargiu), 2008, "On the diversity of actors involved in community-based participatory action research", in *Community-University Partnerships: Connecting for Change*: proceedings of the 3rd International Community-University Exposition (CUexpo 2008), May 4-7, 2008, Victoria, Canada. Victoria, University of Victoria.

―――, 2011, *Altri scenari. Verso il distretto dell'economia sociale*, Milano: Franco Angeli.

Merton, Robert K., 1993, *On the shoulders of giants: a Shandean postscript*, Chikago: University of Chicago.

中村寛，2014「もうひとつのエリジウム，あるいは異者を造りあげる感性と技術について――コロンビア大学のキャンパス拡大とハーレムの境界の引きなおし」新原道信編『"境界領域"のフィールドワーク――惑星社会の諸問題に応答するために』中央大学出版部。

―――, 2015『残響のハーレム ――ストリートに生きるムスリムたちの声』共和国。

中里佳苗，2016「生きた『吹き溜まり』――『湘南団地日本語教室』の創造まで」新原道信編『うごきの場に居合わせる――公営団地におけるリフレクシヴな調査研究』中央大学出版部。
新原道信，1997『ホモ・モーベンス――旅する社会学』窓社。
―――, 1998「境界領域の思想――『辺境』のイタリア知識人論ノート」『現代思想』vol.263。
―――, 2003「ヘテロトピアの沖縄」西成彦・原毅彦編『複数の沖縄　ディアスポラから希望へ』人文書院。
―――, 2007a『境界領域への旅――岬からの社会学的探求』大月書店。
―――, 2007b『未発の「第二次関東大震災・朝鮮人虐殺」の予見をめぐる調査研究』科学研究費基盤研究（C）研究成果報告書（研究代表者・新原道信）。
―――, 2011『旅をして，出会い，ともに考える』中央大学出版部。
―――, 2012「現在を生きる『名代』の声を聴く――“移動民の子供たち”がつくる“臨場／臨床の智”」『中央大学文学部紀要』社会学・社会情報学22号（通巻243号）。
―――, 2013a「“惑星社会の諸問題”に応答するための“探究／探求型社会調査”――『3.11以降』の持続可能な社会の構築に向けて」『中央大学文学部紀要』社会学・社会情報学23号（通巻248号）。
―――, 2013b「“境界領域”のフィールドワーク（3）――生存の場としての地域社会にむけて」『中央大学社会科学研究所年報』17号。
―――, 2014a『“境界領域”のフィールドワーク――惑星社会の諸問題に応答するために』中央大学出版部。
―――, 2014b「A. メルッチの『限界を受け容れる自由』とともに――3.11以降の惑星社会の諸問題への社会学的探求（1）」『中央大学文学部紀要』社会学・社会情報学24号（通巻253号）。
―――, 2015a「『3.11以降』の惑星社会の諸問題を引き受け／応答する“限界状況の想像／創造力”――矢澤修次郎，A. メルッチ，J. ガルトゥング，古城利明の問題提起に即して」『成城社会イノベーション研究』第10巻第1号。
―――, 2015b「“未発の状態／未発の社会運動”をとらえるために――3.11以降の惑星社会の諸問題への社会学的探求（2）」『中央大学文学部紀要』社会学・社会情報学25号（通巻258号）。
―――, 2015c「“受難の深みからの対話”に向かって――3.11以降の惑星社会の諸問題に応答するために（2）」『中央大学社会科学研究所年報』19号。
―――, 2015d「“交感／交換／交歓”のゆくえ――「3.11以降」の“惑星社会”を生きるために」似田貝香門・吉原直樹編『震災と市民　第II巻　支援とケア：こころ自律と平安をめざして』東京大学出版会。
―――, 2016a『うごきの場に居合わせる――公営団地におけるリフレクシヴな調査研究』中央大学出版部。
―――, 2016b「惑星社会のフィールドワークにむけてのリフレクシヴな調査研究」新原道信編『うごきの場に居合わせる――公営団地におけるリフレクシヴな調査研究』中央大学出版部。

———, 2016c「乱反射するリフレクション——実はそこに生まれつつあった創造力」新原道信編『うごきの場に居合わせる——公営団地におけるリフレクシヴな調査研究』中央大学出版部。
———, 2016d「『うごきの場に居合わせる』再考——3.11 以降の惑星社会の諸問題に応答するために（3）」『中央大学社会科学研究所年報』20 号。
———, 2016e「A. メルッチの“未発の社会運動”論をめぐって——3.11 以降の惑星社会の諸問題への社会学的探求（3）」『中央大学文学部紀要』社会学・社会情報学 26 号（通巻 263 号）。
———, 2017a「A. メルレルの“社会文化的な島々”から世界をみる試み—— “境界領域の智”への社会学的探求（1）」『中央大学文学部紀要』社会学・社会情報学 27 号（通巻 268 号）。
———, 2017b「“うごきの比較学”にむけて——惑星社会の“臨場・臨床の智”への社会学的探求（1）」『中央大学社会科学研究所年報』21 号。
———, 2017c「A. メルッチの“未発のリフレクション” ——痛むひとの“臨場・臨床の智”と“限界状況の想像／創造力”」矢澤修次郎編『再帰的＝自己反省の社会学』東信堂。
———, 2017d「社会学的介入」「未発の社会運動」日本社会学会理論応用事典刊行委員会編『社会学理論応用事典』丸善出版。
———, 2018「“うごきの比較学”から見た国境地域——惑星社会の“臨場・臨床の智”への社会学的探求（2）」『中央大学社会科学研究所年報』22 号。
野中郁次郎他，1991『失敗の本質——日本軍の組織論的研究』中公文庫。
奥田道大，1990「訳者解題」，Faris, Robert E.L., with a foreword by Morris Janowitz, 1970 [1967], *Chicago sociology, 1920–1932* (The heritage of sociology), Chicago: University of Chicago Press.（= 1990, 奥田道大・広田康生訳『シカゴ・ソシオロジー：1920–1932』ハーベスト社）
———, 2000『都市社会学の眼』ハーベスト社。
Petryna, Adriana, 2013, *Life exposed: biological citizens after Chernobyl*, Princeton: Princeton University Press.（= 2016，森本麻衣子・若松文貴訳『曝された生——チェルノブイリ後の生物学的市民』人文書院）
Ranci, Costanzo, 1998, “Relazioni difficili. L’interazione tra ricercatore e attore sociale”, in A. Melucci (a cura di), 1998, *Verso una sociologia riflessiva: Ricerca qualitativa e cultura*, Bologna: Il Mulino: 33–54.
Said, Edward W. 1994 *Representations of the Intellectual: The 1993 Reith Lectures,* London:Vintage.（= 1998, 大橋洋一訳『知識人とは何か』平凡社）
Saint-Exupéry, Antoine de, 1963 [1942], *Pilote de guerre*, Paris: Gallimard.（= 2000, 山崎庸一郎訳『戦う操縦士』みすず書房）
最首悟，1998『星子が居る——言葉なく語りかける重複障害の娘との 20 年』世織書房。
阪口毅，2013「“生存の場としての地域社会”への活動アプローチ——新宿大久保地域における『OKUBO アジアの祭』の事例」『中央大学社会科学研究所年報』中央大学社会科学研究所，17 号。
———, 2014「移動の歴史的地層——新宿大久保地域の空間の定義をめぐる差異とコンフリクト」新原道信編『“境界領域”のフィールドワーク——惑星社会の諸問題に応答するために』中央大学出版部。
島尾敏雄，1982「私の見た奄美」『島尾敏雄全集　第 16 巻』晶文社。
Spinoza, Benedictus de, 1915 ［1677］, *Ethica: ordine geometrico demonstrata* ; testo Latino con note di Giovanni Gentile, Bari: Laterza & Figli.（= 2011, 畠中尚志訳『エチカ：倫理学』岩波書店）
鈴木鉄忠，2014「国境の越え方——イタリア・スロヴェニア・クロアチア間国境地域『北アドリア海』を事例に」新原道信編『“境界領域”のフィールドワーク——惑星社会の諸問題に応答するために』中央大学出版部。
———, 2016「『教師』のいない『教室』」新原道信編『うごきの場に居合わせる——公営団地におけるリフレクシヴな調査研究』中央大学出版部。
Svetlana Alexievich, 1997, *Chernobyl prayer: a chronicle of the future*, London: Penguin.（= 2011［1998］松本妙子訳『チェルノブイリの祈り——未来の物語』岩波書店）
立川団地自治会，2012『住民に必要とされる自治会づくり——人をたすけ，人に助けられる自治会でありたい』。
鳥居龍蔵，2013［1953］『ある老学徒の手記』岩波書店。
上野英信，1995［1977］『出ニッポン記』社会思想社。
Whyte, William Foote, 1982, “Social Inventions for Solving Human Problems: American Sociological Association, 1981. Presidential Address”, *American Sociological Review*, Vol. 47.（= 1983, 今防人訳「人間の諸問題を解決するための社会的発明——アメリカ社会学会，1981 年会長就任演説」,「社会と社会学」編集委員会編『世界社会学をめざして 叢書 社会と社会学Ⅰ』新評論）
———, 1993, *Street Corner Society: The Social Structure of An Italian Slum*, Fourth Edition, Chicago: The University of Chicago Press.（ = 2010, 奥田道大・有里典三訳『ストリート・コーナー・ソサエティ』有斐閣）
Whyte, William Foote and Kathleen King Whyte, 1988, *Making Mondragon: the growth and dynamics of the worker cooperative complex*, Ithaca, N.Y.: ILR Press.（= 1991, 佐藤誠・中川雄一郎・石塚秀雄訳）『モンドラゴンの創造と展開——スペインの協同組合コミュニティー』日本経済評論社）
Williams, Terry and William Kornblum, *The uptown kids: struggle and hope in the projects*, New York: Grosset/Putnam Book, 1994.（= 2010，中村寛訳『アップタウン・キッズ——ニューヨーク・ハーレムの公営団地とストリート文化』大月書店）
Woolf, Virginia, 1929, *A room of one's own*, London: Hogarth Press.（= 1999, 川本静子訳『自分だけの部屋』みすず書房）

第Ⅰ部
“国境地域／境界領域”をめぐる
フィールドワーク

第 1 章
国境島嶼における平和裏の戦争状態
――「同時代のこと」に応答する石垣島の反基地運動――

鈴木鉄忠

兵士たちがやって来ると，戦争が起こる

パラオ島民の警句[1)]

1．はじめに――「あらしの前」における人間の選択

(1)「あらしの前」としての同時代

『君たちはどう生きるか』（山本・吉野 1937，吉野 2017）の著者として知られる吉野源三郎には，『あらしの前』（De Jong 1943 = 1951）という翻訳がある。第2次世界大戦前夜，ドイツと国境を接するオランダの村を舞台にしたこの作品は，ナチス・ドイツ軍侵入の直前に祖国オランダを離れたジャーナリストの著者によって描かれ，亡命先のアメリカで発表された。青少年を想定読者にしたこの児童書は，平易な文体と物語の力を借りながら，国境の村で代々暮らす一家族の視点を通して，“時代のうねり”とそれに翻弄されながらも生きようとする“個々人の内面のうごき”を描いている。

原著者デ・ヨングの実体験と想像力が混じり合った『あらしの前』において，ドイツから国境を越えて一人逃げてきたユダヤ系少年の登場，ドイツ軍の侵入に関する噂や憶測，自国の防塞線への期待と不安など，刻々と状況が変化する。

そのなかで登場人物たちは難しい選択を迫られる。ついにドイツ軍が侵入し，一家の村に空爆が襲う。そしてオランダ降伏の日，恐怖と不安におびえる子どもたちに母親はこう語りかける。「…あたしたちは，まだこれからも，じぶんを守っていきましょうね，武器を使ってではなく，正しいことを信じる，あたしたちの信念の力で…」と（De Jong 1943 = 1951：267-8）。吉野源三郎は「あとがき」のなかで，「絶望の中にあって，ただひとつの希望を述べたおかあさんのことば」（De Jong 1943 = 1951：272）を取り上げながら，戦争という極限状況においてもなお，「人間に対する信頼」（吉野 2011：43）を選ぶことが可能であることを伝えている。

先の大戦から 73 年後の現在，「人間に対する信頼」が再び試練にさらされている。とりわけ冷戦終結以降の「宣戦布告なき戦争」「非対称戦争」「テロとの終わりなき戦い」のなかで，戦争形態が誰にも明らかな「あらし」というより，その始まりも終わりも感知困難な「霧」や「靄」のような状態に変容している。平時と有事，戦争と平和の境界区分そのものが一層不明瞭になり，その区分自体が消失していくなかで，いったい何が起こっているのか。現在進行中の時代のうねりと個々人の内面のうごきの結節点を，どのような方法で捉えるのか。

⑵　同時代認識のジレンマ

だが同時代の出来事を正確に知ろうとした途端に，大きなジレンマに直面する。なぜならば，私たちが生きる「いま」を正確に認識しようとしても，科学的知識を得るために必要なデータや確実な史料は，私たちの生きている現在には与えられないからである（吉野 1974：42-48，吉野 2011：82-97）。よって，科学のルールが要求するような確実かつ検証されたデータや史料のみに限定して同時代を認識することは，事実上，不可能に近い。さらに，知りたいと思うことが社会的かつ政治的に重要な争点となる場合，その事実に関する情報は，一般に公開されることはきわめて少ない。あるいはそうした情報は，隠蔽され，改ざんされ，ねつ造される圧力に常にさらされている[2)]。

しかしそれでもなお，同時代で起こっている現実を理解したいと思うならば，どのような方法がありうるだろうか。吉野源三郎は，「同時代のこと」として彼が生きた第２次世界大戦前夜とその戦中をふりかえりながら，そのときの“かまえ”を次のように語っている。

> 私たちは，なんとかして真の現実をつかもうとして，乏しい情報や断片的な知識を集めて推理し，その間隙は直観によって埋めてゆかなければならなかった。噂の真偽，流言の源泉，すべて思考の届きかねるところを，或いは構想力で補い，或いは直覚的な勘を働かせて飛び越えてゆかねばならなかった。この努力は，実践における状況判断に似ていた。たとえ，それが不完全であっても，私たちは，この努力を放棄することはできなかった（吉野 1974：40）。

いま起こっていることを目の前にしたとき，「なんとかして真の現実をつかもう」とするためには，科学のルールの内側から一歩外に踏み出してでも，真偽の不明瞭な領域や「すべて思考の届きかねるところ」まで，「構想力」「直覚的な勘」で飛び越えていかねばならなかった。それは「実践における状況判断」の連続であった，と吉野は語る。そして「たとえ，それが不完全であっても，私たちは，この努力を放棄することはできなかった」とふりかえっている。この努力の根底にあったのは，「人間に対する溌溂とした興味と関心，共感と愛情」であり，「一切の非人間的なもの，抑圧的なものに対しては，常に拘（こだ）わることなく反対の立場に立つ」（吉野 1974：48）という人間的な価値言明であった。「この賭け」なくしては，「人間の世界は死人のようなつめたさにひえたえてゆくほか」なく，「歴史の時計も，そのときには振り子のうごきを止めるでしょう」という（吉野 2011：43）。同時代にふれるためには，科学のルールが定める合理的な操作とは別に，生きた現実をトータルにつかむための“かまえ”と方法が必要となる[3)]。

(3)　本章の目的，方法，問い

本章は，「同時代のこと」として進行中の事態を“平和裏の戦争状態[4)]”（peacetime war）と捉え，それを国境島嶼から検討する試みである。ここで平和裏の戦争状態とは，宣戦布告や休戦協定など国家間の正式な手続きによって戦争と平和の区別を保証していた枠組みが機能しなくなることで，平時と有事の区別そのものが消失していき，一見すると平和に見える日常生活のなかで戦争遂行の準備が整えられていく社会状態をいう[5)]。こうした事態が見えやすいかたちで現れる場として，国境地域に着目する[6)]。本章では国境地域に位置する島嶼[7)]（border island）として，沖縄県の南西に位置し，現在，「防衛の空白地帯」という名目の下に自衛隊基地配備計画が急速に進む南西諸島に注目し，なかでも石垣島を中心に取り上げたい（表1-1）。

ではどのような方法で同時代を捉えるのか。先ほど述べた同時代認識のジレンマを考えると，通常の科学のルールに従いつつもときにそこから外部へ踏み出すことなくしては，国境島嶼で現在進行中の“時代のうねり”と“個々人の内面のうごき”の結節点を捉えることは極めて難しい。かといって，これまでの科学的知識を放棄して徒手空拳で挑むのは無謀であろう。そこで本章では，主に社会学のなかで蓄積されてきた知見や方法を組み合わせながら，同時代の出来事の探究を試みる。筆者の手元にあるのは，現代社会理論[8)]，社会運動論[9)]，政治社会学，地域社会学，国境／境界研究[10)]（ボーダースタディーズ），社会ネットワーク分析といった研究の蓄積であり，これまでの国境地域および国境島嶼におけるフィールドワーク[11)]を通じて入手した質的データと調査の知見である。持ち合わせた道具箱のなかから，必要な方法や材料を適宜組み合わせて，同時代の現実に迫りたい。

本章が取り組む問いは，次の3つである。第1の問いは，〈なぜ南西諸島に自衛隊基地配備計画が持ち上がったのか〉である。もっとも分かりやすい答えは，「中国漁船衝突事故」「中国による海洋進出の活発化」「尖閣諸島の国有化宣言以降の緊張の高まり」といった，センセーショナルな事件や出来事を挙げること

表1-1　南西諸島において軍事基地の設置もしくは配備可能性がある島嶼

島嶼	面積 Km²	人口と推移	気候と地形	行政圏	産業	政治	軍事基地
奄美大島	712	59,000 減少傾向	亜熱帯森林	鹿児島県 奄美市・ 2町2村	建設，卸売・小売，宿泊・飲食業，医療福祉の就業者が多い	保守系の市長と市議会？	陸上自衛隊部隊配備中
沖縄島	2,276	1,300,000 増加傾向	亜熱帯 北部山岳 中部山地 南部丘陵台地	沖縄県 那覇市等 8市・8町・10村	サービス・製造・公務・医療福祉が基幹産業	地域主義知事と県議会	米軍基地と自衛隊基地 辺野古移設計画
宮古島	159	51,000 減少傾向	亜熱帯 低平 石灰台地	沖縄県 宮古市	第3次産業伸長，農業漸減	保守系の市長と市議会	陸上自衛隊部隊配備中
石垣島	229	47,000 増加基調，周辺地域は減少	亜熱帯 南部平野 北中部山岳	沖縄県 石垣市	観光業急成長，農工商業減少傾向	保守系の市長と市議会	陸上自衛隊配備計画中
与那国島	28	1,800 一時的増加	亜熱帯 山岳	沖縄県 与那国町	宿泊・飲食サービス業の増加，建設業の減少	保守系の町長と町議会	陸上自衛隊駐屯地

出所：基本情報とデータは，各島の属する行政のホームページサイトから入手。

だろう。しかし後で述べるように，こうした答え方は正確ではない。なぜならば，南西諸島への自衛隊基地配備計画は，2010年以降に頻発する事件や出来事の「以後」ではなく，それ「以前」の時期から徐々に形成されていったからである。ここでは冷戦終結以降の時代のうねりのなかで基地配備計画が生まれてきた経緯を地政学的な観点から分析する（第2節）。

第2の問いは，〈基地配備の現場となった国境島嶼では，何が起こったのか〉である。たとえ基地配備が決定されたとしても，それがどのように実現されるか（あるいは実現されない）かは，地域社会の文脈に左右される。石垣市では，基地配備をめぐって激しいコンフリクトが発生した。ここでは市長・市議会・市政の位置を占める人々が「決定」をめぐって対立と協力を繰り広げる“政治コンフリクトの場”と，市民の組織団体が「同意」をめぐってせめぎあう“市民コンフリクトの場”を区別した上で，その両方の場を関係づけながら検討する（第3節と第4節）。

そして第3の問いは，〈反基地運動の「声」は，どのような社会変動の兆しを訴えているのか〉である。南西諸島の基地配備に関しては，研究者，メディアや映像制作者にかかわるジャーナリスト，運動参加者による著書がいくつか存在している[12)]。しかし辺野古をめぐる基地移設問題に比べれば，南西諸島の自衛隊基地配備に関して十分に知られていない。また，「外部」からのまなざしで圧倒的に多いのは，反基地運動に対する誤解と無関心である。基地反対運動に参加する人々に対して「プロ市民」「左翼系運動家」などと書いているインターネットの一部のサイトが存在するなど，一定のステレオタイプが存在する。しかしアルベルト・メルッチがいうように，「現代の運動は現在の予言者」として，いま起こっている根本的な社会変動の兆しを表現しており，「私たちすべてに語りかけるような何かを述べている」（Melucci 1996b：1）のならば，石垣島の反基地運動の「声」は，グローバル化した社会生活の至る所で起きているはずの社会変動の一端を表現しているはずである。この節では，反基地運動に参加する人々の言葉と行動の理（ことわり）と社会変動の連関をフィールドワークから明らかにしていきたい（第5節）。

2．なぜ南西諸島に基地配備計画が策定されたか

(1)　地政図の刷新

冷戦終結後の米軍基地ネットワーク

なぜ南西諸島に自衛隊基地配備計画が策定されたのか。この問いに答えるためには，1990年前後から始まった新たな時代のうねりを把握する必要がある。なぜなら冷戦終結以降のアメリカを中心とした地政学的な変動から，その後の基地配備につながる伏線がすでに現れるからである。

『グローバル・トランスフォーメーションズ』と題した共同研究のなかでデヴィッド・ヘルドらは，冷戦終結後の軍事権力の構造的な変容を分析している（Held et al. 1999 = 2006：137-233）。そこで「多極的な権力政治という伝統的なパターンへの回帰」が見られる一方で，「唯一の軍事的超大国というアメリカの地位が歴史的に特異である」と指摘する（Held et al. 1999 = 2006：156-157）。こうした時代背景のなかで，2つの異なる安全保障の考え方が現れた（前田：2007：20-27）。それらは冷戦終結後に生まれた多様な可能性を，単一の盟主の下に統括していく「軍事優位型の安全保障」なのか，それとも超国家的な枠組みのなかに統合していく「共通の安全保障」[13] なのか，という違いを反映していた。

前者の道を選んだのがアメリカ，そして日本である。「軍事優位型の安全保障」という考え方は，1989年11月の「ベルリンの壁」の崩壊，そして1991年12月のソビエト社会主義共和国連邦の解体を通じて，冷戦の「唯一の超大国」を自任したアメリカの基本戦略となった。第41代ブッシュ大統領の「新世界秩序」構想に始まり，2001年の「9.11同時多発テロ事件」後の第43代ブッシュ大統領の「テロとの終わりなき戦い」に至るなかで，「単独行動と先制攻撃を基調とする『ブッシュ・ドクトリン』は，アメリカ国家戦略の準則」（前田2007：22）となっていった。

「軍事優位型の安全保障」に基づく意志は，アメリカ「帝国」の重要な特徴である[14]。世界中に張り巡らされた米軍基地ネットワークに，それが具現化されている。2007年当時の公式の発表によれば，世界の46の国と地域において909の米軍施設が設置され，190,000の部隊と115,000人の軍属が配備されており（Lutz 2009：1），全世界における米軍兵隊の数は1,421,668人（2009年当時）に及ぶ。

こうした米軍の基地要素を世界地図に落とし込んでいくと，米軍基地ネットワークの2つの特質を読み取ることができる（図1-1）。

第1に，基地の立地である。アメリカを手前にして図1-1を見ると，冷戦期と冷戦終結以降における，アメリカの世界的な軍事戦略の視点が明確になる（林2012：10-11）。アメリカは北極海をはさんでロシアと中国に対峙している。右翼

図 1-1　冷戦終結以降の米軍基地ネットワーク

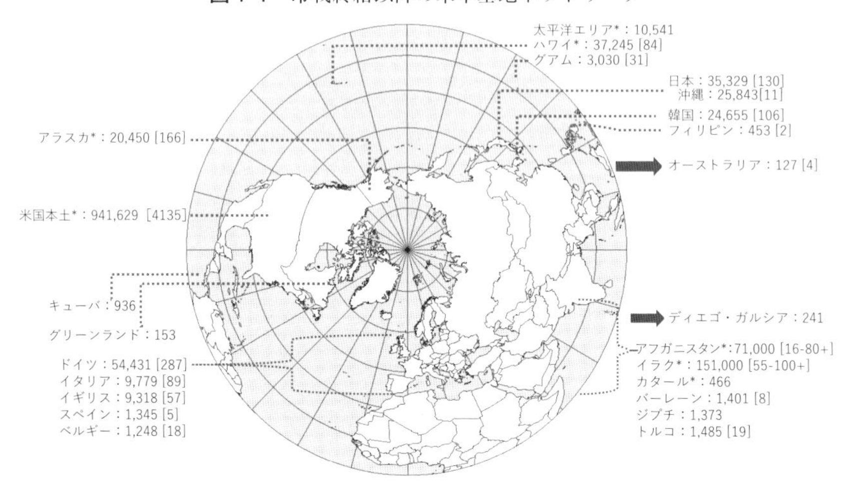

出所：米軍の駐留人数（林 2012：5）および［　］は米軍基地数（Lutz 2009：2-3），* のデータは（Fazi and Parenti 2010）の日本語版冊子を基に筆者作成。地図はフリーライセンスで入手（ https://ja.wikipedia.org/wiki/ ファイル :Northern_Hemisphere_LamAz.png）

戦線にはヨーロッパが位置し，ドイツ，イタリア，イギリスを拠点とした軍事基地を配備している。左翼戦線にはアジア太平洋が位置し，グアム，沖縄，韓国を拠点とした軍事基地が張り巡らされている。そしてアメリカから見て地球の裏側には，ディエゴ・ガルシア島が位置する。インド洋に浮かぶこの島は，1973 年に全島民 2,000 人が強制退去させられ，島全体が米軍の核基地と化した。こうしてアメリカ本土を基点に，ヨーロッパ，東アジア，ディエゴ・ガルシア島の 4 拠点を結ぶ四角形が形成され，ロシアと中国を「包囲」していることがわかる。

また冷戦終結以降の顕著な変化は，ジブチ，バーレーン，イラク，アフガニスタンにおける米軍基地の増加および新設である。そのためポスト冷戦期には，従来の 4 拠点に加えて，中東と中央アジアを帯状に含む 5 拠点に米軍基地ネットワークが構築されていることがわかる。

第2の特質として，米軍人数の地域差である。アメリカ国外の米軍基地のなかで10,000人以上の米軍人数が駐留しているのは，ドイツ，日本，韓国，アフガニスタン，イラクの5ヶ国のみである。第2次世界大戦以降にアメリカの駐留軍が置かれたドイツ，日本，韓国の3ヶ国のなかで，冷戦終結以降に基地縮小の規模が一番小さかったのは，日本であった（林 2012：5）。さらに日本のなかで米軍専用施設面積の約74%が集中しているのが，沖縄本島である。ポスト冷戦以降，いかに日本，とりわけ沖縄が米軍基地ネットワークの戦略拠点となっているのかがわかる。

再びヘルドらの研究によれば，冷戦終結に伴う新たな三つの特徴が目を引く。すなわち，第1にアメリカの軍事超大国化，第2に大国間の対立状態の低下（ただし中国の台頭は除く），第3に安全保障のリージョナル化である（Held et al. 1999 = 2006：159）。ここで第3の「国家安全保障の『リージョナル化』」（Held et al. 1999 = 2006：160）とは，大国間の「大きな戦争」は影響の深刻さと対価の甚大さから減少するようになったのだが，開発途上の周辺諸国や，冷戦体制という「蓋」が外れたことによって，潜在化していたリージョナルな対立が表面化しやすくなったことを意味する。その例として，南アジアのインド・パキスタン紛争，南シナ海の島嶼の領有権問題，そして「ヨーロッパ帝国の時代よりもさらにさかのぼる」（Held et al. 1999 = 2006：160）ような対立が挙げられている。さらにジャスミン革命に端を発した北アフリカ諸国の革命と政変，中東におけるイスラミック・ステイトの台頭，ロシアが併合したクリミア半島が加わる。こうして冷戦終結以降の安全保障をめぐって，アメリカが軍事的超大国を維持しながら，世界は「大きな戦争の退化」と「国家安全保障のリージョナル化」の二つに分岐していっている。

こうした指摘のすべてが当てはまるエリアの一つが，東シナ海であり，南西諸島である。なぜならばここは，冷戦終結以降も米軍の戦略的拠点とされた沖縄があり，「修正主義的な大国」として描かれる中国の存在感が現れ，さらに冷戦期に「棚上げ」された尖閣諸島の領有権問題が存在するエリアだからである。ここにおいて，「唯一の軍事超大国」であるアメリカと「修正主義的な大国」である中国が，日中間の歴史問題をはらんだ国境島嶼をめぐって緊張状態にあることになる。

米軍再編と安保再定義

こうした状況のなかで，日本政府はどのような選択を行ったのか。最初にその方針を明確にしたのはアメリカであり，「ワシントンの論理」に追随するかたちで「東京の論理」がつくられた。

冷戦終結以降のアメリカの東アジア戦略は，1995年3月に公表された「ナイ・リポート」に明示化される。クリントン政権のジョセフ・ナイ国防次官補による「東アジア・太平洋地域におけるアメリカ安全保障戦略」[15]では，「地域の安定性の基盤をなし，アジアの重要な争点に対してアメリカの影響力を促進する手段として，アメリカはアジアの同盟関係を維持することに明確な関心を持つ」と明言する。そのために「40年以上にわたってアメリカの戦略の核心部であった二国間同盟をさらに強化」し，そのなかで「我が国が地域とグローバルな安全保障を協働で促進していくために，基本的な仕組みとして機能している日本との二国間の友好関係を強化すること」が提案された。さらに「日本の新たなグローバルな役割には，地域とグローバルな安全保障に対して日本のさらなる貢献が含まれる」として，アメリカとの戦略的パートナーシップのなかで緊密に協力し続けることを日本に求め，さらにそこには「在日米軍駐留経費の負担が含まれる」と釘を刺すことも忘れていない。ここから読み取れるのは，日米二国間の同盟を基礎としながらも，二国の領域を越えた「地域とグローバルな安全保障の促進」を目的とし，「アメリカの世界的パートナーとなりうる自衛隊」（前田 2007：38）を求め，米軍駐留費用（おもいやり予算）を日本政府に肩代わりさせていく，というアメリカの方針である。

こうした「ワシントンの論理」に端を発する日本政府と自衛隊への影響を，前田哲男は四つに時期区分して整理する（前田 2007：36）。

① 「安保再定義」に関する日米政府間合意の成立——「ナイ・リポート」

「日米安保共同宣言」から「日米防衛協力のための指針」(以下「97 ガイドライン」)(1995-97 年)

② 国内法への転移——「97 ガイドライン」から「周辺事態法」(1997-99 年)

③ 海外派兵の実施——「テロ特措法」と「イラク特措法」(2001-2003 年)

④ 国民生活への波及——「周辺事態法」から「有事法制」(1999-2004 年)

まず①の「日米安保の再定義」に関する日米政府間合意は,「ワシントンの論理」を「東京の論理」に公式化していく第1段階だった。「97 ガイドライン」である「日米防衛協力のための指針」は，1997 年3月に日米安全保障協議委員会での合意の下，日米政府間合意文書となった。そして指針に盛り込まれた内容を国内法に書き込む作業が，②の時期に行われる。その“成果”が「周辺事態法」の成立だった。この法律は，日本の領域外での日米軍事協力を可能とし，それが地理的な限定の不明確なまま成立する。そして③の時期には，米軍のアフガニスタン攻撃，そしてイラク攻撃を支援するための海外派兵が実行される。さらに④の時期において，自国の安全にとって脅威の事態が周辺域に存在すると判断されれば，地方公共団体や民間のインフラを関係行政機関の長が事実上はトップダウンに近い形で要求できることなどを定めた「有事法制」が成立した。こうして国内法のなかに,「日米安保再定義」という政治決定が上書きされていった。

(2) 自衛隊の変容

冷戦終結後の地政学的な変動が「ワシントンの論理」を形成し，それが日米安全保障の再定義と国内法の整備につながる流れを見た。こうした内容が「東京の論理」として防衛戦略にも反映され，やがて南西諸島の自衛隊基地配備計画へとつながっていく。そうした開始の合図が明確に現れるのが 2004 年の「防衛計画の大綱」[16] (以下,「2004 大綱」) である。

「防衛計画の大綱」は，日本の防衛力の基本方針を定め，閣議決定を要する重要文書である。1976 年の三木武夫内閣の下で初めて策定され，次の改訂は 1995

年の細川—村山内閣の「防衛計画の大綱」だった。このときは依然として，冷戦対立を前提とした「基盤的防衛力構想」と「専守防衛」が基本路線だった。しかし，2004年12月，第2次小泉改造内閣が閣議決定した「2004大綱」には，従来になかった表現や文言が書き加えられた。

まず「新たな脅威や多様な事態への対応」が挙げられた。その根拠として，「北朝鮮の軍事的な動き」と「中国による軍事力の近代化と海洋における活動範囲の拡大」が明記された。従来までの「ソ連の脅威」が「北朝鮮と中国の脅威」に変更されたのである。そして「多機能で弾力的な実効性のある防衛力」という文言が新たに加えられた。これは，「独立国としての必要最小限の基盤的な防衛力の保有」という，これまでの「基盤的防衛力」の方針に囚われず，新たな「機動的防衛力」の整備にむかうことを意味している。さらに「島嶼部に対する侵略への対応」が初めて登場する。「島嶼部に対する侵略に対しては，部隊を機動的に輸送・展開し，迅速に対応するものとし，実効的な対処能力を備えた体制を保持する」という一文が加わった。なおこの時点では，島嶼部の地理的限定は示されてはおらず，非常に漠然とした表現のままであった。

「2004大綱」がより具体化するのが，2010年の「防衛計画の大綱」（以下，「2010大綱」）である。「2004大綱」と「2010大綱」の間には，自衛隊法改正（2005年），従来の陸・海・空幕僚長に分かれた「統合幕僚会議」から全部隊行動を一括する「統合幕僚監部」の創設（2006年），そして防衛庁から防衛省への昇格・発足（2007年1月）があった。そして「2010大綱」では，「従来の『基盤的防衛力構想』によることなく，各種事態に対し，より実効的な抑止と対処を可能」とするような，「動的防衛力」という方針が鮮明に打ち出された。さらに「2010大綱」では「グレーゾーン」という表現が初めて登場し，「武力紛争には至らないような対立や紛争」が想定され，「北朝鮮と中国の脅威」が詳述された。さらに「島嶼部に対する攻撃への対応」には具体的な表現が施され，「自衛隊配備の空白地域」という表現が初めて登場したのである[17)]。

日本の防衛整備の変化のなかで，「2004大綱」がそのプロローグだとしたら，「2010大綱」は序論であり，その本論にあたるのが2014年に策定された「防衛計画の大綱」(「2014大綱」) である。同年12月に第2次安倍内閣が閣議決定した「2014大綱」は,「2010大綱」と比べておよそ3倍の分量である。政府と国会で,従来までの「専守防衛」と断絶する重要な決定が行われたのも,「2010大綱」から「2014大綱」へ書き換えられる時期に当たる。たとえば,総理大臣と直結した「国家安全保障会議」(日本版NSC) の発足 (2013年12月),安全保障関連事項を含めた情報漏洩の防止を企図した「特定秘密保護法」の施行 (2013年12月),条件付きでの武器輸出を可能にした「防衛装備移転三原則」閣議決定 (2014年4月),集団的自衛権の行使を容認する憲法解釈変更の閣議決定 (2014年7月) が第2次安倍内閣によって行われた。そして多くの憲法学者が憲法9条への違反を指摘するなか,"戦争法"と呼ばれる平和安全法制が強行採決により成立した (2015年9月)。

「2014大綱」は,時代の背景として「純然たる平時でも有事でもない事態,いわばグレーゾーンの事態が,増加の傾向にある」と記し,戦争状態の日常化を前提にしている。その根拠とされる「北朝鮮と中国の脅威」の記述が倍増し,「島嶼部防衛」のみならず,「島嶼部奪回」の構想が新たに登場し,仮想敵国による南西諸島の攻撃が現実味を帯びているかのような描写がなされる。さらに「地域コミュニティとの連携」という新項目が登場したことも見逃すことができない。「動的防衛力」を実現するためには,当該地域の協力が不可欠であり,そこで防衛施設への近隣対策として,「平素から地方公共団体や地元住民に対し,防衛省・自衛隊の制作や活動に関する積極的な広報等の各種施策」を行い,「地域コミュニティの維持・活性化に大きく貢献」し,災害や救援の要請があれば「地域の特性に配慮」し,「駐屯地・基地等の運営に当たっては,地元経済への寄与に配慮する」ことが明記されたのである。

「2004大綱」→「2010大綱」→「2014大綱」と進むなかで,島嶼侵略への対応→南西諸島に特定→島嶼部奪回作戦の具体化,が定められていった。こうして作られた自衛隊の「南西シフト」計画は,アメリカが構想するアジア太平洋地域の有事シナリオと高い整合性をもつ。現在,アメリカの安全保障政策のなかで有力視されているのが「エアシーバトル」や「海洋限定戦争」と呼ばれ

図 1-2 米軍のアジア太平洋における安全保障政策と防衛省の「南西シフト」のリンケージ

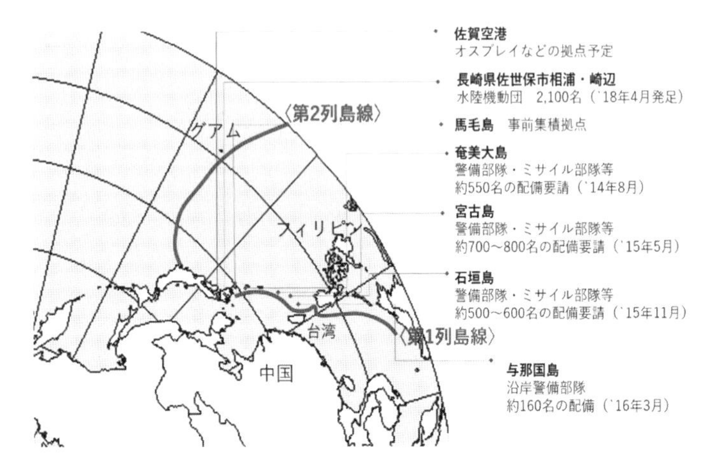

出所：防衛省「南西地域の防衛態勢の強化」と米国国防省の「海洋限定戦争」構想図（小西 2016：103）を基に筆者作成。九州・南西諸島に新設・増員される主な場所を記載。地図はフリーライセンスで入手（https://ja.wikipedia.org/wiki/ ファイル：Northern_Hemisphere_LamAz.png）

るものである（Friedberg 2014＝2016；Navarro 2015＝2016）（図 1-2）。これはいわば「中国の封じ込め」をもくろんだ作戦であり，九州から琉球弧を経て台湾，そしてフィリピン，インドネシアを通る「第 1 列島線」を「対中国への『万里の長城』」（小西 2016：107，傍点引用部）として，経済的かつ軍事的に封鎖するというものである。そして有事の際には，「第 1 列島線内に無人地帯を作り出す」（小西 2016：107，傍点引用部）ことが目標とされ，この戦闘には自衛隊が主力として投入される。

これは何を意味しているのか。いわばアメリカと中国は，ヘルドらの指摘する「大国間の大きな戦争」を回避し，米軍は「安全保障の『リージョナル化』」を日本に代行させ，「第 1 列島線」を「無人地帯」の戦場として，自衛隊と中国軍との間の限定戦争で済ませる，という青写真である。そしてすでに 2003 年には，尖閣諸島を想定した島嶼部奪回作戦計画が海上自衛隊の演習として実施されたことがわかっている（前田 2007：135-136）。

「ワシントンの論理」から議論の前提がつくられ，「東京の論理」によって具体化されていった「南西シフト」計画は，陸上自衛隊にとって好機でもあった。冷戦期の陸上自衛隊は，ソ連を仮想敵国とした北海道侵攻を想定していた。しかし冷戦終結とソ連の崩壊によって，有事シナリオの変更を余儀なくされ，15万人の人員を擁する陸上自衛隊の存在意義そのものが問われることになった。それゆえ「新たな有事シナリオ探しは，陸上自衛隊の生き残りに必須だった」（福好 2017：88）。このようななかで「北朝鮮と中国の脅威」という「新たな敵」が発見され，南西諸島における防衛態勢強化が新たな任務として据えられていくようになる。

「南西シフト」計画は，2015 年に法的および政治的な支柱を得た。2015 年 9 月に強行採決により成立した平和安全法制に先立ち，同年 4 月 27 日に新たに合意された日米の「ガイドライン」（「新たな日米防衛協力のための指針」，以下では「2015 ガイドライン」）である。戦争法と呼ばれる平和安全法制と「2015 ガイドライン」は，後者が前者の内容を規定しながら，ほぼ同時並行で形作られた。それゆえ両者は，法律と軍隊用マニュアルという別の部門をもちながらも，単一の論理で結合された関係だった（前田 2016：149）。

「2015 ガイドライン」は，前回の「1997 ガイドライン」が定めた「周辺事態」対応を刷新した。この時点で安全保障をめぐる従来の日米両国間の限界が完全に取り払われた。その第 1 が，時間的限界の撤廃である。「2015 ガイドライン」のなかでは，「新たな指針の下で，日米両国は，平時から緊急事態までのあらゆる段階における切れ目のない対応を可能とする，平時から利用可能な，政府全体にわたる同盟内の調整のためのメカニズムを設置する」と明記することで，文字通り平時と有事の時間的区別そのものを消し去ってしまった。もはや任意の時間が「緊急事態」であり，それを前提とした「切れ目のない」作戦遂行の準備を日米内で調整していこうというのである。そして第 2 に，地理的な限界の撤廃である。「地域的な及びグローバルな協力」として「閣僚は，地域の及び他のパートナー並びに国際機関との協力」が表明された。ここでは任意の空間を「戦場」として想定することで，自国の領域内や「周辺事態」にとどまらず，「地域的な及びグローバルな協力」として，いわば地球上のすべての地点まで空間対象を広げている。さらに「宇宙及びサイバー空間」も含まれるため，文字通り惑星空間から電子空間までのあらゆる空間を潜在的な「戦場」とみなしたことになる。

なお「2015ガイドライン」における日本政府の“成果”は，アメリカが尖閣諸島の有事におけるコミットメントを認めたことだった。これによってアメリカが構想した「海洋限定戦争」に日本と中国だけでなく，アメリカを関与させる一つの根拠を日本は獲得した。しかしその代わりに，「2015ガイドライン」

表1-2　南西諸島における陸自配備計画の概況

配備予定地		配備予定候補地	配備部隊と規模	配備要請	地元首長の受入表明	既存の軍事施設および警備施設	備考
奄美大島	奄美市	奄美カントリークラブ 節子地区	警備部隊 地対艦ミサイル部隊 地対空ミサイル部隊 約550名	2014年8月	2014年8月	軍事施設なし 奄美海上保安部（第10管区）	2018年度末に2地区に部隊配備予定
	瀬戸内町						
宮古島		大福牧場（私有地） 千代田カントリークラブ（私有地）	警備部隊 地対艦ミサイル部隊 地対空ミサイル部隊 約700名～800名	2015年5月	2016年6月	空自分屯地 宮古島海上保安部（第11管区）	大福牧場への配備計画撤回（2016年9月）旧千代田カントリークラブに基地建設中
石垣島		平得大俣地区（市有地＋私有地）	警備部隊 地対艦ミサイル部隊 地対空ミサイル部隊 約500名～600名	2015年11月	2016年12月手続き了承 2018年7月受入表明	軍事施設なし 石垣海上保安部（第11管区） 石垣航空基地	
与那国島		久部良地区 祖内地区	沿岸監視部隊 約160名	——	2009年6月町長月自衛隊誘致を陳情	軍事施設なし 警備施設なし	2016年3月末開設

出所：防衛省「南西地域の防衛態勢の強化」（小西2016に所収）を基に筆者作成

と整合的な国内法の制定を，たとえ憲法に矛盾した点があろうとも，成立させなければならなかった。こうして平和安全法制と「2015ガイドライン」は，「ワシントンの論理」と「東京の論理」の調整と妥協の産物として実現した。ここに日米両政府は，任意の時空間における軍事行動を，公式にそして実効的に遂行する枠組みを準備したのであった。

そして「2014大綱」の公表後，ついに基地配備が正式に地元自治体に要請された。防衛省は「南西地域における防衛態勢の強化」として，「防衛の空白地域」とみなした奄美大島，宮古島，石垣島，与那国島に対して，警備部隊やミサイル部隊を中心とした500～800名の部隊配備（与那国島には約160名規模の沿岸監視部隊）の計画を発表した（表1-2）。さらに南西諸島における陸上自衛隊の基地配備計画に加えて，米軍海兵隊をモデルにした水陸機動団の長崎県佐世保市相浦駐屯地への配備計画が策定された。

与那国島では2008年から自衛隊基地配備問題が本格的に表面化した。島を二分する争点へと発展し，2度の住民投票，町長および町議会選挙の結果，基地配備の政治決定が下された（佐道2014：133-165）。与那国町には2016年3月，沿岸監視部隊が設置された。そして次節で述べるように，石垣島でも基地配備問題が本格的に浮上していった。

3．国境島嶼では，何が起きたのか(1)
——“政治コンフリクトの場”

(1)　国境離島の地方政治

前節では，〈なぜ南西諸島に基地配備計画が策定されたのか〉という問いを冷戦終結以降の地政学的な観点から分析した。そこでは「ワシントンの論理」に強く規定されながら「東京の論理」が導出され，日米安保の再定義と国内法の整備がなされ，それに応じた防衛再編が行われていった。この最前線の一つに位置するのが，南西諸島における自衛隊基地配備計画であった。石垣島で基地計画が本格的に表面化したのは「2014大綱」が発表されてからのことになる。

では地域社会では何が起こったのか。基地配備計画をどのように受け止めたのだろうか。まずここでは石垣市の地方政治の動向に注目する。“政治コンフリクトの場”における「決定」をめぐる争い[18]という観点から，石垣市の市長・市議会・市政の位置を占める政治アクターが，基地配備をめぐって対立と協力を繰り広げる政治過程を分析していく。

2010年は，石垣市の地方政治にとって大きな転換期となった。なぜなら1994年から続いた革新派市政が終わり，保守市政の始まりとなったからである。4期16年にわたって石垣市長を務めた医師の大濱長照氏は，民主党，社民党，共産党，沖縄社会大衆党を支持基盤として，平和主義的な市政を行っていた。石垣市の中心市街地に位置する公園には，戦争反対と憲法9条の尊重，世界平和，東アジアの架け橋としての石垣を表すモニュメントが大濱市政のときに建造された（写真1-1，1-2）。また2007年と2009年にはアメリカ海軍が掃海艦の石垣港への入港を求めたが，大濱市政は労働組合や平和団体の抗議とともに，入港を拒否した（ただし2009年はアメリカ海軍が抗議を押し切って入港した）。

2010年に実施された市長選挙（2月），参議院選挙（7月），市議会選挙（9月），県知事選挙（11月）の計4回の選挙の結果判明したのは，平和と護憲を軸とした革新派市政の敗北だった（表1-3）。投票行動の特徴をみると，石垣市長・市議選挙の投票率75%超に比べて県知事・国政選挙の投票率が50%前後と低調であるが，4度の選挙結果はすべて同じであり，保守系の立候補が勝利した。県知事選挙と参議院選挙でみれば，石垣市では保守系候補の得票率が5割を越え，沖縄県全体の得票率を大きく上回っている。逆に革新系候補の得票率は沖縄県と比べて低い。さらにこの傾向は地方選挙で顕著であり，保守系の市長候補の得票率は59%，市議会選挙では保守・中道系の得票率が63%となり，革新系の市長および市議候補を圧倒している。

2010年2月の石垣市長選挙で勝利したのは，自民党の中山義隆氏だった。1967年石垣出身の中山氏は，近畿大学に進学し，証券会社に就職した後，Uターンで石垣に戻った。そして青年会議所（JC）に所属し，2006年に石垣市市議会議

写真 1-1　八重山列島を中心に据えた東アジア地図（2014年6月5日筆者撮影）

写真 1-2　戦争の放棄のモニュメント（2014年6月5日筆者撮影）

員に初当選，2010年に立候補した市長選では，「日本一幸せな石垣市」というキャッチフレーズで「新しさ」をアピールし，周到な選挙戦略で現職の革新系市長を破った。しかしながら，市長に就任して最初の施政方針演説では，神奈川県小田原市の市長の所信表明を剽窃していたことが後に判明し，謝罪に追い込まれた経緯がある。政治信条としては，市役所への国旗掲揚や愛国教育に熱心に取り組むなど，国家主義的な主義主張に共感的な姿勢を表明している（中山 2013）。

表1-3　2010年石垣市の地方・国政選挙

選挙の種類 執行月日	石垣市長選挙 2010年2月28日	衆議院議員通常選挙 2010年7月11日	石垣市議会議員一般選挙 2010年9月12日	沖縄県知事選挙 2010年11月28日
投票率	77.42%	46.77%	75.59%	55.89%
立候補者 （得票数：得票率） ○：当選	○中山義隆 （16,421：59%） 大濱長照 （11,407：41%）	○島尻安伊子 （8,984：55%） 山城　博治 （5,974：36%） 伊集　唯行 （1,087：7%） 金城　竜郎 （445：3%）	○我喜屋隆次 （与・新 1,409） ○大石　行英 （与・現 1,287） ○平良　秀之 （与・現 1,273） ○伊良皆高信 （与・現 1,243）	○仲井真弘多 （11,175：55%） 伊波　洋一 （8,279：41%） 金城　竜郎 （760：4%）
		＊沖縄県選挙区の結果 投票率 52.44% ○島尻安伊子 （258,946：48%） 山城　博治 （215,690：40%） 伊集　唯行 （58,262：11%） 金城　竜郎 （10,832：2%）	○知念　辰憲 （野・現 1,109） ○石垣　涼子 （与・新 1,093） ○砂川　利勝 （与・現 1,037） ○仲間　均 （与・現 966） ○内野　篤 （与・新 926） ○宮良　操 （野・現 912） ○仲嶺　忠師 （与・現 909） ○小底　嗣洋 （野・現 900） ○箕底　用一 （与・現 887） ○石垣　亨 （与・現 867） ○大浜　哲夫 （野・現 827） ○上門　孝子 （与・現 825） ○石垣　三雄 （野・現 805） ○前津　究 （野・現 798） ○池城　孝 （野・現 763） ○砥板　芳行 （与・新 762） ○松川　秀盛 （与・現 748） ○長浜　信夫 （与・新 722） 以下，12名の落選者は省略。当選者の得票率は5.2～2.7%。与は与党系候補，野は野党系候補，新は新人，現は現職	＊沖縄県の結果 投票率 66.8% ○仲井真弘多 （335,708：52%） 伊波　洋一 （297,082：46%） 金城　竜郎 （13,116：2%）

出所：石垣市の選挙管理委員会のサイトに掲載のデータから筆者作成。

(2)　二つの争点——自衛隊基地配備と「尖閣諸島開拓の日」

自衛隊基地配備

石垣市では，防衛省から正式に基地配備の要請がなされるのは2015年11月26日である。しかし，それ以前から様々な疑念が現れていた。中山市政が誕生し，保守派市議が多数派を形成した2010年の石垣市議会の議事録を辿ると，野党議員（日本共産党）から「自衛隊基地配備問題」が取り上げられている。

> **石垣三雄議員**：先日，NHKのクローズアップ現代という番組を視聴いたしました。その番組ではあるホテルで自衛隊幹部，地元財界人や市議会議員らとともに中山市長も参加した交流会の模様が映し出されていました。島嶼防衛を主題とした内容で，先島への自衛隊配備問題も中心的なテーマでしたから，石垣市への自衛隊配備問題も当然話題になったのではないかと想像したのは私一人ではないと思います。これまで，市長は自ら自衛隊を誘致する考えはないと発言を繰り返していますが，自衛隊誘致へ向けて見えないところでうごいているのではありませんか。
> （『平成22年石垣市議会会議録＝合併＝』2010年12月14日第8回定例会，192頁）

石垣議員が言及しているNHKの番組は，2010年12月2日に「クローズアップ現代」の番組で放映された「“南西”へ向かう自衛隊—最前線からの報告」である。石垣市長は次のように返答している。

> **中山義隆市長**：……石垣市として自衛隊誘致で動いているのではないかということにつきましてですが，そういうことは一切ございません。国の安全保障また防衛に関しては**国の専権事項**でございまして，石垣市に相談等があった場合は私は聞く耳を持つつもりではございますけれども，現在において石垣市に自衛隊を配備する旨の打診，または相談等はございません。それと，市長選挙のときも申し上げておりましたけれども，その後の議会

でも申し上げておりますが，**私のほうから自衛隊を誘致に動くということはございません**ので，ご了承いただきたいと思います。

（『平成22年石垣市議会会議録＝合併＝』12月14日第8回定例会，195頁：太字引用者）

中山市長の答弁で注目されるのは，「国の専権事項」というフレーズである。自衛隊基地配備について問われたとき，中山市長は議会やマスコミに対してこの決まり文句を多用し続けることになる。もう一つは，「みずから誘致に動くことはない」と述べていることである。これは賛成とも反対ともとれるあいまいな表現である。つまり積極的に誘致に動くことはないけれども，積極的に反対をしないことでもある。その点を他の野党議員（無所属）が追求している。

前津究議員：国では次期防衛大綱（引用者注――「2010大綱」のこと）で先島地区への自衛隊配備が計画され，自衛隊配備の現実味が増してきました。12月8日の地元紙の八重山毎日新聞の社説では，「平和な島を脅威に巻き込むな」と題して，平和な島の環境が脅かされる危険や対立の火種を送り込まないでほしいと，自衛隊配備に反対の主張をしています。この社説の中に，中山市長が現空港跡地での自衛隊利用もあり得ないとの姿勢だと書かれていました。本当でしょうか。
私は，過去に議会で自衛隊の現空港跡地利用について聞いたところ，市長は，明確に自衛隊の利用について反対の姿勢は明確にしておりません。新聞では，なぜ，このように書かれたのか事実の確認を行いたいと思います。そこでお聞きします。現空港跡地に，自衛隊が利用する旨の打診があった場合，中山市長はどのような対応をとるのでしょうか。市長の答弁をお願いいたします。

（『平成22年石垣市議会会議録＝合併＝』12月14日第8回定例会，234頁）

前津議員があえて「市長の答弁を」というのは，市役所の幹部が市長に代わって発言を繰り返したからである。この議論のときには，ヤジの飛んだ様子が会議録に残っている。ようやく中山市長本人が答弁し，次のように述べている。

> **中山義隆市長**：自衛隊の配備に関しては，国民の安全保障も含めて**国の専権事項**であります。自治体の長が云々いうものではございませんし，ただ，前から申し上げてますように，現空港の跡地に限らず，石垣島に自衛隊の配備等の話があった場合には，話し合いのテーブルには着きますよと。これは首長としての責任として着くと。その中の中身をしっかりと聞いた上で，私自身一人で判断することもしませんし，**住民の皆さんの意見も尊重しながら**石垣市としての対応を考えていきたいと思っております。
>
> （『平成22年石垣市議会会議録＝合併＝』12月14日第8回定例会，243頁）

この答弁でも再び「国の専権事項」が登場する。中山市長は弁論で窮地に立たされると「国の専権事項」を持ち出す。この反応は正式な受入れ表明を行うときまで一貫している。一方で，「住民の皆さんの意見も尊重しながら」と述べている。のちに見るように，これとは矛盾する行動をとり続け，基地配備現地の住民との約束を反故にする結末を招くことになる。

「尖閣諸島開拓記念の日」

2010年の石垣地方政治のなかで，もう一つ注目したいのは「尖閣諸島開拓の日」の制定である。石垣市では2010年12月の市議会定例会において，保守与党の中でも政治的に右派に立つ仲間均議員からこの議案が上程された。なお仲間議員は，一般質問に立つ数日前に，同じ会派の市議と二人で尖閣諸島上陸を強行するというパフォーマンスを行った。翌日の地元新聞紙には「石垣市議2人が尖閣に上陸」と大きな見出しで報じられ，帰港した二人は「知人の出迎えを受け，笑顔でこたえ」ている写真が掲載されている（『八重山毎日』2010年12月11日）。市議会では，次のように述べている。

仲間均議員：尖閣諸島の中国漁船衝突事件をめぐる情勢は，一段落ち着いたかのように見えますが，いまだに中国は自国の領土と主張し，漁船監視船を配備し，尖閣諸島周辺において監視活動を展開するなど，石垣市の行政区域である尖閣諸島は，波高しといった状況に何ら変わりありません。
（中略）
このため，何とかしなければ，このままずるずると中国に言いなりに尖閣諸島を奪い取られてしまうのではないかと危惧する声は日増しに大きくなっております。

（『平成 22 年石垣市議会会議録＝合併＝』12 月 14 日第 8 回定例会，118 頁）

このように「中国脅威論」を前置きした後，尖閣諸島開拓の日条例制定について質問した。これに対して石垣市は好意的な返答をしている。

企画部長：尖閣諸島開拓の日の条例制定につきましては，名称は別にして，本条例制定は意義あるものと思います。島根県は，竹島の日を定める条例が制定されております。同条例の趣旨は，県民，市町村及び県が一体となって竹島領土権の早期確立を目指した運動を推進し，国民世論の啓発を図るとされております。
政府は，尖閣諸島においては，領有権の問題は存在しないとしており，日本固有の領土であることから，毅然たる姿勢を示すべきだと思います。したがって，尖閣諸島は本市の行政区域の所属することから，実効ある行政行為としては有効だと考えております。
本案件につきましては，議員による条例提案化がなされると聞いておりますが，市民の代表である議会において制定されることは大変意義あることだと思っております。

（『平成 22 年石垣市議会会議録＝合併＝』12 月 14 日第 8 回定例会，120 頁）

中山市長は尖閣諸島開拓の日の条例制定について直接は発言していない。しかしながら，仲間市議の尖閣上陸には「市議会が視察のための上陸決議を可決している。政治家として使命感を持って上陸されたのでは」（『八重山毎日新聞』2010年12月11日）と述べ，「一定の理解」を示している。つまり市議会の保守多数派，市長，市政が水面下で「根回し」を行っており，すでに一定のコンセンサスを得た上で「尖閣の日」の案件が上程されていたことが推測される。

仲間議員の提案は，定例会最終日に「尖閣諸島開拓の日を定める条例[19]」として可決された。しかし与野党全会一致ではなく，出席した与党12人の賛成での可決であり，野党の9人は反対の意を示して欠席している。

スピード採択されたこの条例は，さらに驚くことに，それから1ヶ月も経たないうちに記念式典が大々的に挙行された。2011年1月14日，石垣市は第1回の「尖閣諸島開拓の日」の条例制定記念式典を主催し，式には石垣市内外から300人あまりが出席した。この式典で注目されるのは，ナショナルな政治勢力との接点である。国会議員のなかでは，自民党，たちあがれ日本，公明党，みんなの党の代表らが来賓として招かれた（なお，この当時政権を握っていた民主党員の出席は，地元紙の記事からは一人も確認できない）。そのなかでも，平沼赳夫・たちあがれ日本代表，下村博文・自民党政調副会長，祝電を寄せた中曽根康弘元首相は，いずれも「日本会議」の主要メンバーである。そして式典後には，石垣市長が同席の下に，平沼赳夫が会長を務める「日本会議国会議員懇談会」が記者会見を開き，同年3月に東京での「尖閣諸島を守る全国国民集会」の開催などを発表している（『八重山毎日』2011年1月15日）。

また，ローカルの右派勢力の動向も注目に値する。条例制定から1週間も満たない12月23日，仲間均石垣市議が代表世話人になって「尖閣諸島を守る会」が結成された。そして1月14日の式典の同日，同会は「尖閣諸島開拓の先人」とされる古賀辰四郎の記念碑で「条例制定を祝う宴」を催した。「宴」には，与党の石垣市議に加えて，自民党の参議院議員（当時）で日本会議国会議員懇談会に属していた島尻安伊子，沖縄県議会議員の辻野ヒロ子，前衆議院議員の西銘恒三郎が参加している。

条例制定から式典開催までのわずかな期間になされた周到な段取りからは，

表 1-4　2014 年石垣市の地方・国政選挙

<table>
<tr><td>選挙の種類
執行月日</td><td>石垣市長選挙
2014 年 3 月 2 日</td><td>石垣市議会議員一般選挙
2014 年 9 月 7 日</td><td>沖縄県知事選挙
2010 年 11 月 28 日</td><td>衆議院議員選挙
2014 年 12 月 14 日</td></tr>
<tr><td>投票率</td><td>75.19%</td><td>70.09%</td><td>55.25%</td><td>47.24%</td></tr>
<tr><td rowspan="4">立候補者
（得票数；得票率）
○：当選</td><td>○中山義隆
（15,903；57.2%）
大濵長照
（11,881：42.8%）</td><td rowspan="4">○平良　秀之
（与・現 1,313）
○大石　行英
（与・現 1,298）
○長山　家康
（与・新 1,283）
○崎枝　純夫
（野・新 1,279）
○箕底　用一
（与・現 1,233）
○東内原　とも子
（与・現 1,172）
○我喜屋隆次
（与・現 1,161）
○井上美智子
（野・新 1,003）
○伊良皆高信
（与・現 1,003）
○小底　嗣洋
（野・現 978）
○前津　究
（野・現 964）
○長浜　信夫
（野・現 953）
○石垣　亨
（与・現 917）
○知念　辰憲
（与・現 917）
○砥板　芳行
（与・現 899）
○石垣　涼子
（中・現 871）
○仲嶺　忠師
（与・現 837）
○福島　英光
（野・現 831）
○仲間　均
（与・現 823）
○今村　重治
（与・前 808）
○宮良　操
（野・現 791）
○友寄　永三
（与・新 694）
以下，7 名の落選者は省略。当選者の得票率は 5.1～2.7%。与は与党系候補，野は野党系候補，中は中立表明，新は新人，現は現職，前は前職</td><td>仲井真弘多
（9,363；45.8%）
翁長　雄志
（8,992；44%）
下地　幹郎
（1,855；4%）
喜納　昌吉
（238；1.7%）</td><td>西銘　恒三郎
（9,010：52.2%）
仲里　利信
（8,255；47.8%）</td></tr>
<tr><td>石垣市議会議員
補欠選挙
2014 年 3 月 2 日</td><td rowspan="3">＊沖縄県の結果
投票率 64.13%
○翁長　雄志
（360,820；51.7%）
仲井真弘多
（261,076；37.3%）
下地　幹郎
（69,447：9.9%）
喜納　昌吉
（7,821：1.1%）</td><td rowspan="3">＊沖縄 4 区の結果
○仲里　利信
（71,227；52%）
西銘　恒三郎
（65,838；48%）</td></tr>
<tr><td>投票率　75.19%</td></tr>
<tr><td>○東内原とも子
（14,513；53.3%）
崎枝　純夫
（12,724：46.7%）</td></tr>
</table>

出所：石垣市の選挙管理委員会のサイトに掲載のデータから筆者作成。

「尖閣諸島開拓の日」が石垣市政のみならず，その水面下で日本会議やその国会議員といったナショナルな右派政治勢力と関係があったことが推察される[20]。「尖閣諸島開拓の日」の制定と施行は，石垣市の保守勢力が，石垣市内外部のナショナルな政治勢力と連動しながら獲得した，最初の政治的成果だったといえる[21]。

保守勢力を多数派とした石垣市政は，2014年の選挙でも変わらなかった。市長選挙・市議会議員補欠選挙（3月），市議会選挙（9月），県知事選挙（11月），衆議院選挙（12月）の結果からそれが明らかである（表1-4）。現職の強みを生かした中山義隆石垣市長が勝利して2期目となり，市議会議員選挙では定数22のうち与党が14議席を獲得し安定多数を確保した。中山市長を支持する保守派の若手新人候補が複数名当選し，世代継承が順調に進んでいることを物語っている。また幸福実現党公認の市議候補が初当選したのも注目される。2014年は沖縄県で「オール沖縄」と翁長雄志沖縄県知事の誕生した時期にあたるが，県知事選挙，そしてその勢いが沖縄県で巻き起こった衆議院選挙においても，石垣市では保守系の候補者が最も多い得票を獲得した。

(3)　ローカルの政治とナショナルの政治

石垣地方政治の保守勢力は，2010年から続けて2014年以降も安定多数を形成した（表1-4）。自衛隊基地配備と「尖閣諸島開拓の日」のみならず，その他の争点についても「東京の論理」と歩調を合わせた政治決定を行っていく。その象徴的な例が，戦争法と呼ばれた平和安全法制をめぐってであった。2015年7月，地方参考人会に招かれた中山市長は，「法案で国の平和と安全が守られる」「法案の制定が有事の際には有効になると思っている」などと述べた（『八重山毎日新聞』2015年7月7日）。それから1週間ほど後には，石垣市議会の臨時会において「安全保障関連法案の今国会成立を求める意見書」が賛成多数（賛成13，反対10）で可決された。

また同じ会期に審議された「報道機関への言論圧力・県民侮辱発言への抗議決議」は，作家の百田直樹が自民党の勉強会で「沖縄の2つの新聞社はぜったいつぶさなあかん」と発言したことに対するものだったが，賛成少数（野党系市議8と公明党市議2の賛成10，与党系市議の反対11）で否決された（『八重山毎日新聞』2015年7月15日）。こうした石垣地方政治の意見表明に対して，地元メディアは「県民や県紙への侮辱を侮辱と感じない議員たちが，平和憲法を空洞化させ，世論に背を向けた時代錯誤の決議や否定愚行では議会史上最大の汚点だろう」と厳しく批判している（『八重山毎日新聞』「社説」2015年7月18日）。

こうしたローカルの政治とナショナルの政治の関係は，フランツ・カフカの『城』を思い起こさせる。この小説のなかで主人公のKは，「城」を目指して歩く。それは測量士である彼が，「城」の伯爵からある仕事の依頼を受けたからである。ところが「城」の輪郭は遠方にくっきりと見えるのに，歩いても歩いてもたどり着かない。道中にKが到着した村は，「城」の領地となっているのだが，村人たちは彼が「城」に雇われたことを信じようとしない。そのうちに「城」の使者がKを雇ったという手紙を手渡すが，後にそれも何かの手違いであったことが判明する。結局，未完成の小説は，主人公Kが「城」に行きつくことなく終わるのである。

主人公Kと「城」の関係は，国境島嶼の地方政治と国家中枢の関係を比喩的に表している。石垣市の保守政治は，国家という「城」を守る「城壁の防人」として，自らの存在を位置づけている。そしてそれが国家から託された仕事だと任じている。たとえ島の一部の人々がそのことに疑いをもち，反対したとしても，国境の地方政治の「城壁の防人」は，国家の中枢に辿り着くことを願って歩き続ける。『城』の主人公Kが「城」に対して単に従順ではなかったように，国境の地方政治は国家の論理に従うばかりではなく，それを利用しながら独自の利害を実現しようとも考えている[22]。しかし「城」の輪郭は見えるのに，辿り着く保証はどこにもない。それゆえいつか「城」から梯子を外されるかもしれないという恐怖と隣り合わせのまま，「城」にむかって歩き続けなければならないのである。

もちろん現実は小説ではない。しかし2010年以降の石垣市の右派政治が，「城」の方向ばかりに目を向け，石垣市民に背を向けていると感じる人々は，少なくなかった。それが次節で見る反基地運動の出発点となっていった。基地配備の争点は，“政治コンフリクトの場”と同時並行して，“市民コンフリクトの場”においても展開していったのである。

4．国境島嶼では，何が起きたのか（2）——“市民コンフリクトの場”

(1)　賛否の構図

前節では，基地配備計画をめぐって石垣市の“政治コンフリクトの場”で何が起きたのかを分析した。2010年の選挙に勝利した保守勢力が多数派となった石垣市政は，一貫して国の基地配備に協力的な姿勢を取り，その実現に貢献するような政治選択を行った。しかしながら，こうした選択はそれ単独で成り立つものではなく，石垣市の市民や住民との相互作用にも影響される。なぜなら選挙はもちろんのこと，請願や陳情といったかたちで，市民は市政に影響力を行使する権利をもち，自らの意見や利害の実現を試みるからである。

では，誰が自衛隊基地配備に賛成・反対を表明したのか。ここでは所属団体や支持政党といった「属性」ではなく，実際に賛否を公表した組織団体の「関係」を分析する必要がある。なぜなら「保守か革新か」「右派か左派か」といった既成の「属性」にあてはめて賛否の構図から見てしまうと，この問題の真の対立軸を見誤ってしまうからである。ここでは「決定」をめぐる争いが繰り広げられる政治コンフリクトの場と関連させて，「同意」をめぐる争いが展開するアリーナを“市民コンフリクトの場”として捉える。そこでは自衛隊基地配備の賛否をめぐる市民の「同意」を勝ち取るために，市民組織が意見表明を行ったイベントが行われる。そうしたイベントの動員と参加をデータとして，組織団体の関係構造をネットワークとして描出する[23)]。いくつかの時期区分を設けて分析することにより，基地配備をめぐる賛否の動員ネットワークの変化が明らかになる。

ここで取り上げる時期は，2015年5月頃から2016年12月末までのおよそ1年半である。この期間は，水面下にあった自衛隊基地配備の争点が表面化し，それによって基地配備の賛否をめぐる動員と運動が可視化されていき，最終的に石垣市長が基地配備の事実上の受入れを表明するまでを網羅している。1年半にわたる期間に，20の組織団体と2の組織連合が，46のイベントを通じて基地配備推進もしくは反対の意思を表明した。意思表示や抗議のレパートリーは，主に集会の企画，街頭アピール，デモの主催であり，議会への請願や陳情である（表1-5，表1-6）。

この問題の明確な始まりは，2015年11月26日である。「石垣市に陸自500人配備――防衛省きょう市長要請」という大見出しで，地元紙は伝えている。この日，石垣市を来訪した防衛副大臣は，中山義隆石垣市長に対して基地配備を正式に要請した。自衛隊基地配備計画がついに表面化したのである。このとき中山市長は「議会や市民の皆さんと話をしながら自衛隊配備を受入れるのか，受入れないのかの議論を深め，結論・判断を出したい」「（回答時期については）明確な時期はコメントできない」と慎重な発言をしている（『八重山毎日新聞』2015年11月26日，27日）。

基地配備の具体的な候補地も判明した。すでに2015年4月の段階で，防衛省の文書を情報公開した日本共産党八重山郡委員会が，石垣島の7か所が候補地にあげられることを解明し，反基地運動に関心を寄せる人々には一部の情報が知られていた。そのなかでも石垣島のほぼ中心部，沖縄県で最も標高の高い於茂登岳の麓に位置する平得大俣地区が配備予定地とされたことがこのときに正式に明らかにされた[24]。基地予定地とされた開南地区（2013年12月現在，35世帯90人居住）の公民館長は，「びっくりしている。聴いたばかりでどこまで進んでいる話なのか全然把握していない」「目と鼻の先にミサイル部隊が配備され，弾薬庫ができるのはとんでもない」と話し，戸惑いと憤りの入り混じった想いを述べている（『八重山毎日新聞』2015年11月27日）。

防衛省による正式要請がなされて以降，基地配備の賛否をめぐるうごきが表面化していった。地元紙は，防衛副大臣が訪れた当日の市役所前に，賛成，反

表1-5　2015年5月から2016年12月に『八重山毎日新聞』に掲載され，自衛隊基地配備の賛否を表明した組織団体を登場した時系列順にリスト化したもの（標記のA1は，行為主体（agent）1番の意）

標記	自衛隊基地配備の賛否をめぐる行為主体（組織団体レベル）
A1	平和憲法を守る八重山連絡協議会
A2	県退職教職員会八重山支部
A3	石垣島への自衛隊配備を止める住民の会
A4	八重山防衛協会
A5	自衛隊父兄会八重山支部
A6	隊友会八重山支部
A7	止めよう自衛隊配備宮古群民の会
A8	宮古島・命の水・自衛隊配備について考える会
A9	開南公民館
A10	嵩田公民館
A11	於茂登公民館
A12	森の映画社
A13	反戦自衛官と連帯する会
A14	いしがき女性9条の会
A15	八重山建設産業団体連合
A16	沖縄「うりずんの会」国会議員
A17	やいま大地会
A18	名蔵地区有志の会
A19	川原有志の会
A20	川原自治公民館
A21	自衛隊配備推進協議会（＝A4+A5+A6）
A22	石垣島に軍事基地をつくらせない市民連絡会（＝A1+A3+A9+A10+A11+A17+A20等13団体）

出所：筆者作成

対の人々が合わせて100人近く集まり，「現場は『賛成』『反対』の声が入り乱れて騒然，口論になる場面もあった」と伝えている（『八重山毎日新聞』2015年11月27日）。

こうした陸上自衛隊基地配備をめぐる石垣市の展開は，以下の五つのフェーズに時期区分することができる。

表 1-6　2015 年 5 月から 2016 年 12 月に『八重山毎日新聞』に掲載され，自衛隊基地配備の賛否を表明したイベントを時系列順にリスト化したもの（標記の E1 は，イベント（event）1 番の意）

標記	自衛隊基地配備の賛否をめぐるイベント 2015 年 5 月～ 2016 年 12 月	標記	自衛隊基地配備の賛否をめぐるイベント 2015 年 5 月～ 2016 年 12 月
E1	防衛副大臣来訪への反対デモ 5/12	E24	自衛隊基地配備に関する申し入れ 5/18
E2	基地配備計画撤回の特別決議採択 5/14	E25	説明会開催の趣旨と経緯への抗議 5/22
E3	石垣島への自衛隊基地配備を止める住民の会結成総会 8/20	E26	基地配備前倒し報道に対する記者会見と抗議 5/30
E4	石垣島自衛隊配備推進協議会発足 10/26（＊11/20 報道）	E27	基地配備計画中止を求める市議会宛請願 6/6
E5	基地配備反対街頭アピール 11/11	E28	基地配備反対に関する市議会宛要請 6/9
E6	自衛隊配備問題懇談会 11/26	E29	八重山防衛協会総会 8/8
E7	自衛隊基地配備を求める請願 11/26	E30	みんなで検討・交流会「あなたはどう思う？自衛隊配備」8/23
E8	沖縄防衛局に自衛隊基地配備撤回の要望書 12/04	E31	基地配備中止の市議会宛請願 8/29
E9	基地配備中止を求める防衛省宛要望書 12/22	E32	市長への抗議と申し入れ 9/21
E10	地元集落，基地配備中止を求める防衛省宛抗議文 16/1/15	E33	石垣市議会の基地配備決議への抗議集会 9/29
E11	軍事問題と自衛隊の上映集会 1/13	E34	平真地域懇談会・学習会 10/4
E12	インフラ整備等の防衛省要望 12/18（＊報道 1/20）	E35	基地配備への反対決議 10/10
E13	緊急集会と抗議決議文提出 1/23-27	E36	「市民連絡会」結成と「公聴会」見直し要請 10/12
E14	基地反対の看板設置 2/1	E37	衆参国会議員へ要請・意見交換会 10/23
E15	市へ陸自配備計画撤回の要望書 3/8	E38	基地配備推進にむけた勉強会 10/24
E16	「人間の鎖」基地反対街頭アピール 3/10	E39	陸自配備早期受入れの要請 11/2
E17	平真地域意見交換会 3/19	E40	継続議論の要請 11/25
E18	基地配備計画撤回の防衛省宛要請決議書と署名 3/30	E41	柳澤協二氏講演会 11/30
E19	基地配備撤回を求める「東京行動」報告会 4/9	E42	市長への抗議 12/8
E20	自衛隊基地建設を考える学習会 4/10	E43	基地配備抗議と候補地意見聴取を求める決議 12/12
E21	憲法壊すな！安保法制＝戦争法廃止へ 4/23	E44	基地配備受入表明賛成の街頭アピール 12/27
E22	石垣市長への公開質問状 5/1	E45	基地配備受入表明反対の街頭アピール 12/27
E23	反対特別決議の採択 5/11	E46	基地配備受入表明撤回要求と抗議 12/30

出所：筆者作成

- ●フェーズⅠ　争点の潜在化（2015年5月～2015年11月下旬）
- ●フェーズⅡ　争点の顕在化（2015年11月下旬～2016年3月中旬）
- ●フェーズⅢ　反基地運動の拡大（2016年3月中旬～同年6月中旬）
- ●フェーズⅣ　争点の公開討論会（2016年6月中旬～同年10月末）
- ●フェーズⅤ　住民無視の基地受入れ表明（2016年10月末～同年12月26日）

(2)　五つのフェーズ
――基地配備をめぐる動員ネットワークの構造と変化

フェーズⅠ　争点の潜在化

フェーズⅠは，争点の潜在化（2015年5月～2015年11月下旬）である。防衛省の正式要請がなされる以前から，すでに水面下で基地配備に関する情報や出来事が現れていた。そうした状況のなかで，基地配備の賛否をめぐる運動が表面化していった。

最初にうごきがあったのは，反基地運動である。2015年5月11日に防衛副大臣が石垣市を訪問し，市長に対して基地配備に向けた調査の協力を要請した。これに対して平和団体と県退職教職員会が抗議を表明している（表1-6のE1とE2）。そして8月には，「石垣島への自衛隊配備を止める住民の会」（表1-5のA3，以下，「止める住民の会」）が結成される（表1-6のE3）。同会は，平和団体や退職教員会といった「革新系」団体の流れと同時に，「保守系」の立場ながらも基地配備に反対する人々と合流したことが特筆される。「止める住民の会」の活動に初期からかかわるメンバーはこのように語る。

> 「止める住民の会」の立ち上げのときに気を付けたのは，自衛隊基地配備に反対の人ならばだれでも入れるように，組織のあり方を工夫したことでした。だからいわゆる「保守」とみなされていた人にも加わってもらい，革新政党に属している市議の方も参加できるようにしたのです。
>
> （2017年3月27日：フィールドノート）

「止める住民の会」の共同代表の一人である上原秀政・八重山地区医師会会長は，「私自身はどちらかといえば革新ではなく保守だと思うが，自衛隊配備に関しては別問題だ」として，「保革の敷居を低くして，しがらみをなくし，いろんな人の話を聞きながら自衛隊配備を食い止める運動に微力ながら努力したい」と決意を述べている（『八重山毎日新聞』2015年8月21日）。138人の呼びかけ人が集まった「止める住民の会」は，これ以降の反基地運動の中心的な役割を果たしていくことになる。

これに対して基地推進派は，まず「内向け」の活動を水面下で始めた。2015年10月下旬に，自衛隊を支持する3団体が「石垣島自衛隊配備推進協議会」（表1-5のA21，以下，「配備推進協議会」）を発足させた（表1-6のE4）。自衛隊退職者を中心とした「公益社団法人・隊友会八重山支部」，自衛隊員の家族が主たる構成員の「公益社団法人・自衛隊父兄会八重山支部」という二つの自衛隊外郭団体に加えて，中心的な役割を担うのは「八重山防衛協会」（表1-5のA4）である。同協会は，民間の任意団体でありながら，全国に協会を有する大規模組織であり，初代会長の松下幸之助（現パナソニックの創業者）をはじめとして，錚々たる大手製造業や重工業のトップが会長を歴任している。これら3団体が「配備推進協議会」を発足させた意図は，基地配備計画が正式に公表される前段階から，市民・住民の同意を獲得することにあった。実際に「配備推進協議会」の発足はひた隠しにされ，公表されたのはそれから1か月後の地元紙報道であった（『八重山毎日新聞』2015年11月20日）。

フェーズⅠでは，基地推進派はフォーマルな「配備推進協議会」を発足させて，関係者の支持取り付けを水面下で行った。これに対して基地反対派は，既成組織の連合というかたちは取らずに，保革合流が可能となるような新しい組織団体を立ち上げて，反基地運動を展開していくことになったのである。

フェーズⅡ　争点の顕在化

フェーズⅡは，基地配備計画という争点が顕在化する時期である（2015年11月下旬～2016年3月中旬）。防衛省の正式要請がなされた2015年11月26日以降，基地推進派と反基地派がメディアや地方政治のなかで可視化されていった（図 1-3）。

基地賛成派は，「配備推進協議会」を通じて，基地配備を求める請願書を市議会に提出した（表 1-6 の E7）。後日に開かれた記者会見によると，「配備推進協議会」は 400 人余りの会員を有し，役員には「石垣市商工会長」，「県建設業協会八重山支部長」，「八重山経済人会議代表」といった地域の有力な経済団体が名を連ねている（『八重山毎日新聞』2015 年 12 月 3 日）。また建設関連 10 団体で構成される「八重山建設産業団体連合」は，基地配備にあわせた生活環境のインフラ整備を防衛省に要望していることが判明した（表 1-6 の E12）。この要望の法的な根拠は，「防衛施設周辺の生活環境の整備等に関する法律」（平成 26 年法律第 69 号）であり，地方公共団体が行うインフラ整備を防衛省の予算で行うことができるものである。こうして基地賛成派は，市議会への請願書提出という政治的行動と同時に，商工会や土建業といった地域経済の利権を合法的に基地配備計画と結びつけることで，支持基盤を固めていった。

この時期の反基地派の新たなうごきは，二つの点が注目される。第 1 に，基

図 1-3　フェーズⅡにおける基地配備をめぐる賛否のネットワークの構図

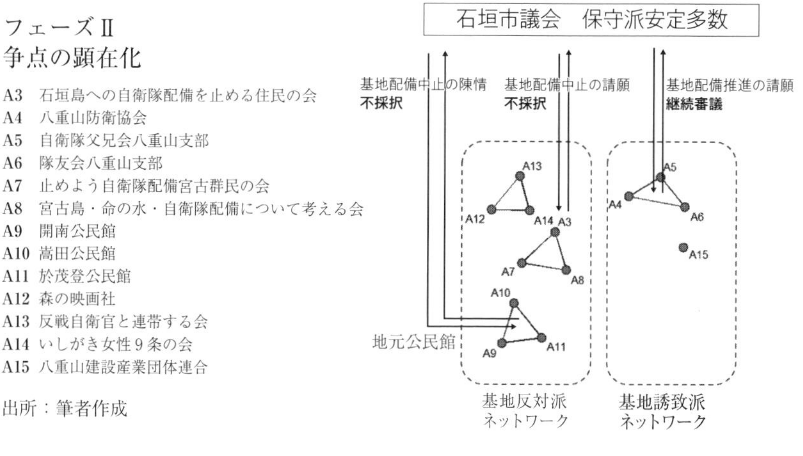
フェーズⅡ
争点の顕在化
A3　石垣島への自衛隊配備を止める住民の会
A4　八重山防衛協会
A5　自衛隊父兄会八重山支部
A6　隊友会八重山支部
A7　止めよう自衛隊配備宮古群民の会
A8　宮古島・命の水・自衛隊配備について考える会
A9　開南公民館
A10　嵩田公民館
A11　於茂登公民館
A12　森の映画社
A13　反戦自衛官と連帯する会
A14　いしがき女性 9 条の会
A15　八重山建設産業団体連合
石垣市議会　保守派安定多数
基地配備中止の陳情
不採択
基地配備中止の請願
不採択
基地配備推進の請願
継続審議
A13
A12
A14
A3
A7
A8
A10
A9
A11
A5
A4
A6
A15
地元公民館
基地反対派
ネットワーク
基地誘致派
ネットワーク

出所：筆者作成

地候補地周辺の集落すべてが反対を表明したことである。開南地区（全18世帯）・嵩田地区（全32世帯）・於茂登地区（全30世帯）の3公民館は，基地配備への抗議文を提出し，集落のなかに基地反対のメッセージを込めた看板を立てた（表1-6のE14）（写真1-3）。しかしながら，反対決議までに至る道のりは，決して平坦ではなかった。於茂登集落の住民はそのときの思いをこう語る。

なんていうかな，この話が出た時の自分の最初の感想は，どうすればいいのか分からない，でした。公民館長やっとったけど，あー大変になったなっていうのはあったんだけど，どうしよう，どこにこれを相談すればいいのかって。で，嵩田の人と話して，このままじゃいかんだろうということで，色々なところと話をしていきながらですね，慣れない記者会見をしたり，普段あまり使わないような言葉で話をしたりして，どうなるこうなると地域の方々と話をしながら，去年（2016年――引用者補足）の1月10日かな，全会一致で臨時総会で話をしたんですよ。

（2017年3月28日：フィールドノート）

基地配備をめぐる困惑と不安を率直に話し合い，それらを共有し合うような関係が集落には作られていった。そして石垣市議会に基地配備計画撤回の要望

写真1-3　地元3公民館が最初に建てた基地配備反対の看板（2017年3月27日筆者撮影）

書を於茂登・開南・嵩田前3公民館共同で提出することになった（表1-6のE10）。

第2に，「止める住民の会」は，石垣島の外部ともネットワークを広げた。宮古島で反基地運動を行う団体や沖縄県外の協力者とも連携しながら，基地反対の要望書提出や街頭アピールを展開した（表1-6のE8，E9，E13，E16）。基地候補地の自治組織，「止める住民の会」など，様々な反基地の「声」が複数の場で公言され始めたのがフェーズⅡの特徴である。

フェーズⅢ　反基地運動の拡大

こうした賛否の構図に変化が現れるのは，2016年3月である。これは石垣市議会でなされた決定が影響した。そうしたなかで基地運動がさらに拡大していった（2016年3月中旬～同年6月中旬，図1-4）。

2016年3月の石垣市議会の重要な議題は，基地推進派と基地否定派の両方の団体から提出された請願書の審議だった。このときの議会構成は，議長を除くと与党13対野党8であり，右派・保守系与党の安定多数だった。最終本会議で下された決定は，「配備推進協議会」の出した配備推進の請願は賛成多数（賛成13）で継続審議となる一方，「止める住民の会」の提出した配備中止の請願，そして基地候補地3地区公民館の出した陳情は賛成少数（賛成8）で不採択されるというものだった。

基地賛成の請願は受入れられ，基地反対の請願と陳情は退けられるという石垣市議会の決定は，かえって反基地運動のすそ野を広げていくことになった。“政治コンフリクトの場”の力学で反対の「声」が届かないなかで，反基地運動で中心的な役割を果たしていた「止める住民の会」と，基地候補地の自治公民館が連携を模索し始めた。「止める住民の会」が開いた地域意見交換会（表1-6のE17）では，3公民館の役員から「地域だけで（陸自配備計画を）止めることはできない」「3公民館が持っている不満を聞こうともしない議会のあり方に憤りを感じる」などの声が上がった（『八重山毎日新聞』2016年3月20日）。閉ざされた政治空間を打開するための方策として，さらなる反基地運動の広がりの必要性が共有されていったのである。

図 1-4　フェーズⅢにおける基地配備をめぐる賛否のネットワークの構図

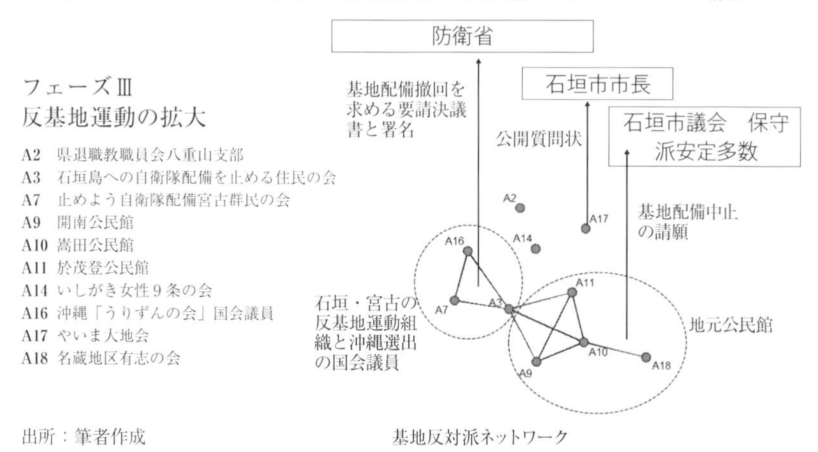

出所：筆者作成

こうした状況のなかで，「止める住民の会」は，「石垣の論理」の背後にある「東京の論理」への抗議を実行する。石垣と宮古の反基地団体の代表は，基地配備撤回を求める要請決議書と署名１万 1271 筆を防衛省当局に直接手渡すとともに，沖縄県選出の国会議員で構成する「うりずんの会」の五人が立ち合いで面談を行った（表 1-6 の E18）。

また東京で活動する沖縄島の組織団体と連携して，「宮古島・石垣島の自衛隊配備を止めよう！ 3・30 東京集会」を開催し，200 人余りの東京の参加者を前に宮古島・石垣島・与那国島の窮状が語られた（表 1-6 の E19）。そのなかで基地配備を抱える三つの島嶼に共通の問題が共有された。その一つが，「止める住民の会」の上原秀政共同代表が説明した基地配備受容のパターンだった。

> 自衛隊は直前まで情報を伏せておいて，配備計画を発表します。住民は「青天の霹靂（へきれき）」の知らせに混乱します。すると基地配備のメリットが説明されます。そして賛成派と反対派で分裂が起こります。そのうちに防衛協会の肝いりで配備推進協議会がつくられ，誘致を求める請願書が地方議会に提

出されます。もし議会で保守が与党の場合，十分な議論が行われないまま，基地誘致派の請願は継続審議ないし採択され，基地反対派の陳情は不採択とされます。保守系首長は議会の決定を「民意」とみなし，市民の多くの判断であるように言います。そして首長は防衛省に誘致を要請します。そうすることで，防衛省側は地域の請願に応じるという形で配備計画を実行することができるのです。　（2016年3月30日：フィールドノート）

実際に，宮古島市，石垣市，与那国町において，防衛省，防衛協会，保守系の首長と市議会は，同じような手法で基地配備を進めていくことになる。

もう一つの共通の問題は，基地問題の現実を広く知らしめることの困難である。この集会に石垣島から参加した人々は，東京の人々に「辺野古だけでなく，石垣・宮古にも関心を持ってほしい」と語りかけ，あるいは「沖縄本島では宮古・石垣のことが正確に理解されているわけではない。どうか協力をお願いしたい」と率直に訴える（2016年3月30日：フィールドノート）。そして宮古島から参加した代表も同様に，「辺野古の問題についてはかなり認知度が上がっているが，離島の自衛隊配備の問題は沖縄本島の人にもなかなか関心を持ってもらえない。日本全体の将来を左右する問題だと知ってほしい」と訴える（『八重山毎日新聞』2016年4月1日）。こうした発言は，東京のみならず沖縄島においても，石垣や宮古の人々の口からしばしば吐露され，国境離島の基地反対の「声」に対する反響が少ない現状を表していた。

宮古島・石垣島よりもさらに声が届きにくいのは，与那国島である。この日は与那国島で反基地運動を行う代表も参加したが，会場の正面ステージに掲げられた横断幕は「宮古島・石垣島の自衛隊配備を止めよう！」であり，与那国島の名前はなかった。与那国島ではこの集会が開催される2日前の2016年3月28日，陸上自衛隊の沿岸監視部隊駐屯地が開設された。壇上での報告を促された与那国島の反基地運動の代表は，言葉を振り絞るようにして語りかけた。

駐屯地が開設された与那国島は，まるで日本軍に占領されたようでした。

自衛隊の空気を恐ろしく感じました。実のところ基地配備推進派は，中国の脅威など感じたことはないのです。本当は島の活性化に関心があるのです。しかしいまの政府は本当に沖縄を切り捨てようとしているのではないでしょうか……これは生活している私たちの実感なのです……

（2016年3月30日：フィールドノート）

集会で語られた言葉が含意していたのは，反基地運動のなかにも「中心と周辺」の関係構造が重くのしかかっているということだった。東京と沖縄県だけではなく，那覇と辺野古，辺野古の移設問題と宮古・石垣の自衛隊基地問題，さらに宮古・石垣と与那国の基地問題といったかたちで，幾重にも「中心と周辺」が折り重なっていた。対外的な「関心の薄さ」のみならず，内なる「中心と周辺の構造」をどのように乗り越えるかが，反基地運動を進める上での課題として浮かび上がってきた。

なおフェーズⅢの配備推進派は，目立った活動を行っていない。2016年3月の市議会で配備推進の請願が予想通りの与党多数で継続審議になった。そのことが，あえて対外的活動を行う必要性をなくさせた一因にあるだろう。しかし水面下では，支持基盤であった保守・右派の与党内部に不和がくすぶっていた。それが表面化したのが，2016年6月の市議会であり，基地配備をめぐる賛否のうごきにも少なからず影響を及ぼしていくことになった。

フェーズⅣ　与党分裂と公開討論会の開催

フェーズⅣ（2016年6月中旬～同年10月末）を特徴づけるのは，与党の内部対立が表面化ことで配備推進派の再編がなされたことと，配備反対派の連携がさらに拡大していったことである。そして2016年10月下旬には，賛否両陣営が初めて公的な場面で同席する公開討論会が石垣市の主催で行われた。

配備推進派にとって予想外の事態は2016年6月の石垣市議会で起こった。「配備推進協議会」の基地配備を求める請願が，最終本会議で与党の賛成少数（賛成8，反対9，退場3）で不採択になったことである。それにより賛成に回らなかった与党の市議たちは，「配備推進協議会」から除名されることになった（『八重山毎日新聞』2016年8月19日）。石垣市の自民党会派は二つに分裂し，離反した市議を含む4名が「自由民主党」を立ち上げ（8月30日），従来通り基地配備賛成の市議8名が「自由民主石垣」を結成した（9月1日）。

なぜ離反した与党市議たちはそのような選択をしたのか。もっとも彼らが反基地派に180度方針転換したわけではない。離反の理由は，陸上自衛隊ではなく海上自衛隊の配備を主張したことや，現在の配備候補地に賛成しないなどにあった。つまり，自衛隊基地配備のあり方をめぐっての内部の利害と意見の対立だった。

2016年9月の石垣市議会定例会では，配備推進派であり「尖閣諸島開拓の日」を発議した市議である仲間均氏から「自衛隊配備を求める動議」が提出された。この決議案は，分裂した「自由民主党」の市議も納得できる文言になるよう「妥協」と「工夫」が施された（具体的な基地配備場所と配備部隊を文書に記載しなかった）。その結果，離反した市議たちも賛成にまわったことで，「石垣島への自衛隊配備を求める決議」は賛成多数（賛成11，反対7，退場2）で可決された（『八重山毎日新聞』2016年9月16日，17日）。こうして配備推進派は，譲歩と妥協によって決定的な内部分裂に陥るのを回避し，態勢を立て直すことになった。

こうしたなかで配備反対派はさらに連携を強め，組織団体レベルでも持続的なまとまりをつくるようになった。その新たな変化を象徴するのが，「石垣島に軍事基地をつくらせない市民連絡会」（以下，「市民連絡会」）の結成だった（表1-5のA22および表1-6のE36）。注目されるのが，「止める住民の会」，既存の平和団体や労働組合に加えて，地域の文化人の組織，そして基地候補地周辺の4地区すべての自治公民館が一つの連合体を形成することで，関係性の様々な分断――保守と革新，論壇と実践，移住者と定住者，都市住民と農村住民――を越えたまとまりを形成し始めたことである。13団体で構成する「市民連絡会」は，石垣島で基地反対を求める人々ならだれもが参加できるようなプラットフォームを提供し，社会的にも政治的にもひとまとまりとなって反対の声を訴える勢力となっていった。

「市民連絡会」の結成には，基地反対を求める人々の協力関係の促進に加えて，“政治コンフリクトの場”の変化も少なからず影響した。2016年9月の市議会の最終本会議では，石垣市長が「公聴会」の開催を明言した。石垣市が策定した「公聴会」の要項案は，防衛省による説明の後，賛否それぞれの立場からの議論を行い，基地配備をめぐって討論を行うというものだった。もし基地配備を求める議会のGOサインに加えて，公聴会で市民のGOサインが得られるかたちになれば，基地配備受入れのためのシナリオがほぼ出そろうことを意味していた。

実はこれまでに2度にわたって防衛省主催の住民説明会が石垣市で催された（2016年4月22日と5月24日）。しかし第1回の説明会では，防衛省が市民から事前に募った質問に対して回答が十分に行われないなど，反基地派にとっては強い不満が残るものだった。そして議論の材料や内実がそろわないまま，第2回の説明会が開かれた。こうした経緯があったため，公聴会も防衛省と石垣市の描いたシナリオ通りに開催され，実質的な議論を欠いたまま「市民の同意」が得られたと判断される懸念が，基地反対派に強く残っていた。市長が急ぐ「公聴会」開催にどう対応するかが焦眉の問題となるなかで，複数の立場から反基地を訴えていた石垣市の組織団体が集まり，そのなかから「市民連絡会」が生まれた。そして市との交渉の結果，「公聴会」は「公開討論会」へと名称変更され，当日は陸上自衛隊の資料配布のみとし，防衛省の参加は認めない条件で折り合った。

10月28日に開催された「公開討論会」は，市長，賛否両団体の代表，関心をもつ市民が一つの場所に会した最初で最後の機会だった。市民会館大ホールに集まった700人余りの出席者の前で，賛否両団体から代表として選出された3名が壇上で意見を述べた。配備賛成派からは，「配備推進協議会」の三木巖代表，漁業者の代表，自由民主石垣の砥板芳行市議が登壇し，反対派からは「市民連絡会」の上原秀政共同代表，同会事務局の藤井幸子氏，沖縄県選出の伊波洋一参院議員だった。地元紙は「陸自配備計画で主張対立――「備え」賛否で激論　市公開討論会に700人」という大きな見出しで当日の様子と登壇者の発言を詳しく伝えている（『八重山毎日新聞』2016年10月29日，30日）。

公開討論会を通じて何が明らかになっただろうか。地元紙は社説で「議論が深まったというより，むしろ多くの問題が内在していることを浮かび上がらせた」と書き，基地配備による水源環境への影響，基地配備候補地の住民への無関心などを指摘し，公開討論会の開催自体を市民の「GOサイン」と解さないようにと，市長と石垣市に釘を刺している（『八重山毎日新聞』2016年11月5日）。「市民連絡会」の1団体として連携している「やいま大地の会」代表は，公開討論会は「何よりも時間不足」「コーディネーターも不慣れなため，論点をはっきりさせて議事進行できなかった」として，継続して議論する機会の開催を訴えている（『八重山毎日新聞』2016年11月9日）。配備賛成派として登壇した「配備推進協議会」代表も，賛否の違いが依然として残っていることを認めている（『八重山毎日新聞』2016年11月3日）。こうして公開討論会で明らかになったのは，自衛隊基地配備が石垣市にどのような影響と問題をもたらすかについて，未だ議論は尽くされていないということだった。

それを裏付けるのが，当日に参加者に対して行われたアンケートの結果だった。石垣市は，公開討論会の来場者に対してアンケートを実施した。アンケートの結果は，結果公表を求めた「市民連絡会」の再三の要求を受けて同年12月に公表され，アンケート回収率42.86％（300人／700人），基地配備に賛成が80人（27％），反対が139人（46％），その他81人（29％）であり，反対の回答が賛成のそれを上回っていた。なお石垣市が基地配備に関するアンケートを実施するのは，このときが最初で最後であった。基地配備に対して「市民のGOサインが出た」とは到底言えない結果であった。

フェーズⅤ　住民無視の基地受入れ表明

フェーズⅤは，公開討論会の開催で賛否の溝が深まった状態のまま，ついに石垣市長が自衛隊基地の事実上の受入れを表明する時期である（2016年10月末～同年12月26日，図1-5）。

この時期に，基地配備をめぐる賛否の構図がほぼ固まった。配備賛成派は，変わらず「配備推進協議会」が中心的な役割を担った。公開討論会の直後には，基地配備早期受入れの要請を再び議会に提出している（表1-6のE39）。これに対して配備反対派は，様々な市民団体と自治組織が「市民連絡会」の下に集結し，自衛隊基地配備の議論継続を求める要請を議会に提出した（表1-6のE40）。

2016年12月の市議会本会議開催の前には，先ほど述べた公開討論会のアンケート結果が市より公表された。石垣市長はこのときに「遠くないうちに判断する」と発言し，市議会閉会後に決定を下すかのような発言を行った（『八重山毎日新聞』2016年12月6日）。これに対して「市民連絡会」は，議論が煮詰まらないままの決定を中止するよう再三の抗議と要請で牽制した。また「市民連絡会」は，基地配備候補地に位置する4地区すべての公民館から基地反対の声が上がっていることにふれ，地元の声を聞くことを求めていた（表1-6のE43）。それに対して市長は「議会の状況などをふまえて総合的に判断する」と回答した（『八重山毎日新聞』2016年12月13日）。

12月の市議会本会議では，石垣市長は地元への意見聴取の意向を表明した。そして定例会の閉会以降に，開南・嵩田・於茂登・川原の4地区の公民館と日程調整を行い，4公民館の意見を聞いた後に何らかの判断を下すとの答弁を行った（『八重山毎日新聞』2016年12月15日）。しかし驚くべきことに，その面談の

図1-5　フェーズⅤにおける基地配備をめぐる賛否のネットワークの構図

フェーズⅤ
住民無視の受入れ表明

A3　石垣島への自衛隊配備を止める住民の会
A4　八重山防衛協会
A5　自衛隊父兄会八重山支部
A6　隊友会八重山支部
A9　開南公民館
A10　嵩田公民館
A11　於茂登公民館
A17　やいま大地会
A20　川原自治公民館

石垣市市長
「事実上の基地配備受入れ表明」

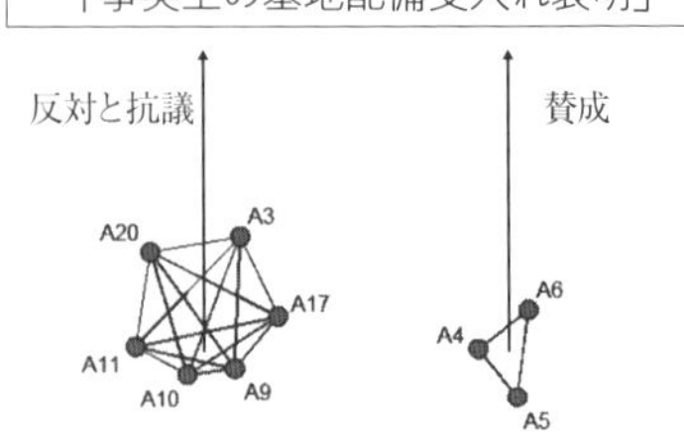

基地反対派ネットワーク　　基地誘致派ネットワーク

出所：筆者作成

約束は果たされないまま，12月26日，石垣市長は市役所で突如会見を開き，「防衛省に対し，配備に向けた諸手続きを開始することを了承する旨，伝達する」と発表し，自衛隊基地配備計画の事実上の受入れを表明したのである。

市役所前には，市長の受入れ表明に憤慨した地域住民と「市民連絡会議」が抗議を行った（表1-6のE45とE46）。基地候補地の4公民館の代表からは，「年内は行事があるので年明けにとお願いした。裏切りではないか」「市長は信用できない」といった怒りの声があがった（『八重山毎日新聞』2016年12月27日）。なお同じ市役所前の場所では，「配備推進協議会」が市長の決定を歓迎する街頭アピールを行った（表1-6のE44）。

なぜ中山市長はこの時期に受入れ表明を行ったのか。その要因の一つとして，後に明らかにされたのは，表明5日前の12月21日，中山市長は東京で菅官房長官，防衛副大臣と面会しており，近いうちに基地受入れの発表することを伝えていた（『八重山毎日新聞』2017年2月1日）。いわば国家中枢という「城」に一時的に入ることに成功した市長は，早期の基地配備受入れを求める「東京の論理」と，基地配備候補地の4公民館と約束した「当事者の声を聞く」を天秤にかけて，前者を選択したことになる。「市民連絡会」の幹部メンバーは，この点を中山市長に直接問いただしたことがある。

> 中山市長は東京で菅官房長官と会ったとき，おそらく基地配備の受入れ表明に関して話し合ったと思います。だけどこの面会の情報は，最初は公表されなかったのです。市長は公務の情報を公開しなければなりません。その点を問いただすと，市長は「これは政務だから公開する必要ない」と言い張って，公務の扱いにしなかったのです。私は「基地配備という石垣市の市民の命に直結することが，“公務”扱いしなくてよいわけないじゃないですか」と抗議しました。そうしたら市長は答えをはぐらかすばかりでした。
>
> （2017年3月28日：フィールドノート）

市長の事実上の受入れ表明によって，賛否の構図，そして基地反対派と市長・

市議会の対立は決定的なものとなった。「配備推進協議会」は，八重山防衛協会を中心とした組織的活動を継続していった。石垣市は行政手続きとして基地配備に向けたプロセスを開始した。これに対して配備反対派は，「市民連絡会」をプラットフォームに結集し，「石垣島に軍事基地はつくらせない」というただ一つの目標を実現するために，集会，街頭アピール，デモ，情報公開など，あらゆる選択肢のなかから反基地運動を展開していくことになった。

5．反基地運動のポリフォニー[25)]

前節では，基地配備をめぐる推進派と反対派の集合行動がどのように始まり，どのように結晶化していったかを分析した。2016 年 12 月末，石垣市長の事実上の受入れ表明の際には，賛否の組織団体レベルの構図はほぼ固まったといえる。しかしまとまって見えるものも，その内部からみると決して一枚岩ではない。基地配備をめぐって連帯する人々の「私たち」は，その内部において多様性を含みながらも，対話と連帯を求める不断の努力の結果として，獲得されるものである[26)]。

反基地運動に参加する人々は，“市民コンフリクトの場”では「石垣島に基地はいらない」という一つの「声」を発しているが，それは運動内部に複数存在する「声」が一つの「合唱」のようになって表現されたものである。いわば反基地運動は，複数の異なった「声」が独自性を保ちながらも一つに組み合わさったポリフォニーの構造を持っている[27)]。

そして反基地運動に参加する人々は，基地配備そのものに反対しているが，それ以上のことを伝えている。それは石垣島への基地配備によって，候補地とされた地区のみならず，島の生活のあらゆる側面が軍事化されていくプロセスが進行中だということである。マス・メディアの報道，情報開示によって入手した公文書（しかしたいていそれらの大部分は黒塗りにされている），問題意識を共有する人々との現地調査と対話を通じて，断片的な情報の隙間を，直観，想像力，構想力で補いながら，日常生活の軍事化の相貌は次のように浮かび上がっ

図 1-6　石垣島における"平和裏の戦争状態"

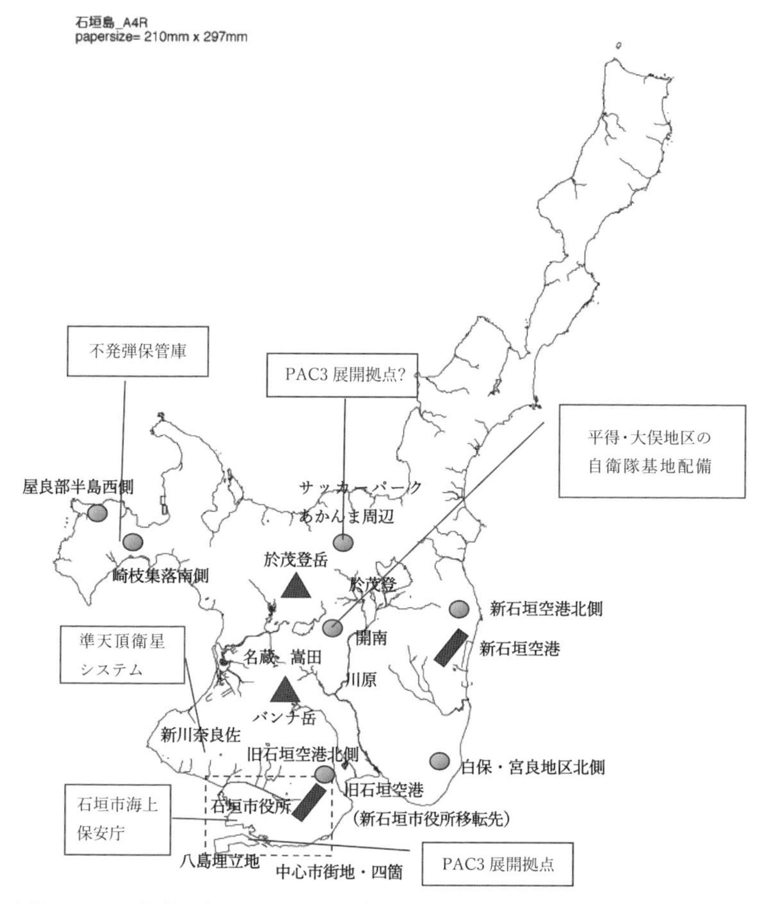

出所：テクノコ白地図（https:technocco.jp）より筆者作成

てくる[28]（図 1-6）。

「ない」けれども「ある」――石垣中心地における尖閣諸島の構築と脱構築

石垣島の中央内陸部には，バンナ岳と呼ばれる小高い山がある。ここからの景観は，石垣島で長い年月をかけて形成されてきた地理と歴史の見取り図を提供する（写真1-4）。石垣島はバンナ岳を境とした南部と北部で，根本的に異なった地理的特徴をもつ。高島とよばれる北側は，湿地帯で水の滞留の多いマラリア有病地であり，他方で南側の低島は，石灰岩地質で地下水系のマラリア無病地だった。こうした地理的な制約により，歴史的には島の南部沿岸に人々が集住し，琉球王国時代には八重山諸島における政治的・経済的・文化的な中心地となった（新川 2005：200）。現在でも，四箇（しか）とよばれる四つの字（登野城，大川，荒川，石垣）は中心市街地とほぼ一致しており，行政・交通・都市機能が集積し，石垣市全体の約8割が集住している（小川 2006：18-42）。

四箇は石垣市の都市的な中心であるのと同時に，象徴としての中心でもある。石垣市の四箇の一つの字（登野城）が，尖閣諸島の住所に選ばれているのは偶然ではない。石垣市は尖閣諸島を石垣市登野城 2390，2391，2392，2393，2394 番地と定め，行政区内にあるものとしている。しかしながら，石垣島から約 175 ㎞離れた尖閣諸島は，当然ながら四箇のなかにある登野城字を歩いても発見することはできない。石垣の島内部には「ない」が，石垣の市（そして国家）のなかには「ある」。こうした（物理的に）「ない」けれども（法制度的に）「ある」という奇妙な様相は，尖閣諸島がカフカの「城」のように，近づいても近づいても辿り着くことのできない場所としてあり続けている。

写真 1-4　バンナ岳から石垣島南部沿岸の中心市街地を臨む（2017 年 3 月 27 日筆者撮影）

しかし石垣島で生まれ育った人からすれば，「構築されたもの」としての尖閣諸島が皮膚感覚でわかる。「市民連絡会」の共同代表である上原秀政医師は，こう述べる。

> 尖閣諸島は，石垣市字登野城2千何番地という住所です。僕は登野城で生まれたんだけど，そこが自分と同じところだと思ったことは，1回もないですよ。あれは明治時代に，明治政府が勝手に組み込んだだけの話ですよ。
>
> （2017年3月28日：フィールドノート）

生活実感だけにとどまらず，上原共同代表は，医師の仕事で偶然に尖閣諸島に降り立った稀有な体験をもつ。

> 私は内科医のドクターになって36年です。そのうち15年は沖縄県立八重山病院に勤めていました。そのときに海上保安庁のヘリに乗って，洋上救急ということで長崎の漁船で発生した脳出血の患者の救助にあたった経験がありました。その時は夜中に出発して，明け方に尖閣諸島の南小島におりたって，待機して，それから海上救助にあたりました。その島を，わずかの期間ではありましたが，白衣を着たままにウロウロしてみました。そうしたら水鳥，海鳥がいるだけの，何にもない島でね。島っていうか岩っていうか，そういうところでした。後から，そういうところを守るために住民の命を差し出すっていうのかということを疑問に思いました。
>
> （2017年3月28日：フィールドノート）

さらに上原医師は，2010年9月に尖閣諸島沖で起きた中国漁船衝突事故のとき，医師としてこの事件にかかわった。その体験から，マス・メディアや政府が伝える公式声明とは別の「声」を語る。

> 2010年に私は海上保安庁の嘱託医をしていました。あのときに中国漁船が

海上保安庁の船に衝突するという事件が起こりました。私は中国漁船の船長に診察を行うことになりました。拘留された船長は，粗暴だったけれども，いわゆる典型的な「うみんちゅ」（漁師――引用者補足）でした。政治的な意図など何もなかったのです。そういうことが以前に何回かあったのですけれど，なあなあでやってたところがあったのに……

（2017年3月28日：フィールドノート）

上原共同代表は，目の前で起こった事実が別の論理で構築されていったことに疑念を抱かざるをえなかった。

あの時ばかりは，日本政府に政治的な意図があったのかわからないけれど，海上保安庁が漁船を追いかけて，挙句の果てには，船長が躍起になって逃げようとして，ぶつかったところを捕まえてきたのです。結局，中央の政治の失敗ですよね。しかも，このつけを市民に押し付けようとしました。「尖閣が乗っ取られる」と煽るようなことをいって，もうこうしたことの繰り返しなんですよ。

最初の時から僕は見てるんで，八重山を守るために絶対に黙っているわけにはいかないと思ったんです。最初は反基地運動に巻き込まれたっていう感じだったんですけど，本当にこれをやらないと，人間として間違ってるなということで，共同代表をお引き受けしたのです。

（2017年3月28日：フィールドノート）

観光と安全保障の危うい均衡

上原共同代表の目には恣意的に映る尖閣諸島＝固有の領土という構築物も，実際には，それがリアルな事実として現実が進んでいる。バンナ岳から中心市街地を眺めると，広大な敷地の低平な人工島が目を引く。八島緑地とよばれる公園のさらに南にある埋立地である。2012年3月30日，北朝鮮のミサイル発射に対してPAC3（地対空誘導弾パトリオット3）の配備先に選ばれたのが，この埋立地だった。西表島に暮らしながら反基地運動にかかわり，石垣島に定期的に足を運ぶ男性はこのように言う。

> 八島緑地の先の埋立地は，将来的に戦艦が停泊できるのに十分な深さの接岸地工事をしています。PAC3の展開は，ある種の予行練習だったのかもしれません。八島緑地には子供が遊べる公園があります。市民向けの公共サービスを整備しつつ，いざというときには軍事転用が可能なかたちで工事をしているのではないかと思っています。
>
> （2017年3月27日：フィールドノート）

埋立地の対岸には，石垣島の海の玄関口である石垣港ターミナルがある。石垣市は2000年代の前半以降に観光客が増加しており，とくに近年は2013年の新石垣空港の開港，海外渡航者に対するビザ緩和，国際線の就航，大型クルーズ客船の就航などを追い風に，2011年以降に前年比20％の以上の外国人観光客の伸びを記録し，人口約5万人の島に年間280万人（2017年の予想値）の観光客が訪れている。過去最高の観光客数をけん引しているのが3000～4000人の乗客を収容する大型クルーズ船であり，その多くがアジアから訪れる（石垣市「平成29年10月　インバウンド現地調査報告書」）。石垣港に近いチェーン店薬局，スーパーマーケット，公設市場は，旺盛なインバウンド消費で賑わいをみせている。

大型クルーズ船が寄港する目と鼻の先に，石垣海上保安部の拠点がある。海上保安庁は，2012年の尖閣国有化以降に増加した中国公船の領海侵入をきっかけに，2014年には尖閣領海警備専従体制の構築を開始した。そして2016年4月には，新しく建造した巡視船10隻を配備し，約500人の増員を行った。それにより石垣海上保安部は全国で最大規模となった（『八重山毎日新聞』2016年4月17日）。海上保安庁と防衛省の関係でいえば，もし防衛出動が発令される場合，内閣総理大臣の決定により，海上保安庁は防衛大臣の統制下に置かれることになる（自衛隊法第80条）。つまり石垣海上保安部は，軍事目的に転用可能な潜在的基地である（写真1-5）。

観光業の活況と安全保障の強化は，危うい均衡点の上に成り立っている。2000年代後半に岩手県から移住し，「せっかく住みよい場所に来たつもりだったのに，自衛隊基地配備の計画がやってきて，これは何とかしなきゃいかんと思って」，反基地運動にコミットするようになった男性は，このように考えている。

> この島の総所得の約6割が観光関連収入です。しかも，農業とか製造業とかも，観光関連の仕事を相当利用してやってきています。この島は高校を出た人はほとんど島外に出ていくんですけども，ご覧になって分かるように，けっこう若い人たちが働いています。これは観光業関係の仕事で入ってくる若い人々なんですね。ところがその観光業にとって，ミサイル基地ができるということがどういう意味を持つかっていうのは，ちょっと考えればわかることです。武力行使まではいかないにしても，紛争が起きて，それでここのミサイル隊が発射準備に入ったという報道が流れた瞬間，まず観光業が相当大きなダメージを受けますから，それはまずいねと思っている人たちがいます。　（2017年3月27日：フィールドノート）

新石垣空港建設やその後の観光ブーム「以前」を知る人はこのように現在を

写真 1-5　大型フェリー船（左側）と海上保安庁の大型巡視船「たけとみ」が埠頭に並ぶ（2017年3月27日筆者撮影）

みている。

> 新石垣空港の建設もあって，観光客が増えているのは事実です。しかしこれは数年前に始まったことではありません。空港建設をめぐっては35年間，さまざまな人々の努力があって，今の活況があるのです。そのことをいまの石垣市政は，まるで自分たちの手柄のように語りますが，それは違います。（2017年5月30日：フィールドノート）

デュアルユースの施設——通信施設，不発弾保管庫，サッカー場

観光ブームに沸く中心市街地から内陸部へ向かうと，サトウキビ畑の風景が見え始める。ここでは見えにくいかたちで基地配備と関連する事態が進行している。新川という字のサトウキビ畑が広がる地点には，柵と監視カメラで囲われた一画に，真っ白な球体が置かれた光景が登場する。「準天頂衛星システム　石垣島追跡管制局」と記されたこの場所は，「みちびき」「日本版GPS」と呼ばれるもので，日本の打ち上げた人工衛星から位置情報を送受信しあう施設が置かれている。全国には主管制局が2ヶ所あり，追跡管制局7ヶ所のうち6ヶ所が南西諸島に設置されている。石垣島には2016年12月に配備された（写真1-6）。

「日本版GPS」は，一般向けには携帯電話や自動車への位置情報を提供する目的で広報されているが，軍事目的に転用され，そこが軍事攻撃の標的にされる可能性はゼロではない。元自衛官として平和・反軍運動にかかわっている人の目にはこのように映る。

> 準天頂衛星システムは，島嶼防衛やミサイル防衛のなかで必要とされます。なぜならミサイル攻撃や迎撃を成功させるためには，精密な位置情報が不可欠だからです。現在の戦争では，レーダー基地や通信基地，そして司令部が真っ先に標的となります。軍事組織は分業体制で動いていて，なかでも意思決定機関や情報収集機関がもっとも重要な部分になっています。人間の喧嘩と同じで，強い相手を倒すのに，腕や足を狙うよりも，脳天や目

を狙う方が得策でしょう。それにレーダー施設や通信施設は，防御が非常に脆弱です。手りゅう弾で戦車を破棄することはできませんが，レーダー施設を破壊することはできます。そうやって軍事組織の「目」をやっつけてしまえば，すべてがストップする。情報が入らなければ，司令部は意思決定ができないし，いくら巨大な戦車や歩兵部隊が集まっても何もできなのです。だからここは標的になりやすいのです。

（2017年7月27日：フィールドノート）

そうした懸念を地元紙も伝えている。石垣島にこの通信施設が設置されたとき，ここが「米国のGPSを補完」「ミサイル防衛（MD）のような精密な測位を必要とする防衛手段の強化に資する」目的で使われる懸念があり，「映画のような宇宙軍事計画が私たちの知らぬ間に進められている」と不安を表明している（『八重山毎日新聞』2016年12月25日）。

こうした平和利用と軍事利用の境界があいまいな施設が他にもある。石垣島西端の屋良部半島にある不発弾保管庫である。石垣島では現在でも戦時中の不発弾が発見される。石垣市は不発弾の一時的な保管庫として，同半島の崎枝地区を候補地とした。2014年10月，崎枝公民館は，反対意見もあるなか賛成多

写真1-6　石垣島追跡管制局の準天頂衛星システム（2017年3月27日筆者撮影）

数で建設を容認した。そして2015年3月に公民館は石垣市と合意書を締結し，2015年7月末に保管庫が建造された（写真1-7）。

不発弾保管庫は，絶景が広がる観光スポットの御神崎灯台へ自動車を走らせる観光客ならば，ほとんど見落としてしまうような狭い林道を入らねばならない。自動車1台がようやく入れるほどの車幅の急勾配の坂道を登っていくと，高さ2メートルほどの柵と有刺鉄線と監視カメラで土塁を囲った，10坪ほどの敷地がある。不発弾保管庫を示す標識などはどこにも見当たらないため，何の施設かを知ることはできない。しかし反基地運動を続けてきた女性は，この不発弾保管庫が本来の目的とは別の用途に転用される可能性を危惧している。

> 不発弾保管庫というのですが，いくつか疑問点があるのですよ。不発弾が発見された場合，危ないので通常はその場で処理されるのです。そしてできるだけ持ち運ばなくても済むように，発見された場所からできるだけ近い位置に保管します。実際に新石垣空港建設では，その近くに設置されていました。にもかかわらず，この崎枝の保管庫は空港からもっとも遠い場所にあります。途中で暴発したら大変ですから，そんなところに保管庫を造るなんて，危ないはずなんです。私たちはどうやらここが，弾薬の保管

写真1-7　不発弾保管庫（2017年3月27日筆者撮影）

> 庫に転用されるかもしれないと睨んでいるのです。
>
> （2017年3月27日：フィールドノート）

こうした人目につきにくい不発弾保管庫とは別に，島民の誰にも開かれた公共施設においても，平和利用と軍事利用があいまいな場所がある。石垣島の北部に位置し，於茂登岳とダムに挟まれた平地にある広大なスポーツ施設「サッカーパークあかんま」である（写真1-8）。ここは，芝生のサッカー場，宿泊施設，広大な駐車場を備えた石垣市の公共施設であり，「なでしこジャパン」の日本サッカー女子代表が合宿地として利用することなどで知られている。しかしこの場所も，軍事転用の疑いがある。なぜなら島南部沿岸の埋立地と同様に，ミサイル防衛の一拠点として有力候補だからだ。

> 2012年11月，陸上自衛隊西部方面隊が通信訓練のために，サッカーパークあかんまのグラウンドや宿泊施設を使いたいといったのです。私たちは「子供たちや市民の場所を自衛隊の訓練には使わせない」と反対しました。結局，自衛隊は駐車場でテントを張って，宿泊したのです。ものごとを大きくしたくなかったのでしょう。　（2017年3月27日：フィールドノート）

「サッカーパークあかんま」は，石垣市の副市長が理事長を務める公社が管理運営している。ここは2002年の日韓サッカーワールドカップの公認キャンプ地の候補にも挙げられたほどの充実した施設であるが，近年，利用者が大幅に減少している（『八重山毎日新聞』2015年1月21日）。なお自衛隊から利用の打診があったとき，副市長は実質的な情報を公表しようとせず，そうした消極的な姿勢が野党市議から批判された（『八重山毎日新聞』2012年11月2日）。

> ここが軍事転用される可能性は常にあります。まず地形的に於茂登岳のふもとにあるので，山にトンネルを作れば，武器や戦車を隠す場にもなります。そうすると敵機レーダーが探査しにくいから好都合なんです。それに

写真 1-8　サッカーパークあかんま（2017年3月27日筆者撮影）

近くには真栄里ダムがあります。だから水の供給の心配がありません。それに広々としたスペースがあり，宿泊できる設備も備えてあります。懸念しているのは，サッカー場が市中心街から遠いこともあって，利用者がそれほどいないということです。もし仮に市中心部に新しいサッカー場を作ってしまえば，ここは用なしとなり，軍事転用される可能性が高まります。

（2017年3月27日：フィールドノート）

通信施設，不発弾保管庫，サッカー場は，一見すると公共的性格の強い民生施設である。情報の授受，安全，娯楽は日常生活に不可欠なインフラであるため，それ自体に反対を唱える人はいない。しかしこれらは軍事転用可能なものである。いわば施設自体が民生用と軍事用の両用施設であり，デュアルユースな施設となっている。反基地運動から発せられる「声」は，現在の基地配備計画だけにとどまらず，「有事」から逆算して考えると将来起こりうる日常生活の軍事化に対しても，発せられている。

「しがらみ」と多様な声

基地配備が石垣島の将来の姿を大きく変えてしまうのではないか。そのようにうっすら感じている地元の人は少なくない。もしもの場合が起きたときに，島外避難は事実上不可能になるため，観光業への大打撃どころか，島の生活自体が成り立たなくなる可能性も出てくる。しかしながら，基地配備の帰結を考えないようにさせる見えない力が働いている。それが島内部の濃厚な人間関係であり，あるときには「しがらみ」として機能するものである。石垣で生まれ育ち，反基地運動にかかわるようになった女性はこのように吐露する。

私は石垣に生まれ，育っていう，地元の人間です。本当に自衛隊問題というのは，声を上げられる人，思っていても上げられない人というのに，地元の人の中でも分かれるのだろうと思います。本来であれば，基地もない，本当に平和な島です。もう何十年も過ごしてきています。国境地域の島ということについては，台湾の人たちと私たちとの交流は戦前からずっとあって，台湾の方たちから文化や農業の面で恩恵をとても受けながら，私たちは生きてきたのだと思います。歴史的に見ても，中国とも交易や文化的な交流がありましたし，国境地域の島に住む私たちは，そういう面でうまくみんなでやってきていました。
ところが今は，政府の意向や世界の，つまりアメリカの戦略などということに，私たちが巻き込まれている状況です。でも，地元の人たちは，沖縄戦・戦争マラリアということを体験して，平和の中で住みたいと思っている人たちが，ほとんどだと思っています。本当は自衛隊には来てほしくない，基地はできてほしくないという思いは，強いと思います。
しかし，なかなかそういう気持ちを持っていても，市長や地元の政治家の言論が出てきている中で，自分が反対すると，自分の子や孫たちがよく見られない，不利益を被ることが怖いという人たちもいます。だから，表に出てきて一緒に運動をやってとは，なかなか言いづらいということもあると思います。　（2017年3月27日：フィールドノート）

こうした「しがらみ」による「沈黙」は，趣味のダイビングをきっかけに石垣島へ移住し，現在は反基地運動の主要メンバーとしてかかわる女性も痛感している。しかしだからこそ，その「沈黙」の中から「声」が立ち上がることが，反基地運動の大きなうねりになると考えている。

> 反対運動の広がりについて，石垣には思った以上に，濃密な人間関係やつながりがあります。それによって声を出せない面があります。だけれども，徐々に声をあげたり，反対の旗をあげてくれる人が増えたり，街頭デモで声援をくれたり，広がっていっています。対話しかないと思っています。それを抜きに石垣の人たちが石垣のことを決めることにはならないのですから……
> （2017 年 5 月 30 日：フィールドノート）

「しがらみ」から「声」をあげる決意をした地元の人は，人々の些細な変化のなかに，反基地運動のポリフォニーを聴こうとする。

> 最近，私が街頭でのアピール行動の時に感じていることは，反応がいい方向に来ているのではないかということです。手を振ってくれたりする人数が時を経るごとに多くなってきていることは，私たちが進めてきている運動の成果として出て来ているのではないかと思っています。
> （2017 年 3 月 28 日：フィールドノート）

石垣島の反基地運動には，10 以上の組織団体が合流している。そのなかには基地配備の候補地とされた地区も入っている。しかし先にみた通り，自然とまとまったわけではなく，運動を試行錯誤で進めるなかで結果として力を合わせる関係になっていった。基地候補地周辺の四つの地区の人々の大地に根をはった「声」は，反基地運動のポリフォニーの不可欠の旋律となっている[29)]。

> 於茂登，開南，嵩田，川原，これら四地区の人たちの思いが広がれば，この島のみんなの思いになるんです。どんな立場にあっても，自分の隣に基地ができたら困る，その思いを皆でつくっていく起爆剤にしたい。「私たち

だけのことじゃないよ，島みんなのことだよ，もっと考えよう」ということで，四地区の皆さんも運動を続けてこられています。さっきの移住者の話でもありましたけれど，そのことはこの島の良さでもあります。

（2017年3月28日：フィールドノート）

石垣島の反基地運動は，多様性を活かすことに賭けた。それをまとめるのに一人のカリスマ的なリーダーや司令塔となる組織が存在するわけではない。運動にかかわる一人一人が基地のない島のために「声」を発することを運動の原動力としている。

立場の違う人が集まることの良さは，難しさと共通するんですが，多様性なんです。いろんな意見があるというところで，それがある意味では良さでもあるし，難しさでもあるっていうことです。その苦労をまさに今やっているところなので，それはお互いの良さを認め，一致して基地をつくらせないっていうことで，その目的に向けてがんばるということにつながっていると思います。

（2017年3月28日：フィールドノート）

石垣島の多様性は，島のなかの“社会文化的な島々”（Merler 2003 = 2004；新原2017）のように，反基地運動にコミットメントする人々の差異をゆるやかに束ねている。それは古くはこの島が人の移動と文化のたえざる流れの交わりのなかで形成されたことに由来する[30]。それゆえ反基地運動の「声」は，「石垣島に基地はいらない」と願う人々の「合唱」であると同時に，過去の移動の歴史を通奏低音として響いている。そのことを「市民連絡会」の上原共同代表は，次のように表現する。

石垣島で国内最古となる2万7千年前の人骨が見つかったように，この島には長い人間の時間が息づいています。防衛省は「防衛の空白地帯を埋める」といいますが，この島の長い歴史の中で「空白地帯」が埋まったのは

1944年から1945年のたった1年しかありません。そしてまさにそのときに，空襲や戦争マラリアによって，多くの島民が犠牲になりました。「空白地帯」が軍隊で埋められたとき，どれだけの悲劇が起こるか，まったくもって明らかです。　（2017年3月28日：フィールドノート）

6．おわりに――同時代の根本問題に耳を澄ます

最後にこれまでの議論をまとめよう。本章では，「同時代のこと」として進行中の事態をトータルに理解することを目指した。そして国境島嶼で顕在化しつつある“平和裏の戦争状態”の様相を，主として地政学的・地域社会学的・社会運動論的な観点を組み合わせながら，自衛隊基地配備問題を抱える石垣島をフィールドとして検討した。本章の三つの問いに対して，次のような結論と知見を得た。

第1の問いは〈なぜ南西諸島に自衛隊基地配備計画が持ち上がったのか〉であった。その答えは，通常考えられているようなセンセーショナルな事件や出来事が起こる以前，とくに1990年代前後の地政学的な変動局面のなかから，徐々に準備されていた。冷戦終結以降に進んだ米軍ネットワークの再編のなかで，「唯一の軍事超大国」を追求するアメリカが「修正主義的な大国」として存在感を高める中国と緊張関係にあるのが，南西諸島であった。大国間の「大きな戦争」を巧みに回避しながら，「安全保障のリージョナル化」を同盟国の日本に代行させていくという「ワシントンの論理」は，日米安全保障の再定義，日本の国内法の整備，自衛隊の変容をもたらした。そのなかでつくられた「東京の論理」は，冷戦期の仮想敵国だったソ連から北朝鮮と中国を「新たな脅威」として指定し，2004年，2010年，2014年の「防衛大綱」改訂ごとに南西諸島への自衛隊基地配備計画を具体化させていった。そして2015年の戦争法とよばれた平和安全法制の強行採決と日米の「2015ガイドライン」が成立したとき，日米両政府は，任意の時空間における軍事行動を法的かつ実効的に遂行する枠組みを準備するに至ったのである（2節）。

第2の問いの〈基地配備の現場となった国境島嶼では，何が起こったのか〉では，自衛隊基地配備をめぐる石垣市の地方政治と市民組織のコンフリクトを検討した。2010年に誕生した保守派の市長・市議会多数派は，自衛隊基地配備やそれに関連する安全保障政策に関して「東京の論理」に歩調を合わせる姿勢をとった。基地配備，「尖閣諸島開拓記念の日」制定，その他の争点をめぐって，国家という「城」を防衛するための「城壁の防人」となり，「国の専権事項」に従うという選択を取り続けた。そうした保守政治の姿勢に対して，石垣島の平和と生活を代弁していないと感じる人々の間で反基地運動が生まれていった（3節）。

“市民コンフリクトの場”では，基地配備をめぐる組織団体の動向を五つのフェーズに時期区分して分析した。基地配備が争点として潜在化していた時期から，賛否両派の動きが始まった（フェーズⅠ）。石垣市への防衛省の正式要請によって争点が顕在化した後，自衛隊配備推進協議会を中心とした基地誘致派と保守・革新の区別を越えた基地配備反対の住民の会とのコンフリクトが発生した（フェーズⅡ）。石垣市議会が基地誘致派に有利な決定を下すなかで，当初は別々に活動していた基地候補地の集落と住民の会がさらなる反対の声を広げるために合流を模索し始め，また石垣島の外部とも協力関係を築くことによって，反基地運動が拡大していくことになった（フェーズⅢ）。安定多数の石垣市議会の保守派に内部分裂が発生したが，妥協と譲歩により基地誘致派は決定的な分裂を回避した。反基地運動は石垣島で活動する多くの団体や個人が合流する「市民連絡会」を結成し，基地反対運動のプラットフォームを形成した。そうしたなかで賛否団体の両方が一堂に会した最初で最後の機会であった「公開討論会」が石垣市主催で開催されたが，基地配備に向けた議論が尽くされていないことがあらわになった（フェーズⅣ）。こうしたなかで中山義隆石垣市長は2016年12月，基地配備候補の地元公民館との意見聴取の約束を市議会で交わしたが，その約束を反故にして基地配備の事実上の受入れを表明した。これにより基地配備をめぐる対立構図は決定的となり，保守派の石垣市長・市議会・基地配備推進協議会の基地誘致派は実現に向けた手続きを進めていく一方で，野党の市議会議員・市民連絡会は基地反対を実現するための別の選択肢を展開していくことになった（フェーズV）。

第3の問いは，〈反基地運動の「声」は，どのような社会変動の兆しを訴えているか〉であった。“市民コンフリクトの場”で公言された「石垣島に軍事基地はいらない」という声は，そのなかに複数存在する異なった「声」が独自性を持ちながらも一つになろうとする緊張関係のなかで発せられている。反基地運動のポリフォニーに耳を澄ませば，石垣市の中心部に「ない」けれども「ある」ものとして構築される尖閣諸島の恣意性，観光ブームに沸く石垣経済と安全保障の強化という危うい均衡，埋立地公園・通信施設・不発弾保管庫・サッカー場といった公共施設の軍民両用化の可能性など，石垣島では見えにくいかたちで全島の軍事拠点化が進行していることが判明していく。だがそうした軍靴の音を聞こえなくさせる一つの力が，島内の閉じた人間関係「しがらみ」であり，それによる「沈黙」であった。しかしながら，石垣島の反基地運動の「声」は，そこに集う人々の多様性を活かし，島が持つ人の移動の歴史の堆積を通奏低音に響かせながら，「同時代のこと」として進行中の“平和裏の戦争状態”に対峙している。

こうした反基地運動の一つ一つの「声」は，基地配備の反対というメッセージを通じて，それ以上のことを伝えている。それは石垣島の生活のあらゆる側面が，見えにくいかたちで軍事化されていくプロセスが進行中だということである[31]。しかし同時に，全島の軍事要塞化に抗する「声」も発せられている。それは石垣島だけに限らない。すでに「平和裏の戦争状態」が顕在化した与那国島[32]，宮古島[33]，日本列島で基地を抱える地域[34]では，反基地運動からも同時代の根本問題に応答する「声」が発せられており，それらは次章で論じられるイタリアの“国境地域／境界領域”の「声」とも深いところで反響している。

付記：本稿は以下の2つの研究成果の一部である。（1）「『国境の市民化』をめぐるローカルの重層的展開――日伊比較地域アプローチ」（研究代表者：鈴木鉄忠，2015～2018年度，若手研究B，課題番号15K17206），（2）「“惑星社会”の問題に応答する

“未発の社会運動”に関するイタリアとの比較調査研究」(研究代表者：新原道信，2015～2017年度，基盤研究B，課題番号15H05190)。

補遺——“地域学”の試み[35)]

地域社会で起こる同時代の根本問題に耳を澄まし，その現実のトータルな姿を把握することはいかにして可能か。本章および本書のライト・モチーフとなっている“うごきの比較学”は，共同研究チーム「惑星社会と臨床・臨場の智」のなかで各メンバーが独自に進めてきた中長期間にわたる現地調査の経験と知見を共通基盤としている。ここでは個人調査のみならず，一つのフィールドに複数のメンバーがかかわり，インフォーマントとの信頼関係を築きながら，フィールドのうごきに居合わせることによる知見の産出を目指してきた。この補遺では，本章の内容の骨格をなしている“かまえ”(認識論)にふれておきたい。

“うごきの比較学”と称する研究会において議論を重ね，次のような知見と課題を共有化していった。

① 時間論の導入：フェルナン・ブローデルが長期・中期・短期持続の重要性を指摘したように，地域社会には波動の異なった複数の時間が通時的かつ共時的に存在している。一つの「出来事」や「事件」のなかにある複数の時間を分析の射程に収めることができるような理論的フレームワークを構築しなければならない。

② フィールドワークの視点と方法：フィールドで観察されるものごとには，「出来事」や「事件」として実現した現実態(actuality)，可視態(visibility)だけでなく，やがて実現するかもしれないし，あるいは実現しないままかもしれない可能態(dynamics)，潜勢力(potential)が常に存在している。“うごきの場に居合わせる”調査の視点と方法は，フィールドにおける「出来事」「事件」のみならず，「日常性」(うごきの反復)の記録を試みることによって，「正史」(official history)とは異なった歴史概念の形

成を目指すものである。

③　比較可能性：地域社会ひいては現代社会をトータルに理解するためには，複数のフィールドで起こる“うごき”を比較する必要がある。そのためにはフィールドワークを通じて，コミュニティを成り立たせる領域性・移動性・共同性の構造と動態を理解する実証科学の作業（コミュニティ・スタディーズ）が必要である。次に“地域学”として，土地から人間までを視野に収めた地域社会の総合科学が必要である。さらに“うごきの比較学”として，複数のコミュニティや地域社会を，フィールドのデータに基づいて比較し，共通性と異同を発見する作業が必要になる。それを通じて，現代の社会変化のプロセスの核の部分を明らかにすることが期待できる。

これらのなかでも①時間論の導入は，フィールドで調査者が居合わせた“うごき”をトータルかつ具体的に理解するために，重要な論点であることが共有されてきた。こうした視点の重要性は，すでに以前の共同研究においても指摘されていたが（古城編著 2006），さらなる展開が必要となっていた。それゆえここでは，“地域学”の試みを提示しておきたい。

“地域学”の理論的土台となるのが，ブローデルの「全体史」である。しかしながら，「全体」をもれなく認識することは，不可能に近い。そうだとすれば問題は，「全体」の認識を可能な限り達成するような方法論とはいかなるものか，ということになる。それが時間を複数の層に分節化するというブローデルの独創的な着想だった。ブローデルは『地中海』において，「地理学的な時間」「社会的な歴史」「個人の時間」という三つの時間層を区別した（ブローデル 1991：21-23）。その後，「長期持続」「変動局面」「出来事」と再定式化した（ブローデル 2013：40-51）。後の著作においても，多少の意味の変化はあるが，次のような視点は変わっていない。

われわれの考えでは，社会的現実の中心において，瞬間という時間とゆっくり流れる時間との間にある，激しく，濃密で，無際限に繰り返される対立ほど重要なものはない。過去を扱うにせよ，現在を扱うにせよ，このような複数の社会的時間について明確に意識しておくことは，人間科学全体に共通の方法論にとって，必要不可欠なことである。

（ブローデル 2013：39）

「瞬間という時間」と「ゆっくり流れる時間」との間において，矛盾をはらんだ社会過程が展開している。社会生活のどのような場面でも複数の時間層の対立を見出すことは，歴史学のみならず，人間科学全体の課題であるとブローデルは主張した。

このようにブローデルは，社会的現実が複数の時間のなかで展開する，という見解を明示した。そして「ゆっくり流れる時間」と「瞬間という時間」との間に，三つの重要な区別，すなわち，長期持続，中期持続，短期持続を導入している。なおブローデルは時間軸に関連する他のあらゆる要素にも言及しているので，彼の時間論を他の軸とも関連付けて捉え直すことができる。そこで長期・中期・短期持続に分節化された層に対応させて，次の4つの軸を連接させてみたい。すなわち，時間の軸，空間の軸，社会関係の軸，身体の軸である。これら四つの軸を長中短期の三つの層に対応させれば，12のマトリックスができる（表1-7）。12のマトリックスはすべて相互連関しており，社会的現実のトータリティの見取り図のようなものといえる。

“地域学”の各マトリックスについては別稿で論じたので（鈴木 2018），ここではその要点にだけふれておきたい。

長期の層は，不変や不動というわけではないが，その変化は百年，千年，万年単位を要する緩慢なものである。地理学的な時間は，うごきの反復を特徴としており，地理や地質の循環に基づくタイムスパンである。それはまた，物質循環や生態系の恒常状態や気候的な条件などによって規定される物理的な空間である。社会関係の軸には，人間集団が対応する。地球上の生命体のなかで生存可能なヒトのサイズとスケール，人口，文明，文化，都市，日常性の存立を可能にする社会関係である。そして身体の軸には，生物学的な身体が対応する。

遺伝子の伝授を通じてヒトの個体に引き継がれた有機体である。

中期の層は，ある程度の変化に対して安定的な構造を保つが，不変というわけではない。十年，四半世紀といったタイムスパンによって，変化していくものでもある。変動局面は，社会の様々な領域に緩慢な変化をもちこむ。それにともない，意味や統制によって境界付けられた社会空間である領域性も流動化していく。そうした時空間の変化に対して，人間の諸活動を維持し，継続していく条件となる社会関係も影響をうける。そうした社会関係の変化は，自らが属する社会集団／社会組織の行動様式を身体化したハビトゥス（社会的な身体）にも影響を与える。

短期の層は，人間が知覚可能な出来事や事件が可視化する瞬間である。そうした出来事や事件は，地球上の特定の場で起こるものである。そこには出来事や事件に直接的ないし間接的に関与した行為主体がネットワーク状に存在する。またそのときに形成される社会関係は，社会組織や社会集団によって定められた範囲と一致するとは限らない。一回性の出来事や事件では，規則性だけでな

表 1-7　“地域学”の理論的フレームワーク（筆者作成）

	時間の軸	空間の軸	社会関係の軸	身体の軸
長期の層	**地理学的時間** 動きの反復	**土地と環境** 地理や気候によって規定される物理的空間	**人間集団** 人口・文明・文化・都市・日常性の存立を可能にする社会関係	**生物学的な身体** 種として存続を保証する遺伝子の伝授
中期の層	**変動局面** 緩慢な変化 • 社会史 • 経済史 • 政治史	**領域性** 意味や統制によって境界づけられた社会空間 • 都市と交通路 生活圏と交流圏 • 生産と交換 産業構造交換圏 • 政治体の統治圏 戦争	**社会組織 / 社会集団** 人間の諸活動を維持・継続する条件となる社会関係 • 家族，コミュニティ，階層，民族 • 企業，資本家，商人 • 国家，帝国，大国	**社会的な身体** 身体化された知覚と評価の分類図式，ハビトゥス
短期の層	**出来事 / 事件** 一回性の短い時間 • 出来事史，事件史，政治史，雑事	**場** 出来事/事件が可視化する空間	**行為主体のネットワーク** 出来事/事件をめぐって形成される期間限定の社会関係	**身体的な実践** 構造的な拘束要因の下で展開される身体化された戦略

く，偶然性も影響する。そうした時空間と関係構造のなかで，個々人の身体的な実践が展開する。そうした実践は，単に構造の規則に従う慣習的行動でもなければ，自由な意志によるものでもない。ブルデューが述べているように，ある制約条件の下で行為主体が案出する戦略である（ブルデュー 1991：205）。

以上のような "地域学" を設定することによって，「構造か主体か」という二元論に陥ることを回避することが期待できる。人間の行為は，自然環境や社会構造の反映でなければ，主意主義的な意思決定によるわけでもない。フィールドで展開する現象は，複数の時間層，環境，社会構造，個々人の選択の特定の組み合わせによって生じる。説明すべき現象を長期，中期，短期の層の一つに還元してしまうのではなく，複層的な要因の組み合わせのなかで妥当性をもつ説明を行うためには，"地域学" のような「全体の見取り図」となる理論的フレームワークが必要となる。

また "地域学" を提示することによって，単純な因果関係の説明に終始する罠を回避することが期待できる。ある出来事が周期的に起こるのはなぜか，という問いへの説明は，出来事の次元だけからでは十分にできない。当然ながら，出来事 A をそれ以前の出来事 B から因果的に説明することは可能である。しかしそれで説明が尽くされたわけではない。その点について I. ウォーラーステインは，ブローデルの時間論の理論的意義に関する箇所で，「明らかなのは，どのような時空パラメータのなかで現象を分析しようとするのかを決定しないかぎり，私たちは説明を持たないだけでなく，説明されるべき何ものをも持つことさえない」（ウォーラーステイン 1999：xxiv）と述べる。たとえば，明治日本の「開国」を説明する場合，年表のように特定の出来事を時系列的に並べただけの答えは，単に出来事を叙述しているだけか，あるいは島国日本という本質論に陥る危険性をはらむ。しかしもしブローデル的な視点にたてば，資本主義経済への日本の対応という経済システムの「変動局面」，さらには東アジアに長らく存在してきた地域システムの「長期持続」が視野に入る。それによって，出来事の線型的な因果関係による説明を回避することができる。

"地域学" という視点から，"時代のうねり" と "個々人の選択" の結節点を表現すれば，メルッチのいう「責任／応答力」（responsibility）ということができる。「応答する力」（capacity to response）という原義には，環境や社会構造に拘束されながらも，それを引き受ける力（responding for）と応答する力（responding to）という意味が込められている。

> 「私自身」を形成する機会と制約のフィールドに対する私の責任／応答力は，一方では，限界，生物としての構造，個人史を引き受ける力である。そして他方では，機会を選択し，それをつかむことであり，自己を他者との関係の中に位置づけ，世界のなかに自分を位置づける応答力なのである（Melucci1996a = 2008：68）。

「責任／応答力」は，自ら知覚した制約と機会を引き受けつつ，それに働きかけていくような人間の選択を表現している。責任／応答力は，社会によって個人がつくられる側面と個人が社会をつくる側面が循環的していくプロセスの結節点に位置している。以上のような“かまえ”を据えて，石垣島をフィールドとして惑星社会と“臨場・臨床の智”の理解を試みている。

注

1）イタリアにルーツを持つ二人の若手監督による秀逸なドキュメンタリー映画『駐留軍』（邦題『誰も知らない基地のこと』（Fazi and Parenti 2010），そしてこの映画に解説として登場する人類学者のキャサリーン・ラッツは，本章のエピグラフ（“When solders come, war comes”）に象徴されるような，現地住民からみた軍事基地の問題を分析している（Lutz 2009：27）。

2）社会的に重要な争点にかかわる情報は，隠蔽，改ざん，ねつ造の圧力にさらされる。たとえば原子力発電に関しては，（高木 2000）を参考。

3）ここでの“かまえ”とは，見えたとおりの現実を当然視しない認識論的な姿勢を意味している。現実の分析と総合をトータルに行う試みについては，本章の補遺で詳しく述べる。

4）平和裏の戦争状態というキーコンセプトは，イタリアの精神科医フランコ・バザーリアの「平和に潜む犯罪」（crimini di pace; peacetime crime）から示唆を得た。精神医療の反施設運動の旗手としてしられるバザーリアは，市民生活が平穏に営まれているまさにこの時に，通常なら人権侵害や犯罪とみなされる行為が，精神病院の密室に収容された入院患者に対して，日常的に行われている事実を告発した（Basaglia 2000 = 2017; Zanetti e Parmegiani 2007 = 2016）。

5）平和裏の戦争状態の原理的な考察は，ヴァルター・ベンヤミン，カール・シュミット，ジョルジョ・アガンベンが取り組んだように，〈近現代社会における「非常事態」「例外状態」の恒常化〉として考察する必要があるだろう（鈴木 2018）。

6）本章では，国境／境界研究（ボーダースタディーズ）と筆者のイタリア国境地域の調査研究の成果（鈴木 2013，2014a，2014b）に基づき，「国境」に次の三つの意味を込めている。

第1に，「国家の境界」（state-border）としての国境である。これは近代国家の主権が及ぶ地理的限界を明示するために，地表上および地図上にひかれたラインを意味する。ある領域を国家が排他的にコントロールできるかどうかは，正当性（legitimacy）と透過性（permeability）に左右される。正当性は，自国の主張する領域の「正しさ」を要求できる見込みである。もしこれが高ければ領域の排他的管理は安定化するが，もし低ければ事実上の係争状態になる。そして透過性は，有形無形の事物の移動に対するボーダーのフィルタリング機能の度合いを表している。これが高まればボーダーの有無に関係なく事物が移動するため，国家の境界としての性質が弱まっていく傾向にあり，逆に低い場合はボーダーに対する国家の関与が強まる傾向にある。透過性については（岩下 2016：65–69）参考。

第2に，「国民の境界」（nation-border）としての国境である。これは自国民とそれ以外を象徴的に識別する標識であり，ボーダーの内側の人間集団に「われわれ」と「彼ら」の区別を設けるものである。

第3に，「国境（くにざかい）」としての意味である。ここでの「国（くに）」は排他的領域に必ずしも基づかないような前近代の政治体を指し，移動，交易，交流によって形成されてきた歴史文化的な「面」としての境（さかい）の性質を強く持つ。

7）国境島嶼（border island）の概念については，物理的な島々と“社会文化的な島々”を理論化した島嶼社会論（Merler 2003 = 2004，新原 2007，2017）に基づいて検討した場合，陸続きの国境地域（borderland）との共通点と異同が見出されると思われる。概念の錬成は今後の課題としたい。

8）現代社会理論の系譜では，「いま私たちはどのような時代に生きているのか」という根本的な問いをめぐって，様々な理論研究が蓄積されてきた。

現代の社会生活では，宇宙空間から海底まで，そして，神経系から遺伝子まで，人間の力によって変更可能な範囲が拡張している。こうした事態は，既存のグローバリゼーション論からはしばしば見過ごされる次のような社会変化を引き起こしている。すなわち，社会の基盤である地球（globe）の表面のみならず，惑星地球の「外部」である宇宙空間やその「深部」である海底へも相互依存が拡大している。そうした相互依存の惑星化は，自然界の限界にまで達しており，社会は自然界をその内部に包摂するようになっている。しかしながら，私たちの社会生活は，惑星地球の物理的限界と身体の有限性を克服することはできない。なぜならば，地球以外の場で社会は存立できず，身体なくして私たちは存在できないからである。それによって，私たちの日常生活では，可能性と限界の緊張が常態化している。

こうした社会状態の理論化を試みたのが，A. メルッチの「惑星社会論」である（Melucci 1996a = 2008：2-3）。メルッチは，「惑星社会」という概念を提示することによって，社会的行為の可能性のグローバルな拡大とそれに伴う相互依存と，しかし依然として，たった一つの惑星地球と身体に私たちの社会生活が拘束される事実を捉えようとした。惑星社会では，種の存続と種の進化のために侵犯してはならない惑星地球と身体の結び目を，私たちが認識することによってはじめて，支配的な論理とは異なった「世界の名付けと意味付け」の可能性が拓かれる。そうした試みは，政党や組織や知識人からではなくとも，「普通の人びと」の「日常生活」から始めることができることを示唆している。詳しくは，（鈴木 2014c，2015，2016a，2017）を参考。

9）社会運動論は，「人間が社会をつくる」という認識の下に，「人々が社会をどのように変えるのか」を根本的な問いに据えて知見を蓄積してきた。

「新しい社会運動」の代表的な論者であるメルッチによれば，現代社会における社会運動は，「ある社会においてなにが生起しつつあるかを示す指標」として，「国民社会そしてわれわれのグローバル・システムといったものの社会の変化のプロセスの核の部分を表しだしてくれる」ものである（Melucci 1996a = 2008：202）。本章ではこの点に示唆を受け，国境島嶼で起こっている社会運動を検討することにより，「社会の変化のプロセスの核の部分」を読み解くことを試みる。

10）イタリア・スロヴェニア・クロアチアの国境地域の調査研究については，（鈴木 2013，2014a，2014b）を参照。イタリアと日本の国境画定問題の比較研究については，（鈴木 2016b，2016c）を参照。

11）本章と関連するこれまでの調査概要は，下記の通りである。

	フィールド	時期（調査者）	調査研究テーマ
A	トリエステ（イタリア）	①2015年4月20～25日（鈴木[1]）；②2015年9月20～25日（鈴木[1]，竹端）；③2016年9月12～18日（鈴木[1]）	①国境線の移動と生活者のアイデンティティ；②イタリアと日本の国境地域の比較；③欧州難民危機をめぐる国境地域の応答
B	サルデーニャ（イタリア）	①2016年2月22～29日（メルレル，新原[2]，鈴木[2]）；②2017年2月22日～3月1日（メルレル，新原[2]，鈴木[2]）；③2018年3月10～11日（メルレル，新原[2]，鈴木[2]）	①コミュニティをめぐる共同調査研究；②コミュニティ・スタディーズ，地域学，比較学をめぐる議論と調査；③イタリアと日本の島嶼・国境地域の比較[3]
C	ランペドゥーザ（イタリア）	2018年3月～9日（メルレル[2]，新原[2]，鈴木[2]）	欧州難民危機をめぐる島嶼地域の応答
D	石垣（沖縄）	①2016年1月13～15日（鈴木[1]）；②2017年3月26～31日（新原[2]，鈴木[2]）；③2018年3月28～29日（新原[3]，鈴木[3]）	①「尖閣諸島開拓の日」と基地反対運動のフィールドワーク；②③軍事基地と地域社会（陸上自衛隊基地配備計画に対する市民と住民

			の反対運動）
E	宮古（沖縄）	2018年3月26～28日（新原[3]，鈴木[3]）	軍事基地と地域社会（陸上自衛隊基地建設に対する市民と住民の反対運動）
F	京丹後（京都）	2017年7月31日～8月4日および9月6日（鈴木[1]）	軍事基地と地域社会（米軍XバンドレーダーU施設に対する市民の反対運動）
G	立川・砂川（東京）	2017年11月19日（鈴木[1]，阪口，大谷）	軍事基地と地域社会（米軍基地「返還」の再考）

注：上記の調査は以下の研究助成の一環で実施された。1）科研費若手B（鈴木鉄忠・課題番号15K17206），2）科研費基盤B（新原道信・課題番号15H05190），3）中央大学社会科学研究所「惑星社会と臨床・臨場の智」チーム（新原道信代表）

12）　反基地運動グループが取りまとめた国境島嶼の基地配備問題については，（「標的の島」編集委員会編 2017）を参照。基地配備をめぐる南西諸島のルポルタージュは（半田 2016），八重山諸島の安全保障化は（樋口・松谷 2017），辺境の保守化という観点では（山崎 2018）を参照。

13）「共通の安全保障」は，地域協力体制と信頼関係の確立に基づく安全保障として，ヨーロッパのなかでかたちになっていった。1975年の「ヘルシンキ宣言」で種がまかれ，「ベルリンの壁」崩壊から1年後の欧州安全保障協力会議で採択された「パリ宣言」のなかで確かめられた。そして欧州連合（EU）の下，1995年には欧州安全保障協力会議（CSCE）が「協力機構」（OSCF）に格上げされて常設化された（前田 2007：27）。

14）　冷戦終結以降における米軍の世界的ネットワークに関して，ドキュメンタリー映画『駐留軍』（邦題『誰も知らない基地のこと』（Fazi and Parenti 2010）を参照。世界システム論と比較の視点からアメリカ「帝国」と東アジアを位置づけた研究として（古城 2011）を参考のこと。

15）　ナイ・リポートの原文は，「日本政治・国際関係データベース」（代表：田中明彦政策研究大学院大学学長）のサイトから入手した（http://worldjpn.grips.ac.jp/documents/index.html　2018年8月31日アクセス確認）。

16）「平成17年度以降に係る防衛計画の大綱」を参照（首相官邸ホームページ：http://www.kantei.go.jp/jp/kakugikettei/2004/1210taikou.pdf　2018年4月9日アクセス確認）。

17）『防衛ハンドブック　平成30年度』版に，「2010大綱」が掲載されている（朝雲新聞社編集局 2018：90-110）。

18）　本章の「政治」の定義は，メルッチの議論を参照している。メルッチは，社会構造のあるシステムとして政治を捉え，そこは「規範的な決定が下される」場であるとした。そして「規範的な決定」をさらに三つに分類する。第1に，社会の諸集団や特定の利害関係の間でなされる交換を，統制するような規範と法規（norms and regulations）をめぐる決定であること。第2に，意思決定過程自体を水路づけるような規則と手続き（rules and procedures）の設定と適用であること。第3に，生産様式の維持と適用，そして社会的資源の分配を保証するような決定を生み出すこと。第1の決定は，社会内部の特定の集団を規定する決定であり，第2は政治システム内部の広範な行為者に影響を与える決定であり，第3は社会全体にかかわる決定で社会権力や支配の形態に影響を及ぼすものである（Melucci 1996b：229）。

19）　以下が条例の全文である。

尖閣諸島開拓の日を定める条例　平成22年12月20日　条例第27号

（趣旨）尖閣諸島を行政区域とする石垣市は，尖閣諸島が，歴史的にも日本固有の領土として，より明確に国際社会に対し意思表示し，国民世論の啓発を図るため，尖閣諸島開拓の日を制定する。

（尖閣諸島開拓の日）尖閣諸島開拓の日は，日本政府が法的根拠に基づき，明治28年1月14日に尖閣諸島を我が国固有の領土として編入することを閣議決定した1月14日とする。

（市の責務）石垣市は，尖閣諸島開拓の日制定の趣旨にふさわしい取り組みを推進するため，必要な施策を講ずるよう努めるものとする。

附則　この条例は，公布の日から施行する。

20）「尖閣諸島開拓の日」に集った保守系政治家とのつながりは，中山石垣市長の自著にも言及されている（中山 2013：131-132）

21）「尖閣諸島開拓の日」と関連して，石垣市・竹富町・与那国町では公民教科書採択についても同じような問題が起こった。中山市長と保守系市政が安定多数を形成した後の2011年8月，八重山採択地区協議会は中学校の公民教科書に「新しい歴史教科書をつくる会」系列の育鵬社版のものを選んだ。石垣市と与那国町の教育委員会は育鵬社版公民教科書を採用したが，竹富町の教育委員会は東京書籍版を選んだために，コンフリクトが発生した。結果としては，竹富町が八重山採択地区協議会から独立し，石垣市と与那国町だけになった八重山採択地区協議会は再び育鵬社版を選択した。教科書採択問題については（樋口・松谷 2017）を参照。

22）「国家の活用」という観点からの分析は，（樋口・松谷 2017）を参照。

23）　データ収集と分析方法の手順は次のとおりである。まず分析対象の期間（2015年5月1日～2016年12月31日）に発行された地元紙『八重山毎日新聞』の記事から，自衛隊基地配備の賛否に関するイベントと，それに参加した組織団体のデータを抽出した。その結果，20の組織団体と46のイベントがあることがわかった。次に，46のイベントを五つのフェーズに時期区分し，当該期間に行われたイベント（列）とそれらに参加した組織団体（行）のデータをインシデント行列にした。イベントと組織団体のインシデント行列をデータ解析ツール「R」に入力し，ネットワーク構造の特徴と描画を行った。

24）　石垣島の中央内陸部に位置する平得・大俣地区は，戦時中に海軍トーチカ，高木大隊本部，通信隊，特設警備隊，旅団工兵隊陣地，第8重砲兵連隊，壕が存在した（大田 1996：66-67）。現在は，島東部の新石垣空港，島南部の港湾部，島西部の不発弾処理庫（弾薬庫への転用が懸念される），島北部の於茂登岳とサッカーパーク（PAC3 の展開拠点として転用の可能性が高い）の交差する位置にあたる。

25）ポリフォニーについては，精神保健分野におけるオープンダイアローグ（Seikkula and Arnkil 2006 = 2016）と，このテーマに関する竹端寛と高橋真央との生成的対話に多くの示唆を得ている。「<対話>が重要なのは，応答が新たな意味をつくりだすことである。共に考えるという領域に移行するのだ。対話的発言は，語られたことに応答して新たなパースペクティブが開かれることを期待する。賛同や拒否の答えを期待しているのではない。応答の形式やタイミングはさして重要ではない。即座に返ってくる応答もあれば，話し手が十分な時間をかけてよく考えてから，遅ればせの発言として応答が返ってくることもある」（Seikkula and Arnkil 2006 = 2016：113）

26）メルッチは「集合的アイデンティティ」（Melucci 1996b：68-86）によって，多様な背景をもった人々がどのように「わたしたち」を形成するのか，そのダイナミズムを検討している。

27）運動の多声性に耳を澄ますことの重要性は，フィールドに入る困難に直面するなかで，次第に気付いたものだった。筆者が国境島嶼として石垣島に関心を抱いたのは，イタリア・トリエステの国境地域との比較調査研究がきっかけであったが，石垣島に土地勘はなく，調査協力を依頼できる人脈もなかった。こうした個人的な困難に加えて，基地問題のフィールドワークにかかわる困難が存在した。反基地運動の人々に調査の関心を伝えると，よい反応がかえってくることは少なかった。とりわけ研究者とジャーナリストに対する評価は芳しくなかった。同じような発言は，石垣島と宮古島で反基地運動にかかわる人々からも少なからず聞いた。そうした不満や不信の根底には，「私たちの声が聴かれていない」という実感にあった。

そうしたなかで心掛けたのは，調査協力者とフィールドノートや写真データを共有し，一方的な聴取ではなく双方向的な意見交換会を催すなど，その都度調査者の理解の変化とその根拠をフィードバックすることだった。それによって，フィールドの人々との信頼構築を試みながら，コンフリクトと日常生活のなかで語られる複数の声の関係を把握することに努めた。

なおフィールドに入る困難については（中里 2016a，2016b），また未知のフィールドに入るときの“かまえ”については（新原 2011）を参照。

28）この記述と分析の下になるのは，2017 年 3 月 26 日から 29 日の新原道信と筆者の二人による石垣島での調査である。この調査は，「石垣島に軍地基地をつくらせない市民連絡会」，基地配備候補地である於茂登・開南・嵩田集落，基地問題に関する識者の多大な協力と助力によって実現した。記して感謝申し上げたい。

29）平得・大俣地区は島外からの移民によって開拓された四つの集落からなる。嵩田（たけだ）は，1930 年代に帝国日本の経済統制で失業した台湾からの移住者によるパイン栽培や水牛・焼き畑が行われ，1947 年の自由移民のときに台湾，沖縄本島，宮古島からの移住者が開拓した集落である。開南（かいなん）は，1937 年に「貧農対策」のため，戦前最後の沖縄県計画移住政策により，石垣島の平得や真栄里や沖縄本島の農村から家族ごと移住した人々によって開拓された集落である。川原（かわはら）は，1941年の沖縄本島の豊見城村や石垣島の宮良からの移住者でつくられた集落である。於茂登（おもと）は，1957年，戦後の琉球政府計画移民の下に，嘉手納基地建設で土地を追われた人々や与那国から集団移住者によってつくられた集落である。これら四つの集落はそれぞれ公民館を運営している。基地配備をめぐって四公民館は反対を公言し，基地反対の運動を進める住民・市民団体と連携しながら，基地反対の意志を表明し続けている。

30)　中長期的な時間軸のなかで石垣島の現在を理解する重要性は，（新川2005）（大田2013）（三木2000）から多くの示唆を得た。

31)　本章の記述と分析は，石垣市長が事実上の基地配備受入れを表明した2016年12月で終わっているが，2018年10月現在もなお，石垣島では自衛隊基地配備問題は続いている。この間には，2018年1月の基地反対署名，3月の石垣市長選挙，7月の石垣市長による正式な基地配備受入れ表明，9月の石垣市議会選挙といった重要な出来事が起こった。また本章では，石垣島の基地配備候補地の開拓集落の基地反対の「声」を取り上げることができなかったので，別稿で論じたい。

32)　与那国島で反基地運動を続けるある人は，2016年3月の基地配備以降の状況をこのように証言している。

「与那国では運動が細々としたものになってしまいました。だけど活動を続けています。配備から1年が経ちました。残念なことが起こっています……2017年8月6日には与那国町長選が予定されています。現職の町長対与那国町議会の議長，そして反対派から立候補を予定しています。配備によって，人がものを言えなくなったり，弱くなったり，意見交換もできなくなっている現状があります。160人の自衛隊が入ってきました。選挙では，自衛隊員の票が基地推進派の方にまわるでしょうから，難しくなりますが，チャンスもあると思っています。

私は与那国島の南側沿岸の集落に住んでいます。八つの公民館には，各15人の自衛隊員が参加してくるのです。過疎化が深刻で，公民館の役員が見つからないという問題があります。ある公民館では自衛隊に役員の声をかけたのですが，「自衛隊にもできることとできないことがある」といわれました。まさかの事態ですが，断られたのです。とにかくいまは，自衛隊員を頼って“自治”を任せるという事態が起こっているのです……

私は思いました。もし戦争になったら，私たちは捕虜になるんだと……生き残るために中国語も学ばなければならないかな，など……だって国や町は島の人間を守ってくれません。国民保護計画や住民避難計画など具体的なものはなく，いつも国や町はたらいまわしをしています。

もう与那国の「点」だけでは何もできません。南西諸島を結んでいるので，石垣で止めてくれれば，与那国も止められるかもしれません…」(2017年5月30日：フィールドノート)

33)　宮古島では，反基地運動に参加する人の多大な協力と助力により，2018年3月

26日～28日に新原道信と筆者の二人で調査を行った。現地の識者とともに行った基地関連施設のフィールドワークでは，伊良部島における長山港（海上保安庁の巡視艇・拠点），渡口の浜（米海兵隊と自衛隊の合同演習で「標的」とされた場所），下地島空港（軍事転用の疑念をもつ）を訪れた。また宮古島へのフィールドワークでは，旧千代田カントリークラブ（陸上自衛隊基地建設の現場ゲート前），基地建設敷地内で破壊された御嶽（うたき），千代田地区のアリランの碑（「宮古島に日本軍「慰安婦」の記念碑を建てる会」の建立）と高澤義人の詩碑，航空自衛隊機宮古島分屯基地，準天頂衛星システム宮古島追跡管制局，保良（ぼら）地区の旧保良鉱山（弾薬庫への転用計画あり），自衛隊射撃訓練場，沖縄県不発弾保管庫（弾薬庫への転用可能性あり），旧宮古島DGPS局（海上保安庁射撃訓練場予定地），高野漁港（水陸両用車上陸予定地の可能性あり）を訪れた。宮古島における自衛隊基地配備問題とフィールドワークの報告は，別稿で詳述したい。

34)　たとえば，京都府北部に位置する丹後半島には，「飛び地」のように米軍Xバンドレーダー施設が設置されている。風光明媚な海岸段丘が続き，日本の棚田百選に選ばれるような景観が広がる丹後半島北部の袖志地区には，戦中の1942年に日本軍が海軍監視所を設置して以来，1947年6月の米占領軍による同地への基地開設，1958年12月における航空自衛隊への移管を経て，現在まで航空自衛隊の経ガ岬分屯基地が存在する。米軍Xレーダー施設は，分屯基地に隣接する一帯で2014年5月に工事が着工され，同年12月に本格的に運用が開始された。これは2013年2月の日米首脳会談の際，北朝鮮の核・ミサイル開発を「非常事態」とみなし，ミサイル防衛のためのレーダー施設の配備が東京とワシントンという二つの「中心」のトップダウンによって決定されたものだった。

この政治決定からわずか1年10か月の間に，京都府と京丹後市による「協力表明」，用地取得，基地工事着工，Xバンドレーダー搬入，駐留米軍部隊の発足式，本格運用が開始した。京丹後米軍基地Xバンドレーダーについては，『京都新聞』「京丹後米軍基地Xバンドレーダー」（2014年8月25日から8月31日掲載記事），『京都新聞』「Xバンド京都の米軍基地1年」（2015年11月6日から7日掲載記事），（米軍基地Xバンドレーダー基地反対・近畿連絡会2016），（大野2017）を参照。

35)　本節は，（鈴木2017，2018）の一部を修正したものである。

参考文献

朝雲新聞社編集局，2018『防衛ハンドブック　平成30年版』朝雲新聞社。

新川明，2005『新南東風土記』岩波書店。

Basaglia, Franco, Franca Ongaro Basaglia, Maria Grazia Giannichedda (edit.), 2000, *Conferenze Brasiliane*, Milano: Raffaello Cortina Editore（＝大熊一夫・大内紀彦・鈴木鉄忠・梶原徹，2017『バザーリア講演録　自由こそ治療だ！――イタリア精神医療ことはじめ』岩波書店）

米軍基地Xバンドレーダー基地反対・近畿連絡会，2016『NO ！ X-BAND RADAR

パンフレット』No.4（2016年9月30日発行）
ブローデル，フェルナン，浜名優美訳，1991『地中海　I　環境の役割』藤原書店。
―――，山上浩嗣・浜名優美訳，2013「長期持続」E. ル＝ロワ＝ラデュリ監修，A. ビュルギエール編，浜名優美訳『叢書アナール　歴史の方法と対象　1958-1968　第3巻』藤原書店。
ブルデュー，ピエール，石崎晴己訳，1991『構造と実践』藤原書店。
De Yong, Dola, 1943, *The Level Land*, New York: Charles Scribner's Sons.（＝吉野源三郎訳，1951『あらしの前』岩波書店）
Fazi, Thomas, Enrico Parenti, 2010, *Standing Army*, Effendemfilm and Takae Film.（＝『誰も知らない基地のこと』アンプラグド）
Friedberg, Aaron L., 2014, *Beyond Air-Sea Battle: The Debate Over US Military Strategy in Asia*, Routledge.（＝2016，平山茂敏監訳『アメリカの対中軍事戦略――エアシー・バトルの先にあるもの』芙蓉書房出版）
福好昌治，2017『自衛隊のヒト・カネ・組織』コモンズ。
古城利明，2011『「帝国」と自治――リージョンの政治とローカルの政治』中央大学出版部。
古城利明編著，2006『リージョンの時代と島の自治――バルト海オーランド島と東シナ海沖縄島の比較研究』中央大学出版部。
半田滋，2016「国防なのか島おこしか――沖縄・先島諸島への自衛隊配備」『世界』878号：140-147頁。
林博史，2012『米軍基地の歴史――世界ネットワークの形成と展開』吉川弘文館。
Held, David, Anthony McGrew, David Goldblatt, Jonathan Perraton, 1999, *Global Transformations: Politics, Economics and Culture*, Oxford: Polity Press.（＝2006，古城利明・臼井久和・滝田賢治・星野智訳『グローバル・トランスフォーメーションズ――政治・経済・文化』中央大学出版部。
樋口直人・松谷満，2017「国境の活用――八重山地区の安全保障化をめぐる紛争」『立命館言語文化研究』28（4），165-181頁。
「標的の島」編集委員会編，2017『標的の島――自衛隊配備を拒む先島・奄美の島人』社会批評社。
岩下明裕，2016『入門　国境学』中公新書。
小西誠，2016『オキナワ島嶼戦争――自衛隊の海峡封鎖作戦』社会批評社。
Lutz, Catherine (edit), 2009, *The Bases of Empire: The Global Struggle against U.S. Military Posts*, London: Pluto Press.
前田哲男，2007『自衛隊――変容のゆくえ』岩波書店。
―――，2016「三つの同盟と三つのガイドライン――新ガイドラインの実態と実効化，その危険性」『世界』878号：148-157頁。
Melucci, A., 1989, *Nomads of the Present: Social Movements and Individual Needs in Contemporary Society*, Philadelphia: Temple University Press.（＝1997, 山之内靖・貴堂嘉之・宮崎かすみ訳『現在に生きる遊牧民――新しい公共空

間の創出に向けて』岩波書店）
Melucci, Alberto, 1996a, *The Playing Self: Person and Meaning in the Planetary Society*, New York: Cambridge University Press.（= 2008, 新原道信・長谷川啓介・鈴木鉄忠訳『プレイング・セルフ』ハーベスト社）
Melucci, Alberto, 1996b, *Challenging Codes: Collective Action in the Information Age*, New York: Cambridge University Press.
Merler, Alberto, 2003, “Realtà compsite e isole socio-culturali: il ruolo delle minoranze linguistiche”（= 2004 新原道信訳「“マイノリティ”のヨーロッパ――“社会文化的な島々”は“混交，混成，重合”する」永岑三千輝・廣田功訳『ヨーロッパ統合の社会史』日本経済評論社）
三木健，2000『八重山を読む』南山舎。
Navarro, Peter, 2015, *Crouching Tiger: What China's Militarism Means for the World*, Prometheus Books.（= 2016, 赤根洋子訳『日中もし戦わば　戦争の地政学』文藝春秋）
新原道信，2007『境界領域への旅――岬からの社会学的探究』大月書店。
―――, 2011『旅をして，出会い，ともに考える――大学で初めてフィールドワークをするひとのために』中央大学出版部。
―――, 2017「A. メルレルの“社会文化的な島々”から世界を見る――“境界領域”の智への社会学的探究（1）」『文学部紀要　社会学・社会情報学』第27号，73-96頁。
新原道信編著，2016『うごきの場に言わせる――公営団地におけるリフレクシヴな調査研究』中央大学出版部。
中里佳苗，2016a「「湘南プロジェクト」・前夜――「入る」という困難，「入る」ことの困難」」新原道信編著『うごきの場に言わせる――公営団地におけるリフレクシヴな調査研究』中央大学出版部，195-236頁。
―――, 2016b「生きた「吹き溜まり」――「湘南団地日本語教室」の創造まで」新原道信編著『うごきの場に言わせる――公営団地におけるリフレクシヴな調査研究』中央大学出版部，237-318頁。
中山義隆，2013『中国が耳をふさぐ尖閣諸島の不都合な真実――石垣市長が綴る日本外交の在るべき姿』ワニブックス。
小川護，2006『八重山の地域性』南東文化研究所叢書（1）編集工房東洋企画。
大野光明，2017「宇川と丹後の戦後と基地・軍隊――増田光夫氏に聞く」『Notre Critique 歴史と批評』10号。
大田静男，1996『八重山の戦争』南山舎。
―――, 2013『夕凪の島――八重山歴史文化誌』みすず書房。
佐道明弘，2014『沖縄現代政治史――「自立」をめぐる攻防』吉田書店。
Seikkula, Jaakko and Tom Erik Arnkil, 2006, *Dialogical Meetings in Social Networks*, London: Karnac Books（=高木俊介・岡田愛訳，2016『オープンダイアローグ』日本評論社）
鈴木鉄忠，2013「境界領域としてのヨーロッパ試論――イストリア半島を事例に」中

央大学社会科学研究所『社会科学研究所年報』第17号，133-151頁。
———, 2014a「国境の越え方——イタリア・スロヴェニア・クロアチア間国境地域『北アドリア海』を事例に」新原道信編『“境界領域”のフィールドワーク—— “惑星社会の諸問題”に応答するために』中央大学出版部，189-232頁。
———, 2014b「体験のなかの国際社会変動——三つの全体主義を生きたトリエステのイタリア系イストリア人の回想から」中央大学文学部紀要『社会学・社会情報学』第24号，161-181頁。
———, 2014c「3.11以降の現代社会理論に向けて—— A. メルッチの惑星社会論を手掛かりに」中央大学社会科学研究所『社会科学研究所年報』第18号，127-146頁。
———, 2015「3.11以降の現代社会理論に向けて（2）——『“境界領域”のフィールドワーク』の再検討と A. メルッチの「多重／多層／多面の自己」の一考察」中央大学社会科学研究所『社会科学研究所年報』第19号，95-109頁。
———, 2016a「3.11以降の現代社会理論に向けて（3）——惑星社会におけるコンフリクト・身体・社会運動」中央大学社会科学研究所『社会科学研究所年報』第20号，83-97頁。
———, 2016b「「帝国の未精算」としての国境問題に関する一考察」大阪経済法科大学アジア太平洋研究センター『アジア太平洋研究所センター年報』第13号，9-16頁。
———, 2016c「「帝国の解体期」における日本とイタリアの国境問題——紛争解決論による沖縄とトリエステの比較分析」大阪経済法科大学アジア太平洋研究センター『アジア太平洋レビュー』第13号，30-45頁。
———, 2017「惑星社会における『日常生活の網の目』の探究—— “うごきそのものへ”にむけた方法論の検討」中央大学社会科学研究所『社会科学研究所年報』第21号，97-116頁。
———, 2018「国境地域のおける『平和裏の戦争状態』—— “うごきの比較学”からみた『非常事態』の考察」中央大学社会科学研究所『社会科学研究所年報』第22号，33-49頁。
鈴木努，2017『ネットワーク分析　第2版』共立出版。
高木仁三郎，2000『原発事故はなぜくりかえすのか』岩波新書。
ウォーラーステイン，イマニュエル，山田鋭夫訳，1999「『地中海』と私」F. ブローデル，浜名優美訳『地中海①』藤原書店。
山本有三・吉野源三郎，1937『君たちはどう生きるか』新潮社。
山崎孝史，2018「「地政学」から沖縄県政をとらえる」『地理』Vol.63（3）：38-45頁。
安田雪，1997『ネットワーク分析』新曜社。
安田雪，2001『実践ネットワーク分析』新曜社。
吉野源三郎，1974『同時代のこと』岩波書店。
———, 2011『人間を信じる』岩波書店。
———, 2017『漫画　君たちはどう生きるか』マガジンハウス。
Zanetti, Michele, Francesco Parmegiani, 2007, *Basaglia: una biografia*, Trieste:

Lint.（＝鈴木鉄忠・大内紀彦，2016『精神病院のない社会をめざして　バザーリア伝』岩波書店）

第 2 章
イタリアの“国境地域／境界領域”から惑星社会を見る
――ランペドゥーザとサンタ・マリア・ディ・ピサの“臨場・臨床の智”――

新 原 道 信

旅で見聞したことを書き記し報告するのは人類学者たるものの務めだろう――それが地球の裏側へのはるかな旅であれ，あるいは，足元にポッカリと開いた暗い穴の中への，これまたはるかな旅であれ，だ。

R. マーフィー『ボディ・サイレント』（Murphy 1990［1987］= 2006：10）より

……私たちは
このただひとつの
地へと向かう
用心深き使者だ
出会うべき
言葉だけを持っている……

A. メルッチ「兄弟であれば（Magari fratelli）」（Melucci 2002：18）より

1．はじめに――“惑星社会／内なる惑星のフィールドワーク”

冒頭の「地球の裏側へのはるかな旅」と「足元にポッカリと開いた暗い穴の中への，これまたはるかな旅」という言葉を遺したR. マーフィーは，アマゾンやニジェールやナイジェリアへの地球規模の調査旅行を精力的に続けてきた文化人類学者だった。ところが，48歳の夏に肛門部に痛みを覚え，52歳で車いす，57歳で四肢麻痺となり，その年1990年の10月8日に永眠した。そのマーフィーが，日々刻々と他者へとなりゆく自分の身体についての「旅の報告書」として遺したのが，著書『ボディ・サイレント』である[1)]。マーフィーとは直接的な“交感／交換／交歓”の機会を持ち得なかったが，訳者の辻信一との親交のなかで，私たちの調査研究の在り方（ways of being）――痛み／傷み／悼み，そのなかで，“かたちを変えつつうごいていく（changing form）”個々人に宿る“智慧”を，調査者・研究者そのひとの生そのものでもあるような理論と方法によって探求する――の導き手（メンター）の一人で在り続けている。

もう一つの「出会うべき言葉だけを持っている」という一文は，A. メルッチが，白血病となってから書いた詩「兄弟であれば（Magari fratelli）」からの言葉である。メルッチ夫妻は，「他者を理解しようとし続けることに絶望しない」（Melucci 1996 = 2008 : vii）という試みをし続けた。そのメルッチから「遺志」として個人的に託された録音テープによる「リフレクシヴな調査研究にむけて」のなかで，彼はこう述べている。

> リフレクシヴな調査研究の在り方，自らが観察するものへの視線の在り方を自らにも向けるという在り方は，これまでの異なる位相で行われた調査の歴史すべてにも向けられ，これまでこれからの調査活動のプロセスすべてに対して，徹底的なリフレクションを求めることになる。こうして，調査研究の成果のとりまとめにあたっては，創造活動そのものと同時に，その活動を理解しようとした認知のプロセスそのものにも焦点をあてることとなった（Melucci 2000c = 2014 : 103）。

序章第4節においても，一部紹介したが，2016年から2018年にかけて，メルレル・新原・鈴木鉄忠でランペドゥーザ，新原・鈴木鉄忠で石垣・宮古などで，国境島嶼などの“国境地域／境界領域”に着目した調査を行っている。本章においては，メルッチの「遺志」に従い，1987年以降のイタリアの“国境地域／境界領域”を“基点／起点”としたフィールドワークの軌跡（roots and route）をふりかえり，そこからいまどのように〈あるき・みて・きいて・しらべ・ふりかえり・ともに考え・かく〉ことをすすめていくのかを確認したいと考えている。

チェルノブイリ原発事故の少し後の1987年，新原が，サルデーニャを訪れたのは，この地中海の島が，イタリアにおける「汚辱の時代（l'epoca d'infamia）」「限界状況（Grenzsituation, limit-situation）」を生きた思想家A. グラムシの「故郷」であったことに加えて，北東部ラ・マッダレーナ諸島[2)]の米軍の原子力潜水艦基地がイタリア・ヨーロッパの反核平和運動の「舞台」となっていたからだった[3)]。中世ヨーロッパの自治都市の面影を遺す，サルデーニャ北部の中核都市サッサリ[4)]には，イタリアの原発廃止運動を主導した若手知識人たちがいて，厳しくも親しい関係を結んだ。

そのなかで，A. メルレル，そしてA. メルッチというかけがえのない友人に出会い，それぞれの親や家族，大切な友人を失い，「ベルリンの壁崩壊」「コソボ空爆」「9.11」「イラク空爆」「3.11」などの「歴史的事件」をともに体験した。マーフィーがそうであったように，メルッチ，メルレルとの間でなされた調査研究は，単なる調査方法論（メソドロジー）にとどまらず，個人としての生き方，その背後にある家族や地域生活の歴史，出会ったひとたちの“固有の生の物語（biography）”をも含みこんだエピステモロジーである。人間の奥底にあるものを表す言葉としてメルッチが使った「内なる惑星（Inner Planet）」と組み合わせれば，私たちが行ってきたのは，“惑星社会／内なる惑星のフィールドワーク（Exploring the Planetary Society/Inner Planet）”という「フィールドワークの対位法」ということになるかもしれない。

メルレルと新原が，“境界領域（cumfinis）”からの社会認識をまとめた「海と陸の“境界領域”」においては，アジア・太平洋の島々を歩いた学者・鶴見良行の「マングローブの森」――海と陸，海水と淡水，二つの要素をすべて包括した一つの領域――に着目した。そこでは，ラテン語の境界（cum-finis），すなわち複数の境界（finis）がともにある（cum）という字義のように，移行，移動，横断，航海，推移，変転，変化，移ろいのなかにあって，重ね合わさり，衝突・混交し混成していくことを自らに固有の性格としている。“境界領域（cumfinis）”としての地中海は，様々な要素にわかれていると同時にひとつのまとまりであり，どこへでも越え出て行ける通路，共生の場，確かな生存の場である（Merler e Niihara：2011a ＝ 2014：80-82）。

しかしながら，「辺境」の島々は，さらなる領土と領海獲得をめざす大陸の中心部から見て，国家戦略的・商業的・軍事的・文化的な前哨基地として確保されるべきものでもあり，「西／東」「北／南」などの境界として，くりかえし危機的瞬間に直面してもきた（ibid.：81-82）。それゆえ，“境界領域を生きるひと（gens in cunfinem）”の対位的な身体感覚——国家や権力の“線引き（invention of boundary）”，“境界線の移動（confine mobile）”によって引き起こされる“社会的痛苦”のなかで複数性と多岐性（molteplicità）を伴って紡ぎ出される“複合し重合する私（io composito）”[5] の“智”を理解する方法を培う必要があると考えた。

2．“対比・対話・対位”するフィールドワーク[6]

“対位法（punctus contra punctum, contrappunto, counterpoint）”という言葉を選んだのは，“国境地域／境界領域”に入っていき，その土地のひとに出会うなかで，常に，自らが自らの反対物，異質にして他者であるような，「対位法」を身体そのものとするところの“智”の存在に気付かされたからである。自らが自らに対位し，異なる声（“不協の多声（polifonia disfonica）”）を同時にあげ，それゆえ自らを所在のない不均衡な存在と感じる身体（contrapuntal, polyphonic, disphonic and displaced body）の在り方（ways of being）である[7]。この「対位法」そのものであるような自らの身体を自覚し，その“臨床・臨場（klinikós）”の場で生きる“智”を求めざるを得なかった人々の“智”の「在りか」に気付き，理解するためには，対位するひとの生そのものと〈合わせ鏡〉となるようなかたちで，フィールドワークそのものも，遠き“端／果て”と近き“端／果て”，外への／内奥への力を，対位的に「抱きかかえる」かたちの“対比・対話・対位”

するフィールドワークとならざるを得なかった。

惑星社会の諸問題を引き受け／応答する“臨場・臨床の智”の“探究／探求”のため，これまで，メルレルとの協力関係のもと，そして，対位的に，メルッチやその家族との間で[8]フィールドワークを行ってきた。

サルデーニャ（イタリア自治州），ミラノ，沖縄，北海道，広島，長崎，コルシカ（フランス），ケルン（ドイツ），エステルズンド（スウェーデン），コペンハーゲン・ロスキレ（デンマーク），サンパウロ・リオデジャネイロ・エスピリトサント（ブラジル），立川・砂川，川崎，鶴見，平塚，茅ヶ崎，津久井，神奈川の多文化・多言語混成地域，宮古，石垣，竹富，西表，南北大東島，奄美，対島，周防大島（日本），マカオ（中国への返還以前），済州島（韓国），サイパン・テニアン・ロタ・グアム（アメリカ合衆国自治領），リスボン（ポルトガル），アゾレス（ポルトガル自治行政区），カーボベルデ（カーボベルデ），ヘルシンキ・ミッケリ（フィンランド），ストックホルム（スウェーデン），オーランド（スウェーデン語が公用語となっているフィンランドの自治領），ヴァッレ・ダオスタ（イタリア・フランス・スイスの間国境地域），トレンティーノ＝アルト・アディジェとアルプス山間地（イタリア・オーストリア・スイスの間国境地域），フリウリ＝ヴェネツィア・ジュリアとゴリツィア／ノヴァ・ゴリツァ（イタリア・オーストリア・スロヴェニアの間国境地域），トリエステからイストリア半島（イタリア・スロヴェニア・クロアチアの間国境地域），ランペドゥーザ（イタリア最南端の島）など，日本社会とヨーロッパ社会とかかわりの深い地域社会，国家の「中心」から見るなら“端／果て”とされるような地域の“深層／深淵”を「理解」するための“探究／探求”をしてきた。

最初の沖縄・広島・長崎とサルデーニャでの調査は，世界システム論，社会システム論などを基盤として，核軍産複合体，人種・民族的階級構造の再編，近代的生産・生活様式の拡大，中心部の管理社会化などの枠組みから比較可能性を確保したうえでの国際比較研究であった（新原 2017b：82-83）。しかしながら，そこでは，地域社会の「構造」と「動態」を「理解」するためあらかじめ準備していた「分析枠組」ではどうしてもとらえきれないことがらに直面し，沖縄本島（と「日本本土」），あるいは，サルデーニャ本島（と「イタリア本土」）という対立軸から，“ぶれてはみ出し”，石垣・宮古，南北大東島，奄美，サルデーニャの内陸部や島嶼部さらにはコルシカという“端／果て”，“深層／深淵”へと，入り込んで／呼び込まれていった[9]。

これまでの調査研究は，（通常の理解であれば）グローバル／ローカルという枠組みでの研究（⑴国際的な地域社会研究による比較と⑵コミュニティ研究）ということになろう。

⑴国際的な地域社会研究による比較は，サルデーニャ（イタリア），沖縄・対島・周防大島，コルシカ（フランス），リスボン・アゾレス（ポルトガル），カーボベルデ，ヘルシンキ・ミッケリ・オーランド（フィンランド），ヴァッレ・ダオスタ，トレンティーノ＝アルト・アディジェとアルプス山間地，フリウリ＝ヴェネツィア・ジュリアとゴリツィア／ノヴァ・ゴリツァ，トリエステからイストリア（いずれもイタリアの間国境地域）などの調査研究である。

⑵コミュニティ研究は，在住外国人の子どもたちが多数暮らす公営団地をフィールドとした「湘南プロジェクト」と，“移動民の子どもたち（children of immigrants）”のネットワークを対象とした「聴け！プロジェクト」で，10年以上にわたる“参与”によって，異質性が衝突・混交する「網の目」の把握を試みたものである。現在は，立川・砂川地区で同様の“コミュニティを基盤とする参与的調査研究（Community-Based Participatory Research（CBPR））”に取り組んでいる[10]。

さらにここでは，「中心—周辺」「ピラミッド」型のモデルによる「構造」と「動態」の把握から“端／果て”に位置づけられる“場（luogo, spazio, posto, sito, caso, circostanza, momento, condizione, situazione）”という観点から，これまでの調査研究を整理し直してみる：

⑴アゾレス，カーボベルデ，マカオ，エスピリト・サントなどは，「（大航海時代以降の）移動と定住の諸過程に関する領域横断的な調査研究」の一貫となる[11]。

⑵この流れのなかで，「大航海時代」（すなわち，ヨーロッパが非ヨーロッパ世界を「発見」し，「下位」に位置づけていくコロニアリズムの時代）以前のヨーロッパの

なかでの，移動と定住の諸過程，“衝突・混交・混成・重合の歩み”についての理解をすすめたのが，ミッケリ，オーランド，イストリア，アルプス山間地域などでの調査研究であった。

(3)他方で，「(大航海時代以降の）移動と定住の諸過程に関する領域横断的な調査研究」のアジア・太平洋から南米へと拡がる調査研究となるのが，石垣，宮古，南北大東，サイパン・テニアン・ロタなどの島々とブラジルでの調査である。

(4)さらには，地理的・客体的な島嶼社会（その多くが国家から見た場合の“端／果て”）の内なる“社会文化的な島々”への着目として，サルデーニャ本島の内陸部の“島々”——基地があったラ・マッダレーナ諸島や，刑務所があったアジナーラ島，飛行場が建設されたフェルティリア（ファシズム時代に建設されたアルゲーロ近郊の町）などの調査研究があった。

そのなかで，いくつもの多重／多層／多面の「境界（finis)」が“衝突・混交・混成・重合”しつつ「ともにある（cum)」場としての“境界領域（cumfinis)”——(1)“テリトリーの境界領域（frontier territories, liminal territories)”，(2)“心身／身心現象の境界領域（liminality, betwixst and between)”，(3)“メタモルフォーゼの境界領域（nascent moments)”という三つの位相から考え，知見を蓄積してきた[12)]。そこでは，サルデーニャや沖縄といった地理的・客体的な問題設定が，実は個々人の身体に刻み込まれた——個々の内なる“深層／深淵”，間主観性，精神の境界の問題性を潜在していることに気付かされた。さらにこの一連の調査研究のなかで明らかになったのは，顕在化するか否かにかかわらず，“毛細管現象”として，“未発”であることを常態として“衝突・混交・混成・重合”し続ける社会的プロセスと深くかかわるところの“メタモルフォーゼの境界領域（metamorfosi nascente)”の重要性である。

“惑星社会のフィールドワーク”は，(1)このような地理的・客体的な国境地域，(2)そこでの経験を蓄積してきた人々の“心身／身心現象（fenomeno dell'oscurità antropologica)”，さらには(3)ひとの移動，あるいは国境（や社会文化的な境界線）の移動が起こる瞬間という“多重／多層／多面”の“境界領域”へのフィールドワークとしてなされてきたものを，あらためて，惑星社会全体の問題の広がりと深まりのなかに位置づけ直すものとなる[13]。この“惑星社会／内なる惑星のフィールドワーク（Exploring the Planetary Society/Inner Planet）”において，とりわけ着目したのは，“臨場・臨床の智”が立ち上がる瞬間，つまりは，“メタモルフォーゼ（changing form / metamorfosi）”が萌芽する瞬間である[14]。

定型化した「問題解決」によって向き合うべき根源的な課題をやり過ごし「先送り」していくという思考態度（mind-set）からぶれてはみ出そうとする瞬間，手元に蓄積された“知慧（sapienza）”や“智恵（saperi）”，これまでの「知」の枠組みや組成を一度は手放すことを恐れないこと。ひとまず解きほぐす（unlearning）ことへの勇気を持って，手元にあるわずかばかりの“智”を“寄せ集めるという骨折り（spezzare le ossa per essere eterogeneo）”によって，“未発の瓦礫（macerie/rovine nascenti, nascent ruin）”に立ち向かおうとする瞬間である。

以下では，実際にどう〈あるき・みて・きいて・しらべ・ふりかえり・ともに考え・かく〉をしているのかを，具体例に即して紹介する。

3．ランペドゥーザのフィールドワーク

メルレルとの間で練り上げてきた“旅／フィールドワーク（autoistruirsi viaggiando, learning/unlearning in the field）”[15]においては，下記に述べるような〈エピステモロジー〉を暗黙の前提（premessa）として，現地に到着してからの臨機応変なうごきを基本としてきた：

① “よりゆっくりと，やわらかく，深く，耳をすましてきき，ささえ，たすける（lentius, suavius, profundius, audius, audeus, adiaus）”を基本的な“かまえ”とする。

② すべての事実を「迅速かつ効率的・系統的に収集する」という方法でなく（もちろん事前に出来る限りのことはやっておくし，調査の前後に調べ尽くすようにすることを前提としたうえで），“奇偶”と“機縁”，偶然出会った断片的事実，土地とひととの特定の関係性を大切にする。

図 2-1　地中海におけるランペドゥーザの位置（大谷晃の助力により作成）

③　その「断片」の意味を，一見隔絶されているように見える他の小さな場の意味と対比しつつ，なにをどう考えるのかというところから始める（枠組そのものを考えるところから始める）。

④　ことなる旅の経験をもった同伴者を得ることが出来た場合には，旅のなかでの「観察」と同時に，その「観察」とかかわる連想・想起・着想などの対比・対話・対位に，できるかぎりの時間とエネルギーを割く。

⑤　そうすることで，旅のなかでの知見・知覚の自然な集積の結果によっ

て生まれた“化学反応／生体反応（reazione chimica/vitale）”を少しずつ形にしていく。

⑥ “方法としての旅”の後には，日常的な“不断・普段の営み”として，体験したことの意味（何と何が対比され想起されたか）を“反芻し（rimeditare）”[16]，“描き遺す”（新原 2009：138-139）。

序章でも少しふれたように，現在，ランペドゥーザは，アフリカからの難民のヨーロッパへの「玄関口」として知られるようになって来ている[17]。しかしながら，メルレルとともに，はじめての土地に入るときは“大きくつかむ（begreifen, comprendere）”ことを基本としている。以下では，フィールドノーツに即して，新原と鈴木鉄忠（以下，鈴木）がローマでメルレルと合流し，パレルモからともにした旅程を辿っていく[18]。

2018年3月6日（火） パレルモ⇒ランペドゥーザ

とりわけ旅程の最初においては，すべてを観察し，記録し記憶することに集中し，事前調査において蓄積していたデータとの異同も確認していく。夜が明け，太陽が顔を出すにつれて，雨風はおさまってくる。滞在型コテージにおいてあるコーヒーやビスケットで朝食を済ませ，出発の準備をすすめる。朝，扉をあけると，ここで飼われている大型犬（メス）が階段を駆け上ってきてシッポをふる。10台近いバイクが停められ，レモンの木などが植えてあり，バーベキューの設備などもある敷地内には，個人のものとしては比較的大きなプールがあり，家族で夏期に滞在する顧客の子どもたちは，ここで遊ぶのだという。空港に送ってもらう途中で，メルレルがいろいろと話をして，この宿屋の主人の素性がわかってくる。空港の裏手にあるこの屋敷は，もともと自分で住むために購入したそうだ。パレルモ大学の政治科学部を卒業した州の役人（財政担当）であり，州・国・EUの助成金の配分にかかわる仕事を本業としている。その一方で，自宅の一部を，パレルモにやって来るひとたちに貸し出しているのだという。パレルモ空港の搭乗口には，「黒い海（Mare nero）」の大きな看板が掲げられている（写真2-1 「黒い海（Mare nero）」の看板（以下すべての写真は，フィールドノーツの日付に筆者が撮影している））。

パレルモ空港にて，イタリアの郵便局 Poste italiane 社が所有する航空会社ミストラルの飛行機 AR72-500（客席は60～70席ほど）に乗り込む。メルレルによれば，ベルリンの壁の崩壊前，コペンハーゲンからベルリンまで同型の機体に乗ったのだという。ランペドゥーザ空港に到着し，荷物待ちをする他の乗客の様子を見る，観光客はほとんど皆無で，メルレルが話しかけた地元のひとたちの家族を除けば，乗客の過半数を占めたのは，国防省に所属する特殊警察（carbinieri，以下，憲兵）たちであった（写真2-2　シチリアの紋章を肩に付けた憲兵たち）。

写真2-1　「黒い海（Mare nero）」の看板

シチリアの紋章を肩に付けた憲兵たちは，地元に駐在する憲兵たちとは異なる任務を抱えて，この島にやって来ているはずだ。難民船がやって来る海岸の警備，空港の保安，難民収容施設（島内の内陸部Vallone Imbriacole）の警備など，難民がチュニジア海岸から大挙してやって来るという状況が一段落した今も，この土地にひきつづき派遣されてきていることをあらためて理解する。

写真2-2　シチリアの紋章を肩に付けた憲兵たち

空港を出ると，エマニュエレと名乗る年配の男性が話しかけてくる。彼によれば，この島にはタクシーがなく，市から許可を受けた人間が来客に請われて

図 2-2　ランペドゥーザ島の地図（大谷晃の助力により作成）

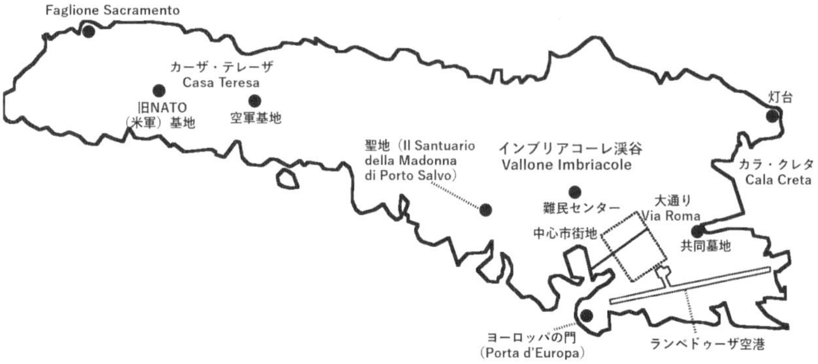

移送をしているのだという。この男性の車で，荷台から半分荷物がはみ出たまま，ホテルにむかう。もともと耕作地だった土地が，放棄されている。メルレルによれば，1950 ～ 1980 年代は，この島からシチリアに出稼ぎ移民として出て行く状況だったが，観光地として「発見」されて以降は，夏の観光シーズンにシチリアなどから働きに来るひとたちが流入してきている（夏の人口は，通常の 5,500 人ほどから，250,000 人に膨れあがる）。

そしていま，チュニジアの首都チュニスよりも南に位置する面積 20.2 km²（沖縄の伊江島 22.66 km² に相当する）のイタリア最南端の島に，サハラ砂漠以南のアフリカ（Africa subsahariana, Sub-Saharan Africa）などからリビアへとやって来た難民が大量に流入し，さらにはチュニジアからの渡航者が増加している。

エリトリア人やソマリア人，シリア人など，紛争や圧政から逃れようとして，長く危険な旅の果てに，北アフリカのリビアにたどり着いたものの，拘留センターでの虐待，（性的）暴力，人身売買に晒され，沈没，水死の危険を覚悟で密航船に乗り込む。そして，この島の切り立った断崖がある側の北西部（Faglione Sacramento）などに漂着するか，あるいは洋上で救助され，この島に辿り着く。

ランペドゥーザには，難民を歓迎して受け入れるという名前が付けられた「難民歓迎センター（il centro accoglienza）」が島の中心部のインブリアコーレ渓谷（Vallone Imbriacole）に建設されている。総合診療所（Poliambulatorio）に勤務するP.バルトロ医師（Pietro Bartolo）たちが，難民のケアに奔走して来た。

寄宿先のHotel Martelloの受付の女性と話し，難民施設や基地，主要な施設などに加えて，この島の重要人物――バルトロ医師に加えて，現市長のS.マルテッロ（Salvatore Martelloは同ホテルを所有する一族の一人で，1993年11月23日から2002年5月28日，そして2017年6月11日より2018年現在まで在任中），歴史博物館（http://www.archiviostoricolampedusa.it/）を運営する館長のN.タラント（Nino Taranto）などを教えてもらう。パレルモそしてランペドゥーザにおいて，情報収集を助けるような宿舎の選定については，30年以上もの間，メルレルや新原の“旅／フィールドワーク”のスタイルを理解しているサッサリの旅行代理店のメンバーが配慮してくれている。

運転手と宿舎からの情報収集が一段落した後，昼ごろから夕方7時頃まで，市街地を歩き，状況の把握につとめる（写真2-3　新港の案内所に掲げられていた島

図2-3　ランペドゥーザ中心部の地図（大谷晃の助力により作成）

の地図)。宿舎のある新港の近くには，アフリカからの難破船がうち捨てられている場所があり（アラビア語で船名が記されている)，その少し先に在る「ランペドゥーザの自然保護公園に関する環境保護教育センター（Centro di Educazione Ambientale Area Marina Protetta Isole pelagie)」では，受付にいる地元出身のパレルモ大学の学生たちから話を聞く（写真 2-4　難破船の全景)（写真 2-5　アラビア語で船名が書かれた難破船)（写真 2-6　難破船の船上)。

ここから中心街へと入っていき，市役所と大通り（Via Roma）の建物や人の流れを観察する。教会の入口に，チュニジアの青年たちが，教会の入口に集まって来ている（前任の Carmello 神父が難民の支援に熱心で，食事やシャワーを提供してき

写真 2-3　新港の案内所に掲げられていた島の地図

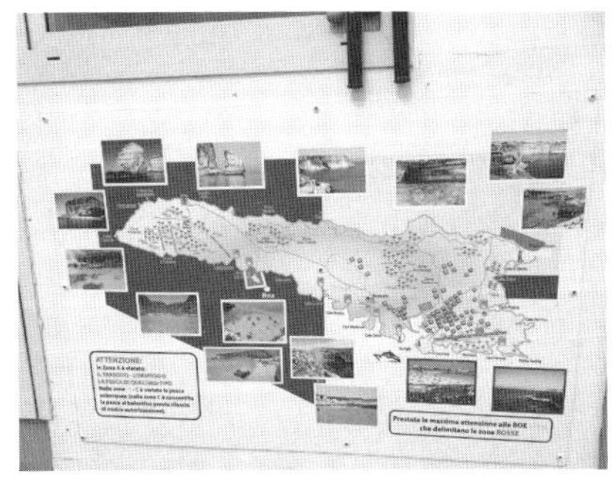

写真 2-4　難破船の全景

写真 2-5　アラビア語で船名が書かれた難破船

写真 2-6　難破船の船上

たことによることが後ほどわかる）（写真2-7　教会内の難破船を模した展示物）。さらに島内循環バスを利用し，リゾート地として開発が進むクレタ湾（Cala Creta）まで足を延ばす（ここには，Dammusoと呼ばれるイタリア南部・島嶼部に存在していた農家の住居跡も隣接していた）（写真2-8　リゾート開発が進むクレタ湾内の土地）（写真2-9　Dammusoの看板）。

小さな市街地には，実にたくさんのレストランが散見されるが，夏期とは異なり，ほとんどの店が閉まっている。数少ない，開店中のレストラン（Ristorante L'Aragosta）には，一般客がほとんどおらず，顧客のほとんどを占めているのは憲兵であり，食事の後，支払いをせずに出て行くので，まとめて契約していることが推察される（写真2-10　憲兵でにぎわうレストラン）。メルレルによれば，戦

写真2-7　教会内の難破船を模した展示物

写真2-8　リゾート開発が進むクレタ湾内の土地

写真2-9　Dammusoの看板

写真2-10　憲兵でにぎわうレストラン

地のナッシリア（イラク）などに派遣されたタイプの憲兵だという。ニュースでは，リビアからシチリアにゴムボートで漂着した20名ほどが死亡したと報じている。

2018年3月7日（水）

ランペドゥーザ

朝，メルレルと，3月4日のイタリア総選挙および世界の政治状況について話す。中道左派が敗北し，移民・難民の受け入れに否定的な五つ星運動と中道右派連合が得票を伸ばしたため，ランペドゥーザにおける難民・移民の海難救助・受け入れにも変化が生じるだろうと予想される[19]。

朝食後，宿舎から旧港に出て，さらに空港の滑走路の突端を迂回して，海からやって来て，海で亡くなった難民を追悼するため建設された「ヨーロッパの門(Porta di Lampedusa, porta d'Europa. Un monumento alla memoria dei migranti deceduti in mare)」に向かう（写真2-11　ヨーロッパの門（表側））（写真2-12　ヨーロッパの門（アフリカの草履のコラージュがある裏側））（写真2-13　ヨーロッパの門（赤ん坊のオブジェ））。

「ヨーロッパの門」の近くには，1930年代に「外敵」の上陸に備えて作られたトーチカ［掩体壕］（casamatta）が散見される（写真2-14　ヨーロッパの門近く

写真2-11　ヨーロッパの門（表側）

写真2-12　ヨーロッパの門（アフリカの草履のコラージュがある裏側）

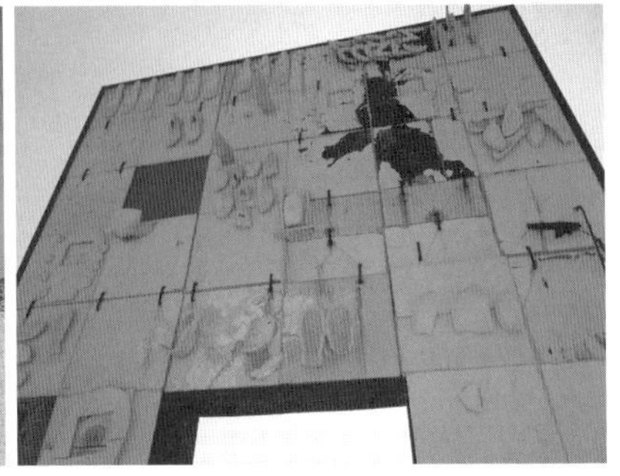

写真2-13　ヨーロッパの門(赤ん坊のオブジェ)

写真2-14　ヨーロッパの門近くのトーチカ跡

のトーチカ跡)。「外敵」の根絶・排除という「教条」によりナショナリズムが勃興した二つの大戦の時代から，ひとつのヨーロッパという“願望と企図”が生まれ，再びまた，移民・難民等の異物の根絶・排除を掲げるポピュリズムが再燃している。そのなかで，命からがら逃げてきた“受難者／受難民（homines patientes)”たちは，入るべき“願望のヨーロッパ”が消失しつつある場所を目指して小舟で漕ぎ出し続けている（写真2-15　うち捨てられていたアラビア語の旗)。

エコロジスト(Lega per Ambiente）で，ランペドゥーザにおける農耕の復活と，難民・移民の受け入れに尽力してきた前市長G. ニコリーニ（Giuseppina Maria Nicolini）とVia RomaのGran Café Royalで待ち合わせをして話す。私たちの宿舎が，現市長の一族が経営するホテルであることから，重要人物としては紹介されなかったが，メルレルは前日のうちに連絡をとり，会って話すことを承諾してもらっていた。狭い地域で，しかも複雑な立場の違いがある場所においては，誰からの紹介で，誰に，どの順番で会うかは，きわめて重要な意味を持っている。型どおりの「ヒアリング」とは異なる双方向的なプロセ

写真2-15　うち捨てられていたアラビア語の旗

スであり，メタ・コミュニケーションにおける“交感／交換／交歓”が意味を持つかたちの“出会い”方であるので，こちらが何者かを語った後は，すべて相手のリズムやパルスのうごきにまかせる。撮影や録音は一切なく，小さなメモ用紙に簡単なメモをとるのみで，後はすべて記憶するというかたちをとった。

前市長は，大型のシェパード犬を連れ立って現れ，私たちは，まずシチリアとサルデーニャの比較から話を始めた（この点では，ローマやミラノからやって来るよりも，相手のなかに入りやすい条件を持っている）。前市長は，「グローバリズムの勝利」による地域の疲弊，国境地域にあることの困難さについて，きわめて率直かつ的確に，現在のイタリアとランペドゥーザの状況・条件へのクリティークをしていった：

> 市長在任中の5年間（2012年5月8日～2017年6月11日），なんとか畑地の整備などの緑化プロジェクト（写真2-16　前市長が整備した市内中心部の空き地を利用した畑地）や，博物館や図書館，民俗資料のアーカイブ化などを企画したが（写真2-17　前市長が整備した図書館），ツーリズムにすべてが呑み込まれていった。北岸に行くと，放棄された耕地を見ることが出来る。渇水の問題も深刻で，「ヨーロッパの門」の近くには，新たな水道施設を整備した。

写真2-16　前市長が整備した市内中心部の空き地を利用した畑地

写真2-17　前市長が整備した図書館

市長在任中は，これに加えて難民が流入してくるという困難な時期だった。まだ移民・難民の流れは止まっていない。とりわけチュニジアの海岸から直接やってくる「不遜なチュニジア人の青年たち（baldo di tunesi）」の問題は深刻だ。2015年以降，約200,000人がやって来て，180,000人がランペドゥーザから出て行ったが，いまは行く場所がなく，島にのこっている。難民たちと直接話すのは，きわめて困難だが，難民センターで働く心理療法士のカテリーナは，信頼できる人物だ（前市長からの紹介で，翌日会うこととなる）。最初に私たちが出会った運転手エマニュエレは，「有名人」で，土地のことをなんでもよく知っている。

環境的にも社会経済的にも小宇宙のような小さな土地が，グローバルな難民・移民の人権の問題のジレンマに直面している。いまは観光開発に押し流され，夏用の滞在型別荘の建設が続けられている。しかし，大きな空港も港もないから，大量の観光客はやって来ない。それよりは，自足的な農業による持続可能な経済，過去の遺産を生かし直すことだと私（前市長のニコリーニ）は考えていた。実際，レンズ豆やケーパーは，本当に質のいいものが生産可能だ。残念ながら，家畜の飼育の伝統は消えてしまった。水，電気の問題も考えねばならない。1986年4月15日のカダフィによるミサイル攻撃未遂事件で，ランペドゥーザのNATO-米軍基地問題が意識されるようになった。夏の観光客も，カダフィによる「発見」から始まっているのだ……。

最後に石垣島の話をして御礼を言い，別れる。地元のひとたちが食べに来ているレストラン（La Rotonda sul Mare）で，農業の遺産の生かし直しから，持続的発展を掲げて改革を行ってきたが，任期の間に難民問題に直面し，観光地化をすすめる起業家に敗北した，という前市長の話をふりかえる。

耕作地の状況や，難民船の様子などを観察した後，前市長による率直な状況認識の話を経て，あらかじめ決められたかたちですすめてきているわけではないのに，いろいろなものがつながりはじめていることを感じる。

昼食後，前市長の話などをふまえた段階で，運転手のエマニュエレに来てもらい島内を一周する。彼が準備している「観光客向けの島内一周コース」を少し変えてもらい，まず高台から難民センターを見下ろす（写真2-18　難民センター）。

撮影を試みるが，すぐに警官がやって来て注意を受ける。その後，聖地Il Santuario della Madonna di Porto Salvoを見学し（写真2-19　聖地Il Santuario della Madonna di Porto Salvo），Casa Teresaの空軍基地（写真2-20　空軍基地），旧NATO（米軍）基地（写真2-21　旧NATO（米軍）基地），さらには，北西部の岬（写真2-22　北西部の岬）から北岸を進み，そのまま北岸の道路を一周し，北東岸の灯台と軍事施設（写真2-23　北東岸の灯台と軍事施設），海難事故で死亡した難民たちも葬られている共同墓地（写真2-24　難民たちも葬られている共同墓地），ディーゼルの発電所，海水淡水化施設（dissalatore）などを見学し，宿舎へと帰り着く。

TVでは，イタリア人の尊厳とアイデンティティを守るために移民排斥を誓う保守政党の総選挙前の意見広告と黒人の殺人事件が流れている。

写真2-18　難民センター

写真2-19　聖地Il Santuario della Madonna di Porto Salvo

写真2-20　空軍基地

写真2-21　旧NATO（米軍）基地

写真 2-22　北西部の岬

写真 2-23　北東岸の灯台と軍事施設

写真 2-24　難民たちも葬られている共同墓地

2018年3月8日（木）

ランペドゥーザ

写真 2-25　朝の港

早朝，新港に登る朝の光を全身に受け，カモメの鳴き声を聞きながら，各種の準備を始める（写真 2-25　朝の港）。朝食を食べながら，市街地と島内一周の観察からの知見を確認する。各々の家の庭には，果物すら植えられていない。たしかに，海風や日差しは厳しいが，小規模の農業の可能性はあるはずだ。農業の消失とも言える現象はどのようにして起こったのか。地元のひとたちは，考える間もなくモノカルチャーの波に晒されている。そのまま送り返せば，死の危険がある難民への対応は，「（願望の）ヨーロッパ」への本質的な「問いかけ」となっている。

朝食後，ホテルを出て，総合診療所（Poliambulatorio）に勤務する医師 P. バルトロ医師（Pietro Bartolo）を訪ねる。バルトロ医師は，映画『海は燃えている』にも登場し，彼に関する本も出版されている。所長室に招き入れられると，直前までバルセロナの若者と Skype で話をしていたが，ほとんど間髪を入れずに話し始める：

総選挙では難民受け入れが問題の焦点となっているが，「ランペドゥーザ人（Lampedusani）」にとって，難民は問題ではない。イタリアとりわけランペドゥーザは，ずっと外部の人間を受け入れてきた。むしろ，仕事・経済・安定などが，地域の主要な問題で在り続けている。非ヨーロッパ人の若者を受け入れなければ，ヨーロッパはこのまま衰退していく。コンフリクトは，我々の内なる異質性への恐れが造りだしている。2016年には，とりわけ多くの難民がやって来た。

2013年に身体が麻痺して倒れたとき，難民たちの人間性にふれた。このとき自分の使命（dovere）を自覚した。私が「英雄」とされるのは間違っている。それは，ふつうのことであり，たまたま私に課された「お役目（professione）」だ。……だって，そこに死にかけたひとがいるのだよ。彼らは，瀕死の私に気持ち（いのち）をくれた。ショアーを繰り返してはならないのだ。

これは私たちヨーロッパ人が造りだした状況だ。「エコロジカルな」端末（スマートフォン）のためのレアメタルの争奪戦で，汚染と内戦がもたらされる（コンゴの児童が採掘し，鉱害に苦しむ）。ジャーナリストの聞きとりで本（Bartolo e Tilotta 2017）がつくられたが，それは私のためのものではない。私には，責任がある。本や映画を活用しつつ，世界中の若者にメッセージを送りつつやっていきたい。

ランペドゥーザはカメレオンだ。外部の状況にあわせて変化していく。最初は農業，次は漁業（イタリア東岸の港町リミニには，多くのランペドゥーザ出身の漁師がいる），カダフィの後は，観光へと移り変わった。いま必要なのは，農業，漁業，観光を編み合わせていくことだ。

最後に御礼を言い，一緒に写真を撮った（写真2-26　バルトロ医師）。やや疲れた顔に見えた。通常の医療に加えて，難民への対応，ヨーロッパ中から届く相談，取材の依頼などにすべて応え続けているのだろう。一度倒れて，生死の境界に立っているので，肉体の軋みも体感しているはずだ。しかし，ほとばしる意志——“想いを／あきらめない気持ちを持ち続ける力（power of idea）”が，医師の身心を突き動かしているように感じた。本人も意識していたように，その言葉は，自分が考えて組み立てている流れとは異なる水流となって湧き出ていた。

写真2-26　バルトロ医師（撮影を許可していただいた）

診療所を出て，町の中心部へと歩いてもどる。「事情通」のエマニュエレから教わったBar dell'Amiciziaで軽食をとる。たくさんの地元のひとたちが，シチリア名物のArancini（ライスコロッケ）などを食べに来ている。隣の席には，3人のチュニジアの青年がいる。タバコをすい続けながら，ひたすら端末（スマートフォン）の画面を見ている。ボートでやって来るチュニジアなどマグレブ系の入国者は，「難民」とは異なる存在だと地元民は考えている。「本国で牢屋にいたものが多い」という話があり，一定期間の滞在を許された後に，新たな「収容」先に移送されていく。この移送のために，シチリアから憲兵がやって来ている。一日3.5ユーロの補助金がある。バルトロ医師も「『わたしたちの難民』はよいひとたちだ（近年の自発的な入移民とはちがう）」という言い方をしており，近年の入移民とは区別している。

軽食の後，中心街の別のBarに向かい，難民センターでケアの仕事をする心理療法士カテリーナと話をする。彼女は，ランペドゥーザについての詩や文章も書いており，ミラノ出身の著作家・詩人アルダ・メリーニ（Alda Merini）の名を冠した文学賞も受賞している。メルレルが，私たちの“社会文化的な島々(isole socio-culturali)”の概念について説明すると，きわめて強い関心を示し，胸襟を開いてくれた。

前市長とも親交があり，リビアからの渡航費用を売春等で支払うかたちでやってきた難民たちとチュニジアからの移入者という異なる状況・条件の間に立って調整役を果たしている。ナイジェリアからリビアへ，リビアでの性的暴行により，船中で妊娠・出産した。決して故郷へはもどれないし，なかなか子どもと一緒に暮らしていくという考えを持てないでいる。

難民の女性たちが書いた絵を見せてもらった。絵に自分の人生（roots and routes）を描いていく。鉄格子が描かれた絵の最後には，I've never forgot Lampedusa と書かれている。妻を殺そうとする夫から逃亡した女性の絵には，The bitter experience と書かれている。120 人が乗ったボートから手足がはみ出した絵や，8 歳のシリアの子どもがピストルを持ち，戦車に向かっている絵なども見せてもらった。沈没前に助けられた女性は，「ランペドゥーザは第二の人生」だと言う。リビアから母親なしにやって来た子どもの絵には母親も描かれている（写真 2-27　実際のフィールドノーツ）。

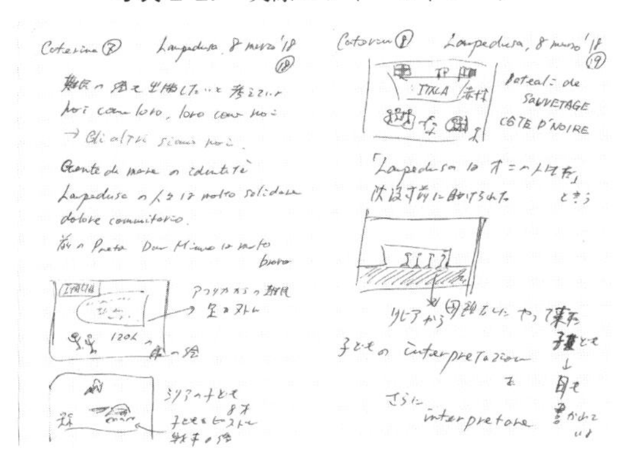

写真 2-27　実際のフィールドノーツ

「絵というかたちで解釈された“生の現実”を解釈し直すのが私の役目だと思っている。難民たちの絵を出版したいといま考えているの，だからまだ撮影はしないで」と言われた。カテリーナはまた，過去の不安を手放し，未来を考えるために，すべての「不安」を入れる袋とすべての「善きこと」を入れる袋という療法を考案した。「難民女性たちの痛みがひどく私のこころに刺さるのは，この島が抱える痛み――アフリカとおなじ風土病があるランペドゥーザで病を発症した父親が，ボローニャまで治療に通っていることの痛み，もし父親が亡くなってしまったら天涯孤独となるのではという不安と無縁ではないと思うの」と言う。その後，彼女の工房に案内してもらい，さらにその他の作品も見せてもらう（写真 2-28　カテリーナの工房（撮影を許可していただいた））。宿舎にもどる頃，メルレルのところに，「深い孤独，怒り，悲しみのなかで出会った，あなたがたの理解と共感に深く感謝しています」というしらせが届く。

写真 2-28　カテリーナの工房（撮影を許可していただいた）

宿舎にもどり，メルレル，新原，鈴木でリフレクションをおこなう。戦争でやって来たひとたちは，自国での人権の危機を抱えている。他方で，チュニジアからの若者は，自分の判断で入国している。イタリアとチュニジアの協定（Accordo）により帰国せねばならないのだが，宗教，同性愛などの個人的条件により人権が保障されない危険性があると申告した場合は，イタリアに留まることが法的にも可能となる（pratica di protezione internazionale）。これを知らない若者は，自国に送還されるが，ふたたび船に乗ってやって来ることを繰り返す。しかしもし，国際的な人権保障を選択した場合は，母国にもどることは出来なくなる。

サハラ以南のアフリカ（Africa subsahariana）からの難民は，自国にもどされることはないが，難民センターには，1，2週間しか滞在できない。その後，イタリアさらには，ヨーロッパの各地に移動していく。サハラ以南のアフリカ難民が，自分の処遇が決まるのを待っているのに対して，チュニジアの若者は，自分の身体を傷つけることで送還を回避しようとする。

ランペドゥーザの住民は，感覚的に，「黒い肌の難民（Africani neri）」に対しては好意的である。他方で，チュニジアの若者は3年以上刑務所にいた人間は解放されるという法律によって出所したものが多く含まれることもあって，「彼らは盗みを働く」「ただで食事が提供されている」という理解をしている。

リビアの収容所からやって来たひとたち（ナイジェリア，シリア，サハラ以南のアフリカなど）は，ほとんどが滞在中に性的暴行を受けている。遭難して助けられたひとびとは，シチリア，カラブリア，カリアリ（サルデーニャ），ミラノなどに移送される。初期（まだ，海難救助のシステムが確立していない時期）には，リビアやアルジェリアから直接ランペドゥーザまで船が来ていた。現在，難民センターに滞在しているのは100から150人だが，数年前までは800人がいた。現在の法律では，自分の意志で難民センターから外出できる。兵士は，難民の出入りについては責任をもたず，逃亡した場合に対応することになっている。

本日の話をふりかえった後，歴史博物館の館長であるN. タラントからの電話が入った。彼はいまナポリにいるため会えないが，ランペドゥーザでの再会を約束する。この後，食事に向かうが，冬期にも空いている数少ないレストランL'Aragostaは満員となっており，テーブルのほとんどは，警察官（Poliziotti）と憲兵（Carabinieri）によって占められている。彼らが，山盛りのパスタと魚料理をもりもりと食べていると，憲兵のなかで上官と思われる人物に連絡が入り，食事の途中にもかかわらず，全員が急いで席を発っていった。メルレルのところに，カテリーナから連絡が入り，難民センターで火災が起こったという。原因はチュニジアの若者の放火だと言われている。この火事のために，市内および空港の消防士も動員され，憲兵も駆けつけたということらしい。空港は，この火事で消防士などの保安要員がいなくなったため，鎮火までの時間，閉鎖となった。そのため，10時頃に私たちのホテルに到着予定だった現市長の到着も遅れて，夜半に帰り着いたということが翌日わかった（このため，予定していた現市長との懇談は中止となった）。

2018年3月9日（金）　ランペドゥーザ⇒パレルモ⇒ローマ⇒アルゲロ⇒サッサリ

朝4時に起床し，荷造りをして空港へと向かう。「市長直営のホテル」には，飛行機のクルーが滞在しているため，本日私たちが乗機する便のパイロットやCAといっしょに，朝食をとることとなる。空港は，直接距離では近くにあるのだが，空港玄関口に行き着くためには，かなりの迂回路をとる必要がある。空港は人口6千人弱の島にしては，とても立派で，早朝からBarも開いていた。朝の便の乗客は半数程度（30名くらい）だったが，乗客よりも多くの空港スタッフが働いており，この「過剰」な施設は，すべて夏に訪れる大量の客のために常備されている。夏には，パレルモやカターニャのみならず，ローマやミラノ，ベルガモ，ボローニャなどからの直行便がやって来る。

朝のランペドゥーザを飛び立ちパレルモへ。荷物を受け取り，パレルモからローマへ。ローマ-アルゲロ便がルーマニア資本の航空会社（Blue Air）に代わったため，ふたたび荷物を受け取り，アリタリア専用の第1ターミナルから，距離のある第3ターミナルまで移動する。移動の途中，メルレルの友人でもあったサルデーニャの詩人・彫刻家（Pinuccia Sciola）の石の作品の前を通り過ぎる。

アルゲロ行きの飛行機を待っていると，多くのNATO軍の兵士たちが搭乗を待っている。サルデーニャに派遣されるのはどうしてかと疑問を感じていると，アルゲロでは家族が出迎えていた。アフガニスタンでの任務から家にもどってきたのだという（必ずしもサルデーニャ出身というわけではなく，サッサリ大学近くの兵舎に暮らす家族のもとに帰ってきたという場合もあるようだ）。ランペドゥーザでは，派遣されてきた兵士や憲兵に遭遇し，サルデーニャでは，任務から兵舎にもどる兵士たちと旅をともにした。ここでは，「戦争（ないしは紛争）」が可視的なものとなっている。

帰りの旅の途上で，今回出会ったひとたち（ニコリーニ前市長，バルトロ医師，心理療法士のカテリーナたち）のことを想い起こしていた。「ランペドゥーザ人（Lampedusani）」であり，「難民支援のため」に，この地にやって来たのではない。それぞれの言葉の発し方は違っても共通していたのは，「だって，そこに死にかけたひとがいるのだ」「自分は出会ってしまった」という感覚だった。“居合わせる（Being there by accident at the nascent moments in which critical events take place）”ということ。自分の体験を語ることがきわめて困難な相手に対面し，語られない，発せられない声が，聴くともなく聞こえてきて，いてもたってもいられなくなり，気がつくと身体がうごいていた。その「選択」が，自分の利害にとっては決してプラスにはならないとわかっていても，相手の“受難（patientes）”と，自分の“痛み／傷み／悼み”が感応してしまった。

彼らの表情から，「苦海」に“居合わせた”石牟礼道子を想い起こした。「出会ってしまった，つかまってしまったことの責任」をずっと抱き続けるという居心地の悪さをかかえて生きるひとは少ない。「一人の主婦」として，「苦海」に深く潜り，40年かけて，水俣病だけでなく，漁師の暮らしを『苦海浄土』で書いた。智恵と情愛で患者といっしょに悩み，失われたもの，根こそぎにされたものが何かを，ひとつひとつ，フィールドで考え，学んでいった。自らの病とともにある社会の医者として，いのちを描き，いのちをつなぎ，いのちの言葉で伝えた。

石牟礼道子を想起させるようなひとたちは，“生身の社会，現実，人間”とどうかかわっているのだろうか？——彼らの「対岸」には，総選挙後のイタリア，そしてヨーロッパの現在，すなわち，多くの資源や情報を獲得し，自分の健康や老後や快適な生活についてのすべてを支配・コントロールし続けることを「現実」とする思考態度（mind-set）が在る。この「現実」から見て「不条理な事件，不条理な相手」である彼らに対して激怒し，徹底した根絶・排除へと向かう力が渦をつくっている。彼らは，不快・不満・不安・激怒と“社会的痛苦（patientiae, sufferentiae, doloris ex societas）”との間で，「現在を生きる名代」[20]として，その場に居合わせる，オロオロアルク，“受難者／受難民（homines patientes）”の奥底でうごめく情動を代弁する言葉が「降りて」くるまで待つ。

生まれはしたものの消されるはずであったものたち
あらかじめ，そのように不幸なおもいをするくらいならと，
発せられることもないままに押し込められているべきだった存在
心のひだの片隅，粘膜の間にあるフィヨルドの奥底に，
こびりつくようにして沈殿した澱にしかならなかったはずのもの
そのようなものたち，鬼子たち，生まれ来るはずもなかった子供たち，
奥底の溶岩の塊に生きる場所が与えられるということ

言葉がほとばしり出る瞬間と場所
一見すると錯乱にしか見えない言葉たち
投げ出された，断片，かけら
言葉につまりつつ，ためらいつつ，言いよどみつつ，言葉がほとばしり出

る瞬間
想念はシステムを食い破り，粘土のごとき，土塊の固まりの中から，声でも言葉でも沈黙でもなく，
みずからの力によってつらなり，声を発した者の予想だにしなかった像を練り上げていく
内奥にある力，つらなる力，ねりあげる力，背後にある想起（アナムネーシス）[21)]

4．サンタ・マリア・ディ・ピサでの“コミュニティを基盤とする参与的調査研究”

さてここまで，「遠き」“端／果て”をフィールドとして，“たったひとりで異郷／異教／異境の地に降り立つ旅／フィールドワーク”を“ともに（共に／伴って／友として）する”という試みについて紹介してきた。本節においては，「近き」“端／果て”における“フィールドワーク／デイリーワーク”の試みを紹介していきたい。

メルレルたちの活動の“基点／起点”となっていたサッサリ大学は，サルデーニャ島北東部に位置するサルデーニャ第二の都市サッサリに，1617年に設立された大学である。サッサリの起源は，「イスラム教徒による海からの襲撃」を回避するために，古代ローマ時代からの港町トゥッリス・リビソニス Turris Lybisonis の住民が内陸部に避難して来たことによる。避難民の都市サッサリは，1294年にサルデーニャで初めて固有の都市憲章を有する自治都市となった。14世紀初めに，城壁が築かれ，その一部はいまでも残存している。19世紀の後半になって，旧市街の外部に，ピエモンテの都市を参考にした都市計画によって，規則正しく大通りが建設され，新市街が誕生した。1934年には，ローマ時代の泉のあるモンテ・ロゼッロ（Monte Rosello）の峡谷に橋が建設され，都市部の拡大が進んだ。

旧市街の中心を貫くヴイットリオ・エマニュエレ通りは，旧市街のはずれの

レジア門から始まり，アズーニ広場，カステロ広場を抜けて，県庁舎のあるイタリア広場へと至る。イタリア広場からは，もうひとつの幹線道路であるローマ通りが始まり，ウンベルト１世時代につくられた街区を抜けコンテ・ディ・モリアーナ広場へと至る。現在では，新市街とさらにその郊外へと都市は拡張している。

ロゼッロ（Rosello）橋は，ロゼッロ渓谷を境界とする中世都市サッサリ「外部」の原野に広がる地区とを架橋するため，ムッソリーニの時代に建設され，いまでも橋の欄干にはイタリアファシズムの象徴であるファッシ（束）の紋章が残っている。サッサリには，「橋の向こう（dopo ponte）」という言葉があり，その先には，ファシズム時代の都市計画によって建設された広場に教会や学校，

図 2-4　サッサリ市内の地図（大谷晃の助力により作成）

工場，その近隣に労働者住宅が拡がっている。

ローマ通りから先の新市街に暮らす中上層（ceti medi）から見れば，「橋の向こう」としてひとかたまりにされるが，1930年代に建設されたロゼッロ橋の近くの地区から，さらにサッサリからテンピオ（サルデーニャ北西部ガッルーラ地方の宗教都市）へと向かう鉄道線路（現在は廃線となっている）の「向こう側」という“端／果て”に位置する「地区（Suddivisioni）」にサンタ・マリア・ディ・ピサとラッテ・ドルチェ（Latte Dolce）は在る。

サンタ・マリア・ディ・ピサ（Santa Maria di Pisa）地区は，もともとピサの封建領主が領有していた土地で，いまではその名前だけが残っている。ずっと原野のままだったが，第二次大戦後，兵舎がなくなり住む場所のなくなった退役軍人家族と歴史的中心街の古い家から退去させられた貧困層の「受け皿」として開発された。街区は，都市計画によって準備された一定の水準のものであり，中心部には，ローマ時代の円形劇場を模した巨大なデットーリ広場（Piazza Dettori）がつくられた（写真2-29　デットーリ広場（2018年8月5日筆者撮影））。ラッテ・ドルチェは1950年代，サンタ・マリア・ディ・ピサは1970年代に移住が始まった。スポーツ施設や学校，公園や広場なども建設された。

しかし，「橋の向こう」のさらに「向こう」にある二つの地区の間にも差異は存在している。ラッテ・ドルチェには，旧イタリア国鉄職員など自分の意志で住み始めたひとたちが暮らしている。蒸気機関車のモニュメントがいまでも飾られ，スーパー，ピッツェリア，薬局，学校など基本的な社会的サービスが整っているが，サンタ・マリア・ディ・ピサは，いろいろなサービスが欠けている。サンタ・マリア・ディ・ピサの唯一の優位性は，中心街と

写真2-29　デットーリ広場

つながる都市交通の終着駅が作られたことだ。都市計画としては，悪くはなかったが，保全されないまま，各施設の老朽化がすすんでいる。

欠落は，社会的サービスだけではない。イタリアの地域社会を見るときに重要な要素となる教会を基盤とした地域活動と社会的連帯についても差異が存在している。ラッテ・ドルチェのサレジア教会（Parrocchia Nostra Signora del Latte Dolce）は，地域に深く入り込んでいる。隣接する青少年の集会所（Oratorio Centro Giovanile Salesiano）での活動も盛んに行われている。サンタ・マリア・ディ・ピサの教会（Santa Maria Bambina）は，街の外にあり，神父は地区住民の中に入り込めていないようだ。

二つの地区を歩くと，その景観からも差異を見て取ることが出来る。サンタ・マリア・ディ・ピサ地区では，ゴミ箱にゴミが捨てられていないといった問題が頻出している（写真2-30　ゴミ収集の現場（2018年8月5日筆者撮影））。近年，地区内のコムニタ（薬物依存や精神疾患など種々の困難を抱える若者の治療と社会復帰のための治療共同体）がアフリカ系の移民・難民を受け入れていることが「新たな問題」となっている。国から県を通して決定され，州やコムーネとは関係なく話がすすんだ。避難民の街として建設された中世都市サッサリに，第二次大戦後，植民地であったリビアやイストリアから「引き揚げ」者がやって来て，さらにアフリカからの移民・難民がやって来ていることになる。

写真2-30　ゴミ収集の現場

サンタ・マリア・ディ・ピサは，全部で８つの「区域（zona）」に分かれているが（写真2-31　サンタ・マリア・ディ・ピサの区域（2017年2月26日筆者撮影）），そのなかに，朝鮮半島を意味するコレア（corea）という名前の区域がある（写真

2-32　サンタ・マリア・ディ・ピサ内の「リトル・コレア」区域（2017年2月26日筆者撮影））。

コレアは，もともと，1950代の朝鮮戦争の時代に使われていた兵舎があった地区に付けられた名前だった。第二次大戦後の「引き揚げ」により住宅が欠如し，コレア地区とリツェッドゥ（Rizzeddu）地区に公営住宅が建設された。コレア地区は，新市街から市の外へと抜けるカルロ・フェリーチェ通りに接して，ルナ・エ・ソーレ（Luna e Sole）とセッラ・セッカ（Serra Secca）という「町外れ」の地区に囲まれている（写真2-33　コレア地区の集合住宅脇に遺る1950年代の給水塔と兵舎（2017年2月26日筆者撮影））。リツェッドゥ地区もまた，別の「町外れ」に位置し，かつては精神病院が置かれていた（写真2-34　リツェッドゥ地区の精神病院跡（2017年2月24日筆者撮影））。

写真 2-31　サンタ・マリア・ディ・ピサの区域

写真 2-32　サンタ・マリア・ディ・ピサ内の「リトル・コレア」区域

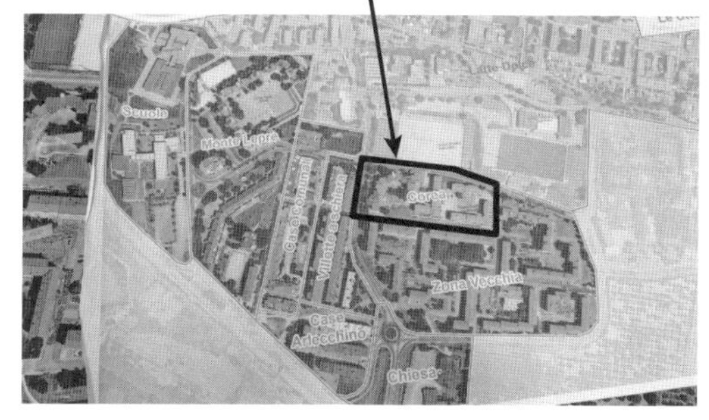

写真 2-33　コレア地区の集合住宅脇に遺る1950年代の給水塔と兵舎

写真 2-34　リツェッドゥ地区の精神病院跡

コレア地区の住民の一部が，サンタ・マリア・ディ・ピサ地区の建設にともない移住した。ここから，サンタ・マリア・ディ・ピサ地区内に，コレアという区域（「リトル・コレア」）が生まれた。地区内では，住民たちが，いつどのようにして集団的に移住してきたかによって，棲み分けがなされている。しかしながら，共通の生業に従事しているというわけでもないので，強い連帯が存在しているわけではない。複数のバス路線，中心街や中央駅まで行くことができる路面電車も整備されたが，失業者の比率は高く，中上層のサッサリ市民からは「低所得者が集住する地区」と見られている。

2016年7月28日に，INTHUMメンバーと地域住民との間の最初の会合が実施されている。以下では，新原と鈴木が参加した住民との会合についての記録を紹介する。

2017年2月27日（月）　サッサリ「“ともに歩いてゆく”試みとして実現したサンタ・マリア・ディ・ピサの住民・研究者コミュニティの会合（Incontro di comunità fra cittadini del quartiere di Santa Maria di Pisa, ricercatori e operatori sociali a seguito delle riunioni e delle "Caminate comunitarie" realizzate nel quartiere）」

ラッテ・ドルチェの福祉事務所の一室を借りて（サンタ・マリア・ディ・ピサには，こうした施設がない），メルレル，ヴァルジウなどの大学関係者，サッサリ大学を卒業して福祉の仕事に従事している社会のオペレーター，地域住民，同地区では唯一の薬局に長年勤めている薬剤師の女性などが参加して会合が開催された（新原と鈴木もここに参加させてもらった）。全体の司会・進行は，メルレルの弟子のヴァルジウに任された。

ヴァルジウは，ここで，ともに何を考え，企図するかについて，願望（sogno）と計画（progetto）に分けて，「誰が」「どのように」「個人的解決」「集団的解決」などの概念を用いて，4象限の図を模造紙に書きつつ，説明を始めた（写真2–35　ヴァルジウの描いた図（以下の写真は，フィールドノーツの日付に筆者が撮影している））（写真2–36　熱心に説明するヴァルジウ）。

話を始めると，すぐさま薬剤師の女性や何人かの住民から，「話だけでなく具体的な計画が必要だ。かたち（struttura）をつくらないといけない」という発言があった。学生向けの講義での手法では，なかなか話がすすまないことに，困惑するヴァルジウのすぐ横で，住民たちは，それぞれが同時に話し，まったく話がまとまらない。とはいえ，薬局前のゴミ箱に，分別を無視してビール瓶を投げ込む若者の問題をどうするか，どうしたらきれいな街になるかといった話では，共通性を見いだすこともできた（写真2–37　薬局前のゴミ箱）。

写真 2–35　ヴァルジウの描いた図

写真 2–36　熱心に説明するヴァルジウ

メルレルから提案があり，二つのグループに分かれて，2020年までのシナリオ（3年後）と2026年まで（10年後）の計画を立てることにする。グループは，古くからの住民のグループと比

写真 2-37　薬局前のゴミ箱

較的最近の住民とで分けられた。旧住民グループはすでに10数回もこうした会合に参加しているが，新住民はまだ数回程度の参加となっている。

新住民のグループでは，メルレルの自宅近くの新市街（大学教授や高校教員，会計士，弁護士，医師，経営者などが住む高台の地区）に住む薬剤師が「認識（consapevolezza）」などの抽象的概念を使って議論を整理している。メルレルによれば，彼女は自分の「正しさと認識」を，住民に与えたがっている。「3年後，10年後の方向性を考えるなど意味がない。私は，市当局に様々なコネクションを持っているから，明日にも実現出来ることをやるべきだ」と主張し，他の住民の考えを受けとめない。しかし長年にわたって，サンタ・マリア・ディ・ピサ地区で唯一の社会文化的センターとも言ってよい薬局に勤め，地区のことを「よくわかっている古株」であることから，新住民は，なかなか意見を言えない。先ほど，ヴァルジウの説明に対しては，自分の意見を開陳した旧住民たちも，なかなか彼女の前では意見を出せないのだという。その「権威」がコミュニティ形成の弱点にもなっている。

いま一つのグループでは，「薬剤師の権威から解放された」旧住民によって，多数の声が発せられた。「私たちの地区には，犯罪者が住んでいるなどと言うひとがいる。たしかに，町は汚れている。しかし，夜歩きすると危険だということなどない。照明が暗かったり，歩道がひびわれていたりはする。しかし，顔なじみの住民同士は，それなりに気遣いをしつつ暮らしている。ここはふつうの町だということをわかってほしい」といった声，そして，「サッサリ市から畑を借り受け，耕作して作物を売ろう」といった，協業に向けてのアイデアも出

写真 2-38　グループワークの様子

された（写真2-38　グループワークの様子）。

帰りがけに，新住民の比較的若い男性から声をかけられた。「娘には，学校で学ぶことに意義を見い出してもらいたいんです。親として『手本』となりたいから，大学に聴講に行きたいと思うんです。どうしたらよいでしょうか」という相談だった。メルレルは，とても喜び，帰りの車中で，「これが研究・教育に加えて，地域との協業により，『もうひとつの学び舎（大学)』を創るということなんだよ。今日の話し合いのなかには，いまのイタリアの大学よりもはるかに“智”が生まれるチャンスがあったと私は思う」と話した。他方で，「社会のオペレーター」にはならずに「大学人（universitari)」となった弟子たちが，「学界」に適応する「優秀さ」の一方で，フィールドのなかで“対話的にふりかえり交わる（riflessione e riflessività)”力を培うという点では，言葉，表情，しぐさなど，多くの課題をのこしていることについても話していた。

その後，サンタ・マリア・ディ・ピサでは，メルレルたちのグループで活動している「社会のオペレーター」によって，近隣の小中学校との信頼関係と協力体制が生まれ，同地区に暮らす子どもたちにカメラが貸し与えられた。子どもたちは，この街の「よいもの（gradevole)，よくないもの（indesiderabile)」の写真をとって来た。そしてみんなで集めてきた様々な情景のなかから，もっとも多くの賛成を集めた写真を選んで，「この街のよいもの／よくないもの」を組み合わせたコラージュを作成し，2018年のカレンダーにした。この取り組みに尽力した「社会のオペレーター」たちは，その体験を伝え，また新たな療法的な試みについて学ぶため，2018年8月，“コミュニティを基盤とする調査研究（Community Based Research（CBR））”の拠点となっているインド・ニューデリー PRIA（Participatory Research in Asia）の R. タンドン（Rajesh Tandon）のもとへと旅立った。

5．おわりに―― FOISTの「終焉」と“メタモルフォーゼ”

メルレルの弟子のヴァルジウたちを中心に，これまでの活動をグローバルな社会的文脈のなかに位置づける試みが進められている。FOIST は，「大学と地域」を課題とした EU プロジェクトのなかで，15 ある研究センターの 1 つに選ばれた（Merler and Vargiu 2008）。また，Living Knowledge の国際的な科学ワークショップである PERARES（Public Engagement with Research And Research Engagement with Society）や EnRRICH（Enhancing Responsible Research and Innovation through Curricula in Higher Education）プロジェクトのなかに自らを位置付け，Community Based Research（CBR）を推進する世界 21 地域（エジプト，エクアドル，アルゼンチン，カナダ，ブラジル，フィリピン，インドネシア，ニュージーランド，インド，ジンバブエ，南アフリカなど）の諸機関・団体との連携を図っている。そして，イタリアと日本における，メルレルと新原による〈合わせ鏡〉の構造をもった“コミュニティを基盤とする参与的調査研究”は，UNESCO の刊行書（Vargiu［with Chessa, Cocco and Sharp］2016：208–217）においても紹介されている。

対外的には活発な活動が続けられているように見えるなかで，序章第 5 節でもふれたように，40 年以上続いた FOIST は，終焉の段階とでも言うべき状況に直面している。サッサリを“基点／起点”とした〈調査研究／教育／大学と地域の協業〉は，サッサリ大学内の組織である FOIST から，大学人・学生・市民の協業により地域（と他の世界）に開かれた組織として再始動した INTHUM へと活動の拠点を移しつつある。

FOIST は，集団的になすべきことがらを自ら設定し，ともに場をつくることから始め，その営みを続けていくという試みに，膨大な時間とエネルギーを，お互いに献ずる（dedicare）ことでやってきた。しかしながら，メルレルの退官が近づくにつれて困難が露呈し，専任教員になった弟子たちは，「自分の仕事に追われ，それぞれバラバラになった」。弟子たちのなかには，“ともに（共に／伴って／友として）”というスタイルに「ひきまわされたことによって損をした」という者もいた。FOISTの40年のなかで，もっとも深く継続的な海外の共同研究者であった新原は，とりわけFOISTの「晩期」とでも言うべきこの10年において，メルレルとともに，他のFOISTメンバーとの対話を試みてきた。

メルレルは新原がサッサリに「帰還」するたびに，FOISTのメンバーに声をかけ，大学の外に設置されたINTHUMで，新たな試みを続けている。

2016年8月8日には，INTHUMとアムネスティの協賛で，新原を外部講師に迎え，「大学と地域，グローバルな市民活動の可能性」をテーマとして，サッサリで活動する主要な研究者や市民活動家[22]が集まり，セミナーが開かれた。新原は，グローバルな現象としての大学の変化のなかで，“コミュニティを基盤とする参与的調査研究”による異質な他者によるコミュニティ形成の試みであった湘南プロジェクトと，“療法的でリフレクシヴな調査研究”の側面をもつ「3.11以降」の取り組みである立川プロジェクトについて話した。

その後の議論は，アフリカ・アジアからの移民問題，シリアなどからの難民問題に対するカトリック系，非カトリック系の組織・団体の支援を中心にすすんだ。メルレルは，弟子のヴァルジウやコッコにこの場の議論をリードさせようと苦心していた。コッコは，FOISTが学生・教員・大学人同士，地域の人々との間での協業を学ぶ工房（bottega）としての役割を果たしていたと話した。

その一方で，2017年2月24日には，サッサリ大学において，FOISTのメンバーを招集し，「社会調査とコミュニティとの契約・社会参加（Ricerca sociale e impegno comunitario）」という会合を行っている（写真2-39　ひさしぶりに集まった歴代FOISTメンバー（2017年2月24日筆者撮影））。ここでも，司会・進行はヴァルジウが行い，メルレルは以下のような話をした：

　この場には，厳密な意味での初期のメンバーはいない。今日，大学に向か

写真 2-39 ひさしぶりに集まった歴代 FOIST メンバー

って歩きながら感慨におそわれた。FOISTとは何だったのか。地域・コミュニティに参加し，フィールドのひとたちとの暗黙の「契約」による協業を行う大学人の「コミュニティ」だった。そしてともに，エラスムスの活動や，ブラジルへの旅，日本版 FOIST（“臨場・臨床の智”の工房）との協業をすすめてきた。そこには，「声をかけられたら，なんとかありあわせの道具で現実の課題に応答するという哲学（filosofia di disponibilità）」が在った。1970 年から 1974 年にかけて行ったマコメールやテンピオでの調査では，部屋も設備もなかった。研究費を確保し，オリベッティのタイプライターをはじめて購入した。所属する学部・学科，制度的位置づけは変化していったが，そのなかで膨大なモノグラフを遺した。この 40 年の間に，去っていたもの，そして夭逝したひとたちもいる。いまはここにいないすべてのひとたちに感謝したい。

その後の「談話」のなかでは，各自の話，あるいは，いまこの場に参集がかなわなかった旧 FOIST のメンバーからの言葉が紹介された：

「ここにいるひとたちは，自分の人生のなかに欠くべからざる部位（pezzi）としていまも在る。FOIST は，自分の中の『個人主義』とのたたかいだった。」[23)]

「39 歳で入学した自分にとって，すべてが刺激的だった。異なる仕方でこの世界を見るということを学んだ。」[24)]

「内陸部のいくつかの町で社会福祉職をした後，教師となった。それぞれの職場で，くりかえし，別の時期にFOISTで過ごしたひとたちに出会った。なぜか気が合い，話がひろがる。」[25)]

「お金で買えない贈り物をもらった。」[26)]

「連帯・共感（solidarietà）の意味を学ぶという点で，それでもなお大学は唯一の希望だ。」[27)]

「大学在学中ずっと幸せだった。私はFOISTの娘だ。」[28)]

FOISTは，深い理解（conoscenza）を創るという大志，集団的なリフレクシヴィティ（riflessibità collettiva），個々人の変化を生み出すしくみを創る試みだった（cambiamento personale e opelatività di cambiamento）。「問題解決」とは異なるうごきかたで“思行（思い，志し，想いを馳せ，言葉にして，考えると同時に身体がうごいてしまっているという投企）”をしてきた。大切にしてきたいくつものことがらが失われていくという局面で，かえって強い“拘束／絆（servitude humana/human bondage）”が輝きを発する。いまサッサリ大学内には，一時期あれほどの活気と吸引力を持っていたFOISTの部屋はなく，時折，シンポジウムやセミナーのポスターに，その名前を見出すだけとなった。しかし，その水面下では，FOIST出身の先生のもとで育った学生たちが大学に入ってきている。

地球規模の“衝突と出会い（scontro e incontro）”のプロセスとしての“複合的身体（corpo composito）”を持った“境界領域を生きるひと（gens in cunfinem）”たちと「出会ってしまった」ひとたち。“受難者／受難民（homines patientes）”が，こころおきなく，その「不協の多声」を発することが出来る「場」の“共創・共成”を願望し企図する「工房」――その“メタモルフォーゼ”。

それゆえ，INTHUMの新たな部屋には，下記のグラムシの言葉が書かれたポスターと，メルレル・新原の下記の言葉を体現する子どもたちの手によるサンタ・マリア・ディ・ピサのカレンダーが貼られている。

（写真2-40　FOISTの部屋からINTHUMの部屋へと運ばれたグラムシのポスター（以下，2018年8月6日筆者撮影）），（写真2-41　サンタ・マリア・ディ・ピサの子どもた

写真 2-40　FOISTの部屋からINTHUMの部屋へと運ばれたグラムシのポスター

ちの写真でつくったカレンダーの表紙），（写真 2-42　サンタ・マリア・ディ・ピサの子どもたちの写真でつくった5月のカレンダー）

Istruitevi, perché avremo bisogno di tutta la nostra intelligenza. Agitatevi, perché avremo bisogno di tutto il nostro entusiasmo. Organizzatevi, perché avremo bisogno di tutta la nostra forza.（da L'Ordine Nuovo, anno I, n. 1, 1° maggio 1919）

学びなさい。わたしたちのあらゆる“智”を必要とする日が来るのだから。自らを揺りうごかしなさい。わたしたちのあらゆる熱情を必要とする日が来るのだから。ひととつらなるのです。わたしたちのあらゆる力を必要とする日が来るのだから。

28歳のアントニオ・グラムシ（1891年生-1937年没）の言葉より

私たちは，人間の知性が，抽象的な思考を生み出すことを知っている。しかし，それと同時に，私たちの身体は，この惑星地球という生身の存在に深く根をおろしている。こうして私たちは，記憶をたくわえ，その記憶を何度も何度も練り直していく――家族についての記憶，前の世代の記憶，どんな家に住んでいたのか，故郷はどんなところだったのか，どんな気候のどんな場所で育ってきたのか，少年時代，青年時代，青春をどのように過ごしてきたのか，誰と出会い，誰を愛し，誰を憎んだのか。どんな空の下で人生の意味を学んだのか，人生の方向を定める星座をどの

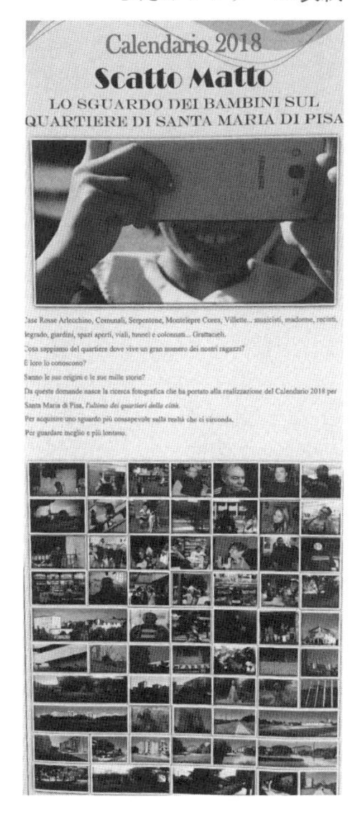

写真 2-41　サンタ・マリア・ディ・ピサの子どもたちの写真でつくったカレンダーの表紙

写真 2-42　サンタ・マリア・ディ・ピサの子どもたちの写真でつくった5月のカレンダー

ようにつくったのか。どんな森，荒野，山の頂，雪，河や海で私たちは出会い，自分を，他者を識ったのか。

私たちは，こうした追憶のフィルターとレンズによって，私たちのなかに深く根付いた生身の現実の意味を学び，問いを発する。複合し重合する私は，厳格に存在していかのように見える「境界線」をあまり気にすることもなく，いまとなっては慣れ親しんだ境界の束をこえていく。そして，自らの旅の道行きで獲得した固有の見方に従いながら，いくつもの異境を越え，「厳格な境界線」の限界を抜け出ていく。たとえ「ノーマルではない」「違っている」「マイノリティだ」「不適応だ」と言われても，異境を旅する力とともに生きてゆく。

仮想の「正常さ」や「画一性」から見たらしっくりこない社会文化的な島々として，
たとえこの真剣なコンチェルトの試みが，トータルには理解されていないとしても，
より多くのひとの耳に，この不協の多声が届くことを願いつつ。

メルレル・新原「海と陸の“境界領域”」第4節「“島々”の上にはいくつもの
可能性の空が…」（Merler e Niihara 2011a = 2014：86-87）より

注

1）　マーフィーは自らの身体が変成していく歩みと二重写しにする形で，運動神経系麻痺者たちがどのような態度と行動をもって「強く美しく若々しい」アメリカ文化の中に順応し，また順応できないでいるかを，眼に焼き付け，耳をすました。これは，メルッチが病のなかで再確認した「自らの病とともにある社会の医者」の“かまえ（disposizione）”とも相通じるものだった。生前のメルッチとは，マーフィーについて何度も話し合い，2002年のミラノの追悼シンポジウムにおいても，このことを報告し（「痛むひとと聴くことの社会学」と「ボディ・サイレント」），追悼本のなかに収録している（Niihara 2003a; 2003b）。さらに，2008年ミラノでの追悼シンポジウムにおいても，「惑星人の境界，移動，メタモルフォーゼ」という報告において言及している（Niihara 2008）。

2）　サルデーニャへと旅立つ前，イタリアの「緑の運動」に参加していた船田正さんは，ご著書（船田 1990）を刊行される以前に，その得難い体験を口伝えで惜しみなく与えてくださった。船田さんを紹介してくれたのは，『技術と人間』の高橋昇さんと天笠啓介さんだった。

3）　イタリア統一運動の英雄ガリバルディ終焉の地であるラ・マッダレーナ諸島には，原子力潜水艦の修理・補給のための基地が置かれており，住民の強い反対にもかかわらず，サルデーニャの都市部やイタリア本土から，それほど強い関心をもたれずにいた。2008年に基地の解体が決定された後，一度は，2009年の第35回G8サミットの会場候補となったが，2009年4月のイタリア中部地震で大きな被害を被った中世都市ラクイラへと変更になった。ヨーロッパ・地中海の軍事戦略の「橋頭堡」として米国・NATO・イタリア国家に「選択」され，平和運動から「発見」され，さらにはサミット候補地として偶然「承認」されたが突然「却下」され，ラクイラともども「放置」された――この意味と事実経過については，（新原 2013a; 2016g）を参照されたい。

4）　長期にわたって通い，暮らしたサッサリの他，竹内啓一・手塚章・中村泰三・山本健兒編『世界地名大事典　ヨーロッパ・ロシアⅠⅡⅢ』朝倉書店（新原 2016f）において，サルデーニャに関するすべての項目（56項目）を執筆している。そのほとんどすべてが訪れたことのある場所であるのは，メルレルたちが，“旅／フィールドワーク”の同伴者となってくれることなしには成立し得なかった。

5)　メルレルは，“複合し重合する私（io composito）”についてこう述べている：

今日の移動，すなわち近年の（旧「植民地」や「入植」先からの）「帰還」移民，世界を移動・遍歴し続ける人々（homines itinerantes），そうして生まれた子供たちを見るなら，「私」の中に既に他者があるような，常に「私」が「私」に反逆し，居心地悪く，引き裂かれ，心の奥底で悲鳴をあげているような「引き裂かれた私（io diviso）」，「自分と和解しえない私」として存在しているように見える。そしてこの「引き裂かれた」存在に対して，様々な援助の手がさしのべられる。しかしこの援助は，制度的なものであれ，個人的なものであれ，「引き裂かれた」「欠如した」存在であるという前提に立つ限りは，回復不可能なものにむかっての努力を強いるだけのものとなる。「複数の私（io plurimo）」とは，必ずしも，心理学やセラピーの対象となる「引き裂かれた私（io diviso）」や，社会規範から逸脱する危険性をかかえた，社会化されていない「闘争的な私（io conflittuale）」を意味するわけではない。ここで「複数性」という概念によって表したいのは，むしろ，いくつもの体験が単にバラバラに「多元的」に投げ出されているのでなく，有機化しまとまりをもっているような「ひとつとなった複数性（una pluralità）」によって構成されているところの，“複合し重合する私（io composito）”である。

その私とは，いくつもの「複数文化」を横断することによって媒介されており，多様な社会的文脈や規範，複数の民，土地，歴史，宗教，生活の哲学，倫理的価値観，死生観，経済観念，政治の感覚，等々の複数性に同時に帰属しており，霊的なものや物的なものへの意識，愛他主義と利己主義，個人や集団の承認を巡る闘争に対する価値意識，直接的見返りを求めるのか理想のためには犠牲もいとわないのかといった問いに対して，願望，失望，痛み，そして参加のあり方，等々の問題への，単線的ではない応答のあり方を内に秘めているのである（Merler 2003a = 2004：71-72）。

6)　過去のフィールドワークのリフレクションについては，（新原 2018：21-23）で着手しており，ここでの記述と重複する。

7)　こうした思考と身体感覚に耳をすまそうとする時，「対位法」を重視したE.サイードの言葉が想記される：

わたしはときおり自分は流れ続ける一まとまりの潮流ではないかと感じることがある。堅固な固体としての自己という概念，多くの人々があれほど重要性をもたせているアイデンティティというものよりも，わたしはこちらのほうが好ましい。……それらは「離れて」いて，おそらくどこかずれているのだろうが，少なくともつねに動きつづけている。……時に合わせ，場所に合わせ，あらゆる類いの意外な組み合わせが変転していくというかたちを取りながら，必ずしも前進するわけではなく，ときには相互に反発しながら，ポリフォニックに，しかし中心となる主旋律は不在のままに。これは自由の一つのかたちである，とわたしは考えたい（Said　1999 = 2001：341）。

8)　メルッチとの間では，1994年に北海道から京都までを縦断する“旅／フィールドワーク”をともにし，彼が病を得た後は，ミラノの彼の自宅で何度も話をしながら“痛みとともにあるひと（homines patientes）”の“智（cumscientia）”についての言葉と思考を探っていった。2001年9月の彼の死後は，アンナ夫人，二人の娘アレッサンドラとマルタとの間で，引き続きメルッチの“智”をめぐる対話を続けている。この「足元にポッカリと開いた暗い穴の中へのはるかな旅」については，「生という不治の病を生きるひと・聴くことの社会学・未発の社会運動」（新原2004），「A. メルッチの“未発のリフレクション”」（新原2017c）などを参照されたい。

9)　「ヘテロトピアの沖縄」（新原2003），『境界領域への旅』（新原2007a）などを参照されたい。

10)　立川では，「3.11以降」に震災被災者を受け入れた立川団地との協力関係により，〈立川プロジェクト〉を立ち上げた後，砂川地区の諸組織・団体（地元小中学校，児童館，連合子供会（砂子連），市民グループなど）との関係も構築され，〈大学と地域の協業〉は，「支援」から共成・共創関係への萌芽が見られる。

11)　「境界領域のヨーロッパを考える」（新原2009）を参照されたい。

12)　“境界領域”については，「“境界領域”のフィールドワーク”から“惑星社会の諸問題”を考える」（新原2014b）で理解をとりまとめている。私たちの調査研究のキーコンセプトである“境界領域（cumfinis）”は，これまで見てきたような“対話的なエラボレイション”の“道行き”から練り上げられたものである。「エピステモロジー／メソドロジー」双方の生成と錬磨を企図しつつ行われた地中海，ヨーロッパ，南米，大西洋，アジア・太平洋の都市・地域での「“境界領域”のフィールドワーク」は，当初は，“テリトリーの境界領域”――国家が引く境界線の突端，“端／果て（punte estreme/finis mundi）”，に位置する存在であると同時に，ひとつの国家から見るなら「他者」，時には前人未踏の地（no-man's-land）である場所へと境界をこえて往き来する領域――を対象としてすすめられた。

グローバリゼーションへの地域社会・地域住民の応答という点で，歴史的に国境沿いに位置して，国境線の移動や人の移動，文化の“混交・混成・重合”を体験してきた国境地域の諸州や，海に開かれた島嶼地域といった“境界領域”とそこに生きる人々から学ぶことは，きわめて多いと考えたからである。しかしこの，一見，地理的・客体的な問題設定が，実は個々人の身体に刻み込まれた“心身／身心現象の境界領域（liminality, betwixst and between）”――個々の内なる“深層／深淵”，間主観性，精神の境界の問題性をともなっていることに気付かされた（たとえば，トリエステで暮らすスロヴェニア系の精神障害者は，複数の“境界領域を生きるひと”であり，フリウリ＝ヴェネツィア・ジュリアは，様々な固有の歴史的社会的文脈を持った“境界領域を生きるひと（gens in cunfinem）”によって構成されるところの地域社会であった。

さらにこの一連の調査研究のなかで明らかになったのは，“境界領域”の第三の位相（fase），すなわち，特定の二者の“深層／深淵”における共感・共苦・共歓（compassione）の相互行為が（メルッチが言うところの「聴くことの二重性と二者性」)，複数の二者性のつらなりとして現象していく“毛細管現象／胎動／交感／個々人の内なる社会変動／未発の社会運動”と深くかかわるところの“メタモルフォーゼの境界領域（metamorfosi nascente）”の重要性である：

①“テリトリーの境界領域（frontier territories, liminal territories, terra 'di confine'）”
国家が引く境界線の突端，“端／果て（punta estrema/finis mundi）”に位置する存在であると同時に，ひとつの国家から見るなら他者，時には前人未踏の地（no-man's-land）である場所へと境界をこえて往き来する領域である。これは境界領域と交通の問題とも重なる視点である。しかしこの，一見，客体的な問題群は，実は個々人の身体に刻み込まれた（「クレオリザシオン」や「受難」や「暴力」とかかわる）“社会的痛苦”の体験／記憶と深く結びついてもいる。

②“心身／身心現象の境界領域（liminality, betwixst and between）”
メルッチが着目した“心身／身心現象（fenomeno dell'oscurità antropologica）”の次元，“社会的痛苦”“愛情・痛み・苦しみ（patia）”とともにある“痛むひと（homines patientes）”の内なる“深層／深淵”と二者の間の問題（間主観性）の領域であり，V.ターナー（Victor Witter Turner）やR.マーフィー（Robert Murphy）が着目した，精神の境界（liminality, betwixst and between）の問題とかかわっている)。

③“メタモルフォーゼの境界領域（metamorfosi nascente）”
時代そのものの移動もしくは変転としての「時代のパサージュ（passaggio d'epoca）」とかかわり，そのような移行もしくは移転，“メタモルフォーゼ（change form / metamorfosi）”が噴出する時期・瞬間としての“変転の時代（epoca　di pasaggio）”とかかわる。たとえばそれは，帝国の支配の対象となった島々が，支配の間隙をぬって，自らのアウトノミアを捻出しようとしてきた「間（はざま）」「隙間」である。これはまた，日常性がこわれて新たな枠組みが見えないなかで格闘せざるを得ない被災者や病者，様々なしかし各々の個体性の奥深くを揺るがすような個別的な事件に直面し，「アイデンティティの不確定性」の問題に直面している個々人が“居合わせ”ざるを得ない領域である。二者の“深層（obscurity, oscurità）”“深淵（abyss, abisso）”における共感・共苦・共歓（compassione）の相互行為が，複数の二者性のつらなりとして，マングローブの根のひろがりのように現象していく状態（stato nascente）と深くかかわる。

こうして“境界領域”は，三つの位相（fase）と重ね合わせつつ言うならば，①地理的・物理的・生態学的・地政学的・文化的な成層（stratificazione），そして，②個々人の身体に埋め込まれ／植え込まれ／刻み込まれ／深く根をおろした“心身／身心現象”の成層，さらには両者の「間（はざま）」「隙間」にあるところの，③多方向へと拡散・流動する潜在力の顕在化を常態とする成層，という構成を持つ。この“境界領域”のなかの動態——［うごきのなかの］“不均衡な均衡”の場として生成しつつある現象を捉えることが，今後の研究課題となった（新原 2014b: 38-41）。

13)　地球規模の社会変動の背後に在る微細な動きに着目し，“移行，移動，横断，航海，推移，変転，変化，移ろいの道行き・道程（passaggio）”のなかから生まれつつある“臨場・臨床の智”を探求する調査研究は，メルレルそしてメルッチという二人の社会学者それぞれとの間で積み重ねられた“対話的なエラボレイション（elaborazione dialogante）”に基づいている。20世紀後半の社会変動を考えるとき，A. トゥレーヌの社会運動論は「時代の鏡」として忘れがたい存在であり続けている。そのA. トゥレーヌにとって，最も優秀かつ“規格外で型破り”であった弟子がA. メルッチであった。南米社会における社会学は，何よりも「社会の医者」であることが求められざるを得ない状況があったが，サンパウロ大学のO. イアンニ（Octavio Ianni）は，ブラジルおよび南米社会で最も尊敬され，影響力を持つ社会学者であった。そのイアンニのもとから輩出したあまたの社会学者のなかで，彼の精神を最も深いところから継承したのがイタリア人社会学者A. メルレルであった。

14)　個々人の内なる社会変動を理解することの意味については，「A. メルッチの“境界領域の社会学”」（新原 2010）を参照されたい：

①リフレクシヴに“メタモルフォーゼ”する個々人への着目：「構造が問題をもたらし人間が行動する」という構造決定論（あるいは，「人間の行為は構造の反映である」と考える反映論）と「人間の行動は自由意思によって決定される」という主体主義に対して，行為の意味づけを問題とすることで，内省するという意味でリフレクシヴであるのと同時に，外界とのリフレクス，“衝突・混交・混成・重合”によって変化していく個々人を想定した。変化させられる自分を認識し，その認識によってまた変化のありかたに影響を及ぼすところの個々人（自己関係の絶えざる“衝突・混交・混成・重合”）という人間観は，情報化・知識化，グローバル化の網の目のなかで生きざるを得ない現代人を理解するときに，とりわけ重要であると考えた。

②ごくふつうのひとの日常的な行為とその意味づけからの理論構築：さらに，ある種の「飛躍」や「超越」，「亡命」や「離脱」をした思想家や哲学者ではなく，ごくふつうの人間が日常的におこなっている行為とその意味づけこそを大切にした。大半の理論において，行為者は対象であったり記号であったりする。構造主義，システム論，解釈学などは，個を操作の対象として，生の声を隠蔽する力として働く。これに対して，ごくふつうの人間が日々の特定の「状況」のなかで現実に応答し，その応答の連鎖のなかで自らの組成に変化を生じさせていくプロセスを，一般論で語るのでなく，小さな「徴候」をあつめていく時間とエネルギーを厭わなかった。個々の人間の経験の中にある“智”を決して無視せずに，微細に観て，聴いて，察して，それを理解するための“かまえとしての理論”をつくるという苦労を徹底しておこなっていた（新原 2010：55-56）。

15)　メルレルとの“方法としての旅（viaggiare, comparare e pensare，旅をともにして，対比・対話し，考える)”は，「最初の『こだわり』は奥底に携えたまま，一度はそれと切れた形で他者の中に入って格闘してみて，その過程で自分が変わっていくことをよしとしつつ，もう一度，最初の地点とつき合わせてみて，自分が変わったということを自らの“場”において具現化してみせる旅」（新原 2002：697-698）である。

16)　フィールドでの体験によって，従来のものの見方が突き崩され，身心の内部で複数の言語が混交・混成した状態となるが，その折々に去来していた想念を素描しておくための「言葉の地図」をつくるようにしている。フィールドでの知覚・知見からうかびあがった想念の素描としての言葉は，“……”を付ける形で「言葉の地図」に「集積」してきた（研究室や書斎で書籍資料を読むことなどによって他の論者から獲得した概念は「……」で示してある）。たとえば，“反芻する（rimeditare）”は，「学びほぐす（unlearn）」（鶴見俊輔），「消化する，自分のものにする（digerire）」といった言葉のつらなりのなかで存在している。まずは“ぐいっと飲み込む（ingerire, inghiottire, keeping perception/keeping memories)”，つぎによく“反芻する（rimeditare)”，そして，ゆっくりと“自分のものにしていく”，「学びほぐす」という道行きとなる。「言葉の地図」については，『境界領域への旅』（新原 2007a：256-260）にてその一部を紹介している。

17)　ドキュメンタリー映画『海は燃えている（FuocoAmmare，監督：Gianfranco Rosi，2016年イタリア)』や，海外ドキュメンタリー「死の海からの脱出（Aquarius Rescue in Dead Waters，制作：Point du Jour，2016年フランス，BS1で2017年9月12日放送)」や，（北川 2010; 2012; 2018）（眞城 2017）（南波，2017）などがある。

18)　ランペドゥーザでのフィールドワークは，2018年3月5日にローマにて，メルレルと新原，鈴木鉄忠が合流し，シチリア島のパレルモに移動。パレルモで一泊した後，3月6日の早朝にランペドゥーザに入り，3月9日にランペドゥーザからパレルモ，パレルモからローマ，ローマからアルゲロという経路でサッサリまで移動している。その後，ランペドゥーザと石垣について，3月10日にサッサリでセミナーを行った後，3月12日早朝にミラノに移動，メルッチ夫人のアンナ・ファブリーニとの懇談の後，ミラノより成田に帰国している。

19)　この後の2018年6月，五つ星運動と連合して政権与党を構成する同盟（旧北部同盟）の党首サルビーニは，移民・難民の受け入れ拒否を表明した。

20)　「現在を生きる『名代』の声を聴く」（新原 2012）を参照されたい。

21)　この言葉は，「湘南プロジェクト」や「聴け！プロジェクト」で，インドシナ定住難民の子どもたちと接するなかで，意図せずに「やって来てくれた」ものである。

22)　サッサリ市の文化担当評議員（assesore)，サッサリ大学教員のFOIST関係者，薬物依存の青少年向けの更生施設（comunità）の運営している神父，アムネスティやARCI（Associazione Ricreativa Culturale Italiana，イタリア文化協会）のメンバー，人権活動に従事する法律家，精神や身体の困難を抱える若者や難民の支援をする市民活動家，元サッサリ大学の学生・院生，労働者協同組合のメンバー，キリスト教系の国際協力市民活動に従事するサッサリ大学農学部教授などが参加していた。

23) 1980年代後半からのFOISTメンバーであり，「“内なる異文化”への臨床社会学——臨床の“智”を身につけた社会のオペレーターのために」（新原 2001）で紹介した在住外国人支援の活動を，サルデーニャから北イタリアへと舞台を移し続けている女性からのメッセージだった。メルレルの弟子として同期だったサッサリ大学教員のコッコが代読した。

24) サッサリでの大学院セミナーやシンポジウムなどで報告するたびに，10数年にわたって何度も再会し続けている女性メンバーである。

25) 前出のコッコと同年代であり，FOISTの集まりのたびにいつも同席している。

26) 1980年代初頭のFOISTメンバーであり，現在は，サッサリ市の文化担当評議員（assesore）をしている。

27) 1990年代半ばにメンバーとして活躍した数少ない男性メンバーであり，1996年には新原ともブラジルへの旅をともにしている。

28) 1990年代半ばのFOISTメンバーであり，父親は，リビアから「引き揚げ」てきた後，鉄道職員となり，「橋のむこう」のラッテ・ドルチェに住居をかまえた。彼女とはスウェーデン，ブラジルへの旅をともにし，卒業後はミラノで大学院教育を受け，就学困難な児童のための「社会のオペレーター」として働いている。

引用・参考文献

Bartolo, Pietro e Lidia Tilotta, 2017, *Lacrime di sale. La mia storia quotidiana di medico di Lampedusa fra dolore e speranza*, Milano: Mondadori.

船田正，1990『イタリア・緑の運動』技術と人間。

北川眞也，2010「移動＝運動＝存在としての移民——ヨーロッパの「入口」としてのイタリア・ランペドゥーザ島の収容所」，『VOL』以文社，第4号。

———, 2012「ヨーロッパ・地中海を揺れ動くポストコロニアルな境界——イタリア・ランペドゥーザ島における移民の「閉じ込め」の諸形態」，『境界研究』No. 3。

———, 2018「移民たちの船の物質性とモビリティ——地中海・ランペドゥーザ島の『船の墓場』からの問い」，『観光学評論』，観光学術学会，6巻1号。

眞城百華，2017「地中海を渡るアフリカ難民の検討——アフリカの角の事例から」『多文化社会研究』Vol.3。

Melucci, Alberto, 1996, *The Playing Self: Person and Meaning in the Planetary Society*, New York: Cambridge University Press.（＝2008, 新原道信他訳『プレイング・セルフ——惑星社会における人間と意味』ハーベスト社）

———, 1998, *Verso una sociologia riflessiva: Ricerca qualitativa e cultura*,

Bologna: Il Mulino.

———, 2000a, "Sociology of Listening, Listening to Sociology".（= 2001, 新原道信訳「聴くことの社会学」地域社会学会編『市民と地域——自己決定・協働，その主体　地域社会学会年報13』ハーベスト社）

———, 2000b, "Homines patientes. Sociological Explorations (Homines patientes. Esplorazione sociologica)", presso l'Università Hitotsubashi di Tokyo.（= 2010, 新原道信「A. メルッチの“境界領域の社会学”——2000年5月日本での講演と2008年10月ミラノでの追悼シンポジウムより」『中央大学文学部紀要』社会学・社会情報学20号（通巻233号）にて訳出）

———, 2000c, "Verso una ricerca riflessiva", registrato nel 15 maggio 2000 a Yokohama.（= 2014, 新原道信訳「リフレクシヴな調査研究にむけて」新原道信編『“境界領域”のフィールドワーク——惑星社会の諸問題に応答するために』中央大学出版部）

———, 2002, *Mongolfiere*, Milano: Archinto.

Merler, Alberto (e gli altri), 1982, *Lo sviluppo che si doveva fermare.* Pisa-Sassari: ETSIniziative Culturali.

———, (e G. Mondardini), 1987, “Rientro emigrati: il caso della Sardegna", in *Antropos*, n. 18.

———, 1988, *Politiche sociali e sviluppo composito,* Sassari: Iniziative Culturali.

———, 1989,"Tre idee-forza da rivedere: futuro, sviluppo, insularità", in *Quaderni bolotanesi,* n.15.

———, 1990, "Insularità. Declinazioni di un sostantivo", in *Quaderni bolotanesi,* n.16.

———, 1991, "Autonomia e insularità. La pratica dell'autonomia, vissuta in Sardegna e in altre isole", in *Quaderni bolotanesi,* n.17.

———, (e M. L. Piga), 1996, *Regolazione sociale. Insularità. Percorsi di sviluppo,* Cagliari: Edes.

———, (con G.Giorio e F. Lazzari, a cura di), 1999, *Dal macro al micro. Percorsi socio-comunitari e processi di socializzazione,* Verona:CEDAM.

———, 2003a, *Realtà composite e isole socio-culturali: Il ruolo delle minoranze linguistiche.*（= 2004, 新原道信訳「“マイノリティ”のヨーロッパ——“社会文化的な島々”は，“混交，混成し，重合”する」永岑三千輝・廣田功編『ヨーロッパ統合の社会史』日本経済評論社）

———, (con M. Cocco e M. L. Piga), 2003b, *Il fare delle imprese solodali. Raporto SIS sull'economia sociale in Sardegna.* Milano: Franco Angeli.

———, 2004, *Mobilidade humana e formação do novo povo / L'azione comunitaria dell'io composito nelle realtà europee: Possibili conclusioni eterodosse.*（= 2006, 新原道信訳「世界の移動と定住の諸過程——移動の複合性・重合性から見たヨーロッパの社会的空間の再構成」新原道信他編『地域社会学講

座　第2巻　グローバリゼーション／ポスト・モダンと地域社会』東信堂）
———, (and A. Vargiu), 2008, "On the diversity of actors involved in community-based participatory action research", in *Community-University Partnerships: Connecting for Change*: proceedings of the 3rd International Community-University Exposition (CUexpo 2008), May 4-7, 2008, Victoria, Canada. Victoria, University of Victoria.
———, (e M. Niihara), 2011a, "Terre e mari di confine. Una guida per viaggiare e comparare la Sardegna e il Giappone con altre isole", in *Quaderni Bolotanesi*, n.37. (= 2014, 新原道信訳「海と陸の“境界領域”——日本とサルデーニャを始めとした島々のつらなりから世界を見る」新原道信編『“境界領域”のフィールドワーク——惑星社会の諸問題に応答するために』中央大学出版部）
———, (e M. Niihara), 2011b, "Le migrazioni giapponesi ripetute in America Latina", in V*isioni Latino Americane*, Rivista semestrale del Centro Studi per l'America Latina, Anno III, Numero 5.
———, (a cura di), 2011c, *Altri scenari. Verso il distretto dell'economia sociale*, Milano: Franco Angeli.
Murphy, Robert F., 1990 [1987], *The Body Silent——The Different World of the Disabled*, New York: W.W.Norton. (= 2006, 辻信一訳『ボディ・サイレント——病いと障害の人類学』平凡社）
南波慧, 2017「EU国境地域における<境域>のポリティクス——欧州移民規制レジームの構築とチュニジア人難民」『境界研究』No. 7。
新原道信, 1998「境界領域の思想——『辺境』のイタリア知識人論ノート」『現代思想』vol.263。
———, 2001「“内なる異文化”への臨床社会学——臨床の“智”を身につけた社会のオペレーターのために」野口裕二・大沼英昭編『臨床社会学の実践』有斐閣。
———, 2002「旅」永井均他編『事典　哲学の木』講談社。
———, 2003「ヘテロトピアの沖縄」西成彦・原毅彦編『複数の沖縄　ディアスポラから希望へ』人文書院。
———, 2004「生という不治の病を生きるひと・聴くことの社会学・未発の社会運動—— A・メルッチの未発の社会理論」東北社会学研究会『社会学研究』第76号。
———, 2007a『境界領域への旅——岬からの社会学的探求』大月書店。
———, 2007b『未発の「第二次関東大震災・朝鮮人虐殺」の予見をめぐる調査研究』科学研究費基盤研究（C）研究成果報告書（研究代表者・新原道信）。
———, 2009,「境界領域のヨーロッパを考える——移動と定住の諸過程に関する領域横断的な調査研究を通じて」『横浜市大論叢』人文科学系列60巻，第3号。
———, 2010「A. メルッチの“境界領域の社会学”-2000年5月日本での講演と2008年10月ミラノでの追悼シンポジウムより」『中央大学文学部紀要』社会学・社会情報学20号（通巻233号）。
———, 2012「現在を生きる『名代』の声を聴く—— “移動民の子供たち”がつくる

“臨場／臨床の智”」『中央大学文学部紀要』社会学・社会情報学22号（通巻243号）。
―――, 2013a「“惑星社会の諸問題”に応答するための“探究／探求型社会調査”――『3.11以降』の持続可能な社会の構築に向けて」『中央大学文学部紀要』社会学・社会情報学23号（通巻248号）。
―――, 2013b「“境界領域”のフィールドワーク（3）――生存の場としての地域社会にむけて」『中央大学社会科学研究所年報』17号。
―――, 2014a『“境界領域”のフィールドワーク――惑星社会の諸問題に応答するために』中央大学出版部。
―――, 2014b「“境界領域”のフィールドワーク”から“惑星社会の諸問題”を考える」新原道信編『“境界領域”のフィールドワーク――惑星社会の諸問題に応答するために』中央大学出版部。
―――, 2014c「A. メルッチの『限界を受け容れる自由』とともに――3.11以降の惑星社会の諸問題への社会学的探求（1）」『中央大学文学部紀要』社会学・社会情報学24号（通巻253号）。
―――, 2015a「『3.11以降』の惑星社会の諸問題を引き受け／応答する“限界状況の想像／創造力”――矢澤修次郎，A. メルッチ，J. ガルトゥング，古城利明の問題提起に即して」『成城社会イノベーション研究』第10巻第1号。
―――, 2015b「“未発の状態／未発の社会運動”をとらえるために――3.11以降の惑星社会の諸問題への社会学的探求（2）」『中央大学文学部紀要』社会学・社会情報学25号（通巻258号）。
―――, 2015c「“受難の深みからの対話”に向かって――3.11以降の惑星社会の諸問題に応答するために（2）」『中央大学社会科学研究所年報』19号。
―――, 2015d「“交感／交換／交歓”のゆくえ――「3.11以降」の“惑星社会”を生きるために」似田貝香門・吉原直樹編『震災と市民　第II巻　支援とケア：こころ自律と平安をめざして』東京大学出版会。
―――, 2016a『うごきの場に居合わせる――公営団地におけるリフレクシヴな調査研究』中央大学出版部。
―――, 2016b「惑星社会のフィールドワークにむけてのリフレクシヴな調査研究」新原道信編『うごきの場に居合わせる――公営団地におけるリフレクシヴな調査研究』中央大学出版部。
―――, 2016c「乱反射するリフレクション――実はそこに生まれつつあった創造力」新原道信編『うごきの場に居合わせる――公営団地におけるリフレクシヴな調査研究』中央大学出版部。
―――, 2016d「『うごきの場に居合わせる』再考――3.11以降の惑星社会の諸問題に応答するために（3）」『中央大学社会科学研究所年報』20号。
―――, 2016e「A. メルッチの“未発の社会運動”論をめぐって――3.11以降の惑星社会の諸問題への社会学的探求（3）」『中央大学文学部紀要』社会学・社会情報学26号（通巻263号）。
―――, 2016f「サッサリ」他，サルデーニャに関するすべての項目（56項目）竹内啓一・手塚章・中村泰三・山本健兒編『世界地名大事典　ヨーロッパ・ロシアⅠⅡⅢ』朝倉書店。

———, 2016g「サミット・プロテストとイタリア社会の“毛細管現象”——惑星社会の諸問題に応答する“未発の社会運動”」野宮大志郎・西城戸誠編『サミット・プロテスト——グローバル化時代の社会運動』新泉社。

———, 2017a「A. メルレルの“社会文化的な島々”から世界をみる試み——“境界領域の智”への社会学的探求（1）」『中央大学文学部紀要』社会学・社会情報学27号（通巻268号）。

———, 2017b「“うごきの比較学”にむけて——惑星社会の“臨場・臨床の智”への社会学的探求（1）」『中央大学社会科学研究所年報』21号。

———, 2017c「A. メルッチの“未発のリフレクション”——痛むひとの“臨場・臨床の智”と“限界状況の想像／創造力”」矢澤修次郎編『再帰的＝自己反省の社会学』東信堂。

———, 2017d「社会学的介入」「未発の社会運動」日本社会学会理論応用事典刊行委員会編『社会学理論応用事典』丸善出版。

———, 2018「“うごきの比較学”から見た国境地域——惑星社会の“臨場・臨床の智”への社会学的探求（2）」『中央大学社会科学研究所年報』22号。

Niihara, Michinobu, 2003a, "Homines patientes e sociologia dell'ascolto," in Luisa Leonini (a cura di), *Identità e movimenti sociali in una società planetaria: In ricordo di Alberto Melucci*, Milano: Guerini.

———, 2003b, "Il corpo silenzioso: Vedere il mondo dall'interiorità del corpo," in Luisa Leonini (a cura di), *Identità e movimenti sociali in una società planetaria: In ricordo di Alberto Melucci*, Milano: Guerini.

———, 2008, "Alberto Melucci: confini, passaggi, metamorfosi nel pianeta uomo," nel convegno: *A partire da Alberto Melucci ...l'invenzione del presente*, Milano, il 9 ottobre 2008, Sezione Vita Quotidiana- Associazione Italiana di Sociologia, Dipartimento di Studi sociali e politici- Università degli Studi di Milano e Dipartimento di Sociologia e Ricerca Sociale- Università Bicocca di Milano.

Said, Edward W., 1999, *Out of Place. A Memoir*, New York: Alfred A.Knopf.（＝2001, 中野真紀子訳『遠い場所の記憶　自伝』みすず書房）

Vargiu, Andrea (and Stefano Chessa, Mariantonietta Cocco, Kelly Sharp), 2016, "The FOIST Laboratory: University Student Engagement and Community Empowerment Through Higher Education, Sardinia, Italy", in Rajesh Tandon, Budd Hall, Walter Lepore and Wafa Singh (eds.), *KNOWLEDGE AND ENGAGEMENT. Building Capacity for the Next Generation of Community Based Researchers*, New Delhi: UNESCO Chair in Community Based Research & Social Responsibility in Higher Education. Society for Participatory Research in Asia (PRIA).

第Ⅱ部
都市公営団地をめぐる
フィールドワーク／デイリーワーク

地図　立川・砂川地域における「立川団地」の位置と周辺の「基地」跡地

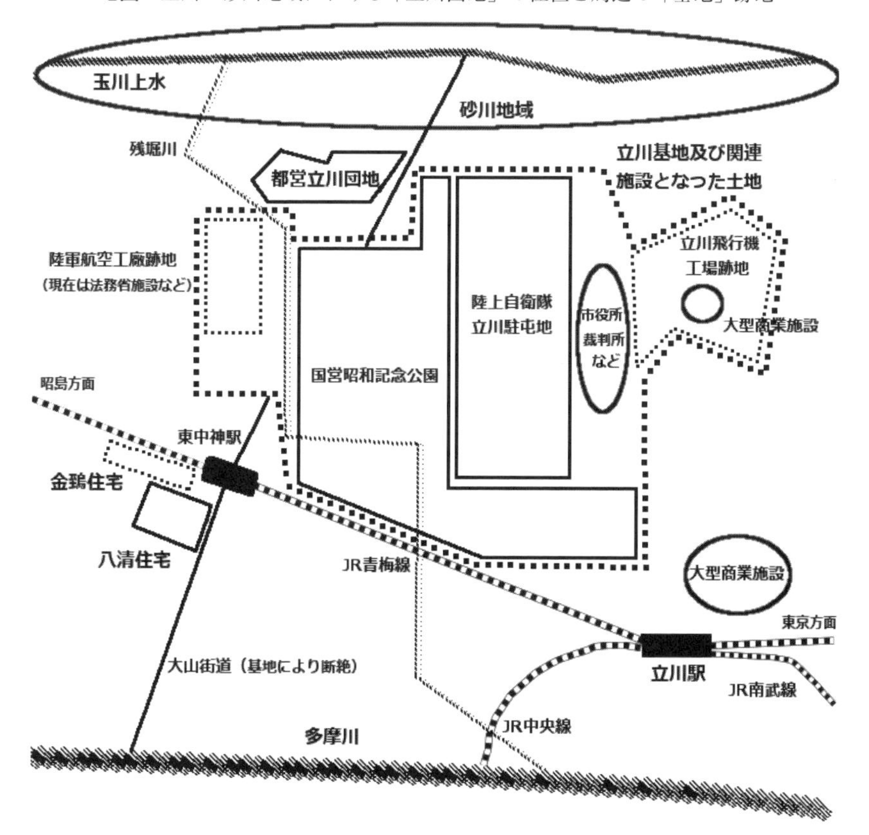

実線：現在存在する施設
点線：過去の基地跡地など

2012-2018　立川プロジェクト簡易年表

	立川団地・砂川地域との関係	立川プロジェクトの共同研究
2012年度	5月：St会長に初めてお会いする 6月：運動会 8月：盆踊り練習・夏まつり 11月：防災ウォークラリー 12月：役員会 3月：被災者支援コンサート ➡本年度以降，三つの年中行事，および団地の各棟の代表が集まる「役員会」にも毎月参加する。	大学院ゼミ，文学部ゼミ，FLP国際協力ゼミ，FLP地域公共ゼミから参加者が集まる。2班に分かれ，「団地との関係をどのようにつくるか」という課題に取り組む。立川団地自治会による取り組みや，団地が造成された社会的背景・立川基地の歴史に関する資料の収集を行う。団地の年中行事参加後には，アクターの配置などについてマッピングを行い，調査結果を整理した。また，砂川闘争の歴史をまとめる人物へのインタビュー，および学内ボランティア情報誌掲載の紹介文を作成した。
2013年度	4月：新旧役員会・定期総会 5月：体育部会・スタッフ会議 6月：運動会 8月：盆踊り練習・スタッフ会議・夏まつり 11月：スタッフ会議・防災ウォークラリー ➡本年度以降，運動会，夏まつり，防災ウォークラリーという三つの年中行事の事前会議へ参加する。	この年以降，各年度の参加者の関心に基づいて，グループごとにテーマを立て，活動を行う。前期は「砂川」，「迷惑施設」，「立川駅北口・南口」を，後期は「開発と地域社会」をテーマにしてグループごとに活動を行った。 また，立川団地での「行事」に参加するための事前調査や，調査方法の検討を行った。その中で，「開発」や「中心と周辺」など個々人の研究テーマや視点を深化させた。
2014年度	本年度以降，毎月の「役員会」や，年中行事の事前準備～本番・片付けまで継続して参加する。	前期は，「人」「テーマ・問い探索」「個人視点」をテーマに，後期は，「何を捉えるか」「どう捉えるか」をテーマに班ごとに活動を行った。「フィールドに入りなおす」ことを意識し，各行事や定例会への参加後のリフレクションに注力した。
2015年度	4月から自治会会長がStさんからHsさんへ交代する。	「イベントの機能分析」，「イベント分析」，「(団地をめぐる) 外部」をテーマとしたグループ活動が行われた。年中行事の機能や役割構造，団地に対する言説などの視点を深化させた。 また，夏季のゼミ合同合宿調査（福島県いわき市への短期・低関与型調査）との比較で，「新原ゼミ」全体に向けて立川プロジェクトの意義を報告した。

	立川団地・砂川地域との関係	立川プロジェクトの共同研究
2016年度	6月：砂川地区ソフトボール大会 9月：九小ボランティア 10月：砂川体育祭 11月：『"うごきの場"に居合わせる』を手渡す 12月：自治会役員と「中大生」の「忘年会」 ➡本年度以降，団地役員や年中行事で活動を共にした人々を仲介して，「砂川地域」に活動範囲が広がっていく。	前期は，「立川性・砂川性を捉える」，「子ども」という2つのテーマでグループ活動を行った。立川市の中の旧村の境界や，地域の子どもに関する諸組織の研究を行った。後期は，「役員会」，「夏祭りマッピング」，「学問的位置づけ」という3つのテーマで成果をまとめた。それぞれ，役員会で報告される事項の分析，夏まつりの空間的分析，シカゴ学派との比較で立川プロジェクトを位置づける試みが行われた。また，年度末には学部生のM君が中心となり，「立川プロジェクトの5年間を振り返る」報告書が作成された。
2017年度	5月：砂川平和ひろばフィールドワーク企画 7月：児童館宿泊行事 8月：子ども会八ヶ岳キャンプ 12月：Hs会長・Skさんへのインタビュー調査，「忘年会」 1月：運動会競技要綱会議 ➡本年度以降，「地域の子ども」に関わる団体の行事への参加が始まる。また，砂川闘争の現場となった「砂川平和ひろば」の企画などにも参加する。	「団地コミュニティ」，「昭島・基地跡地」，「商店街」，「論文執筆」の4つのテーマでグループ活動を行った。卒業論文や夏季の合宿調査，FLP地域公共ゼミ・国際協力ゼミでの国内外の調査など，各自の研究テーマに対する理解を深めるための比較対象・補助軸として，立川団地と周辺地域への調査を行った。また，年次報告書の作成を行う。
2018年度	2019年2月に予定されているシンポジウム「"社会の子どもたち"が巣立つ"共創・共成"コミュニティ」にむけ，立川団地の役員と打ち合わせを行う。	「地域組織」，「地域の担い手」，「キーパーソンの語り」という3つのテーマでグループ活動を行った。砂川地域における子ども会や自治会組織の中での団地の位置づけ，「中大生」や「部外者」を含む新しい担い手と地域との相互作用，反省会の記録をもとにした自治会関係者の認識を分析する研究が行われた。

第Ⅱ部・登場人物一覧

St	立川団地自治会会長（1999 年度-2014 年度）
Hs	立川団地自治会会長（2015 年度-現在）
Hg	立川団地自治会副会長（2012 以前-現在）
Sd	立川団地自治会副会長（2013 年度-2015 年度）
Sk	立川団地自治会会計（1999 年度-現在）
Iw	立川団地自治会副会長（2012 年以前-現在）
Kw	立川団地自治会副会長（1997 年度-2011 年度，建替え後入居後に転居）
Kr	立川団地自治会副会長（2012 年度以前-2013 年度）
Ns	地区子ども会連合・副会長
Dz	子育て支援団体 M メンバー（建替え前入居，後に転居）
Kt	子育て支援団体 M メンバー
Km	子育て支援団体 M メンバー（団地外居住者）
Se	立川団地自治会体育部役員（建替え後入居）
Sm	立川団地自治会体育部役員（建替え後入居）
Ks	立川団地自治会体育部メンバー

第 3 章
立川プロジェクトの始動
――新たな「契約」の行方――

阪口　毅

調査対象の当事者における創造力を調査研究するということは，その創造のプロセスを理解するための認識の方法を研究グループ自身が創造しているのかという問題も含めてリフレクシヴにならざるを得なかった。この意味でのリフレクシヴな調査研究の在り方，自らが観察するものへの視線の在り方を自らにも向けるという在り方は，これまで異なる位相で行なわれた調査研究の歴史すべてに向けられ，これまで，そしてこれからの調査活動のプロセスすべてに対して，徹底的なリフレクションを求めることになる。

アルベルト・メルッチ「リフレクシヴな調査研究にむけて」

（メルッチ 2014：103）

1．はじめに――「中大生が来た頃」

(1)　調査研究における「契約」

モノグラフを書くという行為は，どのような体験だろうか。モノグラフは一義的には，収集したデータを整合的に組み合わせ分析を行ったり，限定されたリサーチ・クエスチョンから一定の蓋然性を持った答えへと辿り着くような，調査研究の報告である。けれどもフィールドワーカーは，どんなに知恵を振り絞って分析枠組を立てなおし，叙述の方法を磨き上げようと努力を重ねても，自分には書けないことがあるのを知っている。これは単なる調査倫理や相手への配慮といった技術上の問題に留まらない。体験したことと言葉にできることの隔たりを感じるのは，フィールドで具体的な他者と出会い，介入しあるいは巻き込まれ，繰り返し関係性が組み替えられていくなかで，自分が非意識的に頼り切っていた認識の枠組が，揺れ動かされていくからである。

本章の根底にある問題意識は，フィールドワーカーが体験する関係性の揺らぎと，認識論的な枠組の揺らぎとの関係にある。私たちはフィールドで，どのように関係性を築き，またその関係性を再編していくのだろうか。その一方で，フィールドにおいて，調査研究者としての認識論的な枠組はどのように変化していくのだろうか。そしてこの二つの過程はいかなる連関を持つのだろうか。A. メルッチ（Alberto Melucci）は，近代的な社会調査における調査者と被調査者との関係性を，「距離をとる」実証主義的なモデルと「距離を縮める」介入主義的なモデルの二つに類型化した上で，現実のフィールドでの両者の関係性を「契約」のメタファーで説明している（メルッチ 2014）。ここでの「契約」とは，インフォームド・コンセントのように「一定の書式を持った書類にサインする」（ibid.: 99）という形態を指しているわけではない。そうではなく，調査研究の過程において，繰り返し「お互いの距離を確認し適切な間隔を設定」（ibid.）しなおすような，調査者と非調査者という二者の間での具体的な実践を表している。

本章では，中央大学新原道信ゼミナールを基盤とする「立川プロジェクト」と，そのフィールドである立川団地自治会という二つの集団の間で結ばれ，あるいは結ばれなおしていった「契約」の軌跡を辿りたい。それは立川プロジェクトと，先行し伏流水のように存在する湘南団地での試み[1]，そして共同研究チーム「惑星社会と臨場・臨床の智」が依拠する認識論とその揺らぎを，詳らかにすることになるだろう。そして私たち自身が，創造的な集団の在り方を持つことができているのかを，問われ返すことになるだろう。

(2)「中大生が来た頃」——本章の課題

その日，東京の郊外，立川市北部に位置する都営立川団地の集会室には，自治会役員，住民，中央大学の学生たち，あわせて40名ほどが集まっていた。座卓の上には，自治会が用意した缶ビールやお茶，近所のセブンイレブンに発注した助六弁当，オードブルの盛り合わせ，手作りの漬物などが並ぶ。前日の設営作業，そして今日の朝から行われた自治会主催の「運動会」を支えた「協力員」たちを労う「反省会」であった。窓際にはいつものように，子育て支援団体Mの女性たちが陣取り，前会長のStさんもその中心にいた。

立川団地は，1962（昭和37）年に建設され，1990年代の建て替えと高層化，新棟建設を経て，現在1500戸を超える都営住宅である。1999（平成11）年にStさんが初の女性自治会長となり，同時に子育て支援団体Mを立ち上げ，「両隣の見守り活動」や「ボランティア組織」「人材バンク」の登録制度など，その小さな身体から想像できないほどのエネルギーで自治会活動の拡充を行ってきた。「孤独死ゼロ」の公営住宅として全国的に有名となった立川団地には，様々な「取材」や「視察」の人たちが訪れるようになっていた。就任から16年が経った2015年4月，Stさんは会長職を退き，それまで副会長を務めてきたHsさんに後を任せたのだった。

2015年6月，第15回目を迎えた「運動会」は，Hs会長の新体制になって初めての大きな自治会主催行事だった。「運動会」冒頭の挨拶では，相当に緊張されている様子だった。立川自治会にとって，自治会主催の三大年中行事——6月の「運動会」，8月の「夏まつり」，11月の「防災ウォークラリー」は，単に住民相互の親睦と交流にとどまらない重要性をもっている。各棟から選出された「協力員」たちの手で自治会備品の搬入・設営・撤収を行うことは，その担い手たちすべてが自覚しているわけではないとしても，実際的な「防災訓練」のプロセスとなっている。あるいは個々人に与えられるささやかな役割と活躍の機会は，自治会への参加の体験を生み出し，それ自体が「小さな自治」の練習となっている。「運動会」を含む三大行事は，立川団地の自治の在り方を象徴する存在であった。

例年，「運動会」には各棟の住民とその親族を含めた1000人以上の参加者がある。これだけの規模の行事を運営する大仕事を，無事に終えたHs新会長は，「反省会」の場で次のように話した。

> 「はじめて本部に座っていてとても苦痛でした。Stさんからも，その場であれこれ言うなと言われておさえていたんですが，Stさんがわーわー言いたくなる気持ちがわかりました。中大生が来てから明らかに変りました。皆さんのやる気が変わった。若い人たちがなかなか出てこなくなったから，一緒にやって頂いて助かっています。」　（2015年6月14日：阪口の日誌）

Hs会長はこれまでSt体制の副会長として，自治会行事の際には自前の軽トラックで資材を運び，役員のユニフォームである黒Tシャツを着て会場を駆け回り，Stさんや自治会事務局の女性から「ツッコミ」を入れられながら大声で指示を出し，行事を下支えしてきた。だから「運動会」の進行を眺めながら，本部テントにつめ，来賓に挨拶してまわる「お役目」は，さぞかし窮屈だったろう。現場に飛んでいって，率先して身体を動かしてきた人物だった。

15回目を迎えた「運動会」は，Hs新体制に移行してもほとんど滞りなく運営された。むしろ昨年よりも設営・撤収作業の手際は増していた。事務局や自治会幹部の殆どはSt体制からの継続であったため，会長が代替わりしても自治会運営の構造は大きく変化しなかった。しかしそれ以上に，毎年，「運動会」運営の「協力員」を務める特定の住民がリーダーシップを発揮したこと，St前会長や子育て支援団体Mの面々が下支えしたこと，地区子ども会出身の中高生グループ「ジュニアリーダー」が例年同様スタッフとして働いたことなど，「運動会」の回を重ねる毎に蓄積されてきた知識とその継承によるところが大きい。

さらに重要なのは，地区子ども会の副会長Nsさんや，団地から近隣へ転出した後も自治会行事の手伝いに来るKwさんなどの「部外者」たちの力であった。実際彼らは，資材運搬や「運動会」運営に不可欠な「審判」「用具」「集合誘導」などの各係において，リーダーシップを発揮しており，彼らなしで滞りなく運営を行うのは困難であった。「反省会」の場で，Ns さんは「また子どもたちにお手伝いさせて頂きたい」と丁寧に挨拶をされていた。子どもたち「ジュニアリーダー」は，地区住民であって必ずしも団地住民ではないのだが，彼らの力がなければ運営が困難であるのは誰の目にも明らかであった。しかし Ns さんは「俺は部外者だから」と冗談まじりに話し，出入り口の扉前の末席で，集合誘導係のリーダーであった Ks さんをはじめ，若い「協力員」たちと過ごしていた。

一方 Kw さんは，役員席（幹部席）の横に位置取っていた。Ns さんと「部外者」としての位置取りを共有しつつ，その発言の仕方は大きく異なっていた。

> Kw さんが「どうも，部外者の Kw です」と自己紹介すると，Ns さんから「俺なんてもっと部外者だよ！」と合いの手が入る。「集合誘導係の仕事はだいぶ慣れが先行して，細かい擦り合わせがなかった」と話す。Ks さんがしっかりと身体を向けて聞いている。「部外者」としての立ち位置に身を置きながら，厳しいことを言う態度は，「全部よかった，ありがとう！」と話す Sm さん（新役員）とは対照的な身の置き方。Kw さんはしかし，「中大生に受けなかったのでギャグを磨いておきます」とも話し，会場の笑いを誘ってストレスを和らげることも忘れない。
>
> （2015 年 6 月 14 日：阪口の日誌）

> 反省会の後，（用具係のリーダー）Sm さんのところへ挨拶にいって，一緒に酒を飲んでいると，Kw さんも来て，はじめて「運動会」をやった頃の話などを伺った。Kw さんは，St さんが副会長になったとき，一緒に副会長をやり，St さんが会長になったときにも副会長を務めたので，いまの体制を初めから見ていた。
>
> 「建て替えの前には運動会をやっていたみたいなんだけど，96 年の建て替えのときに人が半分くらい入れ替わって，夏まつりなどほかの行事も一度

なくなったんだよ。何も引き継ぎ資料は残っていなかった。St 会長になってから，ほんとうにゼロから始めたんだ」と Kw さん。

「ちょうど私が引っ越して，自治会を抜けたくらいの時期に中大生がやってきたんだ。自治会を抜けてもかかわり続けているのは，やっぱり人とのかかわりだね。Hs さんにも，Hg さん（副会長）にも，最初の頃からずっとお世話になってるから。ただし，ずっと同じ人との関係でやっていくと，広がりがなくなっていってしまう。スタッフ会議でも，指示は当日出すというかたちになってしまう。せっかく集まっているのだから，もっと初めて参加する人たちにも仕事のイメージ，全体のイメージが持てるようにしたほうがいい。」

ふと気がつくと，Ks さんがウーロンハイ片手に，私たちの後ろの壁に寄りかかっていた。私が気づくと，「ここ涼しいんだよ，いいところみつけた」と，冷房の風にあたりながらニカッと笑った。

子育て支援団体 M の女性が Kw さんにウーロンハイを持ってくる。「よき客人」の新原先生にも持ってくる。Ks さんの奥さんにも（この方もリーダーシップを発揮されていた），ビールを注いでいただく。Ks さんも「中大生が来た頃」という言葉を使う。それはひとつの歴史になりつつある。

（2015 年 6 月 14 日：阪口の日誌）

子ども会の Ns さんと，Kw さんとの位置取りや発言の違いは，元々の自治会での地位に基づくのだろう。Kw さんは転出してはいるが，かつて自治会役員であり，現体制の創始者の一人であり，「運動会」を含む行事の初期からかかわり続けてきた人物である。St 前会長や Hs 会長からの信頼も厚い。そして「部外者」となった今も，運営全体を見渡し，役割の構造化が進み「ゼロから」の検討や説明が必要なくなり，「初めて参加する人」にとって暗黙の前提が大きくなりつつある現状に対して，注意を喚起していた。その声に，新たなリーダー層であった Ks さんも，熱心に耳を傾ける。「反省会」の場に集まった人たちにとって，必ずしも耳障りのよいことではない。しかし冗談を言って，場を和ますバランス感覚を忘れない。

Nsさんとジュニアリーダーたち，Kwさんの他に，当時自治会行事の運営において重要な「部外者」となりつつあったのが，私たち中央大学「立川プロジェクト」の学生たちだった。2012年4月に，文学部教授，新原道信ゼミの学生有志が同プロジェクトを発足させ，立川団地の三つの年中行事にかかわるようになって，すでに3年が経過していた。「運動会」への参加も4回目を迎え，Hs新会長をはじめ，自治会役員たち，「協力員」のリーダーたちは「中大生が来た頃」という言葉を使うようになっていた。それは一つの歴史的な出来事となっていた。

「中大生」は，日常の自治会運営には不在であったが，行事運営においてはすでに制度的に組み込まれていた。「運動会」の入場行進では，初めて「中央大学の学生」としてアナウンスがなされた。「中大生」に支給される交通費は自治会において予算化されていた。学生の代表者は行事の準備会にも出席し，係分担の名簿にも組み込まれ，「協力員」用のスタッフTシャツが配布されていた。「協力員」以外の住民にとっても，自治会行事に「中大生」がいることは自明のこととなりつつあった。特定の係においては，「初めて参加する人」よりも「中大生」たちの方が仕事に関する知識を持つという逆転現象が起こっており，ベテランの「協力員」も「中大生」により多くの指示を出すようになっていた。Kwさんの注意喚起の背景には，こうした状況が存在していた。

今年で7年目を迎える立川プロジェクトに参加した学生たちは，立川団地の行事運営のなかで，あるいはそこから派生した地域の諸活動への参加のなかで，大学の外で地域社会の現実に触れ，学び，自分の問題意識を見つけ，探究するチャンスを得てきた。初めてフィールドワークを行う者たちにとっては実習の場となり，卒業論文や修士論文のテーマを見つけ出すフィールドとなった。私がそうであったように，すでに他のフィールドにかかわってきた者に対しては，自身のフィールドを相対化し比較を可能とする視野を開くチャンスとなった[2)]。大学を卒業した後，立川団地での経験を生かすかたちで，地方公務員や福祉職に就いた者たちもいる。

立川プロジェクトはいかにして発足し，そこにかかわる「中大生」たちはいかにして立川団地の行事運営に制度的に組み込まれていったのか，その背後にある歴史社会的条件とは何だったのか，本章では私自身が立川プロジェクトで積極的な役割を果たしてきた2015年頃までの歴史記述を通して，これらの問いに答えたい。

この場合の条件とは少なくとも，第1に東京郊外の公営団地という地域社会の構造と歴史，第2に立川プロジェクトとその基盤となった「新原ゼミ」という社会集団，そして第3にそこにかかわる「住民」や「学生」を含めた重層的な関係性の動態といった要素が考えられるが，本章ではこのうち，第2，第3の要素に焦点を置きたい。第1の要素は，都市社会学的ないし地域社会学的な観点からも考察がなされるべきであるが[3)]，本章では第2の要素と関連する範囲にとどまる。第3の要素は，立川プロジェクトにかかわってきた，あるいは今後かかわることになる個々の学生たち各々の手によって，さらに展開されるべき課題である。

2．立川プロジェクトの始動

(1)　立川プロジェクト前史

立川団地へと足を踏み入れることになったのは，全くの偶然だった。2011年3月11日の東日本大震災の後，立川団地では福島県からの避難者受け入れを開始しており，翌年の3月初頭，その情報が立川市の会議でSt会長と知り合った中央大学法学部教員から，文学部教授の新原道信へと伝えられた。当初の情報共有の文脈は「被災者への支援と調査を行う」ことであったと記憶している。そして新年度より，新原ゼミを基盤とした調査研究グループ，立川プロジェクトが発足することとなる。それではなぜこのタイミングでそれが可能だったのか。

当時新原は，文学部の社会学演習（学部ゼミ），大学院ゼミだけでなく，二つのFLPゼミを担当していた。FLPとは「ファカルティリンケージ・プログラム（Faculty-Linkage Program）」という中央大学独自の制度であり，「環境」「国際協力」「ジャーナリズム」「地域・公共マネジメント」などのテーマの下，学部の垣根を越えて設置される演習プログラムである。2008年に開始し，新原の研究休暇で休止後再開した国際協力ゼミ，2011年に新たに始められた地域公共ゼミを合わせた四つのゼミが，広義の「新原ゼミ」を構成していた。2012年は二つのFLPゼミが2学年体制となり，翌2013年には「完成年度」となる見込みであった。学部ゼミは3，4年次，FLPゼミは2～4年次に在籍可能のため，完成年度には90名近い学生を「新原ゼミ生」として抱えることになる。

こうした「拡大ゼミ」が可能となったのは，新たにゼミや研究プロジェクトを立ち上げる際の要となる大学院生が，この前後の数年にわたって複数名在籍するという充実した状況があったためである。2008年の国際協力ゼミ立ち上げや，2011年の二つのゼミの再開・立ち上げにおいては，大学院生が各ゼミに張りつき，文献購読やグループでの調査研究において，主導的な役割を果たした。院生たちは，自身が体得し，継承してきた「新原ゼミ」の規範と行動様式を，新ゼミ生たちに伝承していった[4)]。彼女／彼らは，直接的にあるいは共に活動することを通じて間接的に，学部ゼミや大学院ゼミの「種火」を移す役割を果たしていった。

さらに新原の共同研究者である，中村寛（多摩美術大学），鈴木鉄忠（本書第1章執筆）も中央大学で演習や調査実習を担当していた。立川プロジェクトが発足した2012年というのは，「新原ゼミ」内外の関係性のなかで，複数のゼミ間での交流や共同プロジェクトを展開可能な，これ以上ない「好機」であった。

私は当時，博士前期課程（修士課程）を修了し博士後期課程への進学が決まっていたところだった。こうした滅多にない恵まれた条件を生かすべく，院生グループ（3月で修了する1名と修士2年になる3名）では，次年度の「新原ゼミ」全体のプログラムについて議論を進めていたところだった。当初計画していたのは，院生それぞれの研究テーマを基盤とする，ゼミ越境の研究会を複数設置し，異なる学部，異なる学年の学生たちが，文献購読や共同研究を行っていくというプログラムであった。「地域社会の生態学」「東北学」「病・障害」などがテーマとして想定され，それぞれの院生が準備を進めていた。

もう一つの「新原ゼミ」展開の方向性として院生チームで準備を進めようとしていたのは，卒業／修了後のネットワークづくりだった。その発想の源泉となったのは，新原がサルデーニャのサッサリ大学留学で目にしてきた，大学改革前夜の文哲学部の「社会のオペレーター（operatori sociali）」育成プログラムと，その基盤となる「地域研究所（FOIST）」であった。

「社会のオペレーター」とは「人が社会生活を営むに際して必要とするようなすべての仕事，社会の維持にかかわるようなすべての仕事に関せられた言葉」であり，「学校の教師や自治会の社会福祉職といった公務労働者，あるいはコムニタ（commnità，家族間の関係で問題を抱えたり，あるいは麻薬を含めた薬物依存症となった若者の治療と職業教育をするための施設）のような民間の諸組織（privato sociale），社会サービスを目的とした協同組合（cooperativa）など，地域社会形成，地域の人間形成の営みにかかわるすべての人をさししめす言葉」(新原 1997：119）である。二つのFLPゼミはまさに，この「社会のオペレーター」育成を標榜して学生を募集し，それに共鳴した学生たちが2011年にFLPゼミの再開／発足の担い手となったのだった。

「地域研究所（FOIST）」は，新原がサルデーニャで出会い，学び，共同研究者となったアルベルト・メルレル（Alberto Merler）が創設したサッサリ大学の組織である。「青少年問題，教育問題，福祉の問題などに関する公開討論」や「シンポジウム」，「個々の地域に関する資料の蓄積と公開」などを行うだけでなく，月2回の「合同会議」は，「学生，教員のみならず，福祉職や教職についている卒業生が集まり，各自が地域で直面している諸問題や取り組みについて情報交換をしたり互いに協力を要請する」（ibid.: 127）ための場となっているという。「新原ゼミ」の卒業／修了生たちのネットワークそのものは，ゼミ全体のメーリングリスト（ML），各ゼミのML，各学年のMLといった重層的な構造をなしており，毎年2～3月に開催されるOBOG会（懇親会）の連絡によって「活性化」「動作確認」が行われてきた。「3.11」の直後には，誰ともなく連絡をとりあい，数日のうちに全体MLで卒業／修了生の無事が確認された。院生チームで議論していたのは，すでに存在していた卒業／修了生のネットワークを，「社会のオペレーター」のネットワークとして再構築していくことだった。

立川プロジェクトが発足したのは，ゼミの規模拡大とゼミ生の増加という恵まれた条件下において，ゼミを越境した研究会と，「社会のオペレーター」のネットワーク形成という二つの展望が重なる位置で，共同研究プロジェクトを模索していた，まさにその時であった。「FOIST」が「大学を地域に開く」ために，当初はサルデーニャ島内の地域に出かけ，「図書館員などの力を借りて，地域問題や青年問題について現場の人びとと話をするところから始めていった」（ibid.: 128）ように，私たちもまた，中央大学が位置する多摩地域をフィールドとして，共同研究プロジェクトを展開していこうとしていたのだった。

(2)「団地」に入る

2012年4月18日の第1回の立川プロジェクト打ち合わせには，大学院生5名を含む10数名の学生たちが集まった。「新原ゼミ」の横断型プロジェクトという位置づけであり，大学の制度上の位置づけはなく，単位取得とも関係のない本当に有志の集まりであった。集まった学生たちの問題関心は様々であったが，「フィールドワークの方法を学ぶ」ことと「福島からの避難者への支援と調査を行う」ことは共有されていた。立川団地への初期の認識は「被災者を受け入れている団地」であって，その自治会の取り組みが全国的に知られているという認識はほとんどなかった。本当に立川団地に入ることができるのか，どのようなかかわりが可能なのかも未知数であった。

当初，新原からは湘南プロジェクトの経験や初期シカゴ学派都市社会学の共同研究など，大枠の方向性は示されたが，基本的には私を含めた大学院生が主導し，集まったメンバー間の話し合いによって，プロジェクトは進行されていった。このような「ゼミの進め方」は，二つのFLPゼミの再開／発足において院生たちがすでに経験してきたことであったし，第4節で考察するように，「新原ゼミ」が数世代をかけて築いてきた「自主運営」の伝統に基づく行動様式でもあった。新ゼミ生のなかには，当初は他の誰にとってもそうであったように，ある種の戸惑いを感じた者もあっただろうし，数回だけ参加し去っていく者もいた。しかし院生たちにとっては，ある種「慣れ親しんだ」やり方であった。週に１度集まり，初めの数回の集まりはプロジェクトの方向性や課題設定についての話し合いに費やされた。そして集まったメンバーを二つのグループに分け，ひとまずは「団地一般」「立川団地」「立川の地域史」についての文献調査を進めていくことになった。

初めの紹介者であった法学部教員を介して団地自治会と連絡をとり，5月の末に立川団地を訪問することが決まった[5]。紹介者の法学部教員と新原の他，私を含めた院生2名が学生の代表として訪問することとなった。JR立川駅から路線バスに乗っていくこともできたが，私たちはあえて多摩モノレールの駅から自衛隊基地に沿って地域を横断し，初夏の陽気で汗をかきながら歩き続けた。かつての米軍立川基地と立川飛行場の広さを体感していた。上空には防災ヘリが飛び交い，右手には砂川闘争の発端となった基地拡張予定地が広がっていた。「基地強化反対」の古びた看板。後にわかったことだが，この畑地は国有地の「自主耕作」が続けられてきた土地だった[6]。

団地への長い道程で想い起こしていたのは，5年前，湘南団地を訪れた時のことだった。2007年，学部2年生の頃のことだ。ある日の研究会の場で，新原から手書きのメモが渡された。「夏休みにできるだけ佳苗さんに付いて湘南団地を歩くとよいです」。そして新原に言われるがまま，中里佳苗（本書第6章執筆）に連絡をとり，その意味を深く考えることなく，夏の「団地祭」に参加したのだった。当時の自己認識は「日本語教室の出店を手伝うボランティア」であり，非意識的に「何かをしてあげる」側に立ち，一方でそのような態度は傲慢であると言葉の上では理解したつもりになっていた。実態としては，「もてなされていた」のは私の方であり，完全な「お客」だったのだが，そのことも，そのことの意味も，私には理解する力がなかった。そして翌2008年の「団地祭」において，私は致命的な過ちを犯すことになる。以下は中里と同じく，数年にわたって湘南団地に通っていた，鈴木鉄忠（本書第1章執筆）からのメールである。

阪口君
昨日はお疲れ様でした。

団地祭ですが，すこし以下のことを考えてください。

昨年，はじめて団地祭に来た阪口君とＷ君は，祭りというとくべつなときに訪れた，いわば「お客」でした。そのあと，いつもの営みとしての日本語教室や生活相談が毎週行われていました。いまも続いています。その流れのなかで，今年も団地祭があります。団地祭の準備やみえない関係作りは，毎週の積み重ねのなかで行われてきました。チームとして祭りに参加するなかで，自分は貢献できることは何か，できないことはなにか，お願いすることは何かなどを，子どもたちをふくめた参加者は，自ら察知し判断していくのです。

そのようなフィールドの文脈が存在するなかで，阪口君は今回また団地祭に訪れるといいますが，どのような立場で来ますか。前回はビギナーズラックもあり「お客」でした。ふだんの集会所での営みや準備のながれを知らない阪口君が，どのような貢献ができますか。「Ｍが来いと言っていた」といいますが，ひと月教室にこなければ子どもたちに顔を忘れられるという文脈があるなかで，また団地祭のときにだけ来て何ができますか。

１年も行っていないのだから，どのバスに乗ればよいのかわからないのも当然です。「土曜の団地祭なのですが，いつ頃伺えばよいでしょうか？ 手伝いから参加させていただきたく思います。」という文章の中に，自分が何かお手伝いできるし，できて当然だという判断がにじみでています。本当にそうでしょうか。「もうひとつ，バスはどこ行きのものに乗ればよいでしょうか？ １年近く行っていないので忘れてしまいました。教えていただければ幸いです」という文章のなかに，お手伝いに行ってあげるからそのナビゲーションをしてほしい，なぜなら1年も行っていないからという，ありえない言動がすけてみえます。湘南のことを大久保のことだと置き換えて考えてみてください。もし本当にフィールドの文脈というものに思いをはせているなら，フィールドのひとにたいして「お手伝いしてあげるからバスのいきかたを教えてほしい。なぜなら1年間も行ってなくて忘れたから」などというでしょうか。本来なら，お手伝いできるどころか，お荷物になることがほとんどであることを承知しつつ，それでもなお参加させて欲しいというのが筋ではないでしょうか。場所などは，湘南団地という名前を知っているのですから，ネットででも簡単に調べて自分で向かおうとするのがふつうではないでしょうか。文献を一生懸命あつめるよりも，団地へのいき方を自分で調べるほうがはるかに大切であることは，阪口君もわかるはずです。

明日は9時半ごろに湘南団地集会所に集まる予定です。Kさんや T 先生や私は，出店に必要な調理用具や鍋や段ボールを車に積んでいきます。F 君たちは鍋などを手にもって電車で来ます。9時ごろわたしは駅にむかう予定です。Kさんや F 君たちは，タピオカのレシピなどを何度も実験で作って，明日に臨むのです。阪口君はフィールドワーカーになろうとしているのですから，なおさら，もうお客様で来ることは許されません。以上のことを背負って，参加してほしいというのが私の個人的な意見です。

「団地祭」の前後に，私に対して辛抱強くメールを送りつづけてくれた鈴木と中里は，湘南団地のゲートキーパーの役割を果たしていた。そして後に理解していくことになるのだが，彼女らもまた私と同様にフィールドの「壁」に直面し，跳ね返され，その体験の意味を振り返り，プロジェクトに巻き込まれていくなかで，自身のものの見方や身体の動かし方を，痛みとともにつくり変えてきたのだった。けれども当時の私は，「なぜよいことをして怒られるのか」と考える程には愚かではなかったが，彼女たちが何に怒り，何を守ろうとし，なぜこんなにも労力を費やして言葉を発し続けるのか，理解することができなかった。

そのことの意味を少しだけ理解できるようになったのは，私自身が卒業論文と修士論文のフィールドとして，新宿・大久保での市民グループへの参与観察を続けてきたからだった[7)]。立川プロジェクトが発足する前年度の末，修士論文を書き終える頃には，私の立ち位置は参与観察者から活動の中心的な担い手へとほとんど完全に移行していた。運営会議そのものを準備したり，進行したりするなかで，フィールドワーカーとしての記録を取ることが困難になっていた。大久保でのフィールドワークにおける自身の立ち位置の変化，活動の担い手たちとの関係性の変化のなかで，自分がかつて湘南団地でどのように振る舞い，どのように眼差されていたのか，逆の立場から目撃するようになっていった。インタビューしても論文提出の報告には来ない学生たち，メンバー数人にインタビューしただけで学会誌への投稿論文を書く「プロの」研究者，市民グループ主催の「祭」当日——最も忙しい「ハレの日」——に来て特に手伝うでもなく代表者に取材を始めるジャーナリスト。彼らは「舞台裏」ではこう言われている。「インタビューうけるなら金をとれ」「発行物を買ってもらえ」「このクソ忙しい時にインタビューなんかして！あーつかれた！ビール買ってきてくれ！」。それはかつての私に向けられた言葉であった。立川団地に入っていくことは，「入り方」を間違え，それが間違いであることも理解できなかった湘南団地とのかかわりを，いまどのように振り返り実践できるのかを試されることでもあった。

(3)　はじめの「契約」

モノレールの駅から20分ほど歩き続け，昭和記念公園の入り口を越えて，ようやく立川団地に到着する[8)]。団地の建物は，パステルカラーの幾何学的な外観で，十数階建ての高層のものから，数階建てのものまで，様々なデザインだった。団地の外階段の傾斜はゆるやかで，高齢者に配慮した設計となっている。団地中央にある公園には池があり，水路が流れ，ロープを張ったアスレチックでは子どもたちが遊んでいた。こうした風景一つ一つが，1990年代の建て替え期に自治会によって勝ち取られたものであることを，その時の私たちは知らなかった。

自治会事務所は団地最奥のバス停のすぐ向かいにあり，集会室と一体になっていた。挨拶しなかに入ると，St 会長が迎えてくれた。紫のポロシャツで，とても若々しいエネルギーに満ちた雰囲気をまとっている。パソコンの前で仕事をしていた中年の女性は事務職員の Sk さん，St 会長の右腕だ。

St 会長が「被災者の方への活動について知りたいということですよね」と話しはじめると，紹介者の法学部教員が「中央大学では被災地への支援活動はしているのですが，こちらに避難してきていらっしゃる方とは接点がないので，何かできることがあれば」と答える。St 会長が「1 月までの活動状況をまとめた」資料を配布する。新原はあらためて自己紹介をして，イタリアと湘南団地での経験を話す。「インドシナ定住難民」を受け入れた団地であると聞いた St 会長は，次のように話した。

> 「ここにも外国人の方はいるんですよ。40 世帯。自治会からのお知らせは 6 ヶ国語用意していて，各国のボランティアの人たちがやってくれます。だから困ることは無いですね。ボランティアも 10 年かけて人材育成している。被災者の方に対しても，地域の人たちの支援がある。1 年 2 ヶ月経って，土地がら色んな問題が出てきていますけれど。やはり個人的な悩みですね。被災者同士のグループが出来てきて，あそことあそこはうまく付き合えないとか。だけど物資もそろったし，困ることは無いですね。生活に必要なものは全て揃っています。」　（2012 年 5 月 24 日：阪口の日誌）

St 会長が「困ることはない」ときっぱりと言ったのは，《私たちは外に頼らず，自分たちの力でやってきました。あなたたちが突然やってきて出来ることなどありません》というメッセージだと感じられた。新原はこれまでの経験を開示することによって，立川団地との接点や入口を探っていた。St さんの応答は，「外国人」であれ「被災者」であれ，「支援」という関係性の在り方は，「入口」とはならないということだった。「団地自治会の成功例」として注目を集め，研究者やジャーナリストの訪問，行政関係者の視察，講演会依頼などを受け続けてきたSt会長は，団地のスポークスマンであると同時に，ゲートキーパーの役割を果たしていた。用意されていた「活動状況」の資料は，ある程度「パッケージ化」された情報ということだろう。それがはじめに手渡された意味は，《ただ情報が欲しいだけならこれを持ってお帰りください》ということになる。

さらにSt会長は，手作りの復興支援グッズの商品化，近隣の畑を借りての農作業，海産物の販売など，「被災者の自立」にむけた活動について，次々に紹介してくれた。さらに立川で生活再建を試みる被災者たちに仕事を紹介するためのNPO法人を立ち上げる計画だという。新原が「まさに社会的企業ですね。大学でそういうことをやりたい学生が集まって，4月から学習を始めています。ここで勉強させて頂いて，一緒にやらせて頂ければ……」と話すと，St会長は次のように答えた。

「ここはいいところですよ。良くしたいと思っています。前に本を作ったんですけど，これ先生にさしあげますよ。私は楽しんでやっています。事務所があるということが良いですよね。携帯電話を使って24時間対応でやっています。今度，運動会があるんですけどね。1400人くらい参加して，お弁当を無料で配布するから，皆さん楽しみに来るみたいですね。2tトラック2台でお弁当を運んでくるんですよ。そこでマーケットを開くんです。復興手づくりコーナーをつくって。6月3日です。これはすごくたくさん人が集まりますから，ぜひ見に来てください」

（2012年5月24日：阪口の日誌）

新原の「一緒にやらせて頂ければ」という申し出に対して，St会長はすぐに話を逸らした。これもまた，《すぐに「一緒にやる」という関係にはならない》という応答だったのだろう。しかし「運動会」の件は，《興味があるのなら，まずは見学に来るとよい》というメッセージであると感じられた。これに対して私は当時，次のようなメモを残している。

> まずはここから始めるしかない。「お客」は，イベントという“ハレ”の日に訪れるしかないのだが，その水面化にある“ケ”と“ケガレ”の汗かき仕事を想像することが必須の条件となる。伺う場合は「ただ乗り」とならないように気をつけること／しかし同時に過剰に「お手伝い」しようして場を壊さないこと。いずれも私が湘南団地でした失敗であり，大久保では逆の側から「調査者」たちの姿を見てきた。　（2012 年 5 月 24 日：阪口の日誌）

新原の申し出は，《私たちはただ被災者支援活動や自治会活動の情報を集めようとしているわけではなく，学生教育のフィールドとして立川団地と長期的なかかわり方を模索したい》というメッセージだった。これに対して St 会長は，最初の「運動会の見学」という「入口」を示したのだった。St 会長と新原との「交渉」を見ていた私たち院生も，そのことの意味はよく理解していた。緊張が少し薄れ，私たちも会話に加わり，自治会事務所まで歩いてくるなかで見てきた小学校の小規模な水田や，被災者と共に耕している畑，3 月にやるという花見の話などを伺う。

そして不意に，S 会長が切り出した。「……それで，お手伝いして頂けるのはありがたいんですが，どんなことをされたいんですか？」

> 新原「いえ，それはもうどんなことでもさせて頂きます。私はイタリアの地域では 25 年，湘南団地でも 10 年かかわり続けてきました。今は子どもも生まれ，なかなか通えなくなっていますが，一緒にかかわった学生は，全部ではありませんが，何人かはその後も通い続けています。ここは中央からはモノレール 1 本で来れる場所ですから，中央の学生たちもきっと同じようになっていくと思います。」
>
> St 会長「八王子や日野，多摩には大学があって，他の地域の方と話していると学生がやってくるみたいなんですけど，立川には大学は無いので。

若い人たちの動いている姿が，高齢者に元気を与えるんですよ。ここでは70代が一番元気ですね。(…) あとは，人が大勢いるときに必要ですね，11月の防災ウォークラリー大会とか。これはすごいから。「運動会」では皆で一緒にお弁当食べるんですよ。抽選会もあります。1等は自転車で，これは地元の自転車屋さんから買っているんです。近隣の農家の方とも付き合いがあります。半端モノでいいからと言って，余った野菜を持ってきてもらって食料として配りました。地域の人たちはとても温かいですよ。」

新原「ここまでお話を伺ってきて，これは褒め言葉で，イタリアのレジスタンスの女性などに言われていた言葉ですが，まさに『大砲のような女』ですね。実践する力があり，しかし夢を持つ力も持っていて，そうでなければ人はついてこないですから。」

St会長「褒められたんだか (笑)『ひとおこし』ですよ。人をつなげることです。無縁から地縁へ，ということを考えています。この団地にも，高齢者の棟があるんですよ。シルバーピアの人たちは役員やりたくないって言うんですが，そうじゃなくて，回覧板配ってもらうだけでも助かるんですよって。自治会のために役立つことの喜びが，自分を生きる土台になるんです。元気で動いていることを感謝しなさいって言うんですよ。自分を褒めてあげること。高齢者は褒めるほど働きますよ。人に合った言葉をかけることです。まずは名前を覚えることです。そしてその人の特徴を見る。」

新原「私はもうこれが最後にかかわる土地だと思っています。定年まであと20年，かかわり続けるつもりでいます。もしここにいる学生を見て，ダメだと判断されたら諦めますが。」

St会長「ダメな人はいません。学生にはたくさん体験してもらいたいですね。そのなかで，違うものが見えてくるようになる。それを引き出すのは先生たち，親たちですよ。(…) 私も，人との付き合いができる人を育てたいと思ってやってきました。」(2012年5月24日：阪口の日誌)

この時，St 会長が新原や私たち院生との間で見つけ出した接点は「教育＝ひとおこし」であった。確かにその後 2018 年の現在に至るまで，立川プロジェクトにおいて立川団地は，学生たちが大学の外に出て地域社会の現実を体験し，現場での人間関係の築き方を学ぶためのフィールドであり続けてきた。

ただしこれは一つのきっかけであって，単線的にこうした関係性が生まれたわけではない。その後数年間のかかわりのなかで理解したことだが，自治会主催行事の「見学」は，「視察」や「調査」に来る他大学のゼミや学生たちにも用意された，立川自治会（という以上に St 会長の）訪問者に対する「対応の仕方」であった。しかしこうした「定型化した」関係性が少しだけ揺れ動いていくきっかけが，確かにこのやりとりのなかに込められていた。そしてその後の 1 年間のかかわりのなかで，立川団地と立川プロジェクトとの関係性は，独自のものへと発展していくことになる。

3．はじめの 1 年間――三つの年中行事

(1)　運動会――関係性の揺らぎ

立川団地から帰ってすぐに，私たちはプロジェクトの集まりで団地訪問についての報告を行った。私の用意した配布資料には，次のように書かれている。

- St さんを中心として，自分たちの力で自治を行ってきた場所。「学ばせてもらう」という姿勢は大前提である。
- St さんが話してくださった，大学と地域とのかかわり，「学生にはたくさん体験していただきたい」は，あくまで可能性として示してくださったこと（正解ではない）。
- よく観ること。察すること。相手のリズムや込められた意味を注意深く理解しようとしないと危険だ，ということを理解すること。⇒その行為がどのような構造的な意味をもつか？

- 「運動会」という“ハレ”の日だけを切りとらないこと。その背後にどれだけの労苦と汗かき仕事があるのか想像すること。⇒その場がいかなる歴史的な流れのなかにあるか？

（「立川団地訪問報告」2012年5月30日より）

ここには明らかに，湘南団地と新宿・大久保での自身の「手痛い」経験を伝承しようという意図が感じられる。「何かをしてあげる」「その権利と能力が自分にはある」という根深い心的態度がいかに暴力的か，構造と歴史への展望を欠く「いまここ」への近視眼がいかに破壊的か，ということである。立川プロジェクトにかかわるそれぞれの学生には，特定の権威者が設定した枠組に盲目的に適応するのではなく，「なぜ立川団地に行くのか」を自分の頭で考え，自分の言葉で語ることが求められていた。実際にはそれほど簡単ではないとしても，である。

2012年6月の「運動会」には，新原の他，私を含めた院生4名，学部ゼミおよびFLPゼミの学部生6名が参加した[9)]。10時頃に会場である小学校に到着すると，すでに競技が始まっていた。トラックの両側には4戸ずつテントが並んでおり，校舎側が本部になっていて緑色のスタッフTシャツを着た「協力員」が数十人いた。Stさんをはじめ自治会幹部たちは黒色のTシャツで一目でわかる。反対側のテントには，棟ごとに組み分けされた赤，青，黄，白の旗が備え付けられており，数百人の観客たちが応援していた。幼児から高齢者まで，幅広い年齢層の人たちが一同に介していた。様々な競技があり，子どもからお年寄り，車椅子の子どもたちも何かの競技には出場できるよう工夫がなされていた。

St会長に挨拶すると，すぐに「運動会」の「用具係」を担当していたSmさんという中年の男性を呼び，彼の指示にしたがうようにと言われる。Smさんは過去12回の「運動会」すべてに「協力員」として参加し，協議に必要な用具を準備する仕事を担当してきたという。「はじめはなかなか大変でしたよ。時間もだいぶ押してしまって。だけど12回もやるとさすがにやり方もわかってきて，だいぶスムーズになりますよ。経験が蓄積されてきますからね。今日も少し早めに進行しているくらいです」。

Sm さんと St 会長との間では，すでに私たち学生の「お手伝い」の件で相談がなされていたようであった。Sm さんが早速，私たちの仕事の割り振りと説明をしてくれる。緑 T シャツの中年男性たちが用具を運ぼうとするのを，Sm さんがわざわざ止めて，「大学生の方にお手伝いしてもらいますから」と伝えた。同様の場面が何回もあり，あらためて私たちが《「お手伝い」をさせてもらうというサービス》を受けていることが感じられた。同時に，急に当日やってきた人間を組み込み動かせるだけのノウハウの蓄積があることがわかる。そして Sm さんのようなリーダー層が，各係に配置されている。

私たちが用具を運んだ先には，やはり緑 T シャツを着た小学校高学年から中学生くらいの「ジュニアリーダー」たち（地区子ども会出身の中高生グループ）が十数人いて，競技の進行役を務めていた。彼らに挨拶をして，「わからないことがあったら教えてください」とお願いする。「ジュニアリーダー」指導者の男性 Ns さんが「いやいや！そんなことないっすよ！」と答える。子どもたちは楽しみながら「協力員」の業務をしていた。スターターのピストルを持った女の子が男の子を脅してげらげら笑っていた。十代の若者たちにとっても，交流と活躍の場となっている。本部から，私たち中央大学の学生を紹介する放送が流れる。観客席から拍手を頂いたので，手を振ってお辞儀をして挨拶する。

各棟から選出される「協力員」には高齢の方の姿も多い。用具係の男性が，「こりゃダメだぁ」と言いながら，からまった竿をゆっくりと解いていた。各々が活躍の場を与えられ，ささやかな参加の経験を積み重ねていくことに，この「運動会」の一つの意味があった。そこでは「速さ」や「効率」はほとんど意味を持たない。

すべての競技と表彰式が終了すると，すぐさま撤収作業が始められたが，自治会幹部と数十名の「協力員」総出で行ったのであっという間に終わる。その後は集会室にて「反省会」となる。私たちも声をかけられ参加することになる。集会室では子育て支援団体 M の女性たちが宴会の準備を進めていた。キュウリとカブの漬物は手作りだという。「冊」の字のように机が配置され，上座に St

会長をはじめ，黒Tシャツの自治会幹部たちが，部屋の奥側に私たち中大生たちが，真ん中から入り口に緑Tシャツのスタッフたちが，そして入り口の窓際に団体Mの女性たちが座った。St会長によれば，この「反省会」の後，2次会，3次会，4次会と，宴会が夜中まで続くという。後にSt会長は「いつもより多くの人が反省会に来てくれた」と言っていた。この「反省会」は，ある側面においては「接待の場」であり，とりわけ当日ボランティアの「協力員」たちを労い，《来年もまた一緒にやりましょう》というメッセージを送る空間であった。自分たちの「労い」は「2次会」「3次会」となる。「舞台裏」の多層構造が「運動会」という「ハレの舞台」を支えている。

宴会の途中で，一人一言ずつ反省を述べることになる。晴れて良かったこと，細かな反省はあるが怪我人や大きなトラブルがなくて良かったこと，また来年も参加したい，などの言葉が聞かれた。「晴れ男か晴れ女か」と誰かが言ったところで，すかさず「それは女だろ！」と男衆からツッコミが入り，笑いが起こる。St会長が強力な「晴れ女」であるという逸話を，複数の人から，繰り返し聞いた。

「中大生」からも挨拶することになり，私は，今日の「運動会」を通じて理解した水面下の準備作業についての理解を述べた。「お手伝い」させて頂いていること，そのような場をつくった方々がいることへの理解を伝えたいと思ったのだ。そしてご迷惑でなければ，これからもそうした準備から「お手伝い」させていただきたい，と話した。

新原もまた，今日この場で理解した三つの事柄を述べた。①女性が強いということ，細やかな配慮があるということ。②それを見ている子どもたちが育っていくということ。③学生たちもここで丁稚奉公して学ばせたいということ。話すたびに，会場からは笑い声が起こる。「よく見てますね～！」と自治会幹部の男性は嬉しそうに声を上げる。挨拶のあと，St会長や，団体Mの女性たちが新原のもとを訪れ，8月の「夏まつり」にも参加するように話していた。幹部の男性は，当日の屋台の出店もできると話す。「電気は屋台に通すし，ガスも言ってくれれば出す。たとえば焼きそばがやりたければ鉄板も貸せるから，どういうのがいいか考えてみてくれ」。「夏まつり」で踊る「よさこいソーラン」の練習会にも誘われる。以前，他大学の学生も参加したことがあるというが，継続的な繋がりとはならなかったようである。

この日の「反省会」の途中までは，私たち学生が今後どのようなかかわり方をしようとしているのか，お互いの距離が測られ続けていた。私たちの一つ一つの動きが見られていた。「よい勉強になれば幸いです」「懲りずにまた来て下さい」と声をかけてくれる人たちがいた。その声を捉えた新原が「丁稚奉公させてください」「定年まで20年通ってくる」と応答したことで，St会長が「入口」として用意した「運動会の見学者」という関係性が少しずつ揺れ動きはじめた。

(2)　夏まつり――もう一つの「契約」

2012年8月の「夏まつり」には，新原のスケジュールの都合上，院生チームと学部生だけで参加することになっていた。そしてこの年の「夏まつり」以降，今日に至るまで，団地自治会との連絡や調整はすべて学生が行っている。4月に立川プロジェクトが発足し，5月に団地に初訪問したことを考えれば，極めて速い段階での「離陸」であった。これを可能とした要因は大きく二つある。

第1に，団地自治会そのものが，St会長の体制となって10年以上が経過し成熟期を迎えていたこと。とりわけ私たちが参加する自治会主催行事は恒例行事となり，「協力員」たちの中からは「運動会」で私たちを案内してくれたSmさんを含めたリーダー層が成長し，その役割分担はインフォーマルな制度を形成していた。そこに私たちのような「新参者」を組み込むことは容易であったのだ。噴出する地域問題を発見し，それを解決するための制度そのものをゼロから構築しなければならなかった湘南プロジェクトとは，全く異なる先行条件がそこにあった。

第2に，立川プロジェクト側もまた，それ自体は新規プロジェクトとはいえ，基盤となる「新原ゼミ」そのものが成熟期を迎えていた。確かに大学院ゼミと文学部ゼミの他に二つのFLPゼミが立ち上がり，ゼミ間の交流や調整を模索している時期ではあったが，プロジェクト運営を担った複数の院生たちにはゼミ運営とフィールドワークの経験知があった。彼／彼女らはフィールドで何をやってはいけないか，フィールドでの経験をどのように記録し振り返るのかについて，自身の「手痛い」経験から学び，それを伝承していった。６月の「運動会」の後にも，そしてこの後の二つの行事の後も，参加者たちはフィールドノーツを書き，共有し，団地自治会の構造的な理解と自分たちの一つ一つの行為，目撃した出来事の意味について，繰り返し振り返りを行った。参加・記録・振り返りが，初期立川プロジェクトのほとんど全てであった。つまり「新原ゼミ」の規範と行動様式を複数の人間が身につけ，伝承するための仕組み――これもまたインフォーマルな制度である――が存在していたのである。

こうした二つの集団の持つ相似的な条件によって，立川団地と立川プロジェクトは，当初からコンフリクトよりも協働を基調とした関係性となった。ただし当然ながら，その具体的内容は，個別の行事参加を通じて模索していく必要があった。

さて，「運動会」の「反省会」にて，「夏まつり」での「屋台出店」という提案もあったが，立川団地の「夏まつり」そのものを見たことのない私たちには現実的に難しいと考えたため，７月下旬にその旨を St 会長に電話相談した。ひとまず８月上旬の出店者説明会に来るように言われ，私を含めた院生３名，学部生２名で参加することになった[10]。会場となった集会室には数十名の出席者。出店者は立川団地住民に限らず，地区子ども会，交通少年団，少年野球チーム，被災者支援団体など様々。「運動会」に比べて，参加者の地理的・組織的な範囲が拡大するのが「夏まつり」の特徴である。つまり「夏まつり」という自治会行事は，自治会というアソシエーションの領域に包摂されないのであり，それゆえ私たちが独自の「仕事」を持つ余地が存在したのだ。

> 会計の Sk さんに「何やるか決めた？今日中に決めてね，会報に載せるから」と言われたため，すぐに St 会長の下へ向かい，「実は当日来られるのが６人ほどでして，今年は初めてでもありますし，屋台を出店するのは難

しいかと思っています」と伝える。「6人じゃ難しいね」とSt会長。「できれば前回の「運動会」の時のように，当日の設営や撤収などのお手伝いをさせて頂けたらと思っています」と伝える。「そうですか，それならありがたいです」とSt会長。このような展開を既に見越していた様子であり，ここが今回の落としどころであった。「それじゃ，今日は出店者説明会だけど，どんなものか見ていってください。終わってから少し話しましょう」とSt会長。幹部のHsさんに「中央大学は出店しないって。後で挨拶だけしてもらいましょう」と伝えてくれる。

(…)

説明会終了後，Hsさんに呼ばれ，当日の流れについて説明を受ける。「朝9時から設営，テント建て，櫓とお神輿の飾りつけ。15時半から子ども神輿が出るので，ここで手伝いをお願いしたい。一緒にまわってもらう。それから，リヤカーの荷台にパイプ棚を置いて，簾をかけて山車をつくり，子どもたちが好きそうな物をつけるというのを，やってみてはどうか。実費になってしまうが，飾りつけできるようなものを自分たちで用意できるのであれば，やってみることはできる。これは会長のアイディア。」
手づくりで山車をつくる件について，イメージがわからなかったので，さらに話を伺う。図を描いて説明してくださる。「1600mmくらいの棚に，すだれをつける。長さ900mm，幅が600mm。4年前くらいまではやってたんだけど，その後できなくなった。子ども神輿に来るのは20～30人くらい。子どもたちに上げる物は，用意できる分だけでもいい。」
どうしようか，と顔を見合わせる。院生のHさんは「当日やればできる」と言う。Iさんは子どもの数などを確認する。Hsさんが簾の現物があるというので，お願いして見せて頂くことにする。「簾はどれもサイズ一緒でしょ」とHさん。私は「見せてもらえるのなら確認した方がいい。どうする？ものすごいクオリティだったら。当日で間に合わないものだったら」と話す。フィールドで一度引き受けると言ったら責任をもってやり抜くしかない。夏まつりに参加するのは初めてなので，自分たちのイメージと相手のイメージを可能なかぎり刷り合わせておく必要がある。(…)
Hs さんに，当日は男手は何人くらい？と聞かれる。「僕とあと一人です」と答えると，「できればもう 2，3 人いると助かるんだけど，自転車の整理とかお願いしたい」と Hs さん。St 会長が用意してくださった「仕事」である山車の飾りつけとは異なり，こちらの「男手」は本当に必要な様子だった。「わかりました。もう少し声をかけてみます」と伝える。
倉庫のなかの簾を出して頂く。青色に塗装されていたが，規格サイズのよく見かけるものだった。St 会長のアイディアにより，飾り付けるものだけ事前に用意しておいて，当日，子どもたちと飾りつけることになる。Sk さんに，かかった費用はすべて予算計上するように言われる。

(…)

皆さんに御礼を言って，集会室を後にする。バスに乗って立川へ帰り，北口のジョナサンで夕食をとり，今日のまとめと今後の打ち合わせをする。「男手」については，ゼミのメーリングリストで告知しつつ，各ゼミで「一本釣り」してもらうことにする。また山車の飾りつけと景品を予算計上するかについても話し合う。予算計上は理念としては，特定の人へ見えない負担が集中するのを防ぎ，祭が持続可能となるために必要な手続である。その一方で，現実には様々な「持ち出し」が存在し，とりわけ「復興支援」がテーマである今年度の祭では，物品の提供や売り上げの寄付などが行なわれており，こちらの文脈でも何か出来ることを探したいと考えていた。

（2012 年 8 月 3 日：阪口の日誌）

St 会長は私たちが「屋台出店」できないことを見越しており，「ジュニアリーダー」たちの役目でもあった「子ども神輿」の付添と，「手作りの山車」の準備という「仕事」を準備してくれていた。その一方で，この年初めて「夏まつり」に参加することになり，また「お客」「見学者」としての関係性を作り変えていく途上にあった私たちは，その「仕事」を本当に受け持つことができるのか，どのようなスケジュールでやるのか，経費をどうするのか，一つ一つ丁寧に検討する必要があった。新原という権威ある指導者が不在のなかで，フィールドワークの経験を相対的に多く積んでいた一部の院生を中心としつつも，学生たち自身の手で自治会と相談・交渉し，自分たちの責任において判断し，行動するという経験は，初期立川プロジェクトにとって貴重な学びの機会となっていた。

「夏まつり」当日は，朝9時から「協力員」の人たちとともに設営作業を行った[11]。指揮をとるのはHsさんだ。団地内に点在する各集会室倉庫から軽トラックで資材を運びだし，屋台のためのテントを立ち上げていく。ほとんどの「協力員」がテントを建てるのは初めてで，すでに何度か経験したことのある「協力員」や自治会幹部たちの説明にそってテントを建てていく。こうして各棟から集まった「協力員」たちは，テントの建て方を学んでいき，来年は教える側にまわることになる。その中から，リーダー層が育っていく。

設営作業後は，山車づくりをはじめる。山車といっても，紅白幕で覆われたリヤカーの荷台にステンレスラックを設置し，4面に装飾した簾をかけたもの。そこに子ども向けの景品をつけていく。神輿と山車に参加した子どもたちへの「ご褒美」である。

この日の子ども神輿と山車に参加したのは，小学校低学年を中心とした子どもたち40人ほど。団地内にある小学校だけでなく，近隣の小学校からも来ていたようだった。山車づくりを手伝ってくれた，よく気がつくK君をはじめ，何人かの「ジュニアリーダー」の少年少女が子ども神輿に付き添う。指導者のNsさん，「協力員」の男性たちも付き添っていた。「ジュニアリーダー」たちは，よく子どもたちの体調を気遣い，声をかけ励ましていた。K君は先に立って，車止めを外したりゴミを拾ったりと，子ども神輿の経路の確保に奔走していた。疲れた子どもたちがしだいに下がってきてしまい，リヤカーに近づきすぎると危険なので，少しずつ前に詰めるよう声をかける。私たちの意図を察して，高学年の女の子が小さな子に声をかけ前に詰めてくれる。「協力員」の大人たちが，設営作業や各係の仕事を伝承していくのと同様に，子どもたちもまた，子ども会シニアクラスの「ジュニアリーダー」たちの背中を見て，育っていく。

そして神輿の進行と誘導においては「初心者」である私たちもまた，K君たちの奔走から学ぶのだ。

子ども神輿と山車が終わると，盆踊りが本番を迎える。櫓の周りには，団地内の「盆踊りサークル」の女性たちが浴衣姿で輪をつくる。踊りの練習会に参加した私たちも連れられて，衣装を着てぶっつけで「よさこいソーラン」を2度も踊った。21時には「まつり」は終了し，明日の撤収準備だけして解散となる。子育て支援団体Mの女性たちに，余ったビールをもらう。St会長がフランクフルトを差し入れてくれる。「明日は存分に飲ませてやるからな」とHsさんが笑う。

翌日もまた朝9時に集合して撤収作業を行い，「運動会」と同様，集会室にて「反省会」という名の慰労会が開かれた[12)]。「夏まつり」においてはじめて私たちは，事前会議から設営，撤収までの一連の流れを，「協力員」の人たちと同様に経験したこととなった。団地自治会と立川プロジェクトとのかかわりを巡って，このことの持つ意味は大きかった。そしてこの日の「反省会」において，今後数年間に渡る両者の協力関係が取り結ばれた。

> Hsさんが，「じゃ中央さんは」と声をかけてくださる。私が立って，「皆さん本当におつかれさまでした。ありがとうございました」と挨拶する。「初めましての方もいらっしゃると思いますので，まず自己紹介させてください。私たちここにいる7人と，昨日のもう一人が，中央大学の学生です。色々な学部の人が集まって，地域や地域活動について勉強している有志のグループです。この立川団地自治会は全国的に知られる自治会となっていて，はじめはSt会長にお話を伺いにきたことがきっかけでした。6月の「運動会」にもお手伝いとして参加させていただいて，今回は当日だけでなく，説明会や踊りの練習会といった裏側の仕事も見せて頂いて，大変勉強になりました。ありがとうございました。当日は，設営と撤収作業，子ども神輿と山車，ソーラン節に参加しました。そのなかから子ども神輿と山車について，いくつか反省点を私たちで話し合いましたので，お伝えした

いと思います」。Sk さんが大きく頷かれながら，反省点についてメモを取りはじめたのが見えた。

続いて H さんが立ち，ジュニアリーダーをはじめ皆さんのおかげで無事に終えられたことを伝えたうえで，先ほど皆でまとめた三つの反省点について伝えてくれた。そして最後に，11 月の防災ウォークラリーと来年の夏まつりについても，ぜひ準備から参加させていただきたいとお願いを伝えた。St 会長がそれに答える。「若い人がいるとそれだけで皆さん若返りますからね。若い世代をどう巻き込んでいくのか，これはどの自治会にとっても課題です。だからこそ，大学との連携ということが今後ますます必要になっていくと思います。どうぞよろしくお願いいたします。ぜひ 11 月の防災ウォークラリーにも参加して頂きたいと思います」。会場から拍手を頂き，私たちもお辞儀する。（2012 年 8 月 19 日：阪口の日誌）

私たちが「反省点」を述べたのは，前回の「運動会」の「反省会」において「協力員」の人たちが，自身の担当した仕事について率直に問題点を指摘し，改善案を議論してたのを目にしていたからだった。各々の小さな気づきを持ち寄って，次年度への申し送りをつくっていく。これは行事運営の一連の仕事にかかわり，《私たちはもちろん団地の住民ではないけれど，行事に参加する上では「協力員」と同様に責任を持ってかかわっていきます》というメッセージであった。St 会長はそれに応答し，「若い世代」の存在の重要性を話した。この認識は自治会幹部たちにも共有されていた。

Hs さんもいらして，今後の自治会活動と中大との協力についてお話くださった。「さっきの反省会の時にも出ていたけど，若い人をどう呼ぶかはずっと課題で。だけど若い人向けの曲をやったら今度はお年寄りは来ないんだよ。これまでのやり方を変えていきたいという思いはずっと持っていて，だから 4 年前，文化部長になった時にお神輿を作った。買えばいいんだけどね，高いけど。だけど自分たちの手で作りたかった。それを担ぐ人たちが出てくればいいなと思って作ったんだ。高齢者と子どもだけでなく，真ん中の代を繋ぎたい。だから中央大学さんにも，もっと意見を出してもらって。4月からやってきて，これでもう1年付き合ったので，だいたいわかったと思います。1年の行事は，4月の2週目に決まるので，事務所に連絡して日程のメモをもらうようにしてください。それでこういうことがやれるんじゃないか，こういうことがやりたい，というのをFAXでもいいのでどんどん提案してください。もう末永くお付き合いしていくということで，いいよね会長？」。

St会長が「もちろんです！ただ私は来年は会長じゃないですけどね。もう期限を決めましたから」と言う。私たちも「こちらこそ，ぜひよろしくお願いします」と頭を下げる。

Hsさんが続ける。「若い人と高齢者を繋いでいきたい。会長がずっと作ってきてくれたものを生かしていきたい。だから末永くお付き合いして頂きたい。会長も来年までで引退ということで最後通牒したし。残った連中でやっていくしかないんだよ。だから中央大学さんも，後輩に伝えていってもらって，人数を増やしてどんどん自分たちから意見をもらいたい。」

（2012年8月19日：阪口の日誌）

公営住宅という制度的背景によって高齢者が多い人口構成であることに加えて，そもそも自治会活動への若者の参加が少ないことによって，自治会行事の運営において「若い世代」は欠けた要素となっていた。高齢者と子どもの「真ん中の世代をつなぐ」ことが，Hsさんの願望だった。私たちの存在がその間隙を補うものだったことが，行事運営において立川プロジェクトの急速な組み込みを進めた構造的な要因だった。

さらにより固有の要因としては，St会長が代替わりを公言し，10年以上に渡って継続してきた体制が変化の時を迎えていたことがあげられる。実際にはさらに2年，Stさんは会長を続けるのだが，新体制への移行は間もなくであった。St会長を中心に作り出された自治会行事を安定的に運営し，発展させていくための新しい要素が必要とされていた。自治会組織の変動期という時機もまた，立川プロジェクトの制度的な組み込みを進めた要因となった。

帰りがけにHsさんが「リーダーは，来年もいるのか？」と言った。私は「います。大学院なので，あと2年はいます」と答える。「よかった，じゃあ来年もよろしく頼むな，後輩にも伝えてくれな」。私たちもまた「残った連中でやっていくしかない」のだ。規模も組織化の程度も異なるが，代替わりし人が入れ替わっていく二つの集団の間での協業。これはSt会長と新原によって結ばれた「教育＝ひとおこし」とは異なる，もう一つの「契約」であった。

(3)　防災ウォークラリー――急速な制度化と組み込み

2012年11月の「防災ウォークラリー」は，団地内の明示的な「防災訓練」の一環ということもあり，「運動会」や「夏まつり」に比べて，参加者の地域的な範囲が最も狭い年中行事である[13]。曲がり角のみ示された「コマ図」を元に，団地内の決められたコースを巡り，チェックポイントで課題をこなし，ゴールまでのタイムを計測するというもの。「火災の原因のNo.1」「災害時のエレベータ使用」などの実践的なクイズも含まれている。あらかじめ設定された「隠しタイム」に最も近いチームが優勝となる。「協力員」たちは，半分に切断されたドラム缶製の竈で焼き芋をつくるのだが，これが災害時の「炊き出し」の練習となる。立川プロジェクトの学生たちは，これまでと同様に設営・撤収作業を行い，チェックポイントの輪投げゲームなどを担当した。

「防災ウォークラリー」に参加したことで，私たちは立川団地の年中行事である三つの行事すべてにかかわったことになった。「反省会」の場では，初めて「中大生として」ではなく「担当ごとに」気づいたことを話すよう求められた。さらにこの日から，行事への参加に際して，自治会から一人あたり1000円の交通費が支給されることになった。これらは立川プロジェクトの自治会行事運営への組み込みを象徴する出来事であった。

Hsさんにも挨拶に伺う。お礼を伝え，「今後もぜひ持続的にお付き合いさせて頂きたいです。私たちの方も，私が卒業した後も，世代が入れ替わって後輩が活動を続けていけるように考えています」と伝える。

Hs さん「4月下旬の第3週に総会があるから，そこで新体制が決まって，来季の行事を決めるので，そうしたら先生がいいかな，先生に連絡してもらって，予定をお伝えするんで。はじめは6月の第1週目が運動会なんですよ。何人来ますと連絡してもらえれば，運動会はとくに人が欲しいんですよ。夏まつりは2日かけて設営と撤収するけど，運動会は1日でやんないといけないから。6時半に集合してテント建てるからね。若い人が欲しいんですよ。怪我するから，なるべくジイさんたちにはやらせたくないんですよ。夏まつりも，今回やったみたいなお神輿とか，やりたいんであれば出来るから。多いなりに来てもらえれば，15人でも20人でも，早めに言ってもらえれば配置もできるんで。だいたい10日前に最終ミーティングなんで，それまでに決めて，代表が会議に来るとありがたいね。連絡をくれるとありがたい。これは担当三役に連絡してください。何名行けますから，と。早めの段どりで，何人いけるって言ってもらえれば」。

私は「わかりました。さっき Se さんから，毎回の準備のための部会に張りついたらどうかってお話頂いて，やれる学生がいると思いますので，その時には連絡させて頂ければ」と伝える。Hs さんは「やれるんなら，やってくれ。それが一番いい」と言った。中締めの後，となりに座っていた Se さんと，また話す。再び，「運動会」の前の体育部会に張りついてはどうかという話になったので，学部生の T さんと H くんを呼び，一緒に話を聴いてもらう。6月の「運動会」の当日の手伝い，5月の最終説明会（協力員），その前に部会（自治会役員），全部で3回ある。会が2回で本番1回。Hs さんが，「総会とかに来てもらうこともできるから。いま St 会長も話してたけど，12月7日には役員会があるし，定例会にも来てもらえたら。事務局の方へ連絡してください」と言った。

（2012年11月11日：阪口の日誌）

Hs さんとのやりとりは，8 月の「夏まつり」後の「反省会」での話し合いを再確認する意味があった。1 年間のサイクルを終え，次年度への関係性を継続していくことを確認しあった。そしてこの日，自治会幹部の Se さんとの会話を通じて，行事運営の準備段階での「部会」参加への道が開かれた。そして同時に Hs さんからは，「自治会定例会」の傍聴が許された。「定例会」は団地各棟の代表が集まり，日常の問題共有と解決について議論する場であり，これによって立川プロジェクトは，団地自治会の日常的な活動へもアクセス可能となった。そしてこの年の 12 月以降，現在に至るまで，毎回の「定例会」に代表者を送り続けてきた。

2012 年 4 月に立川プロジェクトが発足し，5 月の訪問以来，三つの自治会行事への参加を通じて，団地自治会との関係性は「お客」「見学者」から運営の「担い手」の一員へと，極めて短期間に変化していった。立川プロジェクトの学生たちは，集合的に記録をとり，フィールドノーツを執筆し，その知見を共有し，振り返るという一連の共同研究のプロセスを継続してきた。団地自治会が代替わりを進めつつあったのと同じように，私たちもまた，「新原ゼミ」を基盤としてリクルートと組織づくりを進め，フィールドワークの経験と知見を伝承してきた。その結果として，翌年以降，行事運営に関してはベテラン「協力員」と同等の知識を持つようになり，運営において不可欠な役割を担う状況も生まれていった。こうした状況については，持続可能な行事運営という観点から望ましいかかわり方なのか，私たち自身も繰り返し議論を行ってきたし，自治会役員や「協力員」からも問題提起もなされてきたのだが，その後の立川プロジェクトの展開については，稿を改めたい。これはいずれ別の書き手によって書かれるはずである。

ここでは，はじめの 1 年間で結ばれた，St 会長や Hs さんとの「契約」の延長線上で，立川プロジェクトは極めて迅速に立川団地の行事運営に制度的に組み込まれていったことのみ，再確認しておきたい。冒頭のエピソードで記述したように，この 3 年後には，「中大生が来た頃」はすでに一つの歴史となっていたのだ。それを可能としたのは，St 体制の成熟期から変動期へと向かう立川団地自治会の固有の条件と，立川プロジェクトの自主運営を可能とした「新原ゼミ」の規範と行動様式の伝承の仕組みにあったと考えられるが，本節では，このうち後者の具体的内容については考察を行ってこなかった。次節では立川プロジェクト発足以前に歴史を戻し，立川プロジェクトの基盤となった「新原ゼミ」そのものを探究のフィールドとしたい。

4．もう一つのプロジェクト ——中央大学「新原ゼミ」の民族誌

(1)　フィールドワークを範型とした規範と行動様式 ——「新原ゼミ」とは何か（その1）

現在の「新原ゼミ」を構成するのは，すでに述べたように，制度的には文学部ゼミ，文学研究科の大学院ゼミ，FLP国際協力プログラム，FLP地域・公共マネジメントプログラムという四つのゼミである。さらにはプロの研究者や現場実践者，編集者などを含めた「研究会」のネットワーク，卒業生たちが継続的に参加するメーリングリスト，そして本稿の主題である立川プロジェクトといった，非制度的な広がりを持ち，これらの総体が「新原ゼミ」を構成している。

しかし当然のことながら，中央大学に新原が赴任し2003年に学部ゼミが立ち上がった当初から，これらの要素が初めから全て揃っていたわけではないし，その諸要素の連関は固定的なものでもない。たとえば大学院生が極端に少なかった時期には，大学院ゼミは独自開催されず学部ゼミ等への乗り入れが行われたり，プロレベルの研究会に組み込まれた。あるいは現在行われている4ゼミ合同合宿などは，FLPゼミが発足した当初はゼミ生間の交流が少なかったために相互に警戒心を持ち，「ゼミの独自性が失われるのではないか」と，「合同」そのものの是非を問う議論が繰り返されていた。いかなる社会集団もそうであるように，「新原ゼミ」もまた，制度上のメンバーシップに完全に包摂されるわけでも，その構成要素の連関が整合的な実体として不動であり続けてきたわけでもない。

ただし本節では，これら流転する諸要素の連関のなかで，私が「新原ゼミ」に参加した2007年頃から本章の主題である立川プロジェクト発足の2012年頃までの間，相対的に安定して持続していた要素について，記述したい。

今は失われつつあるが，プロレベルの「研究会」の度に繰り返されてきた，ある種の「儀礼」が存在する。この「研究会」は当初，湘南プロジェクトの運営と振り返りのための場でもあったというが，私が参加するようになった2007年頃からは，他大学院の博士課程に在籍していた中村寛，中里佳苗，鈴木鉄忠らをはじめとする院生たちの研究報告が多くの時間を占めていた。この「研究会」の冒頭では，すでに顔見知りの者も含めて全員の自己紹介が求められる。それも所属や専門を提示する通常の研究者の自己紹介ではなく，「私はなぜここにいるのか」を話すのだ。それはつまり，この「研究会」の参加者は全員「あなたはなぜここに来たのですか」と毎回問われ続けるということだ。そこでは「ちょっと興味があって」「指導教員に紹介されて」などという安易な説明は許されない。求められているのは，研究テーマを支える，より深いところにある問題意識を，社会科学の概念で取り繕うことなく，自分の言葉で語ることであった。安易な説明を行う者，型通りの研究テーマを説明して逃避する者，沈黙する者は，容赦なく批判された。「なぜそんなに自分を守ろうとするのか」と。そこには学部生／院生の違いや，他大学からの「お客」であるか否かは一切関係がなかった。一巡の自己紹介という毎回の「儀礼」においては，所属や専門という社会的自己を剥ぎ取ったうえで，それでもなお他者を説得しうる何かを持っているのかが，鋭く問われていた。

この「儀礼」には，大きく二つの意味がある。第1に，「研究会」という小集団を毎回新たに創造しなおすという機能である。そこに参加する者は，（実際には新原は主催者であるが）誰も特権的な地位を有しない。何も持たず，当たり前のように存在してよい人間は誰一人いない。既存の組織に与えられた役割に適応し埋没するのではなく，一人の個人として，自分は何者であり，なぜこの場に居合わせ，「研究会」という集団を形成しようとしているのかを，繰り返し確認する意味があった。それは集団を所与の実体としないための仕掛けであった。

第2に，所属や専門を剥ぎ取った自己紹介は，フィールドワークで直面する「なぜここに来たのか，何を知りたいのか」という問いかけに対する応答の様式でもあった。もしフィールドワーカーが，既存の説明図式に収まるかたちで情報収集するためだけにフィールドに行くのなら，このような水準での関係性の構築を必要としないだろう。しかしそうではなく，フィールドの当事者にとって最も重要な事柄，聴かれるべきものがありながら耳を澄ませる人間がいなかった事柄を，何とか掬いとろうとするのならば，フィールドワーカー自身もまた，存在を賭けて語らなければならない。毎回の「研究会」は，フィールドワークの実践でもあったのだ。

自己紹介と同様に「研究会」を特徴づけるものとして，複数人による徹底的な記録の作成があげられる。これは通常の研究会の議事録といったものではない。もしそうなら，記録係を用意して（たいていの場合には最年少者が行うことになるだろう），一つの「正式な記録」を作成すればよい。しかしこの「研究会」では，主催者の新原を含めたほとんどすべての人間が独自に記録を作成し，終了後にはメールで送りあう。したがって残されるものは，複数人がそれぞれの視点から観察した，複数の記録である。これは客観的な事実の記録のためという以上に，各人が何を見て，何を見なかったのか，それぞれの欠落と偏りを浮かび上がらせ，反省的思考へと導く仕掛けであった。この行動様式はおそらく，湘南プロジェクトですべての人間がフィールドの“うごき”に巻き込まれ，誰一人「外側から」「上から」客観的な観察者としての立ち位置にいられない状況下で生み出されたものだ。断片的な情報を繋ぎ合わせて，何とかフィールドの全体像を構成し，各々が直面した出来事と自身の行為の意味を振り返り，暫定的に，そのつど，次なる方角を決めて泳ぎ出すための，共同の寄港地となるものだ。

記録作成には実際的な効果もある。「研究会」への新規参加者は，繰り返し記録をとることによって，知らず知らずのうちにフィールドノーツを書くトレーニングを行っている。「新原ゼミ」であろうと，他のゼミであろうと，新しく入った場所では徹底的に記録をとるようになる。その行動様式は，自身のフィールドワークにおいて，実際に生かされるのだ。

こうした「研究会」のフィールドワークを範型とした規範と行動様式は，他の「新原ゼミ」の場にも持ち込まれた。より正確にいえば，「新原ゼミ」においてこの規範と行動様式は一貫していた。もちろん具体的にどの程度の水準で実現したかには偏差が存在する。たとえばゼミの記録作成は，現在は毎回のゼミで行われているが，これは2010年度に新原が在外研究で不在であった際に，学部ゼミで始まったものである。

「新原ゼミ」において最も一貫していたのは，フィールドワークの規範であった。それは文献を対象としようと地域を対象としようと同一の基準であった。滅多にないことであるが，「読むべきものがなかった」「見るべきものがなかった」等の，フィールドに対する畏怖や敬意を欠いた言動に対しては，報告の中止と退出が命じられることがあった（もちろん再報告のチャンスが与えられるのだが）。こうした規範が象徴的に表れているのが，2000年代後半の時期に，ゼミ生に繰り返し課された期末レポートの課題である。ゼミでの活動を下記の六つの基準から振り返ることが求められた。

①　教えられたり，指示されたりする前にまず自分で始めてみる力。

②　自分がいまだ体験していないことだとしても興味関心を持とうとしつづける力。

③　相手の「リズム」を理解しようとする力。相手の文脈を理解しようとすることで，自分の考えの枠組を変えていく力。

④　自分で考え行動すべき部分と，どうしても自分の力では突破出来ないことがらとを見極め，自分の答え／応えを準備したうえでアドバイスを受ける力。

⑤「すっきり」,「くっきり」，思いついたままに言い放って「おしまい」とするのでなく，複雑なやり方で考え，調べ，言葉を選び，語る力。

⑥　自分は誰に対して何を言ったのか，そこで出会ったひとたちのことは視野に入っていたのか，勇気を持って「他者」とぶつかりあったのか（それとも，やり過ごしたのか）をふりかえりつづけようとする力。

時期によって，若干の文言に変更が加えられてきたが，ゼミ生たちは繰り返しこうした基準で自身の行動を振り返り，その規範を身につけていく。①自分の意志で始めること，②自分の理解の枠組に収まらない事柄にも関心を持つこと，③他者の文脈を理解するために自身の枠組を組み替えていくことなどは，そのままフィールドワークの行動様式にも直結する。④は，調べてわかることはあらかじめ調べ尽せというインタビューの規範に結びつく。⑤は成果報告やモノグラフの叙述における基準である。

これらの基準のなかでは，⑥のみが異質に映るかもしれない。他の五つの基準はいずれもフィールドワークの規範として翻訳可能なものだからだ。しかしこの第６の基準こそが，「新原ゼミ」をフィールドワークに特化した教育と研究の場に留まらせない，もう一つの仕掛けとなっている。他の五つの基準は自分自身の行為への振り返りの視点であり，その背後には行為を評価する新原という権威が存在する。この意味で五つの基準は，新原と学生という二者関係のみでも成立しうるものだ。しかし第６の基準に至って，はじめてフィールドで出会った人びとや，共に調査研究を行う他の学生たちが視界に入ってくる。「ぶつかりあったのか」という問いかけは，新原という権威からの裁定を待つのではなく，学生たち自身で相互に批判し合うことを要求するものである。

(2)　調査研究の水脈――「新原ゼミ」とは何か（その２）

新原という一人の教員と学生との二者関係ではなく，学生相互の関係を重視するという規範は，グループでの共同研究において結実する。私が「新原ゼミ」に参加し始めた頃，新原が中央大学に赴任してから４年後の2007年度の学部ゼミでは，前期（４～７月）の間は，卒業論文にむけた個人研究ではなく，グループでの共同研究が行われていた。年度によって，文献購読となる場合もあるが，大半の場合はグループごとのフィールドワークが行われてきた。これはその後2018年現在に至るまで，一貫して継続されてきたプログラムであり，二つのFLPゼミにも伝承されてきた。

たとえば学部ゼミの場合，一つのグループは５～８人ほどで，学部３年生と

4年生が均等に配分される。この配分を決めるのは学生自身である。年度によっては，大学院生がグループに加わることもある。こうした異年齢のメンバー構成とすることによって，どのようにフィールドに入り，何を記録し，どのようにフィールドノーツを書き，文献を収集し，報告書をとりまとめていくのかという，「新原ゼミ」が蓄積してきたフィールドワークの規範と行動様式が，世代を越えて伝承されることになる。

それゆえゼミの場において，新原がグループ研究に対して，具体的な調査の進め方やとりまとめの方針を細かく指示することはほとんどない。全体に共通する課題について短く講義を行うか，2度ほどあるグループ報告の機会に，調査のヒントとなる暗示的なコメントを与えるだけである。学生たちはまずもって，グループ内での議論を積み重ね，院生や上級生の経験を寄せ集め，あるいは他のグループの調査から学びとり，自分たち自身の力によってフィールドワークを遂行していくことが求められる。新原という権威に助言を求めるのは，自分たちで突破できない困難に直面した際の，最終手段として残されるのだ。

こうしたグループでの共同研究というプログラム自体は，新原が中央大学に赴任し，より適合的な教育方法を模索するなかで辿り着いたものであり，はじめから上記のような形態が実現していたわけではないことには注意が必要である。フィールドワークの規範や行動様式が次世代に伝承される在り方も，一朝一夕で生まれたわけではない。実際，赴任から数年間，2000年代半ばの時期には，新原の前任校である横浜市立大学の元ゼミ生たちが，他大学の院生となった後にも，学部ゼミに通い，グループでの共同研究に助言を与えていた。もちろん彼らの「新原ゼミ」へのかかわり方や助言が，いつも的確かつ誤りの無いものだったというわけではないだろう。しかしここでは，フィールドワークの先達が複数存在し，「新原ゼミ」内での権威が分散していることの方がより重要だったと考えられる。「湘南プロジェクト」にも通っていた彼らもまた，新原という単一の権威に完全に依存するのではない「新原ゼミ」の在り方を生み出すうえで一翼を担っていた。

夏休みから後期（9～1月）の間は，卒業論文・修士論文（3年生はゼミ内で提出する論文）にむけた個人研究が行われる。大学のゼミナールで行われる個人研究とは通常，学生一人で調査研究を遂行し，ゼミの時間内に何度か報告を行って他の学生や指導教員からコメントをもらいながら，論文を書き上げるものであろう。場合によっては，ゼミ外の時間に指導教員との個人面談が設定される場合も少なくない。

「新原ゼミ」の最大の特徴は，この個人研究の進め方にある。個人研究もまた，グループを組んで行われるのである。この方式は，2007年度に学生側からの提案で始められたものだという。もちろん研究テーマは各々異なり，また研究成果も共著論文などではなくあくまで個人で執筆するものである。しかし「新原ゼミ」では，個人研究を相互扶助しあうためのグループが結成され，ゼミの時間外に「サブゼミ」を開催し，調査研究の相談や助言を相互に与えあいながら，論文を執筆していくのである。このグループもまた，時には大学院生を含む異年齢で構成されており，院生や4年生は卒業論文を執筆した経験から下級生に助言を与える。あるいは相互にコメントし合うのである。

もちろんゼミの場では，他のグループの学生や指導教員である新原からのコメントが与えられる。しかしここでもまた，新原が調査研究の進め方について全面的かつ詳細な助言を与えることは少ない。基本的には，大まかな調査研究の方針や，レビューすべき文献の展望，調査のとりまとめ方について，いくつかのヒントを与えるのみである。ゼミが終われば，学生たちは再びサブゼミを開催し，新原の暗示的な助言の意味を議論し，また各々の調査研究を進行させていく。

グループ内ではたいてい，メーリングリストやSNSのグループが作成され，調査研究の進捗状況について，逐次共有がなされていく。フィールドワークを行えば，フィールドノーツやインタビューのトランスクリプトを送り合う。あるいは収集した文献資料の研究ノートなども共有される。こうして学生たちは，誰から明示的に教えられることなく，フィールドノーツの書き方や，研究ノートのつくり方を学び合う。これらのデータをどのように分析し，モノグラフを作成するのか，その方法そのものも，手探りで案出していく。そしてこうした行動様式が，次世代に伝承されていく。

相互扶助のグループを越えて，類似するテーマの者同士で読書会が自主開催されることもある。私自身は，2008年度には奥田道大の「都市コミュニティ論」の勉強会を結成し，『都市コミュニティの理論』から『都市コミュニティの磁場』に至る一連の著作の輪読を行った。あるいは2009年度には，A. メルッチの『現在に生きる遊牧民』，2010年度にはR. N. ベラー『心の習慣』，2011年度にはメルッチ『プレイング・セルフ』の読書会を行ってきた。読書会は，文献についての議論だけでなく，お互いのフィールドワークからの知見を持ち寄り，理論との突き合わせを行うことで，自分たち自身の分析枠組を作り出す試みとなっていた。

こうした過程を経て，「新原ゼミ」ではフィールドワークの規範と行動様式が伝承されていくだけでなく，個人研究そのものが相互に連関し蓄積されていった。たとえば，立川プロジェクトが始まる直前，2000年代末の数年間には，参与観察を主要な方法とするモノグラフの系譜が存在していた。川崎のホームレス支援団体，神奈川県郊外のモスクとムスリム，多摩ニュータウンのコミュニティカフェ，横浜・希望ヶ丘の商店街振興組合，新宿・大久保の市民団体，福生の食料品店と有機農業運動，ハンセン病療養所，薬害エイズ患者の支援団体など，数カ月から数年にわたる参与観察と膨大なフィールドノーツに基づくモノグラフが残されている。これらの研究成果は，それ自体が単独として成立しえたのではない。先輩や同輩の作品から，あるいはその作品を生み出す過程を共有することを通じて，相互に練磨し，生み出されたものである。

参与観察やインタビュー調査に基づいて卒業論文を執筆した学生たちの多くが参照したのが，新原の前任者である，奥田道大ゼミナールの学生たちが残した調査報告書や論文であり，また晩年の奥田自身が繰り返し言及していた初期シカゴ学派のモノグラフ・シリーズである。仮説検証よりも徹底的な記述と資料収集による問題発見を重視したこれらの調査研究の系譜は，「新原ゼミ」において，先達の残した卒業論文と同様に「古典」として，繰り返し参照され，範型とされてきた。奥田ゼミや初期シカゴ学派もまた，共同研究を基盤として優れたモノグラフを産出してきた。これらもまた「新原ゼミ」の調査研究の水脈である。

新原は，もちろん「新原ゼミ」において圧倒的な権威であり，調査研究の中心的な指導者である。しかし同時に，共同研究のなかから，個人研究が相互連関し蓄積していったこと，その過程において，各々の学生がまずは自分たち自身の手で調査研究を遂行し，フィールドのなかで新たな問題を発見し，自ら分析枠組を創出していったことが，調査研究グループとしての「新原ゼミ」を形作っていった。

(3)　可視性／潜在性の多層構造――「新原ゼミ」とは何か（その3）

社会集団としての「新原ゼミ」を記述する上で，調査研究グループとしての側面は相対的に捉えやすいが，その「水面下」には，もう一つの重要な側面が隠されている。それは組織運営を学ぶ場としての「新原ゼミ」である。

立川プロジェクト発足前後から継続する「新原ゼミ」の特徴として，年度はじめに，新4年生を中心として前期のゼミ活動の計画を自ら立案することがあげられる。グループワークを中心とするのか否か，どのようにグループ分けをするのか，文献購読とする場合には何を対象とするのか，フィールドワークを行う場合には何を共通課題とするのか，いつどの時期に中間報告を行い，活動の成果をどのようにとりまとめるのかなど，一つ一つのプログラムを議論し，組み上げていく。そして4月の初回のゼミから，毎回のゼミでは，司会進行，時間管理，記録作成など，一連の仕事を学生たちの手で行っていく。こうした仕事はたいていの場合，グループ単位など輪番で行われる。新原が講義を行ったり，報告に対してコメントをする時間もまた，学生たちが立案する毎回の計画のなかに組み込まれる。これもまた，指導教員や特定の学生――たとえば「ゼミ長」――という権威の用意した枠のなかで動くのではなく，同じ土俵の上に乗った学生同士の関係性のなかで，組織運営を行っていくための仕掛けとなっている。毎回のゼミ運営を支えるのは，基本的には上級生であり，その行動様式もまた次世代に継承されていく。毎年，下級生は卒業生を見送り，翌年度に一連のプログラムを立案することになって，初めて，自分たちがどのような人たちの労力の上で調査研究を進めてきたのかを，身をもって知ることになる。

学部生たちがゼミの自主運営を行っていくうえで，新原はここでもやはり，具体的かつ詳細な指示を与えるわけではない。各々の局面で実践的な助言を行っているのは大学院生たちである。大抵の場合，学部ゼミや二つのFLPゼミには，大学院生が1名以上参加しており，調査研究に対してだけでなく，ゼミの運営に関しても必要な助言を与える。より正確にいえば，大学院生たちは各ゼミの場において，ゼミの自主運営というゲームを壊さない形で的確な介入を行う訓練を行っているのだ。それゆえ大学院生たちのかかわりが，過剰な介入となって学部生たちからの反発や依存を生んだり，反対に極端な放任となって学部生たちの調査研究がフィールドワークの規範に抵触する場合がある。ここでもまた新原は，相当な忍耐強さで，ゼミが解体するぎりぎりまで待つ。つまり毎回のゼミでは，ゼミの自主運営という学部生たちのゲームと，自主運営を裏方として支えるという大学院生たちのゲームが，二重に進行していることになる。

こうした一連の過程は，与えられた課題に応えるという学校教育の文化に慣れ親しんできた者にとっては，ある種の異文化体験（カルチャーショック）となる。所与の課題に対して効率よく答えを導くことが称賛されるわけではないからだ。むしろ「新原ゼミ」では，組織運営のための議論やそのための仕事に尽力することが「場づくり」「汗かき仕事」として要求される。学生たちは第1のゲームに参入し巻き込まれていくなかで，効率性や合理性を重視する文化から，非効率的であっても一から課題設定を行っていく「新原ゼミ」の文化への移行を迫られるのである。この過程に耐えられずに，あるいは的確にゲームの趣旨を見抜いた上で，「新原ゼミ」から出ていく人たちも，常に一定数存在する。去っていく者たちが共通して批判するように，確かに「新原ゼミ」の規範と行動様式は，社会的な「成功」に必ずしも直結していないからだ。

大学院生たちには，各ゼミに参加しながらも，学部生たちがゼミの自主運営を行っていくのを下支えするための，必要最小限の発言や振る舞いが求められる。そのため，第1のゲームでの適応的な行動様式が，第2のゲームでは不適応を引き起こすことがある。ゼミという舞台の上で，華々しく活躍することが求められているわけではない。直接的に指示を与えたり，運営を主導するのではない，新たな関係性の構築が必要となる。学生たちは，この新たなゲームへの移行にも戸惑うことになる。

さらにこの二重のゲームを下支えする集まりとして，大学院生たちのなかでもシニアクラス，ティーチングアシスタント（TA）やリサーチアシスタント（RA）たちが，各々のかかわっている授業やゼミの状態について，またその場における自身の行為について振り返り，的確な介入のあり方を議論する場が存在する。学部生たちが立案したプログラムに対して，必要と思われる課題――たとえば必読文献の指定など――を考案することもある。とりわけこの集団が担う重要な役割が二つある。

第1に，「新原ゼミ」全体の運営に必要な資源を用意することである。ここには各ゼミのメーリングリスト管理や，調査研究の手引き書，共通課題文献リスト，論文の執筆要項などの教材の作成・修正が含まれる。こうした資源は，各時代の院生たちが，新原とともに考案し修正を加えてきたものであり，次世代の院生たちに伝承されてきた。

第2の役割は，「新原ゼミ」の組織的な変動期に，新原とともにプログラムを立案し，それが軌道に乗るまでの担い手となることである。たとえば二つのFLPゼミが立ち上がった時には，院生たちは各ゼミに張りつき，毎回のゼミ運営を担い，グループでの共同研究を主導し，「新原ゼミ」の規範と行動様式を伝承する役割を担ってきた。既に述べたように，立川プロジェクトもまた，こうしたプロセスのなかで産声を上げたのである。

すなわち社会集団としてみた「新原ゼミ」は，学部ゼミ・FLPゼミ／院ゼミ／院生シニアクラスという3重の構造を持ち，前者が後者によって下支えされる組み立てになっている。特定の位相での「可視的な出来事」が――たとえばある日のゼミの運営が――常にその「潜在的な」位相での社会過程によって支えられているという，多層的な構造となっている[14)]。そして各々の場で，自主運営と適切な介入を巡る複数のゲームが進行している。すなわち，ゼミを自主運営する第1のゲーム，自主運営を支えるため適切な介入を行う第2のゲーム，これらの複合的な過程を振り返り，より根本的な活動基盤を用意する第3のゲームである。「新原ゼミ」に参加するすべての学生が，これらの多層的な集団構造を渡り歩いていくわけではないが，少なくとも博士課程まで進学する大学院生たちは，こうした複数のゲームに否応なく巻き込まれていく。ゼミの運営という第1のゲームに熟達したとしても，次の位相では，華々しく活躍することが求められるわけではない。新原自身がそうであり続けているように，他の学生たちが自主運営していく過程を慎重に観察し，適切な介入を行うことが求められる。この第2のゲームに熟達してもまた，第3のゲームへの移行が求められる。そしていずれの場でも新原は，各集団が解体したり，フィールドワークの規範に大きく抵触することがない限りは，辛抱強く待つのだ。

(4)　通過儀礼――「新原ゼミ」とはいかなる体験なのか

本節の最後に，「新原ゼミ」が併せ持つ二つの特徴――フィールドワークの規範と行動様式を伝承する共同研究の場と，多層的な組織の自主運営と介入を実践する場――が，学生にいかなる体験をもたらすのかについて考察しておきたい。

第1に，学生たちの多くは，個人研究を成し遂げるなかで，自身の根本的な問題意識を発見し，あるいは掴みなおしていく。本節の冒頭で紹介した「研究会」での一巡する自己紹介という儀礼に象徴されるように，「新原ゼミ」では自身の根本的な問題意識を掘り下げ，「考えずにはいられないこと」を言語化することが求められる場面が多く存在する。個人研究の中間報告でさえも，社会学的なリサーチ・クエスチョンや先行研究以前に，なぜその問題を考えたいのか，なぜそのフィールドを選択するのか，個人的な動機の水準からの説明を行っていく。

仮説検証よりも問題発見を重視するフィールドワークの行動様式も，この自身の問題意識を掴みなおすという体験を支えている。この場合のフィールドワークとは，単に調査のためのデータ収集のみを指すわけではない。一定の深さと重さでフィールドワークを行った者なら誰もが体験するように，フィールドのなかでフィールドワーカーは未知の情報の海に溺れ，あらゆるものを書き留めようともがき，既存の説明図式に収まらない現実の持つ力によって，予め持っていた認識の枠組が揺らぎ，作り変えられていく。こうした一連の過程を経て，学生たちは自身の問題意識を掴みなおしていく。

そして重要なのは，ゼミやサブゼミにおいて，このようなともすれば単なる「自分語り」や，時にとりとめのないフィールドワークの報告を，辛抱強く聴いてくれる他者が存在するということである。個人研究を集団的に行うという仕掛けが，ここで生きることになる。R. N. ベラーが主著『心の習慣』（Bellah 1985 = 1991）で暴き出したように，私たちは自身の価値や動機を語る際に，社会的につくられた支配文化の語彙（第一の言語）を使用せざるを得ない。本当は何を望み，何を考えたいのかを捉えなおすためには，それを語る別の言語と，それを許す時間と空間，聴き手となる他者が必要となる。所与の課題への効率的な回答を求められるわけではない「新原ゼミ」は，そのための一時的な「待避所（asylum）」として体験されるのだ。

第2に，「新原ゼミ」の特徴的な組織運営の在り方は，社会に対する認識論的な転換をもたらす。学生たちは，ゼミの自主運営というゲームに参加し巻き込まれるなかで，毎回のゼミという表舞台が，どのような「水面下」の関係性と行為の集積によって成り立っているのかを，具体的な体験を通じて理解していく。さらにこうした体験を積み重ねていくことで，自身は直接かかわってはいなくとも，自分たちのさらに背後に院生たちやシニアクラスの下支えが存在することを感じとっていく。そして自身の体験を通じて理解した「新原ゼミ」の多層的な構造への認識を通じて，フィールドで観察される「可視的な出来事」の水面下にある人びとの関係性や潜在的な社会過程を，あらかじめ想定できるようになっていく。すなわち，社会集団としての「新原ゼミ」を特徴づける多層的な構造と複数のゲームは，調査研究グループとしての「新原ゼミ」が展開するフィールドワークの実践と相互連関していることになる。

第3に，「新原ゼミ」の個々の場――グループという最小単位から毎週のゼミや合同企画まで――での自主運営の実践は，個々人に根深く刻まれた組織人

（organization man）としての「心の習慣（habitus）」に，揺らぎをもたらす。これまで記述してきたように，「新原ゼミ」に参加する個々の学生は，その主催者たる新原という指導教員との二者関係ではなく，他の学生たちとの関係性のなかで，自身の課題を設定し，その自己評価を行うように仕向けられている。すなわち，権威に依存しない形での自己の在り方が，暗黙のうちに試され続けることになる。さらに大学院生など，特定の位相でのゲームに熟達した者は，次の位相へと移行する際に，すでに身につけた役割を手放すよう要求される。組織の特定の地位に安住し固執することが許されず，絶えず新しい自己を獲得しなければならない状況に置かれる。つまりは「与えられた課題に完全に応える」というゲームを最後まで完遂することはできず，「優等生」としては常に不全感を抱え，欠けたる存在としての自己と向き合い，受け容れることが求められるのである。権威から承認を得ることによって，与えられた課題を達成することによって，あるいは組織のヒエラルキー構造のなかで特定の地位を占めることによって自己を安定させようとする者にとって，この「新原ゼミ」の多層的構造とゲームの複数性は，安定した組織人としての自己を失う不安として体験されることになるだろう。

さて，ここまで考察してきた「体験」は，当然のことながらある種の理念型であって，そこに参加し巻き込まれるすべての個々人が同様の体験をするわけではない。新原がこのような体験をさせるために最適な形で，すべてのゼミを設計したわけでもない。これはむしろ，私自身が，「新原ゼミ」をどのように体験してきたのかを振り返り，理解しなおしたことをまとめ上げたに過ぎない。しかしある程度の深度を持って「新原ゼミ」を潜り抜けてきた者たちは共通して，ゼミを去った随分後になって，これらの体験の持つ意味に気づくことになる。それはたとえば，個々人の固有の問題意識が蔑ろにされ，集団やプロジェクトを下支えすることよりも目に見える成果が求められ，組織内で権威によって与えられた役割を遂行することのみが求められるような，ごく普通の，日常的な社会的状況において，である。

「新原ゼミ」はいかなる体験なのか。それはある種の通過儀礼（initiation）である。何から何への移行か。それはたとえば，S. ミルグラムが暴き出したような「権威システムへの服従」（Millgram 1974 = 2012）からの離脱である。それは分業と専門化がもたらした「社会の分割」による，各自の持ち場への近視眼に対して，プロジェクトの全体像を見通し，自分たち自身が向かっている方向を見失わないための訓練である。あるいはそれは，A. トクヴィルが描き出したような「コミュニティの自治」（Tocqueville 1835 = 2005）へのコミットメントである。グループでのサブゼミ，毎回のゼミ，合同プロジェクトにおいて，学生たちは特定の権威に依存することなく各々の「手の届く」自由を行使し，その「利用に慣れる」のである。

「新原ゼミ」に参加し，巻き込まれていった学生たちは，既存の文化に適応的な規範や行動様式を一度は「手放し」，フィールドワークを範型とする別様の規範と行動様式を身につける。それはある者にとっては抑圧された自己を開放し，本当に考えたかったこと，根本的な問題意識を掴みなおし，拙くとも自身の身体に根差した言葉で語りなおすような，救済の体験となる。ある者にとっては，自身に深く刻まれた支配文化に気づき，移行を迫られた新たな文化との間で引き裂かれ，痛みを伴いながら，折り合いをつけていく苦闘の体験となる。そして「新原ゼミ」を出ていくとき，学生たちは再び支配文化のゲームへと戻っていくことになる。正確に言って，私たちは「通過儀礼」のように，ある自己から別の自己へと「生まれ変わる」ことなどできはしない。社会的身体に刻まれた「心の習慣」は，それほど短期間かつ容易に変動するわけではない。しかし「新原ゼミ」の文化に「どっぷり浸かった」者たちは，いかなる場所においても，居心地悪く，二つの文化を引きずりながら，権威の支配から身をよじり，生きていくのだ。

5．おわりに——新たな「契約」の行方

文化的支配から身を守るために，あるいは文化によって，および文化の名において行使される支配から身を守るために，必要な武器をもつこと自体が文化の一部を形

成しなければならぬはずだということです。そこで本当に問題になるのは，既成の文化に対して距離を取ることができる文化，それを分析できる文化なのであって，既成の文化を逆にする，あるいはもっと厳密に言えば，既成文化の逆転した形を押しつけるような文化なのではありません。

ピエール・ブルデュー「言葉に抵抗する技術」『社会学の社会学』

（Bourdieu 1980 = 1991：17）

もしこの権威が私の行く道のもっとも小さな荊まで取り払うと同時に，私の自由と生命の絶対的な主人であるとすれば，また，もしそれが事物の存在と運動を独占するあまり，それが衰えるときには周りのものすべてが衰えざるをえず，それが眠るときにはすべてが眠り，それが死ねばすべてが滅びなければならないとすれば，権威のもたらす便益は私にとってなんの重要性もない。

アレクシス・ド・トクヴィル『アメリカのデモクラシー』

（Tocqueville 1835 = 2005 下巻：147）

⑴　立川プロジェクトの水脈

本稿の課題は，2012 年に発足した立川プロジェクトが，立川団地の行事運営において急速に組み込まれていった一連の出来事を起点として，それを可能とした歴史社会的条件を明らかにすることにあった。この条件には，公営団地をとりまく地域社会の構造と歴史，学生と住民という担い手たちの重層的な関係性の動態が想定されるが，本稿の焦点はむしろ，立川プロジェクトそのものと，その基盤となった中央大学「新原ゼミ」という社会集団の諸特徴にあった。

立川プロジェクト発足の約 10 年前に誕生した「新原ゼミ」は，その開始時点では，文学部ゼミと「研究会」によって構成されていた。「研究会」は湘南プロジェクトの振り返りの場であると同時に，他大学の院生たちが研究報告をする場でもあった。湘南プロジェクトと「研究会」を貫き，長年の実践によって試され磨かれてきたフィールドワークの規範と行動様式は，その後，学部ゼミへと伝承されていくこととなる。さらに数年かけて，中央大学の学生たちに適合的な教育方法として，少人数のグループによる共同研究が始められる。やがてこれは学生自身の提案によって，個人研究の相互扶助のためのサブゼミへと発展し，相互に連関する個人研究が蓄積されていった。こうしてフィールドワークを範型とする調査研究の水脈が生まれた。フィールドへの畏怖と敬意，複数人による徹底的な記録と振り返り，問題発見型の調査研究など，フィールドワークの規範と行動様式は，今日に至るまで，世代を超えて伝承されてきた。

社会集団としての「新原ゼミ」の特徴である，多層的な組織の自主運営と介入という形態もまた，湘南プロジェクトと「研究会」との関係に，その起源の一部を持つ。新原を含めたすべての担い手が，湘南団地というフィールドの“うごき”に巻き込まれていくなかで，目指すべき方向をそのつど見つけて進んでいくためには，その「水面下」で，湘南団地とプロジェクト双方の置かれた状況を構造的に把握しなおし，個々の行為を振り返るための場が不可欠であったと想像する。やがて学部ゼミが世代を重ねていくなかで，はじめは新原から与えられた「課題」として，自分たちの手で次年度のプロジェクトを考えるようになり，自主運営への歩みが進んでいった。

学部ゼミの自主運営が全面的に展開していくきっかけとなったのは，新原が2010年度に在外研究のためイタリア・サルデーニャへと旅立ち，「研究会」メンバーであった中村寛に，1年間の学部ゼミの始動を委任したことであった。ゼミ生たちは，その前年度から，中村に全面的に依存するのではないかたちで，ゼミを運営していくための準備を進めていた。前期のプログラムをほとんどすべて新4年生たちで考案し，新年度の初回ゼミ以降の進行を自身の手で行ったのは，この2009年度のゼミ生たちが初めてであった。そして翌年度の4年生たちもまた，同様に自主運営を目指し，膨大な時間と労力を運営に関する議論に費やしていった。それは言葉の正確な意味において「苦闘」の道程であった。院生たちもまた，的確な介入の在り方に苦悩しながら，中村とともにゼミの下支えの努力を続けた。

2011年，新原の帰国とともに二つのFLPゼミが再開／誕生すると，拡大された「新原ゼミ」はいよいよ多層的な構造を強めていく。新しいプロジェクトを始めて数カ月は，院生たちは始まったばかりのゼミに張りつき，フィールドワークの規範と行動様式だけでなく，ゼミの自主運営という文化の「種」を撒いていく。そして数年の後には，学部ゼミと同様に，拡大「新原ゼミ」のあらゆる場で，学生たち自身による自主運営と介入という複数のゲームが展開していった。

翌2012年の立川プロジェクトの発足は，こうした「新原ゼミ」の調査研究と組織運営の水脈から生起した，一つの出来事であった。院生たちは，FLPゼミを立ち上げた時と同様に，プロジェクトを主導していった。新原は5月の「団地訪問」においてSt会長とはじめの「契約」を結んだ後は，他のゼミと同様に，学生たちの自主運営を辛抱強く待った。立川プロジェクトでは，自治会行事に参加するたびに，各自のフィールドノーツを持ち寄り，観察された出来事や行為の意味を議論し，また自分たち自身の振る舞いについて振り返りを行った。フィールドワークの規範に抵触するような行為があれば，院生から学部生に，場合によっては院生たち相互に，批判しあいながら，プロジェクトを進めていった。

立川団地に，大学のゼミ等が「視察」「見学」に来ること自体は，珍しいことではなかった。しかし自治会行事にその準備段階からかかわり，やがて行事運営において不可欠な役割を果たすまでに至ったのは，私たち立川プロジェクトだけであった。この過程で，当初は「他の大学が来たら協力してやってもらいたい」[15]と話していた自治会役員たちの認識も，大きく変化していくことになる。本稿の冒頭で記述した，2015年6月の「運動会」後の出来事である。

> B大の院生の話になる。「2回取材来てね，はじめは俺が話したんだけど，Stさんの本を読んできて話を聞きたいっていうんで話してもらったんだよ。それから『お手伝いしたい』なんて言うんだけどさ，そういう体制もないのにできるわけないよね。団地のこともよく知らないのにさ，話したってわかるわけないんだよ」とHsさん。「急にやってきてよ，なんだかわけのわからない言葉を使うんだよ。それですげぇ上から話してくるからよ，お

れゃぁ，あったま来たんだよ」とHgさん。いつのまにかNsさんもやってきて「子ども会のことも聞かれましたよ，ジュニアリーダーに驚いたみたいで」と話す。新原先生から「もし何かあれば，私の方に言ってください。私が防ぎますから，そういうかたちで使ってください。」と伝える。

（2015年6月14日：阪口の日誌）

2012年に「運動会」を「見学」した際には，私たちはStさんから「定型的な対応」を受けるとともに，「お手伝い」というサービスを享受する側にいた。しかしこの年の「夏まつり」と「防災ウォークラリー」を合わせて三つの年中行事に参加し，「協力員」の一部として具体的な仕事にかかわっていくなかで，立川プロジェクトと立川団地自治会は，共に代替わりしていく集団間の協業という，新たな「契約」を結びなおしていく。2015年のHsさんやHgさんの話ぶりからは，立川プロジェクトに参加する「中大生」たちの振る舞いが，少なくとも彼らにとっては「お手伝いなんてできるわけない」「すんげぇ上から話してくる」ようなものではなかったということがわかる。単に言葉の上での「調査倫理」とは異なる水準で，行事という「ハレの日」を支える潜在的な社会過程への想像力を，学生たちは知らず知らずのうちに身につけてきたのだった。それは学生たち自身が参加し，巻き込まれ，他者と共に救われ苦闘してきた「新原ゼミ」の多層的構造との対称性を表していた。

⑵　もう一つの歴史――いつかの立川プロジェクトへ

しかしこれまで記述してきた立川プロジェクトの歴史は，当時の実情を知る者たちからすれば，あまりにも滑らかに，単線的に編集されたものに見えるはずだ。「新原ゼミ」もまた，希望に満ちた美しい体験によってのみ，語られるべきものでもない。

立川プロジェクト発足にむけて準備を進めていた2012年3月末に実際に起こったことは，大学院ゼミの崩壊だった。ここにその詳細を記すことはできないが，私たち院生たちの人間関係は，一時，徹底的に切り刻まれた。特定の個人への中傷，教唆，扇動，黙認の末，私たちの間の信頼は完全に失われ，共同研究プロジェクトの計画は水泡に帰した。ここで問われていたのは何だったのか。

From: Takeshi Sakaguchi
新原先生，何度も何度も，くりかえし，私たちが関係を切り結んでいくための機会を頂いていることに，頭を垂れるしかありません。まずもって，私たち自身のそれぞれが，自分から始めなくてはならないことでした。

被った痛みは（もう大丈夫，気にしていないと言葉でいくら言おうとも），とりかえしがつかないことです。そして集団の崩壊もまた，とりかえしがつかないことです。私はこの「流れ」をつくった一人として，この集団にかかわる人たちへの責任があります。とりかえしがつかないというところから出発しなければ，私は，私たちは，今後も道を誤り続けると思います。

①　今回起こった出来事に対して，私が，私たちのそれぞれが，特定の局面において，どのように行為したのか，その個別具体的な罪と傷がまず存在しています。

②　今回起こったことは，私たちそれぞれの，（フィールドやあらゆる場での）人間の関係性のつくり方をめぐっての問題，そしてゼミという集団の構造をめぐる問題を象徴していました。

潜在的には，院ゼミにおける私の立ち位置の構造化と，それに対する異議申し立てでした。集団的には，先生を頂点としたピラミッド構造をつくろうとしてしまう，そして構造のなかで居場所をみつけ「ぬるま湯」に浸かり続けようとしてしまう，私たちそれぞれのハビトゥスの問題であると思います。それゆえ今回のことでは，私たちが関係性を「切り結ぶ」ことができるか，ということが，それぞれに試されていました。そしてそれが出来なかったから，今日に至っています。私たちそれぞれが，それぞれとの個別具体的な関係性をつくりなおさねばなりません。それを通じて，自分自身のハビトゥスと集団の構造をつくりなおさねばなりません。

追伸：来年度のプロジェクトについて
もうしわけありませんが，別便にて，日をあらためてアイディアを送らせて頂きたいと思います。まずもって必要なことは，プロジェクトそのものではなく，それを支える関係性を反省しつくり変えていくための条件をつくることであると考えます。このやりとりが，その一歩となるようにしましょう。

院ゼミの崩壊は，新原の願望（と思われたもの）を先取りし院生チームを主導してきた，私自身に対する異議申し立てでもあった。私自身が「新原の意志（と思われるもの）の代行者」となってしまっていたのではないか，あるいは私がそのように自己認識していなくても，他の院生たち――あるいは学部生も含めて――にとっては，私はそのような存在に映っていたのではないか。

本稿で考察してきたように「新原ゼミ」は，組織人の「心の習慣」や「権威への服従」への対抗文化としての側面を持つ。ゼミの運営という具体的な場において，指導教員である新原が全面的に課題や具体的な指示を与えることは少ない。学生たちはまずもって，自分たちで課題を設定し，他の学生たちとの関係性のなかで，プロジェクトを進行させていく。しかしこうしたゼミの自主運営という第1のゲームも，的確な介入や，これら全体の土台づくりという第2，第3のゲームも，実は賭け金となっていたのは，新原という権威からの承認であった。すなわち，「新原ゼミ」への帰依は，実際には権威αから権威βへの「改宗」として分析され得るのである。

私たちの社会的身体に埋め込まれた「心の習慣」は根深く，「新原ゼミ」の複数のゲームは容易く変質していく。とりわけこの「権威システムにおける上昇」を求めてしまう，あるいは実体とは異なっていても他者の存在をそのヒエラルキーに位置付けてしまう性向は，「新原ゼミ」の多層構造とゲームの位相を降りていけばいくほど，強く刺激されることになる。とりわけ大学院生たちは，学部生たちに「見えていない」役割を，積極的に担うことになるからだ。あるいは形式的な平等への強い拘りを持つ学生は，こうした多層構造そのものが不誠実かつ欺瞞であると拒絶し，ゼミを離脱し，外側から批判することになる。だが多層構造やゲームの複数性を「権威システム」の階層性へと置き換えているのは，実は彼自身なのである。内部において「上昇」を目指すにせよ，外部において否定するにせよ，私たち自身の「心の習慣」に沿って「権威システム」は構築され，再生産されていくのだ。

しかしもし私たちが，特定の権威から承認を得ることによってのみ自己の安定を得るという在り方を手放すことができるなら，「新原ゼミ」の規範と行動様式は，支配文化の単なる反転ではない，それ自体を相対化し分析するための「抵抗の技術」となる。そのために必要な条件は，既に「新原ゼミ」の中に埋め込まれている。横にいる他者への畏怖と敬意を持つこと，他者と共に共同のプロジェクトを下支えすること，本であれ地域であれ自身の枠組を揺り動かすようなフィールドへ出ること，そしてこうした過程のなかで，自分の限界を知り，自分が本当に考えたいことを，根本的な問題意識を掴みなおすことだ。つまりは，「新原ゼミ」の複数のゲームに一度は「どっぷり浸かり」ながら，自分自身のゲームを始めることだ。

大学院ゼミの崩壊をめぐって，3月末から4月初頭にかけて，新原を交えて，また個別に集まり，あるいはメールを通じて，話し合いが繰り返された。ここにそのすべてのやりとりを開示することはできない。ただし新年度も院ゼミに残る人たちのなかに，院ゼミの解体や共同研究プロジェクトの解消を望む者は誰一人いなかった。新原と私との間でも，新年度の共同研究プロジェクトと大学院ゼミ運営の立てなおしについて，個別の議論が重ねられた。いずれもゼロから立てなおす必要があったが，4月からは四つのゼミすべてに新ゼミ生が加入することが決まっており，状況は待ってはくれない。立川団地とのかかわりをどうするのか，フィールドに足を踏み入れるための条件を，私たち院生自身は持っているのかが鋭く問われていた。

立川プロジェクト発足前に企画されていた，院生主導の研究会や「社会のオペレーター」のネットワーク形成は，一度白紙に戻すことになった。その代わりに，共同研究プロジェクトにすべてを賭け，立川団地という新たなフィールドとかかわるための準備作業を，関係性の再構築のための「作業療法」として，丁寧に行っていく方針が固められていった。私たちには何か共同で仕事をする時間が必要だったのだ。新しく参加した学生たちは知る由もなかったし，その必要もなかったのだが，私たち院生チームにとっては，関係性の再構築を賭けた，瓦礫からの再出発でもあった。

⑶　新たな，いくつもの「契約」の行方

その日，東京の郊外，立川市北部に位置する都営立川団地の集会室には，自治会役員，住民，中央大学の学生たち，あわせて40名ほどが集まっていた。新会長となったHsさんの初めての行事となった，2015年6月の「運動会」の後の「反省会」である。自治会役員会が代替わりしていくのと〈合わせ鏡〉のように，発足から4年目を迎えていた立川プロジェクトもまた，すでに多くの卒業生を送り出していた。この日参加した14名の学生のうち，私たちが「お客」として試された最初の「運動会」に参加したのは，私と，当時修士課程に在籍していた大谷晃の2人だけだった。

博士論文の執筆が迫っていた私にとって，この年の「運動会」は，立川プロジェクトの一員として主導的にかかわる最後の行事であった。幸運にも，この年には大学院への進学希望者も多く，立川プロジェクトもまた，代替わりの時期を迎えていた。私はそのことを，Hsさんに伝えにいくことにした。

> 19時頃，一次会はお開きになる。簡単な片付けを手伝う。トイレから出てくると，HgさんとHsさんが煙草を吸っていた。「僕はあと1年で卒業しますけど，今年は2年生たちも多く来てくれたので，また2年くらい同じ人が来てくれると思います。大谷はあと3年はいますから，もし何か必要

なことがあれば，大谷！大谷！って言ってもらえれば大丈夫ですから，これからもよろしくお願いします」と伝える。Hs さんは，「よしよし，わかった」と悪戯っぽくニヤッと笑った。固く握手を交わす。

（2015 年 6 月 14 日：阪口の日誌）

こうして立川プロジェクトは，2012 年に結んだ「契約」を越えて，新たな世代の手に引き継がれていった。三つの年中行事への準備段階からの参加，毎月の「定例会」への臨席は，現在まで継続されている。さらに地区子ども会などの近隣諸団体との関係構築や，周辺地域をフィールドとする共同研究へと，プロジェクトの裾野は広がっている。かつての権威によって残された，たった一つの「契約」によってではなく，自分たち自身の手によって，それぞれの，新たな関係性を結びなおそうとする限りは，立川プロジェクトの命脈は保たれるだろう。しかしそれすらも，いつか「手放す」時が来ることだろう。恐れることはない。私たちは，いつでも，瓦礫からはじめることができるのだから。

注

1）「湘南プロジェクト」については，（新原 2016）および本書序章，第 6，7 章を参照されたい。

2）筆者自身もまた，立川団地を「第 2 のフィールド」として比較の視点を持つことによって，調査研究の分析枠組を練磨してきた（阪口 2013; 2015; 2017）。

3）立川プロジェクトに初年度からかかわり続けてきた，大谷晃（中央大学大学院博士後期課程在籍，本書第 4 章執筆）によって，今後その成果がモノグラフとして発表されるだろう。なお立川団地については，すでに以下の学会報告がなされている。

- 大谷晃「都市郊外公営団地における『コミュニティの自治』の構成――都営『立川団地』への参与観察調査から」，2016 年 5 月 15 日，地域社会学会第 41 回大会，桜美林大学。
- 大谷晃「『自治会』における共同問題に対する自治 ――東京都立川市都営団地における参与観察調査を通じて」，2017 年 5 月 13 日，地域社会学会第 42 回大会，秋田県立大学。
- 大谷晃「団地自治会における問題解決法形成プロセスとその起源――東京都立川市の都営団地における調査報告」，2018 年 5 月 12 日，地域社会学会第 43 回大会，亜細亜大学。

4）「新原ゼミ」の規範と行動様式の伝承については次節で述べる。これらの伝承プロセスは決して滑らかなものではなく，新ゼミ生たちにとっては多かれ少なかれ「カルチャーショック」として体験された。
5）以下の記述は2012年5月24日の日誌に基づく。
6）筆者はその後，砂川基地拡張反対同盟の関係者が手づくりで始めた「資料館」に出会い，2017年頃からその運営に携わることとなった。砂川闘争の現場となった元・基地拡張予定地の地権者，周辺住民，元公民館職員，郷土史家，市民活動家らが集まり，資料館づくりをはじめとした新たな活動が展開しつつある。
7）新宿・大久保における調査研究の成果については，（阪口2014; 2016）を参照されたい。
8）以下の記述は2012年5月24日の日誌に基づく。
9）以下の記述は2012年6月4日の日誌に基づく。
10）以下の記述は2012年8月3日の日誌に基づく。
11）以下の記述は2012年8月18日の日誌に基づく。
12）以下の記述は2012年8月19日の日誌に基づく。
13）以下の記述は2012年11月11日の日誌に基づく。
14）こうした社会集団と社会過程の多層構造を理解するうえで，A. メルッチの集合行為論が参照軸となる。すなわち，動員という「可視的（visible）」な「集合的な出来事（collective events）」と，その水面下で進行する「潜在的（latent）」な社会過程とを分析的に区別する認識論である（Melucci 1989：1997）。
15）2012年8月3日の日誌より。

引用・参考文献

Bellah, Robert N., et al., 1985, *Habits of the Heart: Individualism and Commitment in American Life*, The University of California.（= 1991年，島薗進・中村圭志訳『心の習慣――アメリカ個人主義のゆくえ』みすず書房）

Bourdieu, Pierre, 1980, *Questions de Sociologie,* Minuit.（= 1991年，田原音和監訳『社会学の社会学』藤原書店）

Melucci, Alberto, 1989, *Nomads of the Present: Social Movements and Individual Needs in Contemporary Society*, Philadelphia: Temple University Press.（= 1997年，山之内靖・貴堂嘉之・宮崎かすみ訳『現在に生きる遊牧民――新しい公共空間の創出に向けて』岩波書店）

―――, 1996, *The Playing Self: Person and Meaning in the Planetary Society,* Cambridge University Press.（= 2008年，新原道信・長谷川啓介・鈴木鉄忠訳『プレイング・セルフ――惑星社会における人間と意味』ハーベスト社）

メルッチ，アルベルト，2014「リフレクシヴな調査研究にむけて」（新原道信訳），新原道信編著『“境界領域”のフィールドワーク――“惑星社会の諸問題”に応答するために』中央大学出版部。

Milgram, Stanley, 1974, *Obedience to Authority: An Experimental View,* HarperCollins Publishers.（= 2012 年，山形浩生訳『服従の心理』河出書房新社）
中村寛，2016「エピローグ」新原道信編『うごきの場に居合わせる――公営団地におけるリフレクシヴな調査研究』中央大学出版部。
中里佳苗，2016「生きた『吹き溜まり』――『湘南団地日本語教室』の創造まで」新原道信編『うごきの場に居合わせる――公営団地におけるリフレクシヴな調査研究』中央大学出版部。
新原道信，1997『ホモ・モーベンス――旅する社会学』窓社。
新原道信編著，2016『うごきの場に居合わせる――公営団地におけるリフレクシヴな調査研究』中央大学出版会。
野宮大志郎，2016「むすびにかえて」新原道信編『うごきの場に居合わせる――公営団地におけるリフレクシヴな調査研究』中央大学出版部。
奥田道大，1983『都市コミュニティの理論』東京大学出版会。
―――, 1985『大都市の再生――都市社会学の現代的視点』有斐閣。
―――, 1993『都市と地域の文脈を求めて――21 世紀システムとしての都市社会学』有信堂高文社。
―――, 2004『都市コミュニティの磁場』東京大学出版会。
奥田道大・田嶋淳子編著，1991『池袋のアジア系外国人――社会学的実態報告』めこん。
―――, 1993『新宿のアジア系外国人――社会学的実態報告』めこん。
奥田道大・鈴木久美子編，2001『エスノポリス・新宿／池袋――来日 10 年目のアジア系外国人調査記録』ハーベスト社。
阪口毅，2013「『都市コミュニティ』研究における活動アプローチ――大都市インナーエリア・新宿大久保地域における調査実践より」『地域社会学会年報』25。
―――, 2014「移動の歴史的地層」新原道信編著『“境界領域” のフィールドワーク―― “惑星社会の諸問題” に応答するために』中央大学出版部。
―――, 2015「『都市コミュニティ』の創発性への活動アプローチ――大都市インナーシティ・新宿大久保地区の市民活動を事例として」『日本都市社会学会年報』33。
―――, 2016「『都市コミュニティ』の移動性と領域性に関する調査研究――インナーエリア・新宿大久保地域と『集合的な出来事』のエスノグラフィ」博士学位論文。
―――, 2017「『都市エスニシティ』論以降のコミュニティ研究――『場所』と『出来事』の比較研究序説」『中央大学社会科学研究所年報』21。
鈴木鉄忠，2016「『教師』のいない『教室』――『治安強化』のなかで苦闘し葛藤する学生ボランティア」新原道信編『うごきの場に居合わせる――公営団地におけるリフレクシヴな調査研究』中央大学出版部。
Tocqueville, Alexis de, 1835, *De la Démocratie en Amérique,* Michel Lévy.（= 2005 年，松本礼二訳『アメリカのデモクラシー第 1 巻』上・下巻，岩波書店）

第 4 章
立川プロジェクトの展開
——立川団地での「問い」の深化——

大 谷　晃

1．はじめに——立川プロジェクトの展開と三つの「問い」

(1)「問い」を生み出す立川団地と立川プロジェクト

本章の目的は，都営立川団地と立川プロジェクトの関係性の変化が，いかなる「問い」を立川プロジェクトの一員である筆者に与えたのかを明らかにしていくことである。

立川プロジェクトは，2012 年度に中央大学「新原ゼミ」に立ち上げられた，有志による調査研究プロジェクトである。このプロジェクトでは，東京都立川市北部に位置する都営立川団地の活動に学生たちが参与しつつ，立川団地という一つの地域の現実を肌で学ぶことが目指された。個々の学生たちにとっては，現場の人々との関係のつくり方を学ぶ一方で，自らの向き合うべき「問い」を切り出していくための場でもあった。そして，立川プロジェクトにおける「問題発見型調査」での学びは，卒業論文や修士論文に直接的・間接的に活かされていった[1)]。

本章では，立川団地と立川プロジェクトの間に生まれた筆者の「問い」の変化を三つの段階に分け，それぞれの段階での立川団地と立川プロジェクトの関係性の変化と，そこで得られた立川団地自体の変化に関する知見を論じていく。

ここでの筆者の「問い」の変化は，直接的には筆者自身の研究関心の変化である。一方で，それは立川団地と立川プロジェクトの関係性が変化する中で，それぞれの局面に参与した者の，視点の変化のストーリーでもある。立川団地での「中大生」，筆者の参与の質が変化していく中で，その〈合わせ鏡〉のように，立川団地への理解，「問い」も変化していくのである。

ゆえに本稿は，立川団地と立川プロジェクトの間で行われている「問題発見型調査」の意義を考察するものである。立川団地と立川プロジェクトの関係性の変化の中の，それぞれの局面において，筆者はいかなる形で立川団地の取り組みを理解することが可能だったのか。

本章で述べる，筆者の「問い」の変化の三つの段階について，詳細は第2・3・4節の冒頭でそれぞれ後述するが，以下ではまず簡単な見取り図を示す。

「コミュニティの成功例」としての立川団地

第1の「問い」は，「客」の視点から，立川団地がいかなる形でまなざされるかというものである。筆者を含む中央大学立川プロジェクトの学生（以下，「中大生」）たちは，はじめ「客」として立川団地に入った。2012年度，立川団地を訪れた「立川団地運動会」（以下，「運動会」）では，途中参加の「中大生」に急遽仕事が用意された。そして，当時の団地自治会長であったStさんをはじめとする団地の人々は，防災防犯や見守りに関する立川団地の活動を，丁寧に「中大生」たちに話した。

本章の舞台となる立川団地は，1400世帯4000人が暮らす都営住宅である。1990年代後半の大規模な団地建替えによる，高齢化や青少年の虐待・非行などの問題に対応する形で，自治会を中心とした活動を行ってきた。その結果，立川団地は現在，「コミュニティの成功例」として，マスメディアや行政機関，研究機関などの注目を集めている。このような外部のまなざしに対して，団地の活動についての定型的な説明が，立川団地では用意されるようになっていった。立川団地に最初に訪れた際に人々が目撃するのは，団地の取り組みに関する定型化された説明や，団地住民たちに共有された典型的な言葉・語りである。

外からやってきた「客」に，立川団地はどのようなものに映るのだろうか。「客」たちは，立川団地に何を発見し，そこから何を取り込んで，帰っていくのだろうか。

立川団地における二つの「制度」

第2の「問い」は，立川団地の「役員会」や年中行事に事前会議から参加するようになった立場から見て，そこにはいかなる「制度」がつくられているかというものである。2013年度以降，「中大生」は「役員会」にオブザーバーとしての参加を許され，団地の三つの年中行事[2)]にも事前会議の段階から継続的に運営にかかわっていくようになる。

立川団地の「役員会」や年中行事は，1999年度から2014年度まで16年間にわたり自治会長を務めたStさんの体制のもとで，つくられてきたものであった。そこには，自治会規約や内規といったフォーマルなものから，運営の背景に暗黙裡に存在する人々の役割構造といったインフォーマルなものまで，複数の「制度」が存在している。筆者もまた，とりわけ自分たち「中大生」をも含む年中行事の事前会議に参加するようになってから，そのことに気づいていく。2015年度には立川プロジェクト内に「イベント分析」班という名の活動が立ち上げられ，筆者も参加した。そこでは，団地の各行事における人々の（フォーマルな・明文化された）「制度」上の立場と実際に果たす役割のズレから，インフォーマルな「制度」としての，役割の構造を析出することが試みられた。

徐々に活動の内部に入っていった者から見て，現在の立川団地には，いかなる「制度」が存在しているのだろうか。

「制度」の背景にある個別の関係性

そして，第3の「問い」は，特定の人物たちと数年間活動を共にしてきた立場から見て，「役員会」や年中行事の「制度」の背後に，個々の人物たちのいかなる関係性が存在するかというものである。これは，団地の役員を中心とした個別の人物と個々の「中大生」の関係が，複数つくられ始めていることを契機として生じてきたものである。

立川団地は，団地内のみならず，周辺の砂川地域の自治会や子ども会・体育会・文化会などの諸地域組織と密接な関係を持っている。2016年度以降には，団地で出会った個別の人物たちから紹介を受ける形で，「中大生」たちは砂川地域の小学校，体育会，子ども会，児童館などの団地外の団体にも参加していった。そこでは，特定の人物が，立川団地で出会った時とはまた別の顔を持っていることに気づいていった。この時期から，団地を基点として団地内の人々へ着目する視点のみならず，団地内の特定の人物を基点として団地そのものや地域社会へ着目する視点へと，「問い」の方向性に変化が生じていったのである。

現在の立川団地に存在する「制度」の背景に，いかなる個別の関係性があるのだろうか。

本章の構成

本章は，上記に見てきた三つの関心・「問い」を，その移行も含めて描いていく形で構成される，問題発見型の調査に基づく論考である。まず第2節では，最初の1年間に筆者が「客」の立場から見た，「コミュニティの成功例」として描かれる立川団地を描いていく。続く第3節では，これまでに数年間参加してきた「役員会」と年中行事から，立川団地につくられた二つの「制度」がいかなるものであるかに焦点を当てていく。そして，第4節では，立川団地に既につくられた「制度」の背景にある，個別の人々の関係性が，いつ，いかなる形でつくられてきたのかを明らかにしていく。第5節では，第2節から第4節で得られた知見を，立川団地で起きた出来事の時系列順に再構成する形で示す。まとめとして，筆者の「問い」の現時点での到達点である研究課題と，立川団地自体の変化，立川団地と立川プロジェクトの関係性の変化と今後の展望を示したい。

(2)　本章における調査概要

本章のもととなるデータは，2012年度以降の立川プロジェクトの活動の中で蓄積されてきた，以下の二つの記録を中心としている。

第1に，2012年度から現在まで筆者が参加してきた，立川団地の「役員会」や年中行事において作成してきたフィールドノーツ，およびそこで得られた資料である。とりわけ，2015年度までのものが中心となる。これらは，主に第2節と第3節の記述のもととなる主要なデータである。「役員会」については，オブザーバーとして参加し，そこで行われたやり取りを記録したものである。一方の年中行事については，筆者自身が運営に携わるスタッフとして参加しつつ，記録したものであり，半ば当事者としての記録が残されている。とりわけ，年度を経るごとに，その程度は強まっている。さらに，年中行事においては，筆者がいかなる役割を当日担っていたかによって，記述の範囲に限界も生じている。これは次に述べるように，インタビュー調査の対象が団地自治会の役員たちに偏っていることにもつながる。このような記述対象・範囲の限界を，本調査は持っている。

第2に，2017年度に行われた，自治会役員HsさんとSkさんへのインタビュー調査である。第4節の冒頭でも述べるように，このインタビュー調査は，自治会役員としてHsさんとSkさんの2名，立川プロジェクトのメンバーであったOsさん（当時学部4年生）と筆者の2名が同席のもと，計4名で行われた。これは，それまでの立川団地の活動への参与で得られた知見，および立川団地と立川プロジェクトの間でつくられた個別の人物の関係性をもとに，行われたものである。それゆえに，情報や問題意識は一定程度固まった状態で行われた，半構造化インタビューに近い調査であった。

それ以外に，補足的に使用しているデータとして，2012年度以降の立川プロジェクトの活動において収集してきた立川団地や砂川地域にかかわるドキュメント資料がある。これについては，第2節における立川団地の活動の説明，および第4節の立川団地の歴史記述に使用している。

2.「コミュニティの成功例」と女性自治会長 ──「客」から見た立川団地

2012年6月のある日，筆者を含む「中大生」たちは，立川団地で行われる「運動会」に招かれ，立川駅より団地行きのバスに乗り込んだ。駅から20分ほどの道のりでは，街路樹が中央分離帯と両脇に一直線に並び立つ道路を進む。緑で飾られた景色の中に，自衛隊立川駐屯地の格納庫，駐屯地を囲うフェンスという異物が飛び込んでくる。それは，かつての立川基地跡地につくられたものであった。

「運動会」の開始は午前8時半，当日の運営スタッフたちの集合時間は7時であったが，「中大生」たちが団地に到着したのは10時半を過ぎてからである。当時の自治会長であったStさんは，「運動会」の責任者を務める体育部長であったSmさんに「中大生」を引き合わせ，仕事をつくった。Stさんが放送席でマイクを持ち，「ただ今競技場の中に緑のシャツを着ていない人たちがいますが，中央大学の学生がお手伝いに来てくれました。皆さんよろしくお願いします。」と会場全体にアナウンスをした。

立川団地に初めて入るという2012年の「運動会」を通じて分かることは，筆者は「二重の客」であったということである。

第1に，立川プロジェクトの中で，院生たちに地域における調査・団地の人々との関係づくりを学ぶ場を用意されているという点である。この「運動会」が行われる前の2012年5月24日，新原道信と阪口毅ら院生たちが，当時立川団地自治会の会長であったStさんと会談している。さらに，毎週の立川プロジェクトの集まりでは，立川基地や砂川の新田開発など地域の歴史，団地そのものの歴史など，「運動会」に入るにあたっての事前調査が行われた。これもまた，院生たちの主導によって行われたものであった。

第2に，「運動会」をはじめとする立川団地自治会で仕事を用意され，役割を与えられるという点である。その後，立川団地の行事への参加を繰り返していく中で,「運動会」という一つの行事を開催するまでに膨大な時間の事前会議や準備が繰り返されていたことを知った。しかし，当時の筆者には，そうした「舞台」の裏に関する勘が働くことはなかった。

筆者を含む学部生たちの多くは，それぞれ異なる他者の手によってすでに用意された場に,「客」として入ることから始まったのである。本節の目的は，筆者の最初の立川団地や立川プロジェクトへのかかわり方のごとく,「客」としての立場から立川団地で行われている活動を見ると，いかなるものに映るのかということを描くことである。多くの場合,「客」たちが発見するのは,「コミュニティの成功例」として語られる立川団地である。

本節での記述のもととなるデータは，筆者が立川団地にかかわった比較的初期の段階である2012年度から2015年度頃までの筆者のフィールドノーツ，現地で得られた資料，および自治会長を16年間にわたり務めたStさんが執筆した著作が中心となる。

(1)「コミュニティの成功例」としての立川団地

1962年12月，総戸数1200戸2700人ほどの人口を抱える立川市内で初めての都営住宅[3]として，立川団地は誕生した。入居開始当時の立川団地は，木造平屋・2階建てであり，制度的には6の都営住宅[4]と，団地内には13の自治会とそれを束ねる「立川団地連合自治会」が存在した。

現在の立川団地自治会にとって転機となったのは，1994年から順次開始された，団地建替えプロジェクトである[5]。立川団地の従来の木造平屋・2階建ての建物は，鉄筋3-14階建てへと大きく変容し，1996年12月より順次再入居が開始された。建替えによって，団地内には全31棟中，3棟のシルバー・ピア(高齢者専用住宅)，幅員が拡大された団地内中央の道路・大規模公園・公民館などが整備されていった。しかし，同時にまたこの時期に，児童虐待や少年非行，違法駐車や不法投棄，孤独死といった事件が顕著になっていったのである。

1997（平成9）年，団地全体の住民自治組織であった従来の立川団地連合自治会に代わって,「立川団地自治会[6]」が新たに発足した。以降，立川団地自治会は，上述の建替えと同時期から生じてきた高齢者・子どもをめぐる問題を中心に，活動を行っていく。その結果，近年では「コミュニティの成功例」として，注目されてきたのである[7)]。

St さんの功績

「コミュニティの成功例」として着目されるようになった立川団地自治会の活動を長く牽引してきたのが，1996（平成 8）年度より区長，1998（平成 10）年度より自治会副会長，1999（平成 11）年度には初の女性自治会長として 2014（平成 26）年度まで 16 年間にわたり自治会長を務めた St さんである。

St さんが立川団地に入居したのは，1976（昭和 51）年のことである。St さんは，当時子ども会や PTA の活動に参加しつつ，間接的に自治会の活動に対して，自治会主催行事の少なさ，組織における人事権等の偏り，会計の不透明さなどに問題を感じていた（佐藤 2012：34-37）。St さんは，1997 年の新自治会発足以来，役員の選考や会計に着手すべく，早速規約の改正に取り組んでいった。

St さんはこれまでに，内閣府男女共同参画局の「女性のチャレンジ大賞」（2004 年），東京都の「地域活動功労者賞」（2011 年）などの賞を個人受賞している。また，会長在任中には，「全国防災まちづくり大賞・消防科学総合センター理事長賞」（2009 年）を，「立川団地自治会の防災減災への取り組み『人を助け，人に助けられる自治会』――人が人にやさしいまち――」として立川団地自治会が受賞した。こうした過程で，立川団地の活動と，その中心的な役割を果たした St さんが，全国的に知られていくようになった。以降，立川団地には，月数件の視察が，自治会・自治体・大学・マスコミなどから訪れるようになる。

「向こう三軒両隣」の精神

St さんの自治会長在任中に，立川団地自治会は，自治会加入率 100%（自治会費納入率ほぼ 100%），高齢者の見守り制度の確立による孤独死 0・交通事故 0 などを達成していく。その際，「向こう三軒両隣」という言葉が，一つのキーワードとして用いられている。

立川団地自治会では，新たに立川団地に入居する人に向けて，あるいは外部団体に自治会活動を説明する際に用いられる，自治会の「紹介文」となる小冊子がある。「住民に必要とされる自治会づくり——人を助け，人に助けられる自治会でありたい」と銘打たれたその小冊子には，自治会の組織概要や子育て支援・高齢者見守り団体の活動紹介，事務所や集会室の利用法，年間行事のスケジュール，防災・防犯への取り組み，2011年以降の東日本大震災の避難者支援の記録，そして団地内の全体像を表した手書きの地図，団地における居住生活に必要な情報がこと細かく記されている。

> 自分たちの出来ることは，自分たちで行動する。向こう三軒両隣，人と人とのつながりを大切に。とにかく，自分はここに生まれ，ここの地に縁あって居を構えたのです。ここに住んで良かった，ここに生まれて良かった，ここで恋をし，ここで子どもを育て，ここで死ぬことができて幸せだった，そう思えるような街，まち，を一人ひとり心をひとつにし，仲間みんなで作り上げることが，自治なのではないかと思います。
> 私たち役員は「身のまわりを良くみて，人助けが出来ないかを考える。」そして人助けの出来る社会，行政に頼らない自治組織を私は社会的発明と呼んでいます。
> 人を助け，人に助けられる自治会でありたいです。
>
> （立川団地自治会 2012：13）

最大14階に及ぶ鉄筋コンクリート造りの建物である現在の立川団地の建物からは，「向こう三軒両隣」や「人と人のつながり」という言葉による見守り活動が，必ずしも直接に想起されるものではないように思える。「私が子育てをしていた時には，地域全体で一緒に子どもを育ててもらいました。それこそ『向こう三軒両隣』。子どもを育てるには，いろいろな人の力を借りたほうがいい。私はそれを身をもって体験しました」（佐藤 2012：107）と St さんが述べるように，それは平屋・2階建て長屋形式であった，建替え前の立川団地における関係・

記憶を投影したものとも言える（ここでは「子育て」をめぐる関係・記憶）。

さらに，上述の小冊子によれば，立川団地自治会では「向こう三軒両隣」という言葉で裏打ちされた活動を支えるのは「自治」の担い手としての住民たちであり，その住民たちによる組織が「社会的発明」という言葉で位置づけられているのである。ここまで見てきたような高齢者見守り活動もまた，民生委員たちのみならず，郵便局配達員や新聞配達員にも協力を要請する形で確立されており，あるいは子どもの見守りについても子育て支援団体の設立によって，組織化されている面があるのであった。こうした，インフォーマルな関係に裏づけられつつ，フォーマルな制度・組織が確立されていることも，立川団地自治会の大きな特徴の一つである。

人材の発掘とコミュニティ・ビジネス

先述した2012年の「運動会」において，Stさんは「中大生」たちの席をテント内に確保し昼食を共にしながら，「皆さん本当にプロの方ですよ。すばらしい方々。いつも喧嘩してるように見えるでしょ。でもこれが普通なの。」と語った。立川団地自治会には，活動を支える人や金，物などの資源が調達される仕組みが確立されていた。その典型的な例は，「人材バンク」と呼ばれる団地住民たちの人材登録制度である。2013年3月，震災の避難者を励ますために開かれた「花見」に訪れた「中大生」たちを迎えに来たStさんと団地事務所に向けて歩いていると，Stさんに話しかけてくる男性がいた。男性は，「明日までに持っていけばいいかい？」などとStさんと話し，何かの打ち合わせをしているようであった。「あの方は人材バンクにも登録してもらってる人なんです。普通に頼むより安いし，息子の服の直しもよくお願いするの。」と，Stさんに説明してもらった。

ここには団地住民が登録されており，パソコン・絵画・大工・板金・服飾・植木・書道・折り紙などの「専門家」たちが一覧で分かるようになっている。何か生活上の悩みやトラブルが生じたとき，団地内の住民に格安で請け負ってもらう代わりに，仕事を提供するという仕組みである。立川団地自治会では，こうしたコミュニティ・ビジネスを,「市能工商（市民, 能力, 工夫, 商売）」というスローガンと共に確立しているのである。

さらには, そうした事業の展開は, 住民同士に留まらない。たとえば, 東日本大震災後に団地に避難してきた人々には,「復興にゃんこ隊」という猫のマスコットや着物地を使用したペンケースやティッシュカバー, クッションカバーなどを裁縫で手作りするという内職, あるいは近隣の住民から畑の耕作を委託されるという事業が, St さんが会長を務める「立川・東日本大震災避難者を支援する会」の主導のもとに提供された。あるいは, 後に詳述するように団地内の駐車場管理を東京都住宅供給公社から委託され, 高齢者を中心とした管理組織を立ち上げ, 独自予算で日当を供給していた時期もある。

ここまで見てきたような立川団地の取り組みは, St さんを中心とした, St さんのリーダーシップという個人の能力によって達成されている側面がある。

(2)「晴れ女」という語り

しかしながら,「コミュニティの成功例」という言葉を形作るのは, 突出した個人としての St さんの存在のみではない。そこには, 以下に述べるように, 少なからず集合的な活動という意味が込められていたのである。

立川プロジェクトが立川団地自治会の活動との間で立ち上げられた 2012 年, 新原道信, 阪口毅, 当時の院生たちに引率される形で私が初めて参加したのが 6 月の「運動会」であった。この時, 初めて「晴れ女」という言葉を耳にした。これは, 団地の人々を中心とした行事のスタッフたちが, 会長の St さんを指して用いていた言葉であった。雨予報が出ていたり, 前日に雨が降ったとしても, 当日になるとなぜか晴れ, 行事が開催できるのだと言う。

> 残ったジュース・ビールの仕分けとバケツの片づけを終え, 綱引きが終わった後の片づけのために軍手をして Sm さんについていく。ここで, 待機中に Sm さんからお話をしていただいた。新原先生も交え, 男だけ数人で団地の運動会について話す。今までに運動会が中止になったのは 12 回中 1

回である（後に3回と訂正）こと，St さんが強い「晴れ女」であることなどについて話していただいた。（2012年6月3日 筆者のフィールドノーツより）

私たちも行事への参加を重ねる中で，雨予報が出ていた時が数回あったが，実際に「運動会」や「夏まつり」が延期になったことは1度もなかったのである。そしてその度に，「晴れ女」という言葉が，団地の人々から，時には St さん自身から，行事のはじめの挨拶で，あるいは反省会の席で語られた。「晴れ女」とは，団地行事に参加する人の多くに共有されている語りであった。

さらにそうした語りは，St さんが自治会長を退いた後にも見られた。2015年度の「夏まつり」を控え，盆踊りの練習に参加したのち，自治会三役たちに近隣の焼き鳥屋へ連れて行かれた時のことであった。そこには，当時会長就任1年目であった Hs さん，副会長の Sd さん，団地外居住ながらも活動を続けている Dz さん，そして私を含む「中大生」4名が居合わせた。

日々の自治会活動の話題をかわるがわる話しながら，時折「中大生」たちに団地内に備えられた防災倉庫，東日本大震災の避難者の慰安旅行などのことが補足として挟まれていった。その中で，ふと Sd さんが「将軍様はどうした？」と Hs さんに聞いた。Hs さんは，その人物が自転車で怪我をしたらしい，という返答をする。「中大生」の多くも察していた通り，「将軍」とは St さんのことであった。その際，私たちを気遣った Sd さんが，以下のような発言をしたのである。

「将軍」って誰のことだか分かる？あの人前にすると何にも言うことなんかできねえよ。あの人が言えば右向け右だからな。でもね，そういう人が必要なの。みんながみんな決められないんだから，決断する人がね。だから毎回イベント（行事）やっても雨が降らねえんだよ。

（2015年8月9日 筆者のフィールドノーツ）

ここでは，自治会活動において，「決断する人」として St さんが位置づけられ，だから行事をやっても「雨が降らない」という因果関係で結ばれた，天候を左右する人物としてのStさんという語りが見られる。そしてそれは，Hsさんが新会長になった後に，参加してから4年目になるとはいえ，まだ自治会活動のことを十分に把握していたとはいえない「中大生」に向けて発されたのであった。さらにその前の会話では，まさにStさんが獲得してきた防災倉庫の備蓄や，Stさんが支援の陣頭指揮を執った避難者受け入れにかかわる語りがなされていたのである。

「晴れ女」とは，立川団地の活動を常に中心となって支えてきた自治会長であったStさんに込められた言葉であった。時に，「何も言えない」ほどの強いリーダーシップを表した「将軍」といった言葉にも置き換えられる。そしてそれらの言葉は，10数年間をかけて立川団地につくられてきた「運動会」や「夏まつり」などの行事，防災などの活動の語りと共に，想起される。Stさん個人を表すと同時に，現在の立川団地の取り組みの総体を象徴するものとして語られるのである。

ここまで，立川団地が「コミュニティの成功例」として語られる時の取り組みを，「中大生」の一人である筆者が理解していく過程を通じて述べてきた。当時の筆者のような「客」が発見する「成功例」としての立川団地の背景には，まずStさんという16年間自治会長を務めた女性の存在がある。多くの「客」たちは，Stさんのリーダーシップを，立川団地の「成功」と照らし合わせる。ここでは，年中行事をはじめとする立川団地の活動も，あくまでStさん中心の文脈で，Stさんだからできたことだと理解される。

しかしながら，「晴れ女」というStさんに向けられた団地の人々に共有される語りからは，また別の側面が見いだせる。団地の人々は，「晴れ女」という言葉を語るとき，年中行事や防災など，集合的な活動を想起している。そこに，Stさんという存在は，Sdさんが言うように「必要」である。しかし，すべてではない。このことに気づいた「客」は，次に何に着目していくか。年中行事などの立川団地の活動が，より具体的には何を指し示すのか。

次節では，まず，フォーマルにもインフォーマルにも存在する立川団地の「制度」を，自治会「役員会」や団地内での年中行事に焦点を当てて述べていく。いずれも，St さんが会長を務めた時期と重なる形で，団地につくられていったものである。次節で見るように，そうした「制度」への関心は，「中大生」たちが「役員会」などの会議に参加するようになってから生じていく。

3．「役員会」と年中行事という二つの「制度」——役割構造の中から見た立川団地

2012 年，11 月に行われた「防災ウォークラリー」の反省会も終え片付けに入っている中で，St さんより翌月以降の自治会「役員会」にも出席するよう，「中大生」たちに話が持ち掛けられた。「ふつうのところを見ていただいて，どういうふうに，どのようなことが決まっていくのかも見て頂きたいと思います」と，St さんは話した。それは，1 年間を通じて立川団地の三つの年中行事（6 月の「運動会」・8 月の「夏まつり」・11 月の「防災ウォークラリー」）を終えた後に起きたことであった。以降現在に至るまで，2012 年 12 月より，毎月行われる「役員会」に，「中大生」の代表が 2 名，参加し続けている。

翌 2013 年 5 月，2 週間後に控えた「運動会」に向けた「体育部」の会議に，「中大生」であった筆者と Ku さんが参加した。この会議は，自治会本部役員から 2 名と「運動会」の運営を主催する体育部役員 4 名，そして「中大生」2 名の 8 名で行われたものであった。その場では，年齢・性別・家族構成・参加経験・性格によって，100 名近い運営の協力スタッフたちの係振り分けが行われた。その 3 日後，協力スタッフ約 100 名が一堂に集う事前会議が行われ，「中大生」も 7 名が参加した。ここでは，予め決められた係分担ごとに，前日・当日の流れや仕事の内容が確認されていった。以後，他の年中行事を含めて，「中大生」たちは年中行事の事前準備段階から，継続的に参加していくことになるのである。

これらの自治会「役員会」や，団地の年中行事は，10 数年間の歳月をかけて団地の中につくられてきたものであった。筆者が初めて参加した 2012 年の「運

動会」は第12回，その第1回が行われたのは2000年である。先に述べたように，この4年前にあたる1996年，立川団地は全面的な建替え事業による再入居を迎えていた。翌1997年，新たな入居者を含めた自治会が立ち上げられた。1999年度より2014年度までの16年間にわたり自治会長を務めたStさんの体制のもとで，立川団地には，「役員会」と年中行事という二つの「制度」ができていった。ここでの「制度」とは，第1に自治会規約やその運用に際しての内規といった，明文化されたフォーマルなもの，第2に実際の運営の背景にある慣行や役割の構造など，インフォーマルなものである。

そして，筆者がこれらの「制度」の存在に気付くのは，自身を含む「中大生」たちが，「役員会」や年中行事の事前会議に参加するようになってからである。とりわけ年中行事においては，自らが役割の構造に含みこまれていく時期と重なっていた。

本節での記述は，筆者が立川団地の自治会「役員会」や，年中行事の事前会議に参加するようになった，2013年度から2015年度頃までの筆者のフィールドノーツをもとにしている。ここでは，「役員会」においては明確な「部外者」として，年中行事においては団地住民ではないながらも役割の構造の中に含みこまれた者として，筆者が捉えた二つの「制度」を述べていく。

(1)「役員会」

「役員会」の風景

2013年7月，筆者が初めて「役員会」に参加した時のことである。会場となる団地の集会室の戸を開けると，数十組のスリッパが並べられている。室内に入ると，「いつもの席にどうぞー」と役員に案内される。「中大生」の座る席は，毎月決まっているのである。席に着くと，そこには既に資料が並べられている(役員会資料，夏まつり実施要綱，Stさんが介護・福祉についてインタビューを受けた記事が掲載された雑誌)。他の席には，その他に各号棟の番号が書かれた封筒が置かれている。

資料に目を通しながら，すでに早めに集まってきていた「区長（全31号棟の棟ごとの代表)」と「三役（自治会本部の会長・副会長・会計)」たちの会話に耳を傾ける。その内容は，ある「区長」が「三役」に団地内での違法駐車の対応について相談をしているところであった。

会議は，19時30分の定刻になると同時に，会長の挨拶から始まる。進行は副会長が務める。議事の進行のメインとなるのは，毎月1ヶ月の自治会活動がまとめて報告される「報告事項」と，その時々に応じた行事の運営・規約改正・各種の内規の運用などを協議する「協議事項」の二つである。報告事項は，毎月30から40以上あり，原則会長が次々と読み上げ，必要に応じて補足説明をし，一通り終えてから全体に質問や意見を求める。協議事項は，各担当者から発案され，全体で議論・決定していくという流れであった。こうしたやり取りが，20時から20時30分頃には終わる。毎月約30分から1時間ほどの時間である。

「役員会」の概要

立川団地自治会の「役員会」は，自治会規約に明文化されたメンバーシップを有する。また，実際の会の進行もパターン化している。

立川団地自治会における「役員会」とは，自治会規約第18条に定められた，総会に次ぐ議決機関の地位を持つ会議である。審議事項は「予算・決算その他会の事業にかかわる事項」であり，現在の慣例では1月を除く月に1回，年11回が団地のおおよそ中央に位置する集会室を使って行われる。その構成員は，自治会規約第9条に定められた「役員」，すなわち，「三役（会長1名・副会長5名・会計2名)」の8名，「専門部長（自治会に設置された専門性の高い事業部の長[8])」の5名，「区長」の31名，以上の合計44名である。上記の構成員が欠席する場合，代理の者が出席・発言することとなっている。

規約上の構成員以外の参加者としては，以下のような例が挙げられる。第1に，特定の案件（市や都公社の事業・施策や，道路・水道等のインフラ工事等）に関して，行政や民間委託業者の担当者が説明に来るという場合。第2に，2012年12月よりメンバーを入れ替えながら「オブザーバー」として2名が毎月参加を続けてきた「中大生」，あるいは視察のために参加するという場合である。いずれも，議事にかかわる発言権は持たない。

立川団地自治会の「役員会」では，出席者が座る席は毎月固定されている。集会室の前方には，「三役」たちが一列に並び，それ以外の席には31人の「区長」，「専門部長」たちが座る。それぞれの席にはパイプ椅子が置かれ，3人あるいは2人1組で長机を使用する。

出席者の中には小さな子どもを同伴せざるをえない人も居る。その場合，子どもたちは正面から見て左後方にあるソファーで，携帯型ゲームやお絵かきなどで時間をつぶすが，会議中に大声を出してしまうこともしばしばである。車椅子を使用している「区長」もいる。そのような際には，予めその「区長」の席のパイプ椅子は片付けられている。

「役員会」が始まる前の時間は，早めに集まってきた「区長」たちが，近隣の「区長」や「三役」たちと，世間話を交えながら「井戸端会議」をする時間である。こうした中で，全体に議題として取り上げられる以前の問題や，全体の議題には至らない個別の悩みなどが共有されていく。

全体の進行は，「開会の言葉（進行役の副会長），会長挨拶（会長），資料確認（事務局），報告事項の読みあげと補足説明（会長），報告事項に対する質疑応答，協議事項（担当者）の説明，協議と質疑応答，閉会の言葉（進行役とは別の副会長）」というものである。議事として取り上げられるものの具体的な例としては，①「防災・防犯」にかかわるもの：非常ベル，青少年の安全や犯罪防止，防災用水路，防犯パトロール，備蓄など，②「団地（各区）内の共同生活上の問題点」にかかわるもの：違法駐車，不法投棄，犬・猫の飼育，定期清掃など，③年中行事の議論にかかわるもの，④「対外交渉」にかかわるもの：立川市，都・都公社，他自治会，警察，水道業・建設業等の民間企業，などがある。

「役員会」における三役たちの「助言」と区長による「問題発見」

立川団地の「役員会」では，構成員の規定や配置，議事や進行のみならず，それぞれの構成員が果たす役割の構造も存在している。とりわけそれは，ある種の繰り返される生活上の問題について，顕著である。ここでは，簡単にではあるが，違法駐車や不法投棄といった問題群についての事例から述べていきたい。この違法駐車や不法投棄という問題は，① 2012 年度から 2015 年度頃までほぼ毎月のように「役員会」にて苦情が上がっていたこと，②道路やゴミ捨て場という公共の場所で生じており，解決には法的・政治的な制約を伴うこと，③住民たちにとって共通性が高い問題であること，などの共通点があげられる。

立川団地の人々にとっての違法駐車問題は，後に第 4 節でもふれるが 1990 年代後半の団地建替え以降，現在にまで続く問題である。自治会の本部役員である「三役」たちは，長年の蓄積に基づき問題への対応策をパターン化しており，「役員会」においては各号棟の代表である「区長」たちからの報告や相談に基づいて，適切な助言を与える役割を担っている。たとえば，以下は筆者が初めて参加した 2013 年 7 月の「役員会」が始まる前の，住民たちのやり取りを記録したものである。「区長」の相談に，10 年以上務めている「三役」の Sk さんが対応策を示す形で応答した。

> 19 時 15 分頃，会場に入る。席に着くと，すでに 3 種類の資料が並べられている。目を通しながら，出席している区長たちの話に耳を傾ける。区長と自治会会計の Sk さんが違法駐車への対応について話していた。
>
> 区長「自治会の方から（都に）言ってほしいんですよ。」
> Sk さん「自治会でも言います。ただ，個人の方でも都に連絡していただきたいんです。コールセンターに。そうやっていろんなとこから連絡入れると対応が早くなるんですよ。」　（2013 年 7 月 10 日 筆者のフィールドノーツ）

ここで「三役」である Sk さんから「区長」の相談に示されたのは，「個人からも都に連絡することで対応が早くなる」という助言であった。こうした性質の助言は，別の事例においても「日時とナンバーを特定した写真を撮ること」，「警察署に直接連絡すれば動いてくれる」，「可動的なバリケードをつくることで，ごみ回収車等を通しつつ，違法駐車を防ぐ，ないしは減らす」といった形で提示された。

同時に，「三役」はこうした問題解決法を実現するために，行政への協力と自治会からの要望の間で交渉する役割を担っている。たとえば，不法投棄問題への対応においては，数年間の念願であった不法投棄対策防止のための囲い柵設置工事を実現するために，「役員会」において「三役」であるStさんが「区長」たちに工事の詳細の説明と協力の呼びかけを行う一幕があった。

①　ごみ集積所，柵設置工事のお知らせ

St会長「工事のお知らせが回覧として入っています。10月6日～1月5日の間に工事が行われます。都税が2000万円使われている工事です。」

②　工事に関連して，協力の呼びかけ

St会長「工事期間中，17区付近，このC集会室の隣の公園が資材置き場として使われます。また，搬入の車が頻繁に出入りするようになります。9時～17時で工事は終わらせるとのことです。あと，水を使う場合もあって，その場合区の水道を借りることになりますが，水道料金が（基本料を？）オーバーしてしまった場合，業者が持つとのことです。」

（2014年10月3日 筆者のフィールドノーツ）

このように，万が一工事の騒音などに対して住民の不満が噴出し，滞ってはいけないように，時に行政や業者の「言い分」を区長たちに伝える役割も，「三役」は持つのである。

一方で，「区長」たちは，問題の発見や物証の取得にあたっては，自区の住民たちと共に，その役割が大きい。立川団地に存在する全31棟の建物は，構成員の層や地理的な条件によって，各棟により直面する問題は異なる。「区長」たちや一般住民たちは，日常的な努力において固有の問題を発見し，そして，それらの問題は「役員会」の場で議論されることで，自治会全体において構造化されていくのではないかと，「役員会」でのやり取りから推定される。

たとえば，2013年11月の「役員会」では，頻発する不法投棄問題に対してある「区長」が他の「区長」たちに，それぞれの区でどのような対応をしているか相談を求める場面があった。

Iw副会長「（同じ区に住む区長に話しかけながら，）そういえば，この前僕たち見張ってたんですよね。そしたら自転車に乗ったおじさんが来て，僕たちのこと見てびっくりした顔でどっか行っちゃったんですよ。それで，しばらくしてまた戻ってきて，まだ居たからまたどっかにいっちゃて（笑）結局居ない時にやるんですね。」（中略…）
26区長「ごみ問題について，26号棟では，PC作業等で作ったスケジュール表を貼るなどしていますが，結局違う日に持ってくる人がいます。見張っていると持ってこないんですが……。」
→ 各区長たちから，「私も，6：30～8：30まで2週間ほど見張り続けることにしています。」「部屋番号を書くようにしている区はありますか？」「ちゃんとしている人は書いてくるけど，変なのは書いてないです（笑）」などと応答がある。　（2013年11月15日 筆者のフィールドノーツ）

以上見てきたように，立川団地における「役員会」は，第1に自治会規約という明文化された「制度」によって強く位置づけられているが，第2に進行の慣習や個々の人々が果たす役割の構造もまた，インフォーマルではあるものの強い「制度」として存在しているのである。

(2)　団地内での年中行事

立川団地の三つの年中行事

立川団地には，1年を通じて三つの年中行事が存在する。それは，6月の「運動会」，8月の「夏まつり」，11月の「防災ウォークラリー」である。ここではまず，すべてに共通する事柄と，それぞれの行事についてのごく簡単な概要を紹介したい。

立川団地における年中行事は，いずれも共通の大きな目的を持っている。それは，団地住民の「防災」への理解を高めること，住民同士での「親睦」や「コミュニケーション」の機会となることである。前者については，たとえば会場として団地内に存在する「立川団地小学校」を使用するが，これは災害時に避難場所となる小学校の場所や建物構造を把握するといった目的を持っている。後者については，たとえば受付を済ませた人にはいずれの行事も無料でお弁当が配布され，「同じ釜の飯を食う」という言葉でそれが呼びかけられる。これは，普段引きこもりがちな単身高齢者に部屋の外へ出て来てもらうこと，さらにはそこで顔見知りになることが，結果的に災害時の安否確認などにもつながるという「防災」の目的も掛け合わせたものになっているのである。

「運動会」は，毎年6月に開催される，1年ではじめの立川団地の年中行事である。2000年より開始されたもので，2018年現在第18回を迎える。参加者は例年1500人以上になる 。プログラム編成としては，午前中から昼休みを挟んで午後まで，全部で10数種類の競技からつくられている。競技参加者は，色分けされたチームによる対抗戦，点数がつかず小さな子どもからお年寄り，車椅子利用者等の障害者も参加できる自由参加競技の2種類に出場する。団地住民の人口をできるだけ均等に等分されるようにチームが編成されており，2013年度までは赤・青・黄・白の4チーム，2014年度以降は緑が加わって5チームによる構成となった。子どもが少ないチームには砂川地域内の子ども会から応援が入る等，地域との連携体制もとられている。

「夏まつり」は，毎年8月に開催される行事である。参加者数から言えば団地内最大の行事であり，団地住民の家族や友人，団地内外の地域諸団体の構成員を含め，2千数百名の動員数を持っている。会場となる小学校には，かき氷・焼きそば・焼き鳥・ジュース類等，地域のPTA・子ども会・少年野球チームやサッカーチーム等の団体が出店しており，販売によって得た収入はそのまま団体の活動費としてもらえるようになっている。さらに，近隣の八百屋や農家から提供された格安野菜の即売会，地元の中学生・高校生たちによるバンドや吹奏楽の演奏，夜になると盆踊りやよさこいソーラン節が催される。盆踊りは地域の老人クラブ内の踊り部の人々が着物の晴れ姿でお手本となり，その中に一般の人々が加わって見よう見まねで一緒に踊る。盆踊りの輪が取り囲む中心には櫓があり，そこでは和太鼓により音頭がとられる。よさこいソーラン節は，子育て支援団体Mの女性たちに，子どもたち・「中大生」たちが加わり，法被を着てこれを踊る。また，夕方には子ども神輿と山車が団地内を一周する。木組みの神輿にはそこに祀る「神」はいないが，子どもたちが書いた絵柄で彩られたものである。山車は，金属製のラックを縦に積み上げ，その四方に絵柄や折り紙による装飾，参加した子どもたちへのご褒美となる景品がついた簾をつけたものである。毎年数十名の子どもたちがこの輪に加わり，2時間ほどをかけて団地内を回るのである。

「防災ウォークラリー」は，毎年11月に開催される，1年で最後の年中行事である。2006年より開始されたもので，2018年度現在第12回を迎えた。運営は，三役と各専門部長・部員によって構成されている。団地内外のスタッフ・ゲーム参加者を含め350名ほどが参加する。ゲーム参加者たちは，コマ図（団地内の地図を細切れにしたもの）を頼りに，そこに書かれたチェックポイントを通過していきながら，団地内を1周する。各チェックポイントでは，防災に関する○×クイズと，初期消火訓練や輪投げなどのミニゲームに挑戦し，その得点とゴールまでの「タイム」で総合得点が算出され，上位チームには表彰と景品が用意されている。ここでいう「タイム」とは，高齢者や車椅子使用の障害者たちが実際に団地内を1周する時間を想定してこれが作られている。昼食には，専門部員たちがつくった焼きそば・焼き芋・豚汁等が無料でふるまわれる。これらの料理が数百人分用意されるが，この調理自体が災害時の「炊き出し」を兼ねている。1年で1度しか使わないという巨大な寸胴鍋を倉庫から出し，収納場所の把握とメンテナンスを行うという意味も込められている。

年中行事における役割の構造

立川団地で行われる年中行事は，先述した「役員会」のように自治会規約に明文化されているようなものではないが，内規を中心とした運営体制を確立している。それぞれの行事にかかわるスタッフは，行事ごとに若干の相違はあるが，おおむね以下のような人々により構成されている。

第1に，「三役」たちである。彼らは，自治会本部役員としてすべての行事の統括役を務める。先述した「防災」や「親睦」といった目的に沿うように，企画を決めていくのが最も大きな仕事である。また，物品の管理やスタッフたちへの指示，緊急時の対応などを担っている。彼らは「黒T」と呼ばれる統一したTシャツを着ており，スタッフたちへの説明の際には，「何かあったら黒Tを着ている人に聞いてください」との呼びかけがなされるのである。

第2に，「専門部」の人々である。体育部・文化部・防災防犯部・生活環境部・交通安全対策部からなる立川団地の専門部は，行事においてもそれぞれの専門分野に応じた役割を担う。たとえば，「運動会」は体育部，「夏まつり」は文化部，「防災ウォークラリー」は防災防犯部と，各行事には担当の専門部が決まっている。さらに，生活環境部は各行事後の小学校の清掃などを主に担当し，交通安全対策部は自転車や車などの交通整理を行っている。

第3に，「協力員」である。「協力員」たちは，自治会内の内規によって，各行事の際に各棟から1・2名選ばれる。選出方法は他薦・自薦を問わない。彼らの中には，毎年必ず同じ係や仕事を担当する「ベテラン協力員」たちと，持ち回りで初めて担当することになったような人々がいる。「ベテラン協力員」たちは，時に一つの係の代表にあたる仕事を務めることもある。

第4に，一部の特定の個人，子ども会に所属する中高生ボランティアである「ジュニアリーダー」，「中大生」たちといった，自治会規約にも内規にも存在しないスタッフもいる。ただし，これらの人々も事前に配布される役割分担表には氏名が載せられており，ほぼ毎年のように参加するため担当する役割も構造化している。

以上のように，立川団地における年中行事は，「役員会」に比べれば，規約などの明文化された裏づけを持たない分，確かにフォーマルな「制度」によって成立している度合いは低い。しかしながら，年中行事の役割分担表には，「三役」や「専門部」といった自治会規約における役職を持つ人々や，「協力員」といった内規によって募集される人々，そして「ジュニアリーダー」や「中大生」たちが，全て名を連ねている。こうした役割の構造のように，年中行事もまた，インフォーマルな部分を含みつつも，一定の「制度」を持っているのである。

さらには，年中行事は，「制度」以前のよりインフォーマルな関係性によって支えられているところも大きい。このことについて，次項で確認していく。

⑶「転出者」たちの担うもの

ここでは，年中行事に参加する人々の内，規約や内規によって規定されていない人々に焦点を当てる。それは，二人の元自治会役員，Kw さんと Kr さんである。彼らは，それぞれ 2011 年度，2013 年度まで，団地内に居住しており自治会の副会長を務めた人物であった。それぞれに，収入制限などの理由により転出することになっていくのであるが，その後も団地の年中行事にはほぼ毎回通い続けているのである。

確かに，先にみたように，彼らについても団地の年中行事におけるインフォーマルな「制度」，すなわち特定の役割の構造の中には組み込まれていることが確かであり，一切「制度」の枠に捉われない存在ではない。しかしながら，なぜ彼らは転出してもなお，団地の年中行事に通い続けるのだろうか。以下では，二人の発した言葉から，その理由を考察していきたい。

「指の何本か詰めないと」

Kr さんは，2013 年度までの自治会の副会長を務めた人物であった。2014 年，Kr さんは市外に転出することとなり，副会長の職を引退することとなった。筆者がそれを知ったのは，2014 年（2013 年度）2 月の「役員会」の後，集会室を出て，煙草を吸っていた Kr さんと Hs さんと会話をしているときであった。Kr さんは，次のように話した。

> 俺も今年で終わりなんだよね。今度引っ越すことになっちゃって。今年いっぱいはしっかりやりたいと思ってるんだけど。まあ，また何かあれば引

っ張り出されちゃうかもしれないけど。

（2014年2月7日 筆者のフィールドノーツ）

この後，4月の「定期総会」[9]で司会を務めた後，新しい副会長の人事が決まり，Krさんは正式に引退することとなった。しかし，Krさんが予感していた「引っ張り出される」ということが，すぐに現実になる。6月に行われる「運動会」の準備のために集まった5月の事前会議にて，Krさんと再会することになったのである。「今年もいらっしゃるんですね」という筆者の「問い」に，「指の何本か詰めないと脱けられないから」とKrさんは答えた。その後，Krさんは前年度までに共に仕事をした「中大生」たちの名前を一人ずつあげながら，「元気にしてる？」と聞いてきた。

この事前会議を経て，Krさんは「運動会」の本番，さらに「夏まつり」，「防災ウォークラリー」と，年間を通じて年中行事に顔を見せた。実際の行事運営においてKrさんが主に担当する役割は，現役副会長だった時とさほど変わらず，設営の際の大きな備品運搬用の軽トラックの運転（「運動会」や「夏まつり」）や，行事進行にあたっての各係の補佐役（「運動会」），自転車によるスタッフへの情報周知（「防災ウォークラリー」）等であった。さらに，現役の自治会「三役」や「専門部長」たちに，Krさんが加わり話し合いをするという一幕があった。

Krさんが発した「引っ張り出される」「指の何本か詰めないと」という言葉は，いかなる拘束性を表しているものだったのだろうか。

「ウサギの耳が切られた時」

Krさんと同様に，団地外に転出した後も行事に通う人物として，Kwさんがいる。2013年6月，「中大生」にとって2度目の「運動会」に参加した際，Kwさんは用具係の「協力員」として参加していた。Kwさんは，私たち「中大生」が団地行事に参加する以前，2010年度まで自治会副会長を務めていた人であった。その年，前年に私たちを指導してくれ，用具係で長年代表の立場を務めていたSmさんは，体育部長として審判部に配属されていたため，用具係の代表は初めて代表を務める立場の人であり，代表の仕事に慣れていなかった。その時に，用具係の仕事を総合的に把握し，私を含めスタッフたちに指示を出せたのがKwさんであった。私たちはKwさんに仕事の内容を確認し，作業を進めることになっていったのである。

上記のように，2013年度の「運動会」において，Kwさんは行事の運営にあたるスタッフとして，それも用具係という一つの係の実質的な指揮役として，参加していた。しかし，Kwさんは実は，地元PTAの代表として，すなわち「来賓」として参加していたのであった。市議会議員，自治会連合会会長や他の自治会長，小中学校の校長・副校長らに続いて，PTA会長として挨拶をしたKwさんは，スーツ姿の来賓たちに交じって「協力員」の茶色いTシャツを着ていた。そして，開会式後，他の来賓たちは本部テントの横に用意された来賓席で運動会を観覧している中で，上述したようにKwさんは，私たちに交じって働き，さらには現場の指揮役をも務めていたのである。

その後も，「夏まつり」の子ども神輿では，子どもたちに「もう少しでアイスだよ～！！ほら，がんばって，アイス！アイス！」などと声をかけながらスタッフの私たちにも目を配って危険を事前に回避したり，「防災ウォークラリー」では自転車に乗って各チェックポイントを回り，それぞれのチェックポイントに配置されているスタッフたちに連絡事項を伝えて回ったのであった。

Krさんと同様に，Kwさんは，いったいなぜ，団地から転出したのちも，このような形でのかかわりを続けているのであろうか。

この「問い」の手掛かりとなったのは，2015年の4月に開催された，立川団地自治会の2015年度「定期総会」でのことである。「定期総会」後の懇親会の席にて，来賓として出席していたKwさんが自己紹介を行った際に，ちょうど自治会長を退任したばかりのStさんは，以下のように語った。

Kwさんは，26歳で副会長をやってくれました。20年以上の付き合いになります。当時は，ウサギの耳が切られていたり，動物の虐殺事件が続いていました。その時は，Kwさんたち若い人たちがいっしょになって考えてくれました。今は引っ越してしまいましたが，こうしていつも手伝いに来てくれています。今後も「こき使って」いかせて頂きたいと思います（会場に拍手と笑いが起きる）。　　　　（2015年4月19日 筆者のフィールドノーツ）

ここでは，Stさんが Kwさんと共にした，約15年前の当時の自治会活動の記憶が話された。それは，動物虐待という，決して明るくない事件の記憶であった。そしてそれがStさんから発せられたのは，Stさんが16年間務めた自治会長を，Hsさんに引き継ぐ「定期総会」のことであった。

Stさんの発した「こき使って」という言葉は，先に見たKrさんの「引っ張り出される」といった表現に重なるものがある。Kwさんや Krさんたちが，団地を出て「部外者」となった今もなお，団地の年中行事に通い続ける理由の一つには，過去の自治会活動などを通じてつくられてきた個別の関係性があったのではないだろうか。

二つの「制度」と「余地」

「部外者」であるKrさんや Kwさんが参加しうるのは，自治会規約などによって構成員が明確に規定されたフォーマルな「制度」である「役員会」のような場ではなく，よりインフォーマルな部分を含みこんだ「制度」に拠っている年中行事なのである。立川団地には，このように二つの「制度」が併存することで，ある種の「余地」がつくられている。このことに気づいていく中で，「中大生」である筆者もまた，初めて「客」として迎えてもらえたのは年中行事であったということの意味を理解していったのである。

立川団地を突然訪れた「客」は，「役員会」や年中行事という団地の「制度」を，とりわけ年中行事においては自らがその「制度」に含みこまれていく存在として，理解していった。そして，その「制度」は真空から生み出されたものではなく，団地の特定の人々の間で共有される過去の関係性が支えているものであることを考えるようになっていった。

4．「制度」の背景にある個別の関係性

本節では，前節で見てきた二つの「制度」の背景にある，Kw さんや Kr さん，そして St さんのような人たちに共有されている，個別の関係性に焦点を当てていく。

本節の中心的なデータとなるのは，2017 年 12 月に行われた，自治会役員 Hs さんと Sk さんへのインタビュー調査である。このインタビュー調査は，「役員会」後に，Hs さんと Sk さん，そして筆者と Os さん[10] の 2 対 2 で行われた。Os さんは，卒業する際のゼミ論文のための補足調査として参加した。彼女は，自治会事務局として細部にまで目を配る Sk さんや，自治会長として全体を統括する Hs さんなどの自治会役員が行事で果たす役割などに関心を持っていた。筆者は，団地建替え後につくられた自治会活動の背景にいかなる人々の関係性があったのかということに関心を持っていた。こうした，Os さんや筆者の個別の人物への関心は，Hs さんや Sk さんと，数年間行事などを共にしたことから生じていたのである。

団地での活動の蓄積と共に，2016 年度からは，立川プロジェクトの活動が団地の外へと展開したことも重要な背景であった。Os さんと筆者は，2017 年度に砂川地区子ども会主催の八ヶ岳キャンプに参加した。そこでは，Sk さんが子ども会役員として子どもたちの世話をし，団地の年中行事で運営を共にしていた「ジュニアリーダー」（子ども会 OB・OG である中高生）たちは，子どもたちを楽しませるレクリエーションを見事に行っていた。また，団地自治会会長である Hs さんは，「来賓」としてこのキャンプを訪れていた。ここでは，同じ人物の，団地での年中行事とは別の顔を目撃していくということが起きていたのである。

本節では，上述した Hs さんと Sk さんへのインタビュー調査から得られたデータを中心に，立川団地の中でそれぞれ特定の時代や集団につくられた，二つの関係性について論じていく。第 1 に，1980 年代から 90 年代前半頃につくら

れた，子ども・子育てを契機とした女性たちの関係性である。第2に，1990年代の建替え以降につくられた，自治会活動の困難を契機とした新・旧の団地住民たちによる関係性である。上記二つの関係性が，前節で見てきた立川団地においてつくられてきた「制度」を支えているのである。

筆者とOsさんのインタビュー調査もまた，とりわけ自らと活動を共にする機会が多かったHsさんとSkさんという二人の役員を，初めのインタビュー対象として選んでいた。筆者は，自らが含みこまれている「制度」の背景にあると思われた団地の人々の関係性を，自らが関係を持つ2名の役員に尋ねていったのである。

⑴　子どもを通じて

「陸の孤島」に越してきて

はじめに，現在団地自治会の会計・事務局を務めるSkさん[11)]（60代女性）へのインタビュー調査を基に，Skさんが自治会や地域活動に関与するようになっていく経緯を確認していきたい。Skさんは，1980（昭和55）年に立川団地に入居した当時の経緯を，以下のようにふりかえった。

> 私は，本当は嫌だったところもあったんです。立川にずっといたから，ここが「陸の孤島」って呼ばれてたからね。そのまま，「陸の孤島」っていう題で，刑事もののテレビドラマで取り上げられて。その頃は，立川から立川団地に行こうとしたら，立川駅の南口から東中神駅の方を通ってくる道しかなくて。私が引っ越してきた頃には，今みたいに大きくなかったけど，もう南北道路がありましたけどね。昔から居る人は，「陸の孤島」って言ってたけど，主人は都内の人だから，「庭があっていいよ。」って言われて。引っ越してきて，ほんとに良かったです。こんな楽しい人生になるとは思わなかった。　（2017年12月11日 Skさんへのインタビュー記録より）

1963年，完成したばかりの立川団地に最初の入居者たちが生活を始めた頃，立川団地は「陸の孤島」と呼ばれていた。ベトナム戦争の激化の只中，米軍立川基地返還も未だならない状況において，立川駅などの中心市街地とは物理的に遠く，のみならず基地により直線距離以上に隔てられ，また近隣の都道に通じる道も整備されておらず，バスもほとんどないという状況であった。立川市自治会連合会の20周年記念誌に，「立川団地連合自治会（当時）」の紹介を寄稿した当時の自治会長は，入居当初の生活を次のように回顧している。この証言は，団地建設に付随するべきインフラが未整備のままに，団地という「ハコ」だけが出来た結果を物語る。

> ここに二十三年余の歳月の流れのなかを振り返ってみるに砂川という畑地の一角に位置し風吹けばたちまち砂塵と化し洗濯物は勿論家のなかまで真黒でざらざら。道路には石がゴロゴロ雨降ればこれまた泥沼と化し。バスも朝と夕方のダイヤで一日数本しかなくそれも中神よりの団地入口迄の折り返し運転であり，砂川三番五日市街道に抜ける道路は両側より桑の木の枝におおわれ乗用車一台やっと通れる程のジャリ道，夜ともなればタヌキやキツネに化かされかねない真暗闇で当時陸の孤島といわれテレビでも特別機動捜査隊と云う番組で放映されたほどであった。
>
> （立川市自治会連合会 1986：247）

ここで言及されている「テレビドラマ」からは，当時の都営住宅に向けられていたまなざしが込められている。「特別機動捜査隊」というテレビドラマの1964（昭和39）年9月30日放送分に，第153話「陸の孤島」という放送が行われた[12]。ロケに使用されたのが立川団地である。とある東多摩の，変質者・痴漢などの被害が多発している地域においてバレエ教師が殺害され，その犯人は団地に増えていると言われていた「精神異常者」であった，という内容である。「陸の孤島」と表現されているように，造成当初の立川団地の外からの意味付けは，交通・生活インフラが未整備である「不便な土地」，あるいは「精神異常者」の住む場所というものであった[13]。

Sk さんが立川団地に入居した1980年代はじめ，すでに米軍立川基地は全面返還されており，立川駅周辺の中心市街地から砂川中心部に直線的にアクセス可能な「南北道路」が整備されており，立川団地造成時に比べ比較的交通インフラが整備されつつあった。とはいえ，バスなどの公共交通は未だ十分ではなく，「陸の孤島」という外からのまなざしは顕在であり，それは Sk さんにも影響を与えていたことが読み取れる。しかし，彼女は「引っ越してきてほんとによかった」「こんな楽しい人生になるとは思わなかった」と同時に語った。ここでは，「陸の孤島」という苦難の歴史としてではなく，立川団地内の住民の一人である Sk さんから，別の意味付けが与えられていることが分かる。では，なぜ Sk さんはそのように語ったのだろうか。その背景に，何があったのだろうか。

上記の入居の経緯を説明した直後，Sk さんは当時 St さんと同じ建物に住んでいたことを話し始めた。Sk さんが入居したのは，現在の団地中央部にあたる2階建て6軒長屋の1室であった。その頃の生活について，Sk さんは次のように語った。

> 2階建ての6軒長屋が1棟で，そこが一つの班みたいになるんですけど。St さんの家が1号室で，2号室・3号室を挟んで，4号室が私の家だったんです。その頃は，今みたいに親しくなかったけどね。でも同じ棟ですから，いろいろ集金に行ったりとか，話はするわけですよ。それで，St さんは面倒見がいいから，しょっちゅうおかずつくって，「いっぱいつくったから食べる？」って言いながら来てました。変わらないの，昔から。
>
> 周りに子どももたくさん居て，団地の中の道路も当時はあんまり車も走らなかったから，家の目の前で「わいわいがやがや」って感じでね。後ろも前も，玄関から出てすぐ家があるしね，だから，1日しゃべらないなんてことは絶対なかったね。台所仕事してても，誰かが通ったらすぐに出て行ったり，窓越しでしゃべったりしてました。Hg さん[14]の亡くなった奥さんとも親しかったんですけど，あの人なんかも。子育てには，すごくいい環境でしたね。　（2017年12月11日 Sk さんへのインタビュー記録より）

Sk さんは，St さんだけではなく，Hg さんの奥さんのような個別の人物にも触れながら，「子育てにはすごくいい環境」として当時の団地生活を回想した。Sk さんと，Sk さんがあげたこれらの人物との間には，何を契機に，いかなる関係性がつくられていたのだろうか。

子ども会に「選ばれて」

Sk さんが団地内で自治会活動にかかわるようになったのは，6 軒長屋で 6 年に 1 度必ず順番が回ってきたという「班長」[15] の仕事を，「若い人がやるの」と言われて務めてからであった。そして，自治会活動とは別に，自身の子どもの成長につれて，幼稚園の役員，小学校の PTA，子ども会などの活動に，夫婦ともにかかわっていくことになる。子どもの小学校入学と同時に，所属していた子ども会の総会に呼ばれて初めて訪れた Sk さんは，「2 年生の親が役員になる」という慣習があることを知った。その時の同級生は四人で，他の人は「年子で既に今役員をやっている」「耳の不自由な方」といった理由で，「消去法」で Sk さんに決まったと言う。Sk さんは，その時の経緯について，以下のように話した。

> 何しろ，消去法で私しかいないのよ。来年役員をやる人が。思わず手を挙げて，「すみません，一人でやるんですか。」って聞いちゃった。そうしたら，小学校 2 年生のお母さんが一人だったら，中学校 2 年生のお母さんがやるからって。その時は，中学校 2 年生のお母さんから三人が出て，私を含めて四人でやったの。その内一人が，St さん。それから，M（子育て支援団体）の Kt さん。（中略）そこからは，連続で。やむことなく，PTA，自治会，子ども会と。子ども会は，子ども一人につき 1 回だから 2 回やったし。でも，あんまり嫌だったと思ったことはないかもしれない。忙しくて大変ではあったけど，楽しいことの方が多かったのかな。そういう感じがしますね。　（2017 年 12 月 11 日 Sk さんへのインタビュー記録より）

Sk さん，あるいは St さんたちは，「2 年生の親が役員になる」という慣習によって，さらにSkさんは「消去法」によって，子ども会の役員を共に務めることになった。それは，必ずしも能動的なうごきではなかった。Skさんは，「若い人がやる」と言われた自治会の時と同様に，入居して間もなく，あるいは初めて訪れた集会で，既に団地にあった慣習に従う形でかかわっていったのである。それは，その時同時に，団地内で起きていた無数のうごきの一つでしかなかったように思われる。

一方で，Skさんは入居後の生活を語った時と同様に，ここでも「楽しいことの方が多かった」と言う。それは，「陸の孤島」と外部から呼ばれた場所に，地域活動に参与した一人の女性から生まれた，別の意味付けであった。そして，StさんやKtさんという，Skさんが現在も子育て支援団体Mを通じて活動を共にする女性たちの名前と同時に語られたものであった。

Stさんはその後，1990年代には団地のみではなく砂川地域全体の広域子ども会連合会において会長を務め，Skさんもまた，現在まで役員を務めている[16]。さらに，次に見ていくように，こうした子ども会やPTAといった子どもにかかわる団体へ参与した人々が，立川団地の場合においては，建替え後のStさんによる自治会活動，子育て支援団体Mの活動にかかわる人々に重なっていくこととなる。

子育て支援団体Mへ

団地建替え後の1999年に，団地内での子どもの虐待事件や非行をきっかけに，当時40代・50代となり自らの子育てを終えた女性たち24名によって，子育て支援団体Mという団体が立ち上げられた。活動の内容は，一時保育や悩み相談など，現役の子育て世代を支えるものである。

Skさんによれば，この団体Mの立ち上げに際してはじめに呼びかけを行ったのは，Stさんであったと言う。Stさん，さらにはSkさんたちを中心に，メンバー集めが始まっていく。その際に基準となったのは，活動の性質上「秘密は守らなきゃいけないから，メンバーは誰でもいいわけではないから」という理由から，個人的な関係性，信頼が重視された。Skさんは，「あなたがこれと思う人を連れておいで」と St さんに言われたという。Sk さんはこの時，団地外に転出した現在も団体 M の一員として団地に通い続ける Dz さんや，上述の Kt さんなど，同時期に役員を務めた人たちを中心にメンバーを集めていった。

もう一つの条件は，「自分か，自分の子どもが立川団地小学校を卒業していること」というローカルなものであった。その正確な意図はまだ明らかではないが，単に学区という地理的領域で区切られた，閉鎖的なメンバーシップをつくろうとしたということだけではない。むしろそれは，上述の「誰でもいいわけではない」ということを，当時実際つくられていたメンバーたちの関係性の基礎（立川団地小学校の PTA や子ども会など）に求めたものであったように思われる。

そのことを表すことの一つに，団体 M のメンバーである Km さんの存在がある。Km さんは，自身も子どもも立川団地小学校の出身ではなく，Sk さんや Dz さんと同時期に，小学校より学区の広い，中学校の役員を務めた人物である。その Km さんがメンバーになった時の経緯を，Sk さんは次のように話した。

> Km さんだけは後から入ったんですよ。Km さんは，中学 3 年生の時に，一緒に学年部っていう役員をやったの。Dz さんと私と Km さんと一緒にね。それで親しくなって，団体 M の行事にも惜しみなく手伝いに来てくれてるようになったんです。そうしたら，さっき言った Hg さんの奥さんが結構力のある人でね，あの人は入れてもいいんじゃないかと。だから Km さんだけが，立川団地小学校に関係のない人なんです。あの人は九小の卒業生なんで，子どもが。だけど，一緒に手伝ってくれたから，もう入ってもいいんじゃないかっていう，Hg さんの奥さんの一言で。
>
> （2017 年 12 月 11 日 Sk さんへのインタビュー記録より）

Sk さんは，Km さんが「惜しみなく手伝いに来てくれ」たことに対して，Hg さんの奥さんの「一言」によって，「自分か子どもが立川団地小学校出身」という団体 M へ入るための条件に対する例外が適用されたと話した。それは，Km さんのことを，「あの人は入れてもいいんじゃないか」と，特定の個人と個人の関係性が，地理的領域で区切られたメンバーシップに勝っていくことを表すものであった。先述したSkさんがStさんに言われたという「あなたがこれと思う人を連れておいで」とも重なって，団体Mにとっての最も重要な要件は，役員などを同時期に，同じ場所で経験した人たちの，個人と個人の関係性であったのである。

(2)　自治会活動を通じて

「新しい区長」

1996年の建替え再入居後に，福島から上京後に，立川での叔父の仕事を手伝うために立川団地に入居したHsさんは，区長・駐車場管理部長・自治会副会長を歴任して，2015年度より自治会長を務めている人物である。

Hsさんは，役員になった経緯について筆者が質問をする中で，初めて区長になった当時のこととして，すぐにバーベキュー大会のことを話し始めた。

> 区長をやってすぐに，棟でコミュニケーションを取ろうということで，7号棟・8号棟間の通路のところで，バーベキュー大会をやったの。Hgさんの奥さんが，7号棟のボスみたいな感じで。「おい，お前ら新しい区長がバーベキューやるって言ってるから，みんな協力しろ。」というようなことを言って。Hgさんの奥さんは，野菜の仕分けとか袋詰めの仕事を三多摩市場でやっていたから，野菜は私が持ってきてやるからと。
>
> (中略) 午後3時頃からね，夕方7時頃までやっていたよ。そしたら，8号棟のKwとか，Seさんたちがみんな，匂いを嗅ぎつけて集まってきてね。結構遅くまでやってたよ。
>
> (2017年12月11日 Hsさんへのインタビュー記録より)

ここでは，建物の構造上横並びになっている7号棟と8号棟の人々の関係が，バーベキュー大会を通じて描かれている。「新しい区長」であったHsさんは，区長という自治会の役職上だけではなく，団地住民としても，建替え後に入居した「新住民」であった。その Hs さんが発案したバーベキュー大会への協力を，他の住民たちに呼びかけたのが，「7 号棟のボス」であった Hg さんの奥さんである。そのバーベキュー大会には，「匂いを嗅ぎつけた」Kw さんや Se さんたちが，隣の 8 号棟からやってきたのだという。

上の記述に登場する，Kw さんは，前節で見たように，団地の行事に今も通う「転出者」である。この当時，Kw さんもまた「新住民」の一人であり，この時には St さんたちと共に，自治会副会長を務めていた。また，Se さんも同様に団地建替え後入居者であり，2000 年から開始された「運動会」に現在まで 18 年連続で，体育部役員として参加している人物である。ここでバーベキュー大会を共にした人物たちは，Hs さんを含め，後に自治会役員として活動にかかわっていく。

さらに，「7 号棟のボス」として語られた Hg さんの奥さんは，先述の Sk さんの発言にもあった，子育て支援団体 M の立ち上げ，新たなメンバーの承認にも「一言」を発せられる人物であった。その Hg さんの奥さんの「一言」により，Hs さん発案のバーベキュー大会がつくられていく。Hg さんの奥さんは，子育てを契機とした女性たちの関係性だけでなく，1996 年以降に入居した 7・8 号棟の人々，後に自治会活動に役員としてかかわっていくようになる人々とも，この時すでに関係をつくっていたのである。Hg さんの奥さんは，子ども会や PTA でつくられた，St さんや Sk さんなどの女性たちの関係性と，建替え後につくられた Hs さんや Kw さんたち男性たちの関係性をつなぐ役目を果たしていた。

違法駐車の発生と駐車場管理部

上記のバーベキュー大会が行われていたのと同時期にあたる 1990 年代後半，立川団地内では頻繁に路上への違法駐車が発生していた。それは，団地内に面した公道だけではなく，むしろ団地内の生活道路に及んだ。とりわけ原因となったのは，平屋・2 階建て密集していた団地を，3-14 階建てに高層化したことで，団地内にオープンスペースが増えていたこと，車の普及に用意された駐車場の数が追い付いていなかったことがあげられる。

当時の様子を，駐車場管理部に所属していたHsさん（現自治会長）と，Skさん（自治会事務局）は以下のように語る。

> Hsさん：以前は，違法駐車が本当に多かったですよ。集会所の前のところからずらっと車が並んで。それを少しずつ取り締まって，段々に違法駐車が少なくなってきて，Stさんが自治会長になった時に，徹底してやろうということになってね。
>
> Skさん：本当に，違法駐車がすごかったですよ。取り締まる役員も，こっちが手を出しちゃうと訴えられちゃうからね，後ろに手を組んで言い合いをしたりして。殴られちゃうこともあったね。
>
> （2017年12月11日 Hs・Skさんへのインタビュー記録より）

上記から分かるように，団地内で多発していた違法駐車に対して，1999年に自治会長となったStさんの体制のもとに，自治会による見回り活動の強化・駐車場の増設と管理などといった課題への取り組みが進んでいく。しかしながら，そうした役員たちの活動に対しても，鍵を壊される，暴力を振るわれるなどの困難がふりかかっていた。

> そんなことが，5年くらい続いたのかな。14号棟より先はまだ建てられている最中だったから，最初に一気に完成した1号棟から13号棟は，本当に路上駐車が凄かった。駐車場管理部自体はその頃からあったんだけど，全棟で違法駐車をなくそうということで，駐車場管理部の部員を全棟から一人ずつ募って，だから区長さんと同じくらいの人数での活動になっていきました。それだけの人数が集まって，前から築き上げた駐車場管理部の活動があったので，パトロールをやっていましたね。
>
> （2017年12月11日 Hsさんへのインタビュー記録より）

この路上駐車問題はとりわけ建替え後初期の時代においては，1–13 号棟という限られた空間で生じていた。このことが表すのは，建替え後に団地内で多発した違法駐車は，建替え以後に入居した人々ではなく，その大半は建替え以前から居住していた人びとによるものであったということである[17]。それは「新住民」だけの問題とはなりえなかった。

そして，ここでの「駐車場管理部」とは，かつて立川団地自治会に存在した専門部会の一つである。Hs さんが区長の後に担当した駐車場管理部の活動が本格化したのは，団地建替え後のことであった。自治会長であった St さん，駐車場管理部長であった Hs さん，当時の自治会副会長であり駐車場管理部担当であった Kw さん，集まった駐車場管理部員たちにより，自治会役員たちの違法駐車問題への対応は，数年間にわたり続いた。粘り強い役員たちの見回りと，St さんを中心とした都公社との交渉によって，駐車場増設，そして都公社から駐車場管理部への管理委託を請け負うことに成功していった[18]。

さて，Hs さんは，駐車場管理部長を務めた後に，自治会副会長，自治会会長と歴任していくことになる。はじめ，Hg さんの奥さんという「7 号棟のボス」の支援を受けながら区長を務めた Hs さんが本格的に自治会活動に参入し，St さんや Sk さんと活動を共にしていくのは，この違法駐車問題への対応からである。

さらに，Hs さんと共に，自治会副会長として違法駐車問題に取り組んだ Kw さんは，Hs さんが駐車場管理部長になる数年前に，やはり自身の居住区である 8 号棟で，子育て支援団体 M の中核メンバーの一人であった Dz さんに進言を受けていた。Sk さんは，Kw さんが役員になっていく経緯について，次のように語った。

> Kw さんの棟には Dz さんが住んでいたんですよ。今，Se さんが住んでいるところ。だから，いつもの調子で，「あんたやりなさいよ。」って Dz さんから言われたんだよ，きっと。「なんでも手伝うから，若い人やりなさい。」ってね。20 代だったんだから。

（2017年12月11日Skさんへのインタビュー記録より）

Dzさんもまた，Kwさんのような「若い人」を自治会役員に推す女性であった。また，「若い人やりなさい」とは，先述したように1980年にSkさんが入居したての頃に，当時の自治会「班長」になる際にかけられたという言葉とも重なる。

ここまで，1990年代後半以降の自治会活動の内，違法駐車問題を事例に，いかにして建替え後に入居してきた人々が自治会活動にかかわるようになっていったのか，その関係性を追ってきた。その少なくとも一つの重要な側面には，1980年代あるいはそれ以前に，立川団地で子育てを経験し，子ども会やPTAの活動を担ったHgさんの奥さんやDzさんのごとき女性たちが，「新しい人」や「若い人」を巻き込んでいくプロセスがあった。そして，それは1980年代にSkさんが巻き込まれたのと，同じ原理であったのである。

5．おわりに——関係性の変化と「問い」の深化

(1)　本章のまとめと今後の課題

本章では，立川プロジェクトの中でつくられてきた筆者の「問い」の変化を再現する形で，三つの「問い」に沿って記述を進めてきた。第1に，「客」から見た「コミュニティの成功例」としての立川団地である。第2に，立川団地の内部にかかわるようになっていく中で明らかになってきた，1990年代後半以降につくられてきた「役員会」と年中行事の二つの「制度」である。そして第3に，「制度」の背景にある1980年代における子育てを契機とした，あるいは90年代後半以降につくられた自治会活動への参与を契機とした，個別の関係性である。

ここではまず，これまでに述べてきたことを，現在の立川団地における活動が，いつ，いかなる形でつくられてきたのかという「問い」から，立川団地で

の出来事の時系列に沿う形で整理したい。

第1に，現在「コミュニティの成功例」と呼ばれる立川団地の取り組みであるが，その背景は，少なくとも1980年代に子育てや子どもに関係する団体への参与を契機とした女性たちの関係性に遡ることができる。1999年度から2014年度までの16年間にわたり自治会長を務め立川団地の活動を牽引してきたStさんや，Stさんと同じく1999年度から現在に至るまで20年以上にわたり自治会会計・事務局などを歴任しているSkさん，そしてStさんの呼びかけに応じて集まった子育て支援団体Mのメンバー24名は，1980年代の立川団地で子育てを経験していたことから関係性をつくっていった。それは，団体Mへの加入条件の一つである「自分か子どもが立川団地小学校の卒業者である」という，学区という領域で閉じた要件からも分かる。一方で，この条件を満たさないKmさんのような人でも，「これと思う人」，すなわちSkさんたちとの個別の関係性に支えられた人であれば，例外的に加入を認められることから，個別の関係性が団体Mへの加入の最も重要な要件であることが分かった。

第2に，現在の立川団地の取り組みは，1990年代の建替えを契機につくられていった側面が大きい。違法駐車や子どもの虐待・非行などの問題を契機に，団体Mが立ち上げられ，自治会内には駐車場管理部など新たな活動がつくられていく。それらの活動はStさんが自治会長であった時期に重なってつくられていったものである。そして，Hgさんの奥さんやDzさんのように，HsさんやKwさんなど，後に自治会役員を務めることとなる建替え後入居の「新住民」と，女性たちの関係性の橋渡しになるような人の存在があった。

第3に，「中大生」たちがかかわり始める2012年頃の立川団地には，団地住民に広く共有され，外向けの説明にも用いられる「向こう三軒両隣」や「晴れ女」という言葉がつくられていた。それは，Stさんが自治会長を務めた1990年代後半以降の立川団地でつくられてきた，高齢者・子どもの支援・見守り，防災防犯，コミュニティ・ビジネス，それらの根底となる交流を目的とした行事など，立川団地の活動を総称する言葉である。さらに，「役員会」や年中行事を中心とした「制度」もまた，こうした活動を支えるためにつくりこまれてきたものであった。筆者を含む「中大生」たちは，「客」として，すなわち外側から，15年ほど前からつくられてきた「制度」，あるいは20年以上前からつくられてきた個別の関係性の上に成り立っている活動を，目撃していたのである。しかし，そのことを理解するのは，実際に自分たちが「制度」の内側に入り，その中で継続的に活動を共にしてからであった。

以上のことから，ひとまずの本章のまとめを提示したい。立川団地において個々の人々がつくる関係性は，特定の時代，特定の人々の間で閉じられたものであった。1980年代の子どもを契機とした女性たちの関係性，1990年代の建替え後に特定の居住号棟でつくられた住民たちの関係性など，それ自体は同時に複数あるうごきの一つであったように思える。しかしながら，本章で述べてきたように，団地建替えによって噴出した問題などの特定の時代に共有された困難や，複数の関係性を媒介しつなぐ個別の人物の存在という条件によって，異なる関係性は開かれ，編み合わされる。そこに織りなされた新たな関係性が，現在の立川団地で見られる「制度」を支え，共有される語りの背景に存在する。

筆者を含む「中大生」もまた，「客」として入り，年中行事の「制度」に含みこまれ，その後も通い続けるうちに，この関係性の中に新たな形で入れられていった。筆者の「問い」の変化は，立川団地と立川プロジェクトの関係性の変化を表すものであった。

最後に，本章に残された筆者の今後の研究課題を提示したい。本章で記述してきた限りでは，立川団地の活動を支えるものの最も根底にあるのは，個別の関係性である。しかし，本章では，1980年代における子ども会・PTAといった団体への参与といった子育てを契機とした関係性，1990年代後半の建替え直後の時期に，7・8号棟につくられた後に自治会役員となる人々の関係性など，極めて限定的なものを提示するに留まった。さらに，本章で述べた過去の関係性は，「同時期に役員を務めたこと」といった共通の役員経験や，「バーベキュー大会を開いた」といった限定された居住区における親睦などに留まった。また，別の時期，別の場所においてそれぞれつくられた関係性をつなぎ合わせると思われる個々の女性たちの存在を，より明晰に表していくことも必要である。

立川団地の活動の背景にある個別の関係性については，下記の形で課題として残したい。第1に，筆者が取り組むべき今後の大きなテーマは，「St会長体制（1999年度から2014年度）のもとでの立川団地における活動は，いかなる条件でつくられてきたものであるのか」というものである。第2に，それを析出するための作業仮説となるのは，「1990年代後半から2014年頃にかけて立川団地の活動を担った人々の間につくられた関係性はいかなる条件で形成されてきたのか」ということである。

本章においては，同時代における共通の役員経験，限定された居住区における親睦を中心に述べ，別の時期，別の場所でつくられた関係性を媒介する存在にも触れたが，より詳細な分析を必要とする。とりわけ，関係性がある時期には特定の領域性を保ちつつも，また別の時期には団地住民を超えてダイナミックに展開していく契機をどのように捉えていけるか。この，関係性の閉じる契機と開く契機の条件を析出することで，「コミュニティの自治」がいかなる条件で，いかなる形で起こりうるのかを考察していくことが可能になるであろう。

(2)　むすびにかえて

本章のむすびにかえて，立川団地と立川プロジェクトの今後を考えていく上で，一つのエピソードを紹介したい。

2015年度は，立川団地にとって，大きな転機となる時期であった。その年，16年にわたり自治会長を務めたStさんが引退し，それまで副会長を務めていたHsさんへと会長が代わった。一方で，立川プロジェクトの側でも，2012年度の立ち上げ期からプロジェクトに最も参与してきた阪口毅が抜け，残された院生・学生たちは，今一度立川団地との関係を自分たちでつくりなおし続けていく必要があった。現在も，その模索は続いている。

第2節で紹介した，「晴れ女」という語りは，Stさんが自治会長を退任した現在も，団地の人々に依然として広く共有されている。しかし，Hsさんが自治会長に就任した初年度である2015年度の「防災ウォークラリー」では，これまでとは異なる意味で使用された。それは，既存の関係性だけでなく，そこに新たな関係性の掛け合わせを生み出していく可能性を示すものであるように思える。

「これ以上悪くなることはねえ」

2015年11月8日，Hsさんが会長になってからの初めての「防災ウォークラリー」を迎えた。この日は，朝から雲に覆われ小雨が降り続き，次第に大粒の雨に変わっていくような天候であった。雨のために例年と調理器具等の配置を変える必要があり，学校と体育館の渡り廊下で雨宿りをしながらの準備となった。準備に例年以上に時間がかかり，情報の行き違い等も多くなっていた。すべてが順調に，うまくいったわけではない。それでも，「雨でも関係なく災害はやってくるんだから」という言葉と共に，350名の人が集まったのであった。

会場となる小学校に必要な器材をすべて運び出し，事前の準備をすべて終え，雨の様子を見ながら昇降口で待機していた時の一幕である。自身も一仕事を終えてやってきたSdさんは，「中大生」に次のように言った。

> Hgさんがやって来て，「まだ時間あるし雨が強いから休んでてな。椅子出して座ってていいからよ！」と言ってくださる。この頃には，粒を体で感じることができるまでに，雨が強くなってきていた。一仕事終えたSdさんが話しかけてくれ，「雨だけどよお，もうこれ以上悪くなることはねえと思えばいいじゃねえか，なあ！」と言い，にやっと笑った。
>
> （2015年11月8日 筆者のフィールドノーツ）

以前，Stさんを指して「決断力があるから晴れる」と言っていたSdさんは，この時には「これ以上悪くなることはない」と言って，雨天を肯定的に捉えようとしていた。ここから読み取れることの一つに，Sdさんにとって「晴れ女」とは，直接的にはStさんの個人的な能力や立場を表現するために使ったとしても，それ以上にこの局面で重要なのは，当時のHsさん体制で初めての「防災ウォークラリー」を肯定することであった。

この「防災ウォークラリー」は，この年9回目となる，立川団地自治会では比較的新しい行事であった。これを主導的につくったのはStさんである。また，「運動会」，「夏まつり」といった従来からの行事も，建替えと共に担い手や引き継ぎ資料が一度断絶し数年間は行えず，プログラムを含めて一から作り直さざるをえない状況であった。これを担ってきたのは，やはりStさんを中心とした役員たちであった。それゆえに，「晴れる」という人々の願望を込める象徴は，その人柄（たとえばSdさんの言う「決断力」）とこれまでの活動を自治会長として担ってきたという事実と合わせて，Stさんだったのである。

ただし，それがすべてではない。Stさんの16年間にわたる体制を引き継いで自治会長となったHsさんのもとに行われる初めての行事も，「成功」することがより重要であった。Stさんの強いリーダーシップは確かに存在する。団地の人々は，それを「晴れ女」という言葉で象徴的に表現している。しかし，自治会長の体制が変わり，天候が悪くなっても，変わらないものがある。それは，いったい何だろうか。

「同じことはできないけれど」

この「防災ウォークラリー」を終えて，Hsさんが自治会長になって初年度の主要な行事が，年間を通じて終えられた。その反省会の席において，Hsさんは次のように語った。

> 本当に，みなさんのおかげで1年間終われました。前会長のStさんと同じことはできませんが，昨日の夜，どうやったらうまくいくかって，寝ながら考えてました。ありがとうございました。また年末の清掃やパトロール等ありますので，お願いします。（2015年11月8日 筆者のフィールドノーツ）

ここでHsさんが言った「同じことはできませんが」という表現は，この年において，年間を通じて度々使われたものであった。それが初めて使われたのは，Stさんが16年間務めた自治会長を退任しHsさんが新会長に就任した，年度はじめの自治会総会である。Hs さんは，総会において St さんが「相談役」として残るということを挨拶した後に，所信表明を行った。そして，総会を終えての反省会の席でまたしても同じような場面があった。役員から順番に，各々が自己紹介をしていく。St さんが話を終えた後に，Hs さんが立ち上がって，苦笑いをしながら話し始めた。

> 「えー，前会長が良いことを言ったのでもう言うことがないのですが……」と Hs さんが総会の時と同様の「つかみ」を話し出すと，会場内が「ドッ」と沸く。「前会長以上のことはできませんが，その，（指でつまむような仕草をしながら）ほんの 100 分の 1 くらいのことしかできませんが……。昼間は仕事がありますので，何かありましたらここにいる Sd さんと Hg さんが対応してくれます。よろしくお願いします。」Hs さんの話が終わると，拍手とともに「大丈夫だよ！！」「よろしくね！！」などと周りから声がかかる。（2015 年 4 月 19 日 筆者のフィールドノーツ）

繰り返し使われる「同じことはできないけれど」という表現は，St さんのつくりあげてきた自治会活動，そして St さん個人の存在の重要性を表している。しかし，そこに確かにある「けれど」という含みは，新たな体制の中でやれることをやっていくのだという意志も同時に表している。Hs さんは，前年度まで共に副会長という立場で St さんを支えていた，Sd さんと Hg さんに自分の留守の間を任せた。会場にいた団地の人々も Hs さんに対して盛大な拍手を送った。周りの人々は「大丈夫」と声をかけた。それは，これからまた形を変えつつも，新たにつくられていくであろう自治会を予感させるものであった。

ここまでに見てきた「晴れ女」という St さんに込められた言葉，あるいは「同じことはできないけれど」と言った Hs さんの言葉は，晴れと雨，これまでとこれからといった側面からは，対極的な意味を表していたかもしれない。しかし，Hs さんもまた St さんが自治会長を務めた体制のもとに長く副会長などの役員を務め，それがつくられてきた経緯は共有している人物である。それぞれの言葉が発せられた特定の局面に限定していけば，共にこれまでつくられてきたものに裏打ちされた，関係性が共有されているのである。

そこに，Sdさんという2014年度より自治会役員を2年間務めた人物のような，新たな人が入った時に，いかなる新たな関係性が，これまでにつくられてきたものと折り重なり，つくられうるだろうか。この「問い」は，今もまだ明らかではない。しかしながら，その芽は，確かにあった。それがいかなる条件において，結実していくだろうか。

注

1）筆者もまた，2015年度には立川団地における「コミュニティの自治」をテーマとした修士論文を執筆し，現在も調査研究を続けている。なお，本書第Ⅱ部の「補論」では，これまでに立川プロジェクトを卒業していった個々の学生たちが，卒業論文執筆後に書いた文章を掲載している。

2）現在の立川団地には，6月の「運動会」，8月の「夏まつり」，11月の「防災ウォークラリー」という，毎年同時期に行われる3つの行事が存在する。本章では，これらを総称して年中行事と呼んでいる。年中行事の詳細は，第3節において述べる。

3）戦後の日本における公営住宅が法的に確立されたのは，1951年に施行された公営住宅法により，都営住宅のように自治体主体の住宅が運営された。その最大の目的は，住宅困窮者を救済することにあった 。公営住宅法の第1条には，以下の条文が現在も残されている。「国及び地方公共団体が協力して，健康で文化的な生活を営むに足りる住宅を整備し，これを住宅に困窮する低額所得者に対して低廉な家賃で賃貸し，又は転貸することにより，国民生活の安定と社会福祉の増進に寄与すること」。

4）この頃は六つの別々の都営住宅という位置づけであり，正式名称は，都営砂川第10住宅・砂川第11住宅・第12砂川住宅・第13砂川住宅・砂川アパート・砂川母子アパートであった。なお，この中には旧公営住宅法で定められる第1種・第2種住宅が混在していた。

5）1992（平成4）年に，都が打ち出した「都営立川団地再生プロジェクト」に基づいて，建替え工事が開始されたのが1994（平成6）年である。1996（平成8）年には第1期建替え工事完了，12月1日から順次再入居が開始される。1998（平成10）年には第2期建替え工事完了，そして2012（平成24）年に第3期工事完了，翌2013（平成25）年までに入居完了，現在の規模の団地となる。
この時期，都営村山団地（1996），都営拝島団地（1995）など，同じく1960年代に造成された周辺の大規模都営住宅においても建替え工事が行われていく。さらにシルバー・ピア（高齢者向け住宅）も，周辺の都営住宅においてこの時期に本格的に導入されていった。いわば，1960年代に建設された多摩地域における都営住宅の政策の転換点にあった。

6)　現在の自治会規約には，制定日が1997年4月1日と記されている。従来の立川団地連合自治会の規約を引き継ぐ自治会は入居後すぐにあったようであるが，1年をかけての規約改正の末に新たな立川団地自治会が立ち上がったのが，上記の日である。

7)　正式名称，都営上砂町一丁目アパート。立川団地における1990年代後半以降の自治会活動は，これまで「高齢者の見守り・孤独死防止」「子どもの育成支援」「被災者支援」などの文脈で，マスメディアや地域・福祉分野の研究者に度々取り上げられてきた。近年ではNHKによって「ETV特集『困った時はお互いさま～孤独死ゼロ・立川団地の挑戦～』」(2016年11月5日放映)，「ふるさとの希望を旅する――“無縁”から“創縁”へ　都市の地域づくり”」(2016年11月23日放映) が制作され，番組の中で立川団地自治会の取り組みが紹介されている。自治会役員自身の著作としては，(佐藤2012) を参照。

8)　立川団地自治会には，現在，体育部・文化部・防災防犯部・交通安全対策部・生活環境部という5つの専門部が設置されている。各部は，以下のようにそれぞれ専門性の高い団地内の事業を担う，自治会内組織である。体育部：「運動会」の運営や砂川地域レベルでの体育活動。文化部：「夏まつり」の運営。防災防犯部：「防災ウォークラリー」や年末のパトロールの運営。交通安全対策部：各年中行事における交通規制や子どもたちの登下校の見守り。生活環境部：各年中行事における清掃や年末一斉清掃の運営。

9)　「定期総会」は，立川団地自治会の最高議決機関として設けられている会議である。総会には通常総会（毎年度初めの4月第2週の日曜日に開催）と臨時総会（役員が必要と認めた場合及び会員の3分の2以上の要請により会長が招集）があり，その構成員は，「役員」および「代議員」からなる。筆者が参加した限りでは，毎年度4月の第2，または第3日曜日に定期的に開催されている。

10)　Osさんは，2015年度より，学部2年生から4年生まで立川プロジェクトに参加したメンバーである。彼女は，富士山近隣に実家を持ち，噴火などの災害にあった際に，人々がどのようにして新たな地域に入っていけるのか，あるは受け入れる側といかなるコミュニティをつくりうるのかという，立川団地と立川プロジェクトの中でつくった自分自身の問いをもとに，ゼミ論文を書いて卒業した。

11)　Skさんは，自治会役員を1999年から現在まで19年にわたり務めており，その他砂川地域の子ども会・小中学校PTA・青少年健全育成委員会などの役員を歴任している。出自としては，東京都奥多摩町の鳩ノ巣に生まれ，7歳頃から小学校6年生まで福生に，中学生からはずっと立川に居住している。

12)　『「特別機動捜査隊」物語の検証1961-1977』によれば，1964（昭和39）年9月30日放送分に，第153話「陸の孤島」という放送が行われている（羊崎2009：88)。

13)　では，そのような「陸の孤島」とも言われた場所に，数千名が暮らす大規模な団地がつくられたのは，なぜか。そして，そこはそもそも，どのような土地だったのか。本章の主眼とはならないためにごく簡単にではあるが，立川団地の置かれた土地の，政治経済・地域社会の構造上の特徴をふまえて述べておきたい。

第1に，1960年代における東京西郊全般の都市化の特徴として，「計画発生的，飛地的拡大」（山鹿 1981）が見られるようになった。すなわち，従来都心近郊の住宅地は鉄道等の交通網に沿って拡大してきた経緯があり，立川駅周辺は1889年に開通した甲武鉄道（現在のJR中央線）や，それに伴う1922（大正13）年の陸軍立川飛行場の敷設による影響が大きく，戦前から近代化の歴史を持つ中心市街地であった。一方で，第2次世界大戦後に復興と住宅不足が相伴う形で発生したことに伴い，地価が安く買取が容易であった，郊外の農村・山林地域（すなわち砂川地域を含む武蔵野台地）を開拓する形で集合住宅が建てられていった。すなわち，立川団地が建てられた砂川地域は，立川市中心部から見て（都市化・近代化という観点において）「周辺」に位置付けられる地域であった。

第2に，砂川地域内部での力学の変化という点である。1629年以降の新田開発によって成立した砂川村は，西から一番～十番までの地域に分かれるが，広大な雑木林の開拓に伴い当初入植が可能であったのは，三番・四番という限られた地域であった。その後，1654年の玉川上水の開通に伴い砂川村の人々は東西に開拓の手を伸ばしていくことになるが，現在に至るまで地付きの人々の菩提寺や氏神となる神社があり，かつての町役場が所在したのは三番・四番であった。従って，この地域が砂川の政治・経済・文化の中心であるが，公団・公営問わず，1960年代以降に大規模な団地が建設された土地は，かつての砂川六番以東や，「松中っ原」と呼ばれた雑木林，「享保あらく」と呼ばれた急造の畑地など，砂川の開拓の中で比較的後進の土地である。そうした土地は，地元の地主たちにとっても手放しやすい（買収されやすい）土地であった。

すなわち，⑴立川基地により分断されたことにより，砂川の比較的東部に位置する公団団地などと比べ，立川駅を中心とした都市開発から見て周辺的な位置に置かれ，⑵また，都市開発で後れをとった砂川西部の中でも，政治・経済・文化の中心である地域から見て重要性が低く，地主たちが手放しやすい土地に建てられたのが，現在の立川団地なのである。

14）　Hgさんは，2000年代から現在に至るまで自治会副会長を務める人物である。

15）　当時の立川団地では，団地内に細分化された単位自治会が存在し，それを束ねていたのが先述の「立川団地連合自治会」であった。ここでSkさんの言った「班長」は，単位自治会をさらに細分化し，おおよそ建物（6軒，長屋）1棟につき一つ，つくられていた活動単位である。

16）　現在，砂川地域における子ども会連合会において，副会長・ジュニアリーダー育成担当を務めるNsさんは，StさんやSkさんが役員を務めた時期に子ども会のメンバーであった。Nsさんは，子ども会の小学生たちの手本・リーダーとなる中学・高校生であるジュニアリーダーたちと，毎年の「運動会」や「夏まつり」の手伝いにやって来る。

17）　現在の1-13号棟において，第1期建替え工事終了直後，すなわち1996年に入居した人々は，建替え以前からの再入居者が，全体の約80%を占めると言われている。

18)　この管理委託は，独自の予算を組み，管理部員たちへの収入源，やりがいやコミュニケーションの提供を生んでいくものでもあった。その後，1998年頃から約8年間の委託管理を受けたのち，都公社により入札制度へと変更され，立川団地自治会は入札に敗れてしまう。しかし，2008年からは都心に近い業者が落札したこともあって，業者から自治会への委託管理を交渉し，再度その権利を獲得していった。

引用・参考文献

佐藤良子，2012『命を守る東京都立川市の自治会』廣済堂出版。

立川市自治会連合会20周年記念誌編集委員会編，1986『立川市自治会連合会二十年のあゆみ』。

立川団地自治会，2012『住民に必要とされる自治会づくり――人をたすけ，人に助けられる自治会でありたい』。

山鹿誠次，1981『新訂都市地理学』大明堂。

羊崎文移，2009『「特別機動捜査隊」物語の検証1961-1977』今日の話題社。

第 5 章
立川プロジェクトからの展開
――戦時下の昭島市域における「八清住宅」と人々の移住――

鈴 木 将 平

1．はじめに
――立川プロジェクトにおける“多系／多茎”の契機

本章の目的は，2012 年に発足した，中央大学「新原ゼミ」の有志からなる立川プロジェクトの展開を振り返った上で，今後の立川プロジェクトにおける共同研究の課題と展望を確認することである。

立川プロジェクトでは，立川市郊外にある都営・立川団地への長期間にわたる調査を行ってきた。立川団地は，「コミュニティの成功例」として自治会活動が全国的に知られており，繰り返しジャーナリストたちが「視察」や「取材」に訪れている。本稿ではまず，とくに取材活動が多かった 2016 年前後に起きた立川団地と「中大生」の社会的な関係の変化と，立川プロジェクトの共同研究における関心の変化を確認する。

次に，立川プロジェクトで行われてきた共同研究の一環として，1930 年代後半に現在の昭島市域に建設された軍需工場関連の集合住宅の歴史について述べる。集合住宅は「八清住宅」といい，1940 年に陸軍航空工廠が開設したことに伴って建設されたものである。陸軍航空工廠は，首都防空を担っていた立川飛行場の西側に隣接して，航空機を製造していた。

「八清住宅」とその周辺地域には，全国各地から職員・工員の家族，養成工，女子挺身隊や土木作業員などの多様な人々が移住することとなった。また，戦前から戦後にかけて，都市部の飲用水を確保するために行われたダム建設で水没した奥多摩の集落の住民たちが移住していた。つまり，「八清住宅」やその周辺地域は，「帝都」の「防空」や「御用水」のために人々が移住してきた地域なのである。本研究では，航空工廠や「八清住宅」建設の経緯を踏まえた上で，人々にとって「八清住宅」への移住がどのような経験であったのかを明らかにする。

最後に，本研究の意義と限界について確認し，活動の範囲や研究対象が立川団地の外へと広がりつつある立川プロジェクトにおいて，周辺の地域社会との関連や歴史的背景だけではなく，社会的な構造への理解を深めていくことが課題であることを述べる。

(1)　立川団地と「中大生」の社会的な関係の変化

最初に，立川プロジェクトにおける立川団地と「中大生」との社会的な関係の変化について確認していきたい。「中大生」とは，中央大学新原ゼミ（文学部ゼミ・FLP 地域公共ゼミ・FLP 国際協力ゼミ・大学院ゼミ）のなかで，立川プロジェクトに参加している有志の学生のことである。

2015 年，立川団地では 1999 年から自治会長を務めた St さんに代わり，Hs さんを会長とする新体制に移行した。このころ，立川団地は「コミュニティの成功例」として全国的に知られていた。住民同士の交流が困難な社会状況において，団地自治会によって行われてきた子育て支援，孤独死対策，防災への取り組み，東日本大震災の被災者の受け入れなどが注目されていたのである。過去には，団地住民の生活の利便性を図るために，バス停設置の交渉や，スーパーの誘致を行うなど，市域でも影響力を持ってきた。そのためか，「中大生」が運営に参加してきた団地の「運動会」や「夏まつり」の行事では，都議会議員や市議会議員が来賓として訪問し，「東京の，日本の立川団地」と，あいさつで述べるのであった。

一方で，「コミュニティの成功例」として「孤独死ゼロ」，「自治会参加率 100

%」という側面が注目されることで，イメージされた「団地」と，実際の団地の在り方との差が大きく取り上げられることにもなった。たとえば，2016年11月にはNHKの「ETV特集」で団地の様子が放送されている。番組では，立川団地の行事をはじめとした自治会での各種の取り組みや，住民自身の活動や交流の様子とともに，St会長時代以来10年以上にわたって続いてきた「孤独死ゼロ」が途絶えたことが取り上げられた。住民の高齢化や転出入の多さ，身体的な特徴などに関する個人情報の保護といった団地内部での事情がある一方で，「孤独死」に対する社会的な関心によって，「立川団地」が対象化されているのである。実際に，団地自治会には，「コミュニティの成功例」を求めて，繰り返し他大学の学生やジャーナリストが「視察」や「取材」に訪れている。

このように，「コミュニティの成功例」に対する外部からのまなざしと，団地内部での様々な状況がせめぎ合い始めるような状況の下で，Hs会長体制は始まっている。また，それがきっかけとなって，2016年から2017年にかけて，Hs会長体制の立川団地と「中大生」の関係が結び直されることとなった。

2015年ごろ，立川団地と「中大生」の間では，団地自治会が開催する年中行事での手伝いを中心として，継続的な関係を作ることができていた。この頃になると，「中大生」は年間の行事だけでなく，事前準備や自治会の定例会など，団地自治会の活動が作られていく日頃の「裏方」の場面に同席することが可能となっていた。また，「中大生」の存在は，団地自治会や住民にとってみると，行事を行うときの労働力であるとともに，異なる年齢集団間が交流するきっかけとなっていた。たとえば，行事などで協力に訪れる「ジュニアリーダー」のような中高生にとっては，「中大生」が将来のロールモデルとしての役割を果たす側面もあった。「ジュニアリーダー」とは，立川市の社会教育団体に所属する青少年たちのことである。逆に，「中大生」にとってみれば，行事などで「ジュニアリーダー」たちが活躍する姿を見て，作業の手順や場面ごとの動き方を学ぶという関係でもあった。

このような立川団地への継続的な調査と関係性の深化によって，立川プロジェクトでは，団地内の取り組みや，周辺地域の団体との社会的な関係に関心を持った学部生や院生が立川団地を論文の対象にするようになっていた。

一方で，2016年になると立川団地と「中大生」の関係性に変化が起こり始める。行事の反省会などで，Hs会長から「中大生」に対して，「来てくれるのはありがたいけど，勉強になっているのか」と気にかけられることが何度かあったのである。「聞きたいことがあるなら，そういう機会をつくりますよ」という申し出を受けたこともあった。Hs会長にとってみれば，「ただ手伝いに来てもらっているだけでいいのか」ということが気がかりだったのかもしれない。また，「勉強になっているのか」という質問は，言い換えれば，団地自治会の在り方が，「中大生」にどう理解されているのか，ということへの疑問であったとも考えられる。

というのも，先に少し触れたように，立川団地には「コミュニティの成功例」を求めて「視察」や「取材」に訪れる人が絶えず，とくに，NHKの放送にみられるように「立川団地」が対象化されていく時期であったのである。Hs会長は11月の「ETV特集」の放送直後に行われた「防災ウォークラリー」の反省会で，孤独死が起きた時に，取材者側から「会議」を開くように要求があったことなどを教えてくれた。「コミュニティの成功例」や「孤独死に向き合う団地の今」としての「立川団地」が強調される一方で，団地の自治会活動は，膨大な時間とエネルギーをかけて，生業や普段の生活を持ち出して地道に作られているものである。Hs会長は「自分はStさんのときの3分の1でもできればいい」と自治会運営の難しさを話してくれた。「コミュニティの成功例」を求めて訪れる人々が多くいる中で，「中大生」が何者なのかを改めて伝える機会が必要となっていた。

この年の12月，団地自治会の厚意で「中大生」のための「忘年会」が催された。立川プロジェクトに参加している現役の学生のほか，新原や阪口毅（第3章執筆者），卒業生などのかつてのコアメンバーも含めての会となった。自治会の方々の手製の鍋と総菜がふるまわれたが，「中大生」と自治会役員は分かれて座ったまま，しばらく緊張感のある時間が流れた。そして，頃合いを見計らったように副会長の一人のIwさんが腕時計に目をやり，「中大生」に一人一言ずつ話すように求めた。普段の様子とは異なって，役員の方々も真剣な表情をしている。参加した学生や卒業生，新原から，これまでかかわらせてもらったことの感謝と，自分たちにとっての意味を伝えた。Hs さんは黙って指を組んで聞いていた。「中大生」やその卒業生が，それぞれどのような理由で立川団地の行事などに参加し，何を学ばせてもらってきたのかということを一人ずつ順番に話したあと，今後もかかわらせてもらいたいという意思を「中大生」一同から伝えた。そして，自治会の方々とも打ち解けた雰囲気となって，St 会長時代とは異なる形で立川団地と「中大生」との関係が結び直されることとなった。

「忘年会」を経て，2017 年からは年中の行事である「運動会」「夏まつり」「防災ウォークラリー」や定例会などの「裏方」への参加のほかに，砂川地域の子ども会活動や小学校へのボランティア活動への参加が本格化した。これらのボランティアは，団地の関係者と「中大生」の個々の人間関係のなかで，持ち掛けられてきていたものである。立川団地という範囲を超え，周辺の自治会や，団地住民と学生の個人的な交流も含めて，多数の社会的な関係が形成されることとなった[1)]。

このように，立川団地と「中大生」の関係性の結び直しと，立川団地を取り巻く周辺地域へのかかわりが始まる一方で，立川プロジェクトでもメンバーの入れ替わりが繰り返されてきた。そして，立川プロジェクトを立ち上げた初期のメンバーが卒業し，立川団地との関係が所与のものとなったことで，共同研究の関心が変化していくことになる。とくに，長期間にわたって関係が続いたことから，立川団地自治会の役員のほかに，一時的に団地とかかわる人々や，周辺地域の諸団体，そして歴史的な背景といったことに認識が広がっていったのである。

(2)　立川プロジェクトでの共同研究の展開

2016 年から 2017 年にかけて，立川団地と「中大生」の関係が組み替わっていくのと前後して，立川プロジェクトでは，立川団地での長期間のフィールドワークによって得られた知見を，周辺地域との関係や，歴史的なプロセスに位置付けようとする共同研究が行われていた。本節では，こうした立川プロジェクトでの共同研究の展開について確認した上で，本研究の位置付けを提示したい。

立川プロジェクトでは，例年，立川団地で行われた行事などへ参加したのちに，見聞きした内容を口頭，あるいはフィールドノーツとして文章化して共有し，共通の関心を持ったメンバー同士でグループをつくり，共同研究を行う形で調査結果をまとめてきた。共同研究の内容は，在籍する学生や院生の関心に基づいて決定されると同時に，その時の立川団地との関係性の在り方も反映していた。

2012年から2014年にかけては，団地自治会との関係を作り始める時期で，団地内部の人間関係や，行事で協力に訪れる団地住民以外の人々が注目されてきた[2)]。会長の交代を経た2015年から2016年頃になると，立川プロジェクトでも初期メンバーの卒業による「代替わり」が起こっていた。そこで，前年までの共同研究の関心に加えて，自治会での取り組みが同時代においてどのような意味を持っているのか，なぜこうした取り組みがなされるようになったのか，ということに対する関心が改めて生まれてきた。

たとえば，2015年には，団地の行事に携わる人々に期待される役割（「部外者」も含む）と実際の行為の関連についての共同研究，「運動会」や「夏まつり」などの行事が持つ地域社会への波及効果に関する共同研究，書籍などにおいて「団地」がどのような存在として対象化されているのかという構築主義的な共同研究が行われてきた。すなわち，立川団地自治会・住民という内部の社会的な関係，団地を出入りする個人や集団における社会的な関係，そして周辺地域・社会との関係，相互作用が注目されてきたのである。

また，2016年は，立川プロジェクトの活動範囲が立川団地よりも拡大したことで，周辺地域との関係や歴史的な背景が研究対象となった。「中大生」による近隣の小学校でのボランティア活動が徐々に始まったことで，立川団地を周辺地域（柴崎村と砂川村）と空間的に位置付ける共同研究や，立川や砂川地域にとっての「子ども」がいかなる存在かという関心から，子ども会活動や「ジュニアリーダー」という社会教育制度の歴史に着目する共同研究が行われてきた。

また，この年には立川プロジェクトの活動が5年目に入ったことなどから，立川プロジェクトの活動の記録を整理する共同研究も行われている。

(3)　立川団地から昭島市域へ

こうした立川プロジェクトでの共同研究の展開を受け，2017年になると立川団地と隣接する昭島市域の基地跡地開発や，団地住民の生活圏についての共同研究が行われている。また，立川団地における住民や，周辺地域住民の移住の時期や出自の差異に関する共同研究も行われた。

2017年度は，共通の関心を持ったメンバー同士でグループを作り，共同研究を行うという形ではなく，異なる学部・学年，興味を持つ学生でグループを編成するという方針をとった。立川団地での行事参加が初めてのフィールドワークとなるような学生が多かったことや，異なるゼミ間で知見を共有し，各ゼミのプロジェクトへと還元していくためである。筆者である鈴木がいたグループでは，「コミュニティ」や「まちづくり」に関心を持つ新原ゼミのFLP地域公共ゼミ生や，「土地の利用」に関心を持つ学部ゼミ生と，「基地周辺の歴史」という鈴木の関心を合わせる形で，昭島市域における基地跡地利用に関する共同研究を行った。

昭島市域を対象としたきっかけの一つは，立川団地の南にあった基地跡地の「留保地」が，巨大な道路や公園，法務省の施設（国際法務総合センター）として再開発されていたためであった。基地跡地の多くが立川市域にあり，現在は昭和記念公園や大型商業施設として親しまれているが，昭島市域の基地跡地は，返還から40年間「留保地」として放置されてきたのである。

そして，この時の共同研究で現地の調査を行った際，「留保地」として放置されていた地域の再開発のほかに，青梅線・東中神駅周辺に都営住宅（中には老朽化のため取り壊しが進むものもあった），公団住宅が並んでいることが分かった。当初は，立川団地のような集合住宅が密集する地域として調査を行ったが，とくに東中神駅北側の集合住宅については，かつての基地とかかわる土地であることも分かってきた。駅北側の団地だけでなく，南側にもロータリーを中心とした区画が残っていることや，ロータリーの中心に周辺地域の歴史を伝える「八清の碑」というモニュメントがあることを発見した。戦時下の東中神駅周辺では，軍需工場が建設され，その工員たちのための「八清住宅」という集合住宅が作られたのであった。しかし，これらについては十分に検討することができなかった。

「八清住宅」は戦時下に行われた「まちづくり」とも言えるが，郷土史などでは「モダンな設計」や「充実した福祉施設」といった先進的な例として取り上げられている（金子 2000；三村 2004）。これは，立川団地が「コミュニティの成功例」として取り上げられることとも似ている。つまり，人や場所やできごとの可視的な部分が強調されているのである。「八清住宅」の場合は，とくに建築や開発という観点で取り上げられている。

一方で，「中大生」が立川団地を通して学んできたことは，そういった「成功」の語りの背後にある，住民や自治会役員，周辺地域の人々を含めた日々の営みであった。では，「八清住宅」では，どのような生活が営まれていたのであろうか。これが，共同研究の残された課題である。本章では，立川団地との関係において行われてきた共同研究「からの」展開として，戦後における回想録をもとに，「八清住宅」をめぐる人々の移動や生活の在り方に着目していきたい。

次に，立川団地と「中大生」の関係の在り方から，本研究の位置付けを行いたい。まず，立川プロジェクトの共同研究の展開においては，先に少し述べたように，立川団地で行われている取り組みや，自治会・住民の社会的な関係を，周辺地域との関係や歴史的なプロセスから把握することを試みてきている時期に位置付けられる。2016 年ごろから，立川プロジェクトの共同研究において，「団地」をとりまく社会的な構造や歴史，そして団地に居住する人々の出自や多様性に着目する共同研究が行われてきたことを確認した。こうした問題関心の広がりは，2016 年の「忘年会」以降に本格化した，立川団地周辺の小学校や子ども会へのボランティア，または市民団体とのかかわりによるものである。また，住民の移住や，歴史的背景に対する関心は，立川団地において住民の高齢化や転出入，個人情報の保護が問題となるような時代状況であることと，時期的に重なっている。

これは，「コミュニティの成功例」の「視察」に訪れる学生やジャーナリストたちとは異なる関係性であることを意味している。本研究は，こうした立川団地および立川プロジェクトの関係性の深化・展開のもとで行われている。

2．本研究の背景

次に，本研究における問題の所在と調査の概要，そして対象である旧昭和町と陸軍航空工廠の概要について述べる。

本研究で対象とする「八清住宅」は，現在の青梅線・東中神駅の南，昭島市域東部・旧昭和町に1930年代後半に建設された集合住宅である。この地域は，1950年代に，立川米軍基地拡張をめぐって激しい闘争が行われた砂川地域，そして，2000年代から「コミュニティの成功例」として語られてきた都営・立川団地と同様に，立川の基地周辺の地域である。

立川飛行場は大正11（1922）年に建設され，「首都防空のかなめ」（鈴木 2012：48）の一つであった。民間の飛行場としても利用されていたが，昭和6（1931）年頃から陸軍専用の施設となっていった。そして「八清住宅」は，昭和15（1940）年に名古屋から移転してきた陸軍航空工廠の従業員などのための住居であった。多摩地域には，1930年代中頃から航空機の製造工場や研究施設などが作られた。立川や昭島市域のほかにも，武蔵野市や東大和市などにも軍需工場が集積していた。

当時の旧昭和町では，陸軍航空工廠の移転と「八清住宅」の建設とともに，昭和12（1937）年から昭和20（1945）年にかけて，7000人程度だった人口が，3万近くまで増加した。戦後は，帰郷せずに残った者のほか，戦災者や引き揚げ者，そして奥多摩に建設された小河内ダムに沈んだ集落から移住を迫られた人々が暮らすことになった。多様な出自や経緯を持つ人々が，「八清住宅」に移り住んでいったのである。

(1)　問題の所在

本章で明らかにしたいのは，戦時中，全国各地から「八清住宅」や周辺地域に移住してきた人たちが，どのような移動の経験を持つのかということである。それは，立川団地を含めて，特定の時期に，特定の場所に多様な出自を持つ人が住むということがいかなる経験であったのか，ということを考えていくこととも関連する。

立川や昭島を含む多摩地域では，人口増加のピークが2回あった。一回目は「八清住宅」のような軍需産業に関連した人口増加であり，二回目は1960年代以降のベッドタウン開発による人口増加である。立川団地が建設されたのは，1960年代以降の人口増加の時期である。

たとえば，1960年代以降は多摩地域そのものが膨大な都市人口の受け皿となった。そして，最先端のライフスタイルとして，あるいは限られた面積に効率よく住民を住まわせるための「団地」や「ニュータウン」が作られた。人口の過密により都市部の居住環境が悪化するにつれて，住宅をいかに供給するのかが重要な問題として立ち上がってきたのである。

ところが，住宅の需要は，単に都市人口の増加を背景とするものだけではなかった。1964年のオリンピック開催に向けた「都市整備」のもとで居住地から締め出された人々にとっても，多摩地域をはじめとする集合住宅が新たな生活の場所となった（東京都住宅供給公社 1987：34）。そしてまた，低所得者層にむけた公営の住宅に関しては，農地には適さない台地上の，とくに鉄道などの交通アクセスが難しい土地が選ばれ，開発が行われてきたのである（鈴木 2004：83）。

すなわち，誰が，どこに，いつからいつまで住まうかということは，地理や自然条件，そして歴史的な背景，社会的・文化的なプロセスのなかで作られてきた構造に大きく規定されている。一方で，誰が，どこに，いつからいつまで住まうかは構造的に規定されつつも，住まう人々の社会状況や，状況に対する認識などによって，「地域」は異なる意味を持つ。

本章の目的は，こうした「住まうこと」の社会性に着目し，とくに特定の土地が，異なる時代や異なる出自を持つ人々にとって，どのように意味付けられてきたのかを明らかにすることである。また，一時滞在，移住，定住，転出を含めて，どのような人々の社会的な関係があったのだろうか。本章では，とくに「八清住宅」に移り住んだ人達から見たときに，移住の経験がどのようなものだったのかに着目する。

(2)　調査の概要

本研究で扱う資料は，1975年から2006年までの間に発行された『航友会報つばさ』（以下『つばさ』）である。『つばさ』は，陸軍航空工廠が開設された1940年から終戦を迎える1945年の間に勤めていた関係者たちによる会報誌であり，年刊の発行で31巻まである。

陸軍航空工廠は，航空機の機体やエンジンの製造所のほか，技術者を養成するための技能者養成所，文書や人事，労務，教育，診療所を管轄する庶務課，製造に必要な資材の手配を行う企画課，製品の点検を行う検査課，経理課，医務課から編成されていた。発動機製造所では，第一工場から第四工場と試作工場の五つの工場からなっていた（航友会事務局 1984：4）。『つばさ』はこうした職場に勤めていた従業員たちの手記や回想録，会の活動や会計の報告を掲載している。会員数は，1988年ごろにもっとも多く，817名の名簿を作成したとある（航友会事務局 2006：36）。なお，陸軍航空工廠の従業員については，もっとも多かった時期で1万5,000人に上ったといわれる。

本章では，『つばさ』を主な資料として，移住してきた人々の経緯や出自に関する箇所，および「八清住宅」をはじめとして当時の生活に関する記述を中心に構成する。『つばさ』のほかにも，関連する事柄については歴史資料などを活用し，傍証という形をとっている。『つばさ』に関しては，戦後30年を経て発行され，31年間継続した冊子であることから，1940年代の状況に関する直接的な資料とは言えないため，今後も調査を行っていく上での参考として提示するにとどめたい。

(3)　旧昭和町と陸軍航空工廠の概要について

本論に入る前に，航空工廠や「八清住宅」が位置する昭島市の概要について簡単に述べる。昭島市は，昭和 29（1954）年に旧昭和町と旧拝島村が合併して誕生した市町村である。

江戸時代以来，郷地（ごうじ）・福島（ふくじま）・築地（ついじ）・中神・宮沢・大神（おおがみ）・上川原（じょうがわら）・田中・拝島の九つの村があったが，昭和 3（1928）年に拝島村を除いた八つの村が昭和村として独立した。昭和村は，昭和 16（1941）年に昭和町となり，1954 年の町村合併によって拝島村と昭和町が合併，「昭島」という名称になった（昭島市史編さん委員会 1978：6）。市域の北と東は立川市に接し，西は福生市，南は多摩川を挟んで八王子市と日野市に接している。平成 30（2018）年 8 月で人口は約 113,000 人となっている。

1977 年に立川の米軍基地が返還されると，立川市域の基地跡地に関しては，自衛隊駐屯地や昭和記念公園，大型商業施設として開発されてきたが，立川市と接する昭島市域にあった航空工廠の跡地は「留保地」として放置されてきた。

昭島市域では，青梅線以南の多摩川沿いに古くから集落が形成されてきていたが，青梅線以北地区については「最も開発がおくれ，市街地化のおくれている地区であり，空閑地の多い，人口密度の低い地区である」（昭島市 1978：23）と，立川米軍基地返還直後の『昭島市史』には記載されている。幕末以降，蚕種の生産が主要な産業であったが，第一次大戦後の景気悪化と昭和恐慌の影響を受けて停滞したほか，昭和 12（1937）年に海軍系の航空機を製造していた昭和飛行機の製造所が進出したことで，広大な面積を占める軍事施設や工場などが多く建設されたのである。昭島市域の東西には，それぞれ立川自衛隊駐屯地と，横田基地が近接している。

ところが，2015 年ごろから航空工廠跡地の再開発が行われるようになった。立川市泉町西公園および昭島市むさしの公園のほか，多摩地域の医療刑務所や矯正施設を集約した国際法務総合センターがすでに建設され，立川市のごみ焼却場の建設も決定している。立川団地とも近い泉町西公園やむさしの公園では，戦時中に青梅線中神駅から航空工廠まで引かれていた貨物の引き込み線がモニュメントとして用いられている。しかし，戦中の遺構などについてはすでに大部分が取り壊されてしまっており，当時の面影を知ることはできない。また，基地そのものについても，大部分は昭和記念公園として整備され，東側の地域は大型商業施設の建設という形で，跡地の「平和利用」が進められている。

こうした状況の中，「八清住宅」は，戦前の軍需産業や地域の歴史を想起する数少ない手がかりとなっている。東中神駅の南側には，「八清住宅」時代のロータリーを中心にした放射状の区域が現在でも残っており，近くには「八清の由来」についての碑が設置されている。碑文には次のように記されている。

八清の由来

日中戦争から太平洋戦争へと軍国主義の道を歩む頃　我が国の軍需産業は飛躍的発展を遂げた　昭和十三年　当地に設立された名古屋造幣廠立川製作所（後の陸軍航空廠）も拡張につぐ拡張という有様で翌十四年には従業員二万余を数える大軍需工場へと急成長した　こうした状況下　同工廠では早急なる従業員住宅建設の必要にせまられ当時一面の桑畑であった福島八二七番地付近　約三万坪の地を買収その建設に着手した

工事は軍の協力下　八日市屋清太郎氏によって進められ同十六年十月までに約五百戸の住宅と集合所　市場　映画館　浴場　保育園　神社　公園などの福利施設が竣工　ここにロータリーを中心として放射線状に区画された大規模な住宅街が誕生した　即ちこれが八清住宅の起源であり八清という名称は工事をした八日市屋清太郎氏の名に由来するものである

戦後　これらの住宅は住民に払い下げられ　また　市場（マーケット）を中心に商店街としての新たな街づくりも進められ　その結果今日見られるような市内屈指の住宅商店街“八清”が生まれたのである

ここに恒久の平和を念願し建立したものである

現在の昭島市・玉川町１丁目から３丁目にかけて，３万坪とも４万坪とも言

写真 5-1　八清の由来の碑（昭島市）

青梅線・東中神駅の南側にあるロータリーの中心に置かれている。細く入り組んだ路地が広がり，現在でも郵便局，銭湯（建て替えられたが，ほぼ同じ位置にある），公園，診療所，幼稚園，小さい神社などがある。また，現在は人が住んでいないが，土壁で瓦屋根の平屋が一部で残っている。2017 年 7 月 23 日筆者撮影。

われている敷地が開発され，松と桑が生い茂る農村の風景は一変することとなった。『昭島の昔語り』によれば，「うちのおやじなども『雷が落っこったみたいだ』と言っていました。ということは，雷が落っこったように急に一つの町ができちゃったわけだよね」（昭島市教育委員会 2000：311）と，地元住民にとっても突然のできごとであったことが語られている。現在の青梅線・昭島駅北側の地域で，海軍の航空機を製造していた昭和飛行機の社史によると，青梅線の北側の地域は「松をまじえた雑木林であり，東部には桑畑や栗林が散在しており，草むらは野兎たちの楽園であった」（昭和飛行機工業株式会社編 1977：18)。大正 11（1922）年に立川飛行場ができるまで（できてからも），昭島市域の東側周辺は「ヤマ」と呼ばれる雑木林と，養蚕のための桑畑が一面に広がる農村地帯であった。

では，この場所にどのような経緯で人々が移り住むことになったのだろうか。「八清住宅」がどのように語られているのかを明らかにする前に，名古屋工廠移転の経緯から見ていきたい。

3．名古屋工廠の移転と「八清住宅」建設の経緯

(1)　陸軍航空工廠と技能者養成所の開設へ

まず，陸軍航空工廠の移転の経緯について見ていきたい。

昭和6（1931）年の満州事変以降，陸軍航空本部では，航空機の戦力増強のため，航空機の量産と技術者を養成する必要性を感じていた[3)]。航空本部長であった東條英機は，海軍が独自の飛行機製造工場を保有していることを受けて，陸軍でも航空機を製造することを目指していたのである（航友会事務局 1982：3)。そして，名古屋の熱田製造所と千種製造所の設備と職員・従業員を，新たに建設する航空工廠へ移転させることが陸軍軍会議で決定した（航友会事務局 1977：7)。秘密裏に立川飛行場西側の雑木林の視察が行われ，昭和14（1939）年から工事に着手，翌年の4月に業務が開始されることとなった。

完成した陸軍航空工廠については，「当時としては超近代的工場で床暖房され，高さ約二十米の天井，巾約六十米，長さ約百米の大工場で中央に一列の鉄柱が有るのみで当時では重爆撃機が2列に並べられる程の見事な工場であった」

写真5-2　名古屋工廠熱田製造所跡地の公園（名古屋市）

熱田は名古屋港までおよそ2キロの距離にあり，1930年代後半からは愛知時計や三菱重工など，軍需産業が盛んになった。2018年8月4日筆者撮影。

写真 5-3　公園の一角にある名古屋工廠の碑（名古屋市）

名古屋工廠は明治 37 年から終戦まで軍の要請に応じて兵器を生産し，熱田，千種，鳥居松，高蔵，鷹来，楠柳津の製造所を合わせて 3 万 5,000 人が奉職していた（碑文より要約）。2018 年 8 月 4 日筆者撮影。

（航友会事務局 1988：3）。この時，名古屋工廠に勤務していた熟練工ら 2000 名近くが当時の昭和村・福島（ふくじま）地区に移住することとなった。

航空機の製造と共に，技術者の養成も同時に行われた。陸軍航空工廠の開設から 1 年後の昭和 16（1941）年，陸軍航空工廠技能者養成所が設置され，全国から生徒が集められた。工廠も含めて，昭和 18（1943）年には，従業員 1 万を超えることとなった。（航友会事務局 1982：3）。名古屋の熱田製造所と千種製造所からの移転は，同じ年の 6 月にはほぼ完了した。

⑵　八日市屋清太郎と名古屋汎太平洋平和博覧会

名古屋から工廠が移転するのに伴い，従業員の住宅を確保することが大きな課題となった。陸軍が建設を依頼したのは，金沢出身の建築業者の二代目，当時 25 歳の八日市屋清太郎という人物だった。八日市屋は，昭和 12（1937）年に熱田で開催された汎太平洋平和博覧会の仮設建設，博覧会のシンボルとなった「平和の塔」を手掛けた人物であった。博覧会を専門とすることから「ランカイ屋」と呼ばれていた。

名古屋汎太平洋平和博覧会は，日本では最初の国際博覧会として，昭和 12

（1937）年3月15日から5月31日までの75日間開催され，延べ480万人を動員した。場所は，名古屋港に近い熱田前新田という干拓地であった。この時，名古屋市では人口が100万人を突破し，名古屋港の開港30周年のほか，名古屋停車場（名古屋駅），国際観光ホテルや国際飛行場（現在の名古屋空港）が完成し，名古屋市制50周年を2年後に控えていたことで，博覧会開催が企画されたのである。また，満州の独立など周辺諸国との緊張関係にあったことなども背景にある（港区制施行五十周年記念事業実行委員会編 1987：73-75）[4)]。

八日市屋は，この博覧会のシンボルとなった「平和の塔」のほか，「事務局其他工事」を任され，事務局，産業本館，保健衛生館，体育館，教育館，社会館，渡廊下など，北側ブロックの工事を行っている。八日市屋組を含め，30に及ぶ建築業者がかかわり，大小の工事を請負っている（名古屋汎太平洋平和博覧会 1938：137-147）。その中で，八日市屋組は開催者であった名古屋市長から感謝状と銀杯を与えられた[5)]。その理由として，八日市屋は，1937年にパリで開催された万国博覧会の見学に合わせて，世界一周旅行をしてきたことを挙げている（航友会事務局 1982：6）。

八日市屋は，名古屋汎太平洋平和博覧会に先立ち，1937年6月29日に横浜を出発してカナダのバンクーバー，アメリカのシアトル，シカゴ，ニューヨーク，ワシントン，フランスのシェルブール，パリ，ロンドンに滞在し，ドイツの都市なども見学したあと，イタリアのナポリからスリランカのコロンボ，そしてシンガポールを経由して神戸に戻る4ヶ月にわたる世界一周を経験していた（八日市屋 1938）。とくに，ニューヨークやロンドン，パリの市街地や建築に大きく影響を受けたようである[6)]。

こうした経験から，名古屋汎太平洋平和博覧会での業績が認められた八日市屋であったが，1940年に上野で予定されていた皇紀2600年記念博覧会のために，建築資材を確保していることが陸軍の耳に入ったことで大規模住宅街造成を要請されたのであった。しかし，あくまで個人事業として，費用なども自力で調達しなければならないという状況であったという。

そして，昭和14（1939）年ごろから，名古屋工廠の移転先となる昭和村で工事が行われ，650戸とも830戸とも言われる大規模な住宅街が完成していくのである。当時の住所では，「昭和宇和町字福島827番地」，現在の昭島市玉川町では一丁目から三丁目に該当する場所である。

⑶　「安居楽土」の地としてのまちづくり

当時の旧昭和町・福島地区周辺の様子について述べておきたい。すこし触れたように，当時の地域住民にとってみると，「雷が落ちた」ようだったという印象が語られていた。しかし，他方では，18歳で名古屋から移住した工員の男性も，「（八清住宅に――引用者注）転入した当時，青梅線の線路の北側は全部，林だった。強い風が吹くと赤い砂ぼこりで，目も開けられないほどですごかった」（昭島近代史研究会編 1996：48）と，移住先での強い印象を述べている。

昭島市域では，多摩川沿いの湧水が得られる段丘面で集落が形成されてきた。しかし，飛行場や航空工廠が作られたのは台地上の土地であり，砂川村と結ぶ大山道や玉川上水から柴崎へと流れる柴崎用水などはあったが，基本的には「ヤマ」と呼ばれる雑木林だったのである。そして，この場所で度々起こっていた砂嵐は「赤っ風」と呼ばれ，名古屋から来て初めて見た人が火事と見間違えるほどだった。

また，完成した「八清住宅」の女子寮に入居した女性は，畑道を30分歩いて工廠に通うことになるが，「畠又畠でまだまだ住宅は少なく中神駅に行くにも畠ばかりで淋しいものでした。（中略）悪路で雨の続いた日など下駄の鼻緒が切れたり傘も桑の枝で破けたり，それは大変でした」（航友会事務局 1988：13）と述べており，周囲が養蚕業を中心とした純農村地帯であったことが分かる。

八日市屋はこうした場所に住宅街を建設するにあたって，「安居楽土」という言葉で生活空間の設計を行っている。区画や建築の設計は，早稲田大学の建築学者であった田辺泰という人物が請け負っている。八日市屋は，住宅建設の構想を次のように振り返っている。

私は居住される人々の安居楽土の地とすることを理想として，福利厚生施設に万全を期していただきたい，そのために私の種々の意見を十分設計図に取入れていただきたいと田辺博士におねがいし，工程に入ったのであります。（航友会事務局 1980：2）。

「八清住宅」は当時としては珍しいロータリーを取り入れた放射状の街区であったが，それ以外にも，「公園，映画館，診療所，郵便局，マーケットの外，幼稚園，図書館から神社に至るまでの全ての施設を網羅した」（航友会事務局 1980：3）という点においても，周辺地域にとって驚くべきことだったのである[7)]。たとえば，映画館などについては，工員が新宿まで新作の「封切り映画」の観賞に出かけることが不便であると考え，配給会社に掛け合って上映を可能としたのである。一農村地域に映画館がある事自体も珍しかったが，「封切り映画」を上映することも極めて異例のことだったという。他にも，浴場に関しては，通常浴槽をまたいで入浴するのが一般的であったのに対し，浴槽を地面より深く設置し，敷居を浅くすることで温泉のような設計を施したという。昭和17（1942）年には公園に隣接する場所に幼稚園を建設しているほか（航友会事務局 1984：18），児童数が多くなった玉川小学校の校舎建築費用として1万円を寄附するなどしている（航友会事務局 1982：6）。

そして，この大規模な住宅街は，本人の名前をとって「八清住宅」と呼ばれるようになった。ただ，『昭島の昔語り』の中で，郷地地区に住む住民の回想によると，「八清住宅」に住む人たちと地域住民の間に交流はほとんどなかったそうである（昭島市教育委員会 2000：357）。また，福島地区に住む女性によれば「軍のことだから，反対も何もできなかった。強制的にやられてしまった。畑なんかうらないなんてできなかった，強制的だから」（昭島市教育委員会 2000：356）と，建設の複雑な経緯を述べている。

(4)　軍需工場の進出による人口の増加

そして，「八清住宅」には，名古屋にあった熱田と千種の製造所などに勤めていた工員とその家族が続々と移住するようになった。移転当時の航空工廠の従業員は3,000名ほどだったが，昭和18（1943）年になると，「迫られた飛行機増産のために学徒動員や全国から徴用された若者や女子挺身隊として応召して来た女子工員など，一万四千名の大部隊となっていた」（航友会事務局 2001：7）という。米軍による戦後の調査報告書によれば，「終戦時点11,940名の労働者をしていた」とあり，その内訳は，発動機（エンジン）製造所で5,640名，機体製造所では6,300名であったとしている（米軍 1947：2）。もちろん，このすべての人々が「八清住宅」に居住していたということではない。

当時の昭和村では，すでに昭和12（1937）年には昭和飛行機が進出しているが，「八清住宅」が一通り整備される昭和14（1939）年から昭和16（1941）年にかけて，人口が7,128人から17,209人へ3倍に増加している。そして，急激な人口の増加を受けて，昭和16（1941）年に町政が施行され昭和町が誕生した。加えて，周辺の軍需産業の発展により，昭和町の人口は，昭和19（1944）年には27,755人にまで達していた（山崎 1949：3-4）。

4．工員やその家族の移住の風景

これまで，名古屋工廠の移転と，「八清住宅」の建設の経緯について見てきた。次に，移住者たちにとって「八清住宅」での生活がいかなるものとして語られているのかを見ていきたい。

熱田時代の製造所で所長を務めていた男性は，次のように振り返る。

> 従業員の大部分は名古屋生れの名古屋育ちで肉親も市内と近郊に住んでおる者が多く，故郷に多分の愛着を有し故郷を離れ難い感情を抱くのは無理からぬことである。
> さればと云ってこれら熟練工員がなければ工場での生産は到底望めない。従って家庭の事情万已むを得ない者以外は是非とも移転させねばならぬ。
>
> （航友会事務局 1984：3）

人々の生活の多くの部分が戦争の遂行という目的のために動員された。名古屋では熟練の工員が止むを得ない状況を除き，慣れ親しんだ町を離れなければならなかった。そして，それは家族にとっても大きなできごとであった。「永年の家業を，徴用でたたみ，手のない農家の当主をとられて苦しみ，遠くこの地に移り住んで，いやな思い出だけしか持たない人も数多くいることであろう」（航友会事務局 1978b：12）という言葉にあるように，航空工廠に徴用された人々の多くが，生業や生活を犠牲にして移住してきたのであった。

(1)　夜汽車に乗って

「八清住宅」への移転は昭和 14（1939）年初頭より行われ，先遣隊は同年の中頃から現地入りしていた（航友会事務局 1975：2)。ところが，その後の第一陣の本格的な移動が始まったころにも「八清住宅」はまだ完成しておらず，生活道具も整わない中，寒さや水不足もあって極めて不便な生活環境であった。

> 特に従業員を収容する八清居住地区の建設は厳寒の候とて壁の生乾き，舗装されない霜どけの道路等極めて悪条件のところへの入居を余儀なくされ，家族に病人を出しながらも移転と建設と生産とに取り組まれた従業員の努力と労苦は並大抵ではなかった。（航友会事務局 1975：5）

> 飯台，寝具などチッキで送れるものだけで一家四人過ごした。正月五日頃になって，守衛十一家族と共にやっと名古屋を離れたが，塗りたての壁からは湯気が立ちのぼり，寝具はいつも湿気を含んでヒンヤリと冷たく，飲料水は井戸をいくら掘り下げても水がなかなか出ないので，お隣の航空廠からタンクを借りて来て，一日二回給水してもらったが三日に一度の入浴もできなかった。（航友会事務局 1975：10）

また，単身者にとっては厳しい居住条件であった。名古屋の商社事務から昭和 13（1938）年に会計課へと配属された男性は，昭和 15（1940）年はじめに工廠移転の先遣隊員として「八清住宅」へ向かうことになった。しかし，2月頃になると家族持ちの工員の転入が増え，住宅が不足するようになると強制退去となり，西立川に下宿せざるを得なくなったという（航友会事務局 2001：9-10）。他にも，守衛や消防のために来た先遣隊の人々が退去し，名古屋からの移住者が増えていく中で人の入れ替わりは激しかった（航友会事務局 1978b：8）。

昭和15（1940）年の3月には，第二陣の移住が始まった。小学校を卒業する直前に移住することになった女性は，名古屋汎太平洋博覧会が行われたころに完成した名古屋駅から，9時出発の夜行列車に乗って早朝の旧昭和町へ来た。名古屋駅では，出征兵士を見送るような様子であったという。

> 昭和十五年三月十五日，私は小学校の卒業式を五日後に控え，欠席の手続きをとって生まれ故郷の名古屋を後にしました。その夜，東京へ向ったのは何家族で何十名或は何百名だったか知る由もありませんが，新築後数年の，さしも東洋一を誇った広い名古屋駅も送る人送られる人でごった返し，出発間際のホームはまるで出征兵士の見送りの如く万歳万歳の人の波で溢れました。
> （航友会事務局 1978b：7）

航空工廠が開設される4月までに，数十，数百とも分からない人々が，夜行列車に乗って旧昭和町を目指すこととなった。のちに詳しく述べるが，旧昭和町にあった小学校では，転入生の数が在校生を上回り，授業を二部制にして行わなければならないほど，人口が増加する。徴用を受けた人々は，幼い子どもや家族を連れて，住み慣れた土地を離れて旧昭和町に移り住むことになった。

(2)　各地からの移住

「八清住宅」への入居者は，名古屋からの移住者が多かったとされている。しかし，名古屋にあった熱田製造所や千種製造所には，名古屋以外の各地から職員や工員が集まっていたことから，その出自は一様ではない。また，昭和16（1941）年に開設された技能者養成所には，東北や北陸から青少年が集まっていたほか，戦局の悪化に伴って勤労動員として福島などから女子挺身隊が集められていた。そして，こうした人々が「八清住宅」の周辺へと至る経緯もまた，実に様々であった。

庶務課に勤めていた男性によれば，陸軍航空工廠では戦争が進むにつれて航空機を量産すべく設備を拡大したため，全国の職業紹介所や学校とも連携して，関東，東北，東海，沖縄にまで人員の確保に奔走したという。

> 私が航空工廠に在職した昭和十六年から十九年は戦線拡大の一途，特に太平洋戦争に拡大し，飛行機の大増産が至上課題でした。
> 従って工廠の設備拡大，それに対応した工員の大巾増員は徴用工・女子挺身隊・学徒動員により，一年で数千人ずつ増えましたから，私の所属した庶務課人事係では関東一円はもとより，東北地方から東海方面，沖縄まで各地の職業紹介所，学校との連携で文字通り「国民総動員」体制で職員の皆さんが募集に走り廻りました。（航友会事務局 2006：13-14）

たとえば，陸軍航空工廠の飛行機製造所に勤務していた男性は，樺太での従軍経験を経たのち，昭和14（1939）年に故郷の山梨に戻り，甲府の職業安定所を通じて名古屋工廠の採用に至っている。名古屋では，新潟の魚沼郡出身者45名からなる寮に滞在していたが，昭和15（1940）年4月，立川への赴任命令を受けて移住することになった。実家の山梨に近かったことから，家族を呼び寄せて「八清住宅」へ入居したという。（航友会事務局 1990：16-17）

この男性のように，職業安定所や職業紹介所を通じて，工廠に勤務した人は少なくなかったとみられる。工廠の会計課に勤めていた男性は，昭和15（1940）年に，「身を軍籍に置く職場が最良と思い職業紹介所を訪ねた」ところ，航空工廠で人員の募集があり就職を決意したという。軍隊を満期除隊となって間もなく面接を受けることとなり，会計課へと配属された（航友会事務局 1993：33-34）。

昭和19（1944）年頃になって，学徒動員や勤労動員がより一層進められるようになり，東北からは女子挺身隊が召集されることとなった。医務課に配属された女性によれば，職業安定所を通じて，出身校が人選を行ったという。全国から，同じくらいの年齢の人々が100名ほど集められていた（航友会事務局 1988：12-13）。

昭和17（1942）年に技能者養成所に入所した男性も，職業安定所の紹介で東京へ向かった。彼は，「八清住宅」の北側にあった養成工のための宿舎に住むこととなった。当時16歳，東北から4人の友人たちと上京した時の感想を次のように語っている。

> 停車場で同僚やら近隣の学校の就職組十数名と合流し，職業安定所の係員に導かれ夜行の就職列車に夢と希望を乗せて一路東京に向う。早朝七時三十分頃上野駅に到着した。ナント大きい駅だ。人が大勢居るなあ，と驚く。遠く長い長い初めての旅だった。（航友会事務局 1997：38）

昭和16（1941）年の12月に飛行機製造所へ徴用され，米沢から移住してきた男性は，「第三次の徴用でした。十二月九日午後八時二十三分発の米沢駅にて数十人の人達に見送られ夜行列車に乗り，明朝十日午前五時三十二分上野駅到着。案内の人に引率されて東中神駅下車，八清住宅に入りました」（航友会事務局 1997：26）と述べている。ほかにも，群馬，宮城，福島，茨城，秋田などから，繰り返し徴用による移住者がいた。また，第一次徴用では「浅草，上野等の遊び人チンピラ・グレン隊が狩り出されて」（航友会事務局 1998：62）きたこともあったという。

工員やその家族以外の移住も進んだ。

昭和16（1941）年に開設された技能者養成所には，送り出す村の人々の大きな期待を背負って，全国の優秀な青少年たちが集められていた。昭和17（1942）年に，新潟県から飛行機製造所に来たという男性は，出発の様子を詳細に述べている。

> 昭和十七年四月某日　晴天　村の尋常小学校（高等科）全校生徒，婦人会，

> 村人に送られ，村外れの阿賀野川の河原（渡舟場）に参集。清流を背に弱冠十六歳の少年三人が出征兵士と同じ歓呼の声に送られ小舟（定員約20名程度）に乗舟。国鉄馬下駅で更なる見送りを受けて車中の人となる。
> 陸軍航空工廠技能者養成所の入所式には全国から千二百名が臨んだ。六ヵ月間の養成工として。その後見習工への試験が実施され，四百六十名が選抜，晴れの見習工・三期生が誕生したのである。（航友会事務局 1993：30）

砂川地域で生まれ育った男性は，昭和18（1943）年に，「や丶憧れもあ」った技能者養成所に入所した。この時，「他県や沖縄などから七十名位」が入所し，同期の工員は「八清住宅」の寮に入ったという（航友会事務局 1997：33-34）。先に紹介した山形，新潟などの関東・東北・北陸地方のほかに，沖縄などからも養成工が来ていたということである[8)]。

昭和19（1944）年頃からは，女子挺身隊として，福島や新潟の高等女学校を卒業した生徒たちが集まっていた。具体的には，「福島県の白河高女，新潟県佐渡の河原田高女の新卒者と，福島県磐城高女の卒業生グループ」（航友会事務局 1980b：10）が，移住してきている。単身の女性たちの多くは，「八清住宅」の一角にあった「扶翼寮」に入居した。

また，旧昭和町にあった玉川小学校の回想録の「軍関係の，土木建設作業で朝鮮人が多く従事し，近くに飯場が沢山あった」（昭和19年卒　玉川国民学校同窓生 2005：28）という記述からも，移転の前後で朝鮮人が動員されていたことが分かる。また，同じく玉川小学校の回顧録から，「跳び箱といえば，国富秀吉君という，ずば抜けてうまいのがいたね。転回運動などは群れ（ママ）を抜いていた。朝鮮人だったが差別などなく子供ら同士皆仲良く遊んだものだよ」という記述があることからも，朝鮮人の子を持つ世帯が周辺地域に住んでいたことがうかがえる[9)]。

つまり，戦争遂行という目的の為に，基地周辺の地域では全国各地の多様な出自の人々が動員され，生活を共にするという環境が作られていたのである。

(3)　移住者たちが暮らした景色

玉川小学校の卒業生による回想では，やはり名古屋から移住した世帯の子どもたちも非常に多かったようである。転入生の増加が著しく，授業を二部制にして行わなければならなかった。福島地区の東側に位置する郷地地区の住民は，「八清住宅」や名古屋からの移住者たちと地元の人間の交流はあまりなかったと述べているのに対して（昭島市教育委員会 2000：357），小学校ではそのような垣根はなかったようである。先ほど触れたように，ここには朝鮮人の生徒もいた。

> 小学三年生の頃，のどかな昭島の桑畑の中に突然名古屋の町ができました。八清住宅です。
> 戦時色が激しくなりはじめた頃名古屋工廠が，立川を中心とした軍需工場へ移り，その従業員の家族が移動したためです。
> 畑の中にきれいに区画された道路。行儀よく並んで建てられた集合住宅。市場，映画館，銭湯，公園等々生活に便利な施設が次々と建設され，大変文化的な町が生まれました。買い物は何でも揃う八清へ，八清へと集まっていきました。
> 一方，地元の玉川小学校は毎日のような転入生で，その数は在校生を上回り，二部，三部授業で生活のリズムも全く変わりました。
> ベーベー言葉の中に，名古屋弁のスラスラ言葉がおもしろく，いつの間にか名古屋弁で話している様は全く名古屋そのものでした。
>
> （昭和 19 年卒　玉川国民学校同窓生 2005：17）

名古屋の小学校を卒業する直前に移住してきた女性は，昭島や砂川地域で起こる砂嵐に大変驚いたのだという。この地域では「赤っ風」と呼ばれているが，移住して間もなく「赤っ風」に遭遇し，「洗濯物は勿論のこと家の中迄砂だらけとなり，始めてのこととて驚きは大きく，又名古屋の友達への第二報となりました」（航友会事務局 1978b：7）と振り返っている。

当時，「八清住宅」から航空工廠までの道のりはほとんど整備されておらず，青梅線の踏切を越えて，ほとんど農道のような道を歩かなければならなかった。女性職員の話では，「八清住宅」から工廠へ通う道のりは，一面に桑畑が広がる景色であった。

> 女子寮の在りました昭和町中神八二七番地，裏に青年寮三棟と食堂が在り一番道側に第一女子寮があり，一Fには所帯持の方が居られた様です。前の道路を経て向かいには畠又畠でまだまだ住宅は少なく中神駅に行くにも畠ばかりで淋しいものでした。
> 毎日の勤めも現在の東中神より少し西寄りの踏切があり，畠道の間を約三十分程歩いて交渉に通勤したものでした。悪路で雨の続いた日など下駄の鼻緒が切れたり傘も桑の枝で破けたり，それは大変でした。
>
> （航友会事務局 1988：13）

というのも，当時は工廠建設のための資材運搬車両の往来が激しく，未舗装の道路にはいたるところが陥没していたのだという。通勤する人々は，雨の日には靴をどろだらけにして，泥水をはねられながら悪路を進まなければならなかった（航友会事務局 1982：14）。名古屋から移住し「八清住宅」に入居した人々以外にも，立川周辺で採用された徴用工たちの多くは周辺市町村から通勤していた（航友会事務局 1975：6）。しかし，航空工廠開設当時は，少し離れた中神駅が最寄り駅となっていたため，大変不便だったようである。昭和17（1942）年になり，ようやく東中神駅が新設されることとなった[10)]。

こうした，農村地帯の風景の中で，「八清住宅」に作られた「扶翼寮」は，当時の人々にとって印象に残っているようである。「扶翼寮」は，戦時中にもかかわらず外壁がピンク色に塗装された，地方からの女性工員・職員のための寮である[11)]。当時としてはモダンで華やかな建物で，沼津・静岡から来たという女性は，敷地の中には池があり，「夏のおわりごろ玄関を中心に真紅の鮮やかにカンナの花が咲き揃う様は，いっぷくのオアシスを与えてくれた」（航友会事務局

1997：31）と，「扶翼寮」の印象を語っている。

「扶翼寮」では結婚式も執り行われた。昭和17（1942）年ごろ，労務係が結婚相談所を開設し，福利施設班は挙式から披露宴までの世話係をすることとなった。和室の大広間に，神棚や道具類が一通りそろえられたという（航友会事務局1978b：24）。ところが，昭和20（1945）年6月，空襲を受け，「扶翼寮」の西北150メートルのところで炸裂した爆弾により，炊事場が破壊された。これまでに，20数組の挙式を行ってきたが，この時を最後に「扶翼寮」での結婚式は幕を下ろすこととなった（航友会事務局1978b：24）。

5．終戦と「八清住宅」

(1)　空襲と疎開

戦局が悪化するに伴い，本土への空襲が懸念されるようになると，航空工廠や技能者養成所を疎開することになった。昭和19（1944）年には，発動機製造所が金沢の紡績工場に疎開させられ，飛行機製造所の第一工場が所沢，第二工場が奥多摩（氷川）や二俣尾，山梨県の大月，神奈川県の沢井へと疎開させられた。技能者養成所については，昭和20（1945）年頃には埼玉県の児玉町へ疎開が始められた（航友会事務局1975：9）。

昭和20（1945）年3月に航空本部で発行された「生産組織疎開計画並実施状況」では，まず，氷川で板金を生産し，飯能で動翼，青梅で胴体，八王子や澤井で尾翼に加工したのち，主翼組立整備を立川で行うという段取りになった（航空本部1945）。氷川では，小河内ダム（奥多摩湖）までのトンネルを利用して金属の生産が行われていたようである。しかし，労働環境は悪く，「トンネル内の工場は道路の片側に機械を設置したもので，内部は湿度が高く水滴が落ちてくる所も多かった」（航友会事務局1978a：2）ということである[12]。

従業員の疎開も行われ，五日市などから通勤する者もいた。そうした昭和20（1945）年4月4日夜，旧昭和町で大規模な空襲があった。航空工廠の近くにあ

写真 5-4　奥多摩（旧氷川）駅から小河内ダムへと続くトンネル（奥多摩町）

昭和19（1944）年に陸軍航空工廠の航空機部品製造部門が，工事が中止された小河内ダムへ続くトンネルに疎開した。撮影場所は，国道411号（青梅街道）の白髭トンネル。周辺は湧水が多く，トンネル内も天井から水滴が落ちている。2018年8月17日筆者撮影。

った防空壕では，簡易なつくりのため安全の確保はできなかった。ある女性は，至近距離で機銃掃射が繰り返される中，歩いて30分ほどの距離にある多摩川沿いの防空壕を目指して，一晩中逃げ続けたという。人々はいつ命を落とすかわからない極限の状況に立たされた。この日，昭島市域で29名が犠牲となった。

> 絶叫に近い舎監の先生の声に驚いて私（たち）は壕の外に出た。出てみると，工廠のあたりの空が一面，まっかになっていた。私は多摩川めざして走り出した。そばにいた友だちと手をつないだが，すぐにはぐれた。探照灯が交差し，照明弾が落とされて，あたりは青白く，昼間よりも明るかった。すさまじい爆音。グラマン（と聞いていた）が，不気味な音をたてて急降下してくる。機銃掃射の音，そしてすぐまた急上昇していく。それが何回も私の頭上で執拗に繰り返された。（中略）
> その朝，いつものように工廠へ行った。通用門から入ったように思う。門を入って少し行ったところだったと思うが，昨日まであった建物が焼けてすっかりなくなっていた。（航友会事務局 2003：22）

この時，青梅線中神駅の西南のあたりが爆撃され，東北から技能者養成所へ入所した養成工たちの宿舎や，航空工廠に勤める職員や工員が住んでいた住宅が破壊され，十数人が即死している。女子挺身隊として医務課に配属された女性は，「犠牲になられた御遺体を丁嚀に清拭し，両手を合掌させてあげたのを今でもはっきり覚えております」（航友会事務局 1980a：26）と述べている。多くは，故郷から遠く離れた土地に移り住み，空襲に巻き込まれたのである。そして，彼らを弔う人々もまた，故郷を離れて移り住んだ人々であった。

(2)　引き揚げ者・戦災者の移住

8月15日，終戦を迎えると，米軍が進駐するまでの間に，航空工廠を解散することが最優先事項となった。残務処理のための人員を除いて，航空工廠に勤務した職員，徴用工，女子挺身隊は故郷へと帰っていった（航友会事務局 2002：7)。終戦を機に，昭島市域では人口が14,000人減少し，昭和町では前年の半分までになった（昭島市教育委員会事務局編 2004：181)。

また，終戦と同時に，軍需工場に勤務していた人々が転出することとなり，その空き家に戦災者や引き揚げ者が一斉に入居を始めたということである。昭和22（1947）年には，1452世帯が旧昭和町に移住したと言われている。拝島村の例では，昭和23（1948）年から昭和25（1950）年の間に，戦災者414人，引き揚げ者622人が移住してきている。こうした人々には，軍需工場の施設や工員の住宅が割り当てられた（昭島市教育委員会事務局編 2004：192-193)。

「八清住宅」や，航空本部が建設した「金鵄住宅」なども，居住者に払い下げられることになった。「八清住宅」は，陸軍の所有物として米軍によって接収されかけたが，八日市屋による個人事業であることが認められて接収を免れることとなった。事業主の八日市屋は，「八清住宅」を住宅公団に安価で売却し，公団では入居していた人々へ払い下げるように手続きが取られた。「戦争により多くの友人知人が戦死し，国民の大多数が戦災を受けておるのに自分は被害も少く生き残ったことを考えると，この財産を一坪でも私有することは申し訳ない」（航友会事務局 1984：2）というのが，八日市屋の考えだった。

庶務課の男性は，「戦後持家がなかったので，ほんの一時の仮住まいとして，八清住宅の空き家に住んだところ，暫くして当時管理していた東京都から分譲・払下げされることとなり，購入し永住する運命となった」（航友会事務局 2004：16）と語っている。また，「八清住宅」には，引き揚げ者や戦災者のほか，朝鮮の人々が移り住むようになった。

> 昭和二十年八月十五日，終戦と同時に，造兵廠は閉鎖され，従業員はそれぞれ各所に離散したので，その虚に乗じて第一寮（現在の朝鮮寮）と，第二，第三寮（現在の悦来荘）は第三国人の侵入するところとなり，一方住宅は十一月十日をもって厚生省の住宅営団に移譲されて，その管理者として加藤義雄氏が赴任した。
> （山崎 1956：15）

また，航空本部が建設した「金鶏住宅」や技能者養成所，その宿舎については，大蔵省から恩賜財団軍人援護会（同胞援護会）に管理事務が委託され，「昭和郷」と名付けられて福祉事業が進められることとなった。戦災者の収容は，約500世帯にまで拡大したという（航友会事務局 1978a：11）。航空工廠の周辺にあった施設や住居が，戦後の社会福祉事業の拠点となったのである（昭島市郷土研究会編 1958：26-27）。

(3)　小河内村の人々

こうして，戦前から戦後直後にかけて，基地の周辺に作られた集合住宅へ，様々な出自や経緯をもつ人々が移り住み，また転出していった。

一方で，「八清住宅」の周辺には，軍需産業による移住のほかに，東京の飲料水を確保するためのダム建設に伴って移住してきた人々がいた。昭和32（1957）年に竣工した小河内ダムの湖底に沈んだ集落の人々である[13)]。終戦が近くなり，航空工廠が機体製造の一部を疎開させた氷川のトンネルというのは，工事が中止された小河内ダムへのトンネルである。

奥多摩町誌によれば，戦後も含めて，小河内村の945世帯が退去を余儀なくされ，昭島市へ147世帯が移り住んだという[14)]。移住者全体の中で，昭島市へ

写真 5-5　小河内ダム（奥多摩町）

昭和 6（1931）年から計画され，戦時中に一時工事が中断したのち，昭和 32（1957）年に完成した。600 戸 3000 世帯が退去を余儀なくされ，集団移転は実現しなかった。奥多摩駅（旧氷川駅）から小河内ダムへ続く旧青梅街道沿いには，山の斜面を利用した畑や，取り壊された住居の基礎部分などが残っている。2018 年 8 月 17 日筆者撮影。

の移住が最も多く，次に多いのが青梅市 97 世帯，奥多摩町 95 世帯であり，立川市については 56 世帯となっている（奥多摩町誌編纂委員会編 1985：1118）。

小河内ダム建設の経緯について，ごく簡単に触れておく。満州事変を契機として，陸軍が航空機生産拡大を計画していた昭和 6（1931）年，当時の東京市では，増加する都市人口の飲用水を確保するという問題を抱えていた。そこで，現在の奥多摩町にあった小河内村へダム建設のための立ち退きを打診したのである。村では，村長の説得により「帝都の御用水」のためであれば，と立ち退きを承諾したのであった（小河内村役場編 1941：47）。農民たちは，来年以降の生活を考えずに補償の日を待ったが，建設工事の目途がはっきりするのは 7 年後のことであった [15]。

昭和 13（1938）年に，小河内村と東京市の間で合意にいたるも，昭和 18（1943）年には戦局の悪化により工事が中止される。また，住民たちが集団移転できるような土地は見つけることができず，それぞれがバラバラに移転先を探すこととなる。東京市からは，開拓民として北海道や満州への移住を勧められることもあったが，応じた者はほとんどいなかった（奥多摩町誌編纂委員会 1985：1066-1068）。

戦後まで移転先が見つからなかった人たちも少なくなかった。召集されていた村の男子たちが帰村すると，なんとか集落を維持することができたのである。また，戦前の補償金では対応できないほどに物価の上昇が進んでいた（奥多摩町誌編纂委員会 1985：1071-1072）。

そして，昭和26（1951）年，建設計画の立案から20年越しに農地，建物，その他の補償が約束され，9月16日に解村することとなった。そして，昭和32（1957）年，87名の殉職者と945世帯の移転者，約145億の費用によって小河内ダムが完成したのである。

昭島市域へは，戦後に移住してきた人々が多かったようだが，すでに戦前から旧昭和町付近に来ていた人々もいたようである。

『昭島の昔語り』では，小河内村の人々が大正13（1924）年ごろから移転してきていたという話がある。ただし，ダム建設に伴う移住であれば，早くとも昭和6（1931）年以降であり，一次補償が行われたのは昭和13（1938）年であった。

> （小河内村から――引用者注）来られた方は，比較的大きい二階建ての家をみんな作ったんです。だから，航空廠や立川飛行場などの従業員で，東北とか方々から来ている人が下宿していて，それは戦時中から大分ありました。
> （昭島市教育委員会 2000：403）

小河内村からの移住者で下宿を営んでいた人々は，立川方面にもいた可能性がある。たとえば，昭和15（1940）年ごろ，航空工廠の会計課に配属されていた男性は，当時，東中神の青年寮（「八清住宅」と思われる）の8畳間に4名で雑居しており，新しい下宿先を探して日曜日のたびに郷地地区，西立川，立川駅周辺を回っていたという。そうしているうちに，立川駅の南口に「原島成光」という人のところで6畳の部屋を間借りすることができた（航友会事務局 1987：13）。この「原島」という名字は，小河内村出身者に多かったのである。

ほかにも，小河内村からの移住者の例がある。昭島市のとある高齢者サークルでは，昭和57（1982）年に奥多摩へ研修旅行に行ったのをきっかけに，小河内村からの移住者について調べたことが手記にまとめられている。その手記では，知己になった小河内出身者のひとりであった「原島久昌」という人物について触れられている。「原島久昌氏は昭和13年に昭島に移ってから中神の軍需工場の名古屋工廠へ勤めた。上部の人は全部軍人で勤務状況がよくても直ぐにピンタが飛び，軍隊に入ったと同様であった」（「ほた火」編集委員会編 1984：57）とか，「原島久昌氏は，百姓をしながら昭和飛行機へ勤め，妻よし氏は親の籍のままであったから移転料は零。妊娠のお腹をかかえて下宿業をした」（「ほた火」編集委員会編 1983：95）などと記されている。

そして，戦後については，青梅線の東中神駅から西立川駅の間に，小河内からの移転者が多く住むようになったという。昭和29（1954）年に，小河内村から移転してきた豆腐商の「原島勝蔵」という男性によれば，青梅線・西立川駅の付近に100世帯ほどが移住したという（昭島市教育委員会 2000：371）。この場所は「八清住宅」の真東にあたり，現在は昭和公園として，野球スタジアムや競技場，高校が建設されている。「八清住宅」とその周囲には，「国家」や「帝都」をめぐる人々の移住の歴史が折り重なっているのである。

6．おわりに——今後の立川プロジェクトの課題と展望

本章では，立川団地と「中大生」との関係性の変化と，立川プロジェクトにおける共同研究の展開を振り返ってきた。そして，団地を取り巻く社会構造や歴史と，生活をともにする人々の中の差異や出自，来し方，多様性へ着目するという研究プロジェクトの一環として，「八清住宅」やその周辺地域での生活に関する戦後の語りを見てきた。

まず，立川団地と「中大生」の間では，2016年から2017年に，Hs会長の体制における関係性を作り上げることとなった。その背景には，「コミュニティの成功例」を求めて「視察」や「取材」に訪れるジャーナリストや調査者と対比されるような，「中大生」の継続的なかかわりがあった。

次に，立川プロジェクトの共同研究の展開については，2015年頃からは団地

との関係性が所与のものとしてあったことなどから，団地の「外部」へと研究の関心が広がっていった。また，立川プロジェクトではメンバーの「代替わり」により，立川団地で行われている取り組みが，現在においていかなる意味があるのかということに対する関心が生まれた。そして，周辺地域の団体などとの社会的な関係や，歴史的なプロセスを通じて，立川団地に関する共同研究が行われてきたことを確認した。「八清住宅」をめぐる移住という本稿での対象は，現在再開発が行われている昭島市域の基地跡地に関する共同研究のなかで十分に検討できなかった課題であった。本研究は，このような立川団地と「中大生」との関係や，立川プロジェクトにおける共同研究の延長線上にあることを確認した。

そして，「八清住宅」の歴史に関する部分では，戦後の資料をもとに，移住者たちにとっての意味づけを中心に見てきた。「充実した福祉施設」や「モダンな設計」として語られる「八清住宅」には名古屋からの移住者が多くいたが，ほかにも関東や東北，北陸，遠いところでは沖縄などからも，旧昭和町に移住する人々がいた。また，戦後に関しては，戦災者や引き揚げ者が入居することになり，朝鮮から動員されてきた人々も根付くことになる。

戦時中に「八清住宅」に移住してきた人々は，戦争遂行，とくに「帝都の防空」という目的の下で，住み慣れた土地を離れ，気候も文化も全く異なる場所で，生活を始めなければならなかった。旧昭和町の地元の人々からすれば，「雷が落ちた」ように住宅地が作られ，一方で，あまり交流はなかったと回想されていた。ただ，小学校に通っていた人の記憶によれば，名古屋や朝鮮から来た子供も，地元の子供と隔てなく過ごしていたともいう。また，移住してきた場所で，空襲によって命を落とす人たちもいた。そして，そのような移住者たちの下宿先を提供していた人たちの中には，「帝都の御用水」のために代々続いた集落を手放さなければならなかった小河内村の人々がいたのである。いずれも，昭和6（1931）年ごろから構想と計画が始まっている。つまり，1930年代以降の昭島・旧昭和町において，「帝都」の「空」と「水」をめぐる大きな人の移動があったのである。

ただし，本研究の限界としては，基地周辺地域に対する意味づけや，人々の移動の経緯，生活の情景などを，戦後に書かれたものから再現していくという形をとったことで，必ずしも「当時」の人々にとっての意味を確認できたわけではないということである。あくまで，人々の出自や移動の経緯についての見通しを得るという範囲にとどまった。移住してきた人々が，どのような社会的・文化的背景を持っていたのかということに関して，今後も継続して考えていきたい。たとえば，移転前の名古屋の工場では，どこの地域からどのような人たちが雇用されていたのか，あるいは朝鮮人の徴用工たちは，どのような経緯をたどって基地周辺の地域へと移住してきたのか。また，小河内ダムの建設と集落の水没という問題に関しても，「八清住宅」にかかわる範囲での記述にとどめているが，ダム建設と移住に関しては戦後まで続く大きな問題である。何より，「帝都」の「空」と「水」をめぐって人々が移住してきた「八清住宅」の歴史は，再開発や遺構の取り壊しと埋め立てによって，想起することが難しくなりつつある。

では，今後の立川プロジェクトにおける本研究の位置付けはどのようなものとなり得るだろうか。本研究で取り上げた「八清住宅」への人々の移住の経緯のように，いつ，いかなる理由で，人々がどこへ住まうのかということは，今日の団地における高齢化や交流の難しさといった現代社会の問題を考えていくこととも関連する。とくに，立川団地という範囲を越えて周辺地域とも社会的な関係を持つようになった立川プロジェクトでは，立川団地を存立させている地域社会を理解するうえで，地域で出会う人々がいかなる社会的・文化的な背景を持っているのかということを考えていくことが重要になると考えられる。言い換えれば，立川団地や立川市の中の歴史的地域，隣接する市町村との関係という空間的な広がりや，単に歴史に目を向けることにとどまらず，今日の立川団地の在り方を規定するような社会的な構造に対する理解を深めていくことが課題となるだろう。

とはいえ，これまでの立川プロジェクトは，かかわってきた学生一人一人が，それぞれ直面する現実，社会を考えるための基点となってきた。立川団地や周辺地域の調査から得た知見や着想を活かすような形で，卒業論文や修士論文が執筆されてきている。すなわち，立川団地でのフィールドワークは，学部生や院生がそれぞれの研究テーマを深め，自分のフィールドの背景をより深く広く理解するための一つの基点となっていたのである。それは，調査方法や分析方法を作り上げることにとどまらず，団地の自治会役員や住民と一緒になって体を動かし，場をともにすることによって，自分たちを取り巻く現実に対する想像力を培うことでもあった。言い換えるならば，調査や研究を進めるうえでの，同時代に対する認識を作り上げるということであった。2012 年の立川プロジェクト発足以来，立川団地で触れた現実の中から，個々の出自や生い立ちに深くかかわるような事柄，やむにやまれぬ問いを見つめなおす場が作られてきたのである。

そのような意味では，すでに立川団地を取り巻く社会的な構造に対する理解は，直接的な形ではなくとも，他のフィールドや対象を理解する「補助線」として結実しているのである。さらに，これまで立川プロジェクトで作られてきた理解は，プロジェクトメンバーが入れ替わりつつも，引き継がれている。つまり，過去に行われてきた共同研究や，フィールドワークの記録などを参照する形で，あるいは，同じ年度に行われる複数の共同研究の知見が交わることで，現在や過去のプロジェクトメンバーたちの構想が編み合わせられるように続いているのである。すなわち，立川団地でのフィールドワークを基点としつつも，立川団地という対象にとどまらないような人や社会に対する理解が，集団的に，複数的に作られてきているのである。本研究もまた，そのように作られてきた複数の理解の編み合わせの中で意味を持つものとなる。

注

1)　社会学者のアルベルト・メルッチ（Melucci, Alberto）は，社会調査における調査者と当事者の関係を，「契約」として捉えようとした。メルッチは，調査者自身が社会に組み込まれているという状況において，客観的な視点を保持するために距離をとる，あるいは，当事者と同化するために距離を縮めるという方法ではなく，「お互いの距離を確認し適切な距離を設定すること」（Melucci 2000 = 2014 :

89）を述べた。調査者と当事者は，それぞれが置かれている状況によって異なる社会的な関係に規定されているが，それぞれが，特定の目的のために行動するという行為者としての点において差はないのである。つまり，当事者が行為の意味を作り替えていくことと，調査者が新しい社会認識を作り出すという目的が一致する場合には，お互いの目的を理解したうえで関係を結ぶことができる。メルッチは，その都度に変化していく調査者と当事者の関係の在り方に対する認識も含めて，社会調査を捉えようとした。

2）　2012年の活動開始当初は，立川団地とどのようにかかわるかという問題から，立川や砂川地域の概要を踏まえたうえで，団地自治会内部の人間関係や諸行為についての分析が行われてきた。当初は，「被災者の受入れ」という立川団地の取り組みと対応するように，「3.11」や「福島」という出来事が自分自身の出自と深くかかわる学生たちとともに，原発事故やごみ焼却場といった「迷惑施設」の「開発」が行われる場所，「中央と周辺」の非対称性を対象とする研究が行われてきた。この時点では，どちらかと言えば個人研究を持ち寄るような形ではあったが，論文の執筆が卒業要件となっていない学部の学生も自主的に論文を執筆するなかで，立川団地と個々のフィールドが結びついていくのである。
立川団地との協力が続いた2014年ごろになると，徐々に自治会の構成員以外のメンバーである「ジュニアリーダー」や，「部外者」を名乗る元自治会役員のKwさん・Krさんに着目する共同研究が行われるようになる。なお，立川団地と「中大生」のかかわりは2年目を迎え，「時間と労力を払ってもらえればよい」という理由から，「中大生」の交通費が立川団地の自治会運営の「予算」として組み込まれるという状況でもあった。すなわち，立川団地の取り組みに「中大生」が深くかかわるようになり，自治会運営において重要なコアメンバーが徐々に分かってきたことで，次第に「団地の外」から協力に訪れる人々の存在に気が付いたのである。

3）　陸軍が管轄する東京砲兵工廠の分工場として，熱田分工場が設置されたのは，明治37（1904）年のことであった。もともと東京砲兵工廠は小銃や銃剣，砲弾などを製造していたが，大正12（1923）年に起きた関東大震災による東京・小石川工場の損害が激しく，兵器の製造機能そのものが名古屋と小倉に分割されることとなった（名古屋陸軍造兵廠史編集委員会編 1986：24–27）。とくに，名古屋の熱田製造所では航空機の機体が製造され，同じく名古屋の千種製造所では発動機（エンジン）の製造が行われることとなった。民間では，愛知時計や三菱重工，中島飛行機をはじめ，名古屋の都市そのものが軍需工場の様相を帯びていた。

4）　なお，平和博覧会という名称とは裏腹に，開催終了後の2ヶ月後には盧溝橋事件が勃発し，日中戦争が開戦することになる（港区制施行五十周年記念事業実行委員会編 1987：73–75）。

5）　なお，この時の建築に関しては，当時を知る人たちの回想では「会場の施設は，外観は綺麗だったが，突貫工事で急いで作ったため，見えないところは，雑な造りでした」（港区制施行五十周年記念事業実行委員会編 1987：588）と述べている。

6）　このパリ博覧会への渡航は，八日市屋と同じく金沢の出身で，当時東京美術学校の教授であった田辺孝次がパリ国際美術教育会に出席するところへ同行したものである（航友会事務局 1982：6）。この田辺孝次は，のちに「八清住宅」の中心に作られる「興亜の泉」の意匠を手掛ける人物である。田辺は，この10年ほどまえに文部省の嘱託でフランスに留学していたのだという。経緯については詳らかでないが，八日市屋は，当時の名古屋市長大岩勇夫の推薦を受けて田辺と同行することになったのである。

世界一周の経験を記した手記の題字は，海外の事情に詳しい人に依頼したということだが，第25代と第28代内閣総理大臣を務めた若槻礼次郎が執筆し，冒頭のページには当時の名古屋市長・大岩勇夫と金沢市長・澤野外茂次の署名が記されている。八日市屋は単なる仮設建築業者にとどまらない交流関係を持っていたようである。先代も清太郎と名乗っていたようだが，2代目が19歳の時に死去した。2代目八日市屋の手記によれば，「私の亡き父は博覧会場の建築と装飾とを専門としてゐて，従来日本内地及び新領土に於て建築するものは悉く之れを請負って居た」（八日市屋 1938）とあり，もともと，国際的な現場での仕事を多く請け負ってきたことが伺える。

7）「八清住宅」のなかに作られた「八清マーケット」がきっかけとなって，旧昭和町では，昭和22（1947）年ごろから個人商店が進出し，砂川や八王子からも客が訪れる「昭島市の銀座」として発展していく。

「現在の八清住宅街が，商店街として日に月に発展の一路をたどり，自他共に昭島市の銀座と称せられるようになったが，そうした商店が軒をつらねるようになったのも，実は昭和二十二，三年頃からで，戦時中食堂として使用されていた建物が，二十三年には改造されて多摩市場となり，八清マーケットと共に，住民の消費生活に多大の便利を与えたのであるが，たまたま二十五年十二月三十日に多摩市場（第六，第七寮）が消失したので，ここに開業していた諸商店が，適宜消失地内又は附近に地所を物色選定して開業したので，街はいよ〳〵商店街化したのである」（山崎 1956：16）

8）養成工たちの多くは，「八清住宅」の寮のほか，青梅線の北側にあった「富士見寮」を宿舎としていたようである。そこでは，航空工廠に勤める職員が指導員として，養成工たちと共に生活をしていた。検査課に勤めていた女性によると，「17年の4月，八清住宅より少し離れた工廠よりの方角に一戸建ての小さな寮が10棟程建てられて東北方面から可愛いらしい幼年工が200名位入って来た。その内女子幼年工8名を入れた1棟へ指導員という形で私は配置され，一緒に生活をし乍ら登廠しました」（航友会事務局 1996：22）とある。

9）直接的な資料ではないが，名古屋の市民団体がまとめた資料には，「名古屋陸軍造兵廠・熱田製造所（名古屋市熱田区六野町）」の「同廠関係者の記録」をもとに，朝鮮人徴用工がいたことが記載されている（あいち・平和のための戦争展実行委員会 2015：62, 122）。ただし，これが移転前か後かについては不明であり，人数についても明らかにはなっていない。名古屋に限らず朝鮮人の動員に関しては，昭和14（1939）年には「募集」という形で，昭和19（1944）年には「徴用」という形での強制連行が行われたとある（あいち・平和のための戦争展実行委員会 2015：121）。こうした朝鮮からの徴用工たちが，旧昭和町に名古屋工廠が移転してきたときの移住者の中に含まれていても不自然ではない。

10）　なお，現在の昭島駅についても，昭和飛行機の工場に合わせて昭和 13（1938）年に開設されており，当時は「昭和前」駅と呼ばれていた。

11）　外壁があまりにも目立つため，軍からペンキを塗り直すように八日市屋清太郎まで通達があったようであるが，航空機を一機購入して陸軍へ寄付したことで，一切とがめられなくなったという。

12）　なお，「サワイ」という地名に関しては，『つばさ』の記述では，神奈川県相模原の「沢井」地域を指している可能性があるが，陸軍の資料によれば，「八王子地区」の「澤井」となっている。ところが米軍の資料によれば，立川から 25 マイル（約 40 キロ）の「沢井」とあるので，神奈川県の沢井であった可能性もある。いずれにしても，米軍による空襲が激化しても，「重要陸軍機月産 1,000 機以上ヲ確保ス」というのが方針であった。疎開だけではなく，新たな地下工場の建設も計画されていた（航空本部 1945）。

13）　石川達三は『日蔭の村』という小説の中で，小河内村が置かれた状況を取り上げている。

「御覧なさい，下の方はもう日がかげつて来た。朝は十時にならなくては日が當らないし，午後は三時になるともう山の向うに日が落ちてしまふ。一日にたつた五時間しか日が當らない。僕は自分ひとりでこの村に日蔭の村といふ名をつけてゐるんです。この名前には別の象徴的な意味もあるんです。つまり東京といふ大都市が發展して行く，すると大木の日蔭にある草が枯れて行くやうに小河内は發展する東京の犠牲になつて枯れて行くのです。山の日蔭にある間はまだよかつた。都會の日蔭になつてしまふと村はもう駄目なんです。」

（石川 1954：54）

14）　また，昭和 25（1950）年から八清大通りにある大衆食堂の経営者の話では，「八清住宅」そのものへの移住者も少なくなかったようである。「八清住宅」の東側のエリアは，住宅の余裕がなかったようであるが，「八清マーケット」や八清大通りの付近には比較的住宅としての余裕があったようで，小河内からの移住者が多く来ていたようである。しかし，なぜこの近辺が選ばれたのか，その経緯などについては明らかでない。

15）　しかし，ダム建設に伴って多摩川の流量が低下することを懸念した神奈川県の下流地域からの反対が起こった。東京市から交渉を申し出るも，神奈川県は態度が変わることはなく，結局住民たちの生活は保障されないまま 7 年間も放置されることになった。昭和 10（1935）年には村民らが東京へ大挙陳情運動に向かい，翌年にはいったん補償額が決定した。しかし，土地買取金額があまりに低く見積もられていたことから補償問題に発展する。

引用・参考文献

あいち・平和のための戦争展実行委員会，2015『戦時下・愛知の諸記録2015』アーク印刷株式会社。
愛知県史編さん委員会編，2017『愛知県史　資料編30　近代7　工業2』愛知県。
―――，2017『愛知県史　通史編7　近代2』愛知県。
昭島近代史研究会編，1996『昭島近代史研究会報告集その2　昭和10年代　戦時下の昭島』。
昭島市教育委員会，2000『昭島の昔語り』ぎょうせい。
昭島市教育委員会事務局生涯学習部社会教育課，2004『昭島の歴史』昭島市教育委員会。
―――，昭島市郷土研究会編，1958『築地部落の研究』昭島市文化協会。
昭島市民秘蔵写真集発行実行委員会編，1993『写真集　昭島市民秘蔵写真集』昭島市民会館文化事業協会。
昭島市史編さん委員会，1978『昭島市史』昭島市。
朝日新聞東京本社社会部，1976『多摩の百年下―絹の道―』朝日新聞社。
米軍，1947『合衆国戦略爆撃調査　陸軍航空工廠及び海軍航空廠　陸海軍に関する総合調査報告No.19』航空局。
石川達三，1954「日蔭の村」石川達三・中山義秀『昭和文学全集40　石川達三　中山義秀集』角川書店。
金子淳，2000「住宅・団地・ニュータウン」たましん歴史・美術館歴史資料室編『多摩のあゆみ』第100号，財団法人たましん地域文化財団，57-112頁。
航空本部，1945『生産組織疎開計画並実施状況』
古川國夫，2004『東京都同胞援護会のあゆみ』東京都同胞援護会事務局。
「ほた火」編集委員会編，1983『昭島市高齢者教室文集「ほた火」第6集』昭島市公民館。
―――，1984『昭島市高齢者教室文集「ほた火」第7集』昭島市公民館。
航友会事務局，1975『航友会報「つばさ」第一号』。
―――，1977『航友会報「つばさ」第二号』。
―――，1978a『航友会報「つばさ」第三号』。
―――，1978b『航友会報「つばさ」第四号』。
―――，1980a『航友会報「つばさ」第五号』。
―――，1980b『航友会報「つばさ」第六号』。
―――，1981『航友会報「つばさ」第七号』。
―――，1982『航友会報「つばさ」第八号』。
―――，1983『航友会報「つばさ」第九号』。
―――，1984『航友会報「つばさ」第十号』。
―――，1985『つばさ第11号』。
―――，1987『つばさ第12号』。
―――，1988『つばさ第13号』。

———, 1989『つばさ第 14 号』。
———, 1990『つばさ第 15 号』。
———, 1991『つばさ第 16 号』。
———, 1992『つばさ第 17 号』。
———, 1993『つばさ第 18 号』。
———, 1994『つばさ第 19 号』。
———, 1995『つばさ第 20 号』。
———, 1996『つばさ第 21 号』。
———, 1997『つばさ第 22 号』。
———, 1998『つばさ第 23 号』。
———, 1999『つばさ第 24 号』。
———, 2000『つばさ第 25 号』。
———, 2001『つばさ第 26 号』。
———, 2002『つばさ第 27 号』。
———, 2003『つばさ第 28 号』。
———, 2004『つばさ第 29 号』。
———, 2005『つばさ第 30 号』。
———, 2006『つばさ第 31 号』。
Melucci, Alberto, 1996, *The Playing Self: Person and Meaning in the Planetary Society*, Cambridge University Press.（= 2008 年，新原道信・長谷川啓介・鈴木鉄忠訳『プレイング・セルフ—惑星社会における人間と意味』ハーベスト社）
三村章，2000「多摩の源流　八清住宅」多摩中央信用金庫業務部地域経済研究所『多摩けいざい』1 月号（pp. 16-17）。
———, 2004「戦時集団住宅の形成」多摩地域史研究会編『多摩地域史研究会第 14 回大会発表要旨　多摩のすまい—村から町へ—』多摩地域史研究会，63-76 頁。
———, 2005「多摩の戦時集合住宅—営団住宅の展開と残映—」たましん歴史・美術館歴史資料室編『多摩のあゆみ第 119 号 特集 戦時下の地域社会』たましん地域文化財団，74-91 頁。
港区制施行五十周年記念事業実行委員会編，1987『名古屋市港区誌』港区制施行五十周年記念事業実行委員会。
名古屋汎太平洋平和博覧会，1938『名古屋汎太平洋平和博覧會會誌上巻』合資會社高橋成弘社。
名古屋陸軍造兵廠記念誌編集委員会編，1980『碑の建立と思い出』名古屋陸軍造兵廠記念碑建立委員会。
名古屋陸軍造兵廠史編集委員編，1986『名古屋陸軍造兵廠史・陸軍航空工廠史』名古屋陸軍造兵廠記念碑建立委員会。
小河内村役場編，1941『小河内村報告書』小河内村役場。
奥多摩湖愛護会，1982『湖底の村の記録』ぎょうせい。
奥多摩町誌編纂委員会，1985『奥多摩町誌　歴史編』奥多摩町。

佐々木高史，2017『写真アルバム　立川・昭島の昭和』壱岐出版。
昭和 19 年卒業（6 年生）玉川国民学校同窓生，2005『思い出文集　玉川小の自然児たち』
昭和飛行機工業株式会社編，1977『昭和飛行機四十年史』。
新修名古屋市史編集委員会，2000『新修名古屋市史　資料編　近代 3』名古屋市。
———, 2000『新修名古屋市史　第 6 巻』名古屋市。
鈴木浩三，2004「多摩地域の住宅団地～戦後半世紀の変遷～」多摩地域史研究会編『多摩地域史研究会第 14 回大会発表要旨　多摩のすまい―村から町へ―』多摩地域史研究会，77-94 頁。
鈴木芳行，2012『首都防空網と＜空都＞多摩』吉川弘文館。
たましん歴史・美術館歴史資料室編，1997『多摩のあゆみ第 87 号 特集 小河内ダム』たましん地域文化財団。
東京都昭島市企画部企画課編，1973『広報あきしま縮刷版』。
東京都住宅供給公社編，1987『東京の住まいとともに』。
山崎イト，1981『本土空襲の受難を綴る』驢馬出版。
山崎藤助編，1949『昭和町誌』昭和町誌編集所。
———, 1954『宮澤部落の研究』昭和町文化協会。
———, 1956『福島部落の研究』昭島市文化協会。
八日市屋清太郎，1938『世界を一周して』。

補論　いくつもの「もうひとつの立川プロジェクト」

阪口　毅・大谷　晃・鈴木将平

第Ⅱ部の各章では，阪口，大谷，鈴木の視点から見た立川プロジェクトを描いた。しかし，立川プロジェクトには，そこに参加し活動した学生それぞれの固有の意味付けが同時に存在している。本書第Ⅱ部の補論として，2014年度に立川プロジェクトを卒業していった4名の学生が，卒業論文を執筆後に自らの体験を振り返り，書きのこした文章を掲載したい。下記の四つの文章は，いずれも卒業し社会に出ていった4年生たちのもうひとつの「卒業論文」であり，立川プロジェクトから展開した，「もうひとつの立川プロジェクト」である。

「フィールドを超えた学びの機会」

参加のきっかけ

私は2013年度（3年次）から立川プロジェクトに参加させていただいている。当時は論文のテーマなども未定であり，構造を捉える国際協力ゼミの経験を活かせるような，フィールドにより近い場として立川プロジェクトに魅力を感じて参加に至った。また，理論を打ち立てる具体的な手法を獲得したいという想いもあった。

学んだこと

①展開すること

立川プロジェクトに入って一番驚いたことに一つ一つの発言に可能性があるということが挙げられ，またそれを実践まで運ぶプロセスを経験できたことは大きな財産である。2013年度の活動において方針を決める際に立川市の地図を拡げ，ごみ処理施設や下水処理場などが市内の“端”に配置されていることに着目し，それは東京都の地図で見てみればどうなのか？というように規模をダイナミックに展開させていった。この試みから社会開発の過程で“中央”と“地方”，また“受益圏”と“受苦圏”が形成されることをはっきりと意識した。（結果的にはこの権力の地図が核になり，それを拡げたものが自分の論文テーマにもつながった。）このプロセスを経験したことで一つのフィールドから社会の構造を捉える，そして問題を同じくする他のフィールド，またはより大きな目で俯瞰するような自分の中に物事を視る際の複数の“眼”が備えられた。それによってどんなフィールドに行ってもマインドマップの中心に“開発”という自分にとっての核となる概念を置くことで，そのフィールドの“開発”への関与の仕方を入り口に思考を展開させることができた。それによって大小様々なスケールで問題について考えることができるようになった。

②堂々としたアウトプット

立川プロジェクトにはどんな発言からも学びを得ようとする姿勢を持った人が集まっている。そのため頭の片隅に浮かんだ「これは関係あるのかな」というようなちょっとしたことでも気付けば次に取り組む活動の指針になっていたりする。立川プロジェクトが責任感を持って前のめりに取り組むことができるのにはこうして取り払われた枠組みの中で発言できる環境があるからであると感じている。常に発信する姿勢は今後も継続していきたい。

（T. I. ／ FLP 国際協力ゼミ）

「何かを得る，という意識」

参加のきっかけ

わたしは特に明確な目的をもって立川プロジェクトに参加していたわけではありません。強いて述べるとするならば，大学の外の世界へとも繋がりを持ちたかったという単純な理由です。

学んだこと

FLPで書いたゼミ論も，何かプロジェクトに参加して得たことを目に見える形で繋げることができたかと問われれば，私が認識できる範囲ではありません。しかし，私は組織の動き方を学びました。表面上では組織とは大きな塊として捉えられがちですが，現実では人という個人単位の活動であることを肌で理解できたと考えています。それは立川プロジェクトの中で学び，立川団地と中大生との関係性から学び，自治会の運営から学びました。これは大学内の交流だけでは得られなかったことです。外の人たちとの交流はとても大変で色々考えることが多かったです。

上記のことは，立川プロジェクトという具体的な体験から得たことですが，私が参加してもっと深く理解したことは，明確な目的が無くても参加をしてみることで得られること・学びはあるという事です。勿論，参加すること自体が目的では無く「何かを得よう」という意識は前提です。この場合の得る，という事も単なる場の利益の搾取では無く，学ぶ・身に着けること，そのような意識があればすべての体験や経験を自分の糧とできるのではないかと思いました。すべてが実行に移せるわけでもありませんし，言われた言葉の意味がすぐに理解できるわけでもありません。けれど，後になってゆっくりと気が付いたときに，追体験をした，その瞬間に言葉が理解され，身体化すると考えました。そのような，言葉・体験のヒントをたくさん頂いた時間でした。

（M. K. ／ FLP国際協力ゼミ）

「好奇心をもって自分を変える」

参加のきっかけ

おおよそ2年経ってしまって，正確な動機はもう覚えていない。それでも立川プロジェクトの存在を知った時から面白そうだと思っていたことは間違いない。2年生の時に聞いていたような気がする。新原ゼミを志望していたので初めから「地域」というものには興味があって，そこの人間関係というものにも興味があったのだろう。最初に言っていたことは「家から近いから」。今思えばとても安易なようであって，同時に自分が地域について興味を示した事実でもある。「地域ってなんだろう」それが私の大きな問いなのかもしれない。

学んだこと

上記のような理由で何も考えずに飛び込んできたことは事実である。でも，立川プロジェクトに参加することで多くのことを学んだのもまた事実である。

好奇心を失わないこと。これは班員の姿から学んだことだ。一見難しくないことのように思われるがそうではないし集中力が伴うことである（2013年度前期反省より）。基本的なことだがその大切さに気づくことができた。また，後期には「自分たちのできる範囲でやる」（2013年度後期反省より）ことを理解した。（立川市教育委員会が定めた歴史散策コースに沿ってフィールドワークをするという）「砂川班」は全員3年生だったことから就活も加わり各々時間がとりにくくなった結果，出来る範囲でやる，与えられた時間でできるところまでやる，物事の取り組み方を学んだ。

総じて約2年間（参加としては1年半？）の活動を通して2つのことを学んだ。

①組み替えること＝変わることを恐れない

立川プロジェクトは任意の参加であるので，人が流動的な集まりである。しかしある程度メンバーが固まってきたときに，私は立川プロジェクトに限らず変化を好まず比較的保守的になってしまう。そんな中，2013年度前期から後期に移行する時「砂川班」をいったん解体した。区切りをつけるため，新規メンバーが入りやすいようにということだった。新原先生の言葉を借りるなら，「形骸化させない」「手放す勇気」というところだろうか。結果として少しメンバーが増え，気持ちを入れ替えることができ新しいものの見方もでき固くなりすぎず自分の枠からぶれることができた。

②自分でつくるということ

先にも触れたように立川プロジェクトは人の出入りが自由で流動的な集まり

である。だからこそ，決まった活動があるわけではない（もちろん立川団地とのかかわりで時期的にはあるが）。私も一時来られない時もあったができるだけ参加できるようにした。でも参加するからにはそれなりの気持ちが必要で，ふわっとした集まりだからこそこうしたい！とか私が，という心が重要となってくる。自分の頭で考えるから難しいし，壁にぶつかることも多いがその経験こそが今の私をつくっていると4年の今となって感じている。人として大切なことを学んだ場所である。（M. N. 学部ゼミ）

「一歩踏み出してみることで変わる景色」

参加のきっかけ

私は今年（2014年前期）から立川プロジェクトに参加させていただいた。去年は，他の授業の関係や具体的にどんな活動をしているのかを知らず，少し興味を持ちつつも参加していなかった。今年の初回の立川プロジェクトで，自己紹介とともになぜ参加したいと思ったかを互いに話すことがあった。具体的な問題関心を持っている人が多く，その問題関心と立川プロジェクトの活動内容をリンクさせて参加理由を話すことができている人が多かった。その中で私は自分の問題関心が全くはっきりしていなかったため，自分の問題関心と立川プロジェクトの重なる部分はわからなかった。参加理由は，フィールドに入る姿勢を身に付けたい，学部ゼミ以外で「実践」をする機会を持ちたいということであった。私は臆病なところがあるため，フィールドに入る，飛び込んでいく勇気をつけたかった。その意味で，学部ゼミ以外で実践の場がほしかった。自分自身は，立川プロジェクトの活動内容自体には，何か自分とつながるものがないと思っていたが，前期の終わりごろから自分自身の問題関心が見えて来て立川プロジェクトと重なる部分がわかってきた。

学んだこと

自分の体を実際に動かしてみることでしか得られないもの，身に付けられないものがあることがわかった。卒業論文でコミュニティカフェに関与型フィールドワークとして，実際にお客さんとして通ったのだが，立川プロジェクトに参加していなかったら，きっと私は関与型フィールドワークを調査方法とすることができなかったと思う。

それは大きく分けて二つの意味がある。一つは，フィールドに入っていく勇気である。コミュニティカフェで，実際にお客さんとして通うということは，そこで人と関係性をつくることを意味しており，フィールドに対して与える影響は大きくなりかねない。以前の自分は，フィールドに影響力がある調査方法は敬遠する傾向があった。立川プロジェクトで，立川団地のみなさんとかかわらせていただいた経験がなければ，私は一歩踏み出すことはできなかったと思う。フィールドにかかわる勇気をもつことができた。

二つ目はフィールドでの，ものの捉え方が身についたということである。フィールドでの現実の捉え方といった意味である。立川団地で様々な行事や役員会に参加させていただいて，その後にみんなでリフレクションをして，一つ一つの場面や人の発言が，フィールドの何を意味しているか，どんな部分を形成している一部なのかを考える作業を丁寧にやってきた。自分の見た現実が，そのフィールドでの現実を形作っている一部であるということを考えられるようになった。きっと，3年生までの自分だったら，コミュニティカフェに通っても，あらゆる場面，人の発言がコミュニティカフェの何を表しているかを捉えることが出来なかったと思う。見た現実を流してしまって，気付きを得られず「何もわからなかった。」で終わってしまっていたかもしれない。

この二つの意味で，関与型フィールドワークをする体作りが，立川プロジェクトを通してできた。（もちろん，自分のした関与型フィールドワークは完璧ではなかったし，失敗もいくつかしてしまった。）立川プロジェクトで，とにかく実際に自分自身が挑戦してみることで，大学を卒業しこれからまた違うフィールドに出ていく自分にとって大きな財産となった。　（N. T. ／学部ゼミ）

第Ⅲ部
乱反射する生身のリフレクション

地図　湘南団地周辺の地図と集会所

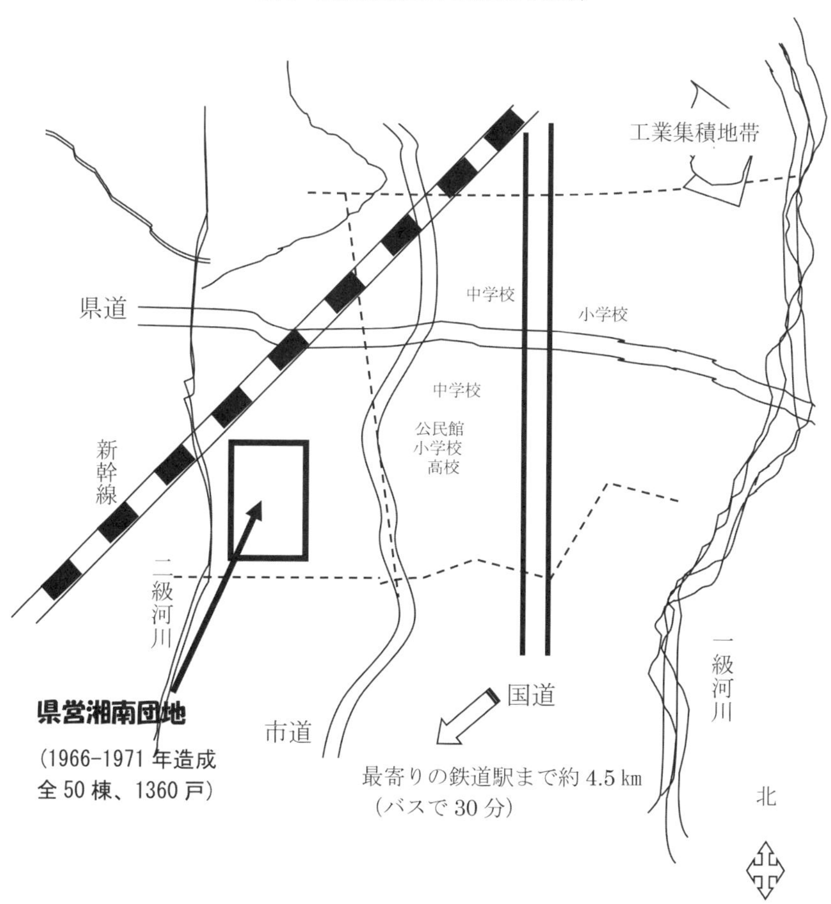

点線：旧自然村の区域

第Ⅲ部・登場人物一覧

（湘南団地自治会役員と民生委員）

Ks　　湘南団地連合自治会長

Si　　湘南団地連合自治会事務局長

Sk　　湘南団地連合自治会国際部長

Td　　湘南地区民生委員児童委員協議会総務，生活相談

Ok　　湘南市議会議員，後に市長，湘南団地元住民

Ii　　湘南地区民生委員児童委員

（地元教師）

Tn　　高校教員，外部からのボランティア

（湘南地区社協）

Tk　　湘南市社会福祉協議会職員，事務局

Tki　　湘南市社会福祉協議会職員

（外国籍住民と子どもたち）

Au　　湘南団地の外国籍住民

Sf　　湘南団地の外国籍住民

Sb　　湘南団地の移動民の子どもたち

Sby　　湘南団地の移動民の子どもたち

Sp　　湘南団地の移動民の子どもたち

Bp　　湘南団地の移動民の子どもたち

Ykr　　湘南団地の移動民の子どもたち

Hd　　湘南団地の移動民の子どもたち

Ls　　湘南団地の移動民の子どもたち

Ji　　湘南団地の移動民の子どもたち

（神奈川県のボランティアと子どもたち）

Kt	外国籍住民支援ネットワーク代表
ヤマ	神奈川県のボランティア
ヒデ	神奈川県のボランティア
St	神奈川県の移動民の子どもたち
Pt	神奈川県の移動民の子どもたち
Ad	神奈川県の移動民の子どもたち
It	神奈川県の子どもたち

（大学関係者）

新原	大学教員，「湘南プロジェクト」代表
Okn	院生ボランティア
中里	院生ボランティア
中村	院生ボランティア
鈴木	院生ボランティア
Fn	大学生ボランティア
Tr	大学生ボランティア

（鈴木鉄忠・中里佳苗・新原道信 2016：487-490 をもとに作成）

第 6 章
吹き溜まりの不定根
――「その後」の湘南プロジェクト――

中 里 佳 苗

1．はじめに――吹き溜まりの不定根

2001 年 10 月 14 日の湘南団地。いつもの集会所に，外国籍の中・高生やその父兄を中心に，総勢 60 名ほどの住民が集っていた。私はこの会で，とある一人の少女に目が釘付けになった。当時流行していたコギャル風の格好に金髪頭をした少女が，生々しい表情でスピーチをした時のことだ。

> 一番はじめに話した女の子は，一見して優等生タイプで「日本に来て大変だったけど，勉強をすると自信が持てる」という話しをしている。次に話しをした子は，金髪でコギャル風の格好をし，優等生タイプの子の話しに引きずられつつ，当初は「勉強をするのは良い」と話していたが，だんだん「でもホントは，高校はイヤになって，勉強もイヤになった時期がある。でも，そん時に友達が助けてくれたり…すごく友達がよかったから高校にはいけた。今考えると，やっぱ，辞めないでよかった」と，とても不器用そうに，言葉に翻弄されながら話した。とても印象に残るスピーチだった。
>
> （2001 年 10 月 14 日：フィールドノーツ）

この日は「高校進学ガイダンス」。神奈川県の中学・高校の教員らが毎年行っ

ている外国籍の中学生を対象とした進学説明会である。湘南団地に住む外国籍の現役高校生や高校卒業生ら男女4名が,「体験談」ということで，高校進学に関するスピーチを行った。他のスピーカー達は，移住後の生活で苦労したことや，その中で高校へ進学したことの意味，勉強の大切さや協力者への感謝を語っていた。その中で，金髪の少女の話は「ふいうち」であった。「この場にはそぐわない」という少々自嘲気味の笑みを浮かべながら，しかし真剣な表情で,「でもホントは」という実直な体験を話したのだった。

本章では,「生きた「吹き溜まり」——「湘南団地日本語教室」の創造まで——」(中里 2016）の「その後」を描く予定である。上記のモノグラフでは，インドシナ難民や日系の南米人，中国帰国者など，外国籍住民が集住する「湘南団地」にて，多文化共生プロジェクトが芽吹いていく過程を描いた。そのプロジェクトの名は「湘南プロジェクト」。前稿にて，湘南プロジェクトの初期を描いた際のモチーフは,「生きた吹き溜まり」だった。多種多様な出自や経歴を持つ人々が，湘南団地という一つの場所に集い，時に互いに反目しあいながらぶつかり合い，様々な個人の内なる境界をのり越えていく場所を作っていた。そのような生々しい人々のかかわり合いは，数十年間外部からの手助けがなかった湘南団地に,「湘南団地日本語教室」という場所を生み出し，国籍や出自そして数々の立場を越えて，人々が生身の人として関係をつくるという場を作り出していった。

この「生きた吹き溜まり」の「その後」。2018年現在,「湘南団地日本語教室」は今も健在である。日本語教室創設当初からかかわりの深い高校教員のTn先生や，社会福祉協議会職員のTkさん，元自治会役員のSkさんらは，20年に渡って教室を見守り続けている。かつて「生きた吹き溜まり」であった土臭い塊はやがて根を持つようになり，一つの「定根」をしっかりと地域に伸ばしている。そのため，湘南団地の「その後」としては，このような20年の歩みをしっかりレポートすることが期待されるかもしれない。

だが，今回私が描くのは，このような「定根」を持った場ではない。それは，まるで，折れた茎や，落ちた葉が，風に吹かれて吹き溜まり，その吹き溜まりでも落ち着かずに，場所を転々と移動しながら，たまたま定着した場で這いつくばるように根を伸ばす「不定根」の場。「生きた吹き溜まり」の「その後」では，実際に，あちらこちらで，こうした不定根の場が芽吹いては消えていった。それらは，定根のように太く継続的なものにはならなかったが，それでも，一瞬の瞬きのうちに生命力を持ち，硬直した地域の関係性を揺るがす力を持っていた。

本章では，湘南プロジェクトの2001年から2004年頃までの「その後」を扱う。冒頭で素描した金髪の少女との出会いから，私が彼女たちと伴に動く中で書き留めた記録をもとに，芽吹いては消える「吹き溜まりの不定根」の様子を描きたい。湘南団地に住む10代の彼女たちのことは，「湘南ガールズ」という形で，別の著者たちによっても論じられている（新原2016，鈴木2016）。私自身は，「湘南ガールズ」という響きをきくと，彼女らが自分たちを指す時に使っていた「うちら」「うちたち」という呼称を思い出す。「うちら」は，特定のメンバーを指しているのではなく，場面によって，その範囲と意味するところが変化していた。10代の若者らしく，時々喧嘩しては疎遠になったり，突如，新しいメンバーと急接近したりして，頻繁にメンバー構成を変化させつつも，ゆるやかに関係を保っていた「うちら」。私は「姉貴」という呼び名で「うちら」に組み込まれることもあり，多くの時間を彼女らの内部で過ごした。変幻自在に躍動する「うちら」という「うごきの場」に巻き込まれ，より内部から観察を続けた結果，私は自分自身を見失うことも多かった。

そのような調査の過程で，最も苦心したのは，社会学という学問の枠組みの中で，どのように彼らを論述できるかという点である。社会運動論や地域コミュニティ論，外国人問題や差別問題といった，大きな問題のいくつかに絞って論じていくことはできなかった。目の前で展開されている生々しいそれぞれの生の中に，複数の文脈が存在していて，どれか一つの問題として切り取ってしまうと，生っぽさやリアリティが失われてしまう。そのため，モノグラフという手法を採用し，記述をできるだけ分厚くしていくことで，「あの時，あの場所で起こっていたこと」をリアリティを持って再現することに努めた。だからといって，今回の論考で，相応しい言葉，相応しい表現方法で，彼らを論じることができているかは分からない。一方では，社会学の概念や理論を，表面に出して論じていない点で，失敗であるとも思う。ただ，この失敗の記述を越えてもなお滲み出してくる，彼らの姿を描くこと。失敗だと思えた瞬間に，私という小さな枠を越えて出てくる，彼らの生きざまの方こそを大切に描きたい。このような構えを保ちつつ，今も生き生きと語られる「うちら」の伸ばした「吹き溜まりの不定根」を表したいと思っている。

2．カンボジアの「うちら」たち

湘南プロジェクトは，1998年から3年ほど続いたプロの日本語教師による日本語教室の崩壊以降，外国籍住民が中心となり，「日本語教室」と「子ども教室」を週に2回開いていた。常時，数名のボランティアたちが団地集会所にスタンバイしていて，外国籍の人々が各々テキストを持ち寄り，困ったら周囲のボランティアに質問するという形をとっていた。子ども教室も，小学生・中学生を中心に，宿題を片手に，各々がおしゃべりやゲーム，工作などを楽しむ場として定着しつつあった。

しかし，2001年10月。冒頭で紹介した少女たちによって，このプロジェクトに新しい空間が創出されていく。それは，以下に述べるような他愛のない一つの会話がきっかけとなって起こったと考えられる。「高校進学ガイダンス」でのスピーチが終わってのことだ。

> 進学ガイダンスの後，特に余韻もなく，個別相談の時間に移行したので，ヒデ達と外に出る。さっきのスピーチをした金髪の子が近寄ってくる。名前はSp。Sbやヒデに「超緊張した！！何話せばいいかわかんなかったけど，変じゃなかった？前の子が話し上手だからさー」としきりに聞いているので，私は横から口を挟み「一番良かったよ」と返事をする。それから，互いに自己紹介。隣でヒデを好きな少女が，彼にカンボジアの料理を作っ

て持ってくるという話を元気いっぱいにしている。カンボジア人のSpとSbが,「うちらもカンボジア料理作れるんだよ」と応戦したので,私もそのパワーにのっかって「11月にふれあい祭りがあるから,そん時に,みんなでカンボジア料理作って売るか!!」と提案してみる。飛んだり,跳ねたりしながら,女の子たちはその話にのっかってきた。「うちらは…」「うちは…」と。（2001年10月14日:フィールドノーツ）

会話の中で少女たちが「うちら」と表現しているのは,カンボジアの10代の若者のことだ。とりわけ,19歳のSpを筆頭に,高校生であるBpとSby,中学生のSbの4名のグループを指す。年長のSpは,「高校の先生が『外国人だから』と紹介してくれた工場もあったが,それはなんだか親切だが差別されている気がしたので」(2001年10月29日フィールドノーツ) その話を蹴って,自分で見つけた仕事に就いている。Sbyは日中工場で働きながら夜間高校に通っていた。SpとBp,SbyとSbが姉妹である。彼女たちは,タイのカオイダン難民キャンプで生まれ,幼児期に難民として日本に移住した。難民キャンプや定住促進センターの頃の記憶は定かではないが,ほぼ同時期に日本に移住し,湘南団地への入居も同じタイミングだったという。Spが小学1年生にあがる頃だ。「難民キャンプからずっと一緒に過ごしていた」という幼馴染みでもある。

この「うちら」がカンボジア料理で「参戦」しようとしているのは,「ふれあい祭」。湘南団地にて11月に行われる,住民の交流のための催しである。いくつかの屋台が出て,餅つきなどが行われる。これまで湘南プロジェクトでは,毎年夏に行われる「団地祭」に参加してきた。日本語教室が主体となり,外国籍住民の出店する屋台ということで,中国の餃子に始まり,ベトナム春巻きやバンベーオ,南米のエンパナーダ,カンボジアのオムレツなど,各国のエスニック料理が提供された。この「団地祭」には,老人会や子ども会などの団地自治会の諸団体が出店しており,日本語教室が屋台を担当することは,自治会活動の一環として外国籍住民の場が認められるという意味を持っていた。特に,湘南プロジェクトの創設時からこれまで,団地自治会の人々は,団地住民からの「外国人だけを優遇している」という反発の声に，体をはって対応してきた。そのような状況下において，祭への屋台出店は，場所の確保に直結する意味をはらむものであった。

そして2001年10月14日，上述のカンボジアの「うちら」との会話の中で，そのような祭の一つである「ふれあい祭」への参加という話が出た。その日の日誌に，私はこのような心境を書き留めている。

> ちなみに，こんな（補足：会話の）瞬間に，「ふれあい祭」などが自動的に出てきてしまうのは，私にも湘南プロジェクトの時間が体に刻み込まれてきたということだと思う。しかも，今は「ふれあい祭」の計画を立てること，具体的に何を誰を動員して「祭」をやるのかに頭が集中してしまっている。「祭」は見えやすい「成果（個人的にも集団的にも）」になるからだ。自治会の人たちが，「祭に日本語教室が参加しないとこちらも面子がたたない」といった心境も理解できる。　　（2001年10月14日：フィールドノーツ）

カンボジアの少女たちと出会った興奮を抱えながら，この時私は，団地のイベントである「ふれあい祭」に思いを馳せていた。先にも述べたように，「祭」への出店は，団地自治会活動の一環であり，住民による自治の顔見せ的な役割を担うものだ。そのような意味をはらんでいる祭に，カンボジアの10代の金髪少女たちが，突如屋台を持つのだ。この時カンボジアの少女Spは，私よりも冷静に場の意味を読み取っていた。

> 集会所にて，日本語教室の巡回の合間を見て，「ふれあい祭」をやるかどうか，SbとBp（Spの妹。高校2年生で登校拒否になっていたが，Spの説得により学校には最近通っているらしい）とSpに確認をする。3分くらいしか話ができなかった。しかし，帰宅途中，Spからメールが入り，「うちらにできるか分からないけど，頑張るよ。不安だけど，姉貴やヒデさんやみんなもいるし，うちらも楽しみたいからさ。でも，他の大人達がうちらにやらせ

るの反対かもしれないし，失敗したら迷惑かけるし，大丈夫かな？」と書いてある。「他の大人達」というのは，彼女たちからの話から想像すると，団地の自治会の人達（彼女たちは，自治会の人達に「外見がこうだから嫌われている」と言っていたことがある）や集会所に集う先生達（Ii先生が心配性であることをSb達が気にしていたことがある）のことだろう。

（2001年10月15日：フィールドノーツ）

「他の大人達がうちらにやらせるの反対かもしれない」。特にこのカンボジアの「うちら」は，湘南プロジェクトにこれまでほとんど縁が無かった若者たちだ。先の会話に登場する3名のうち，中学生のSbは，小学校の頃から子ども教室に通ってきていたが，その他の少女たちは初めて会った子だった。しかし，少女たちは，そこに集う大人たち，団地自治会の役員やボランティアや先生，さらに団地住民が自分たちに向ける視線を経験的に知っていた。彼女たちは，湘南プロジェクト，ひいては団地の人間関係という磁場の中で，自分たち外国籍住民の若者，特に「金髪の不良」とくくられるような若者たちがおかれている立場を敏感に察知していた。「子ども教室」にも「日本語教室」にもかかわっておらず，どこにも寄る辺のない「うちら」にとって，突然の祭参加は，何重にも境界線を越えていくチャレンジングな試みであったはずだ。

そのような「うちら」の不安や心配をよそに，私は安直にも「失敗しても私が怒られればいいわけなんだから，そんなもん大したことじゃないし，大人達の目は気にせずに自由にやっていいよ」（2001年10月15日：フィールドノーツ）と返事をしている。この時の私の愚見が発端となり，「うちら」にすべてが託されたのだった。その時Spは，このような言葉を残している。

今日，姉貴（補足：中里）がうちらにまかしてくれるって言ってくれたとき，すっごく嬉しかったんだ！うちらでも，いいんだって思った。うちら，こんなんだけど，いっぱい迷惑かけるかもしれないけれど，よろしくお願いします！

（2001年10月15日：フィールドノーツ）

こうして，湘南プロジェクトという「生きた吹き溜まり」に，一枚の若い葉っぱが舞い落ちてきた。それは，他愛のない会話から「ノリ」で発生した事柄のように思える。しかし，今一度ここで問いたい。金髪の少女 Sp がスピーチをしなかったら？あの時，「大変だけど高校にいってよかった」と，周囲から期待される言葉を彼女が語っていたら？しかし，Sp はあのスピーチの中で，外国籍住民として生きている経験を，自分の言葉で述べた。彼女は，高校に意味を見出せず，ただ友達だけが救いであったと話したのだった。高校進学に希望をよせている大勢の人たちを前に。

私は，そのような彼女のスピーチに，生々しい一人の人間を見た気がした。出自からくる「難民」「外国人」というラベルと，そこからくる役割期待による人間関係の中に，彼女は生の声を投下した。その時に生じた隙間が，私の中にある関係性にも，隙間を与えた。これまで私の中に存在していた湘南団地の「日本語教室」「子ども教室」という関係性に，彼女たちとかかわるための少しの余地が生まれたのだ。Sp たち「うちら」は，そうした余地を自ら生み出し，そしてそれを経由して，「生きた吹き溜まり」に降り立ったのだ。だから「ふれあい祭」は，決して偶然の出来事でもなく，ましてや，誰かに与えられた場所でもない。生々しい自分たちの姿を現しだすことによって獲得した，彼女たちの場所なのである。

3．廊下会議

さて，このような経緯で「ふれあい祭」への参加が「うちら」の間では盛り上がっていったのだが，その時の湘南プロジェクト全体の動きも素描してみよう。このように書くと，湘南プロジェクトとして会議をし，彼女たちの参加の合意が決定する様を思い浮かべる人も多いと思うが，実際の経緯はとても風変わりなものであった。なぜなら，一度もこの「ふれあい祭」に関しての会議は行われず，全体の意思決定の場は持たれなかったからである。では，どのような形で参加の合意がとられていったか。その経緯は，こうである。

ふれあい祭の話は，集会所の廊下で行っていた。キャピキャピと話が進むので「お勉強の邪魔になる」とIi先生達に怒られるかと思って（補足：教室内で話すことを）遠慮した。カンボジア料理の屋台の話が煮詰まったところで，SpからTn先生，Skさん・Ii先生に伝えてもらう。（緊張して，彼らへの伝え方をどうしようかと悩んでしまったので，話を紙に書いて，Spに練習させる。）その都度，Skさん，Tdさん，Ii先生，Tn先生が，私に確認にやってきた。それぞれの反応が違う。Ii先生は子どもたちが中心であることや，油や火のことを心配し，Tdさんはカンボジア料理という特殊なものが売れるかどうかを心配している……SkさんとTn先生は，いつものように手放しにOKをくれ「必要なものがあったら言ってね」と言いに来てくれた。

（2001年11月12日：フィールドノーツ）

この記録に出てくる「集会所の廊下」とは，「日本語教室」「子ども教室」が開催されていた集会所のホールや和室をつなぐ，一本の通路のことである。

当時，「日本語教室」はホールで，「子ども教室」は和室で行われており，自治会役員たちは事務室につめていた。日本語を勉強しにくるのは多くが外国籍住民の成人で，時折，高校受験を目指す中学生や，働いている10代の若者も通ってきていた。そのため「大人教室」と呼ぶプロジェクトメンバーもいた。一方，「子ども教室」は，小学生から中学生の子どもたちがメインで，宿題をしたり，補習を受けたりする場であった。

Spたち「うちら」のメンバーは，「ふれあい祭」の話が持ち上がってからというもの，湘南プロジェクトに毎週通ってくるようになった。だが，湘南プロジェクトの2つの教室には，彼女たちの居場所はなかった。日本語は第一言語に近く，他に何かを勉強するといっても，働いている彼女たちにとっては現実味が無い。Spたちは，どちらかの教室に入ってみるもののすぐに居心地が悪くなり，廊下に出ていくのだった。

そんな「うちら」が自ずと集ってしまう廊下は，しかし，「ふれあい祭」の会議スペースとしては最適だった。机も椅子もない通路で，いつも立ち話。「ふれ

図 6-1　湘南団地集会所の見取り図

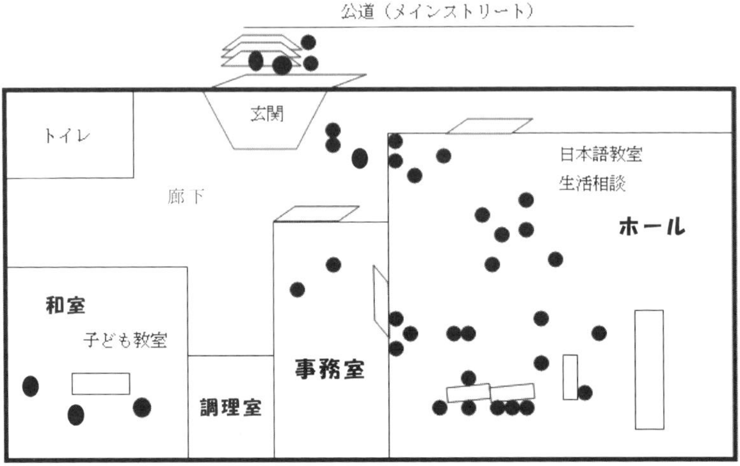

（新原編 2016：85 の地図に加筆修正）

あい祭」だけについて真面目に効率的に話ができる「うちら」でもなかったので，日常の愚痴や，恋のこと，メイクやファッションの話，また冗談を言い合ったりしながら，祭へのアイデアを詰めていった。10 代の若者らしく，甲高い声での姦しいおしゃべりは，廊下というスペースでちょうどよかった。

そんな「廊下会議」を続けアイデアが固まってきた時，先の記録のように，湘南プロジェクトのメンバーへ参加の合意を取りにいくこととなった。ボランティアや先生，そして自治会の人々へ参加希望を伝えるために，廊下から教室へ，一人一人を訪ねて話にいったのである。少女たちがそれぞれに伝え終わると，今度は，湘南プロジェクトのメンバーが，教室から廊下に出てきて，それぞれの考えを伝えてきた。一人一人，異なったタイミングではあったが，廊下の少女たちの元へ足を運んだ。協力的な人もいれば，不安を先に述べる人と反応は様々であった。けれども，一人も「反対」する者はいなかった。

このような経緯で，「うちら」による祭参加は承認を得るところとなったのである。本来なら，その場にいるプロジェクトメンバーだけでも全員で集まり，机をコの字にし，意見を述べ合って合意をとるのが通常の手続きというものだろう。だが，「うちら」にとっての会議室は，終始，廊下だったのである。

4．吹き溜まってくる若者たち

振り返ってみると，少々異様にも思える，この「廊下会議」。しかし当時は，私を含め，湘南プロジェクトのメンバーも，そこに違和感を持つ者はいなかった。それだけ，廊下という場所が，一つの意味ある場所になっていた。当時の湘南プロジェクト全体の様子を書いておこう。

> 教室が始まると，なかなか，中高生のいる場所（補足：子ども教室か日本語教室）に入ることができない。不可視的だが，あの場所に共有されてつくられた境界線があるのだ。Spや中高生と話をしたい場合には，教室の外へ出なければならない。そういう境界線は，それを越えて動くものだけが知ることのできる境界線なのである。
>
> （2001年10月29日：フィールドノーツ）

こうした境界線は，教室の意味や役割をある程度は規定するものであったが，出入りが比較的自由であり，流動的なものとなっていた。かつて，プロの日本語教師たちによって生み出された「日本語教室」の境界は強固なもので，教室は能力に応じたクラス別になっており，参加メンバーも固定的であった。一方，「子ども教室」の方も，そのような「日本語教室」に対照して，勉強をする子どもが主体であり，そのどちらにも入室できない人々の層は，集会所に来ても居場所は無かったのである（中里 2016：237-317）。特に，「うちら」のように，既に仕事をしていたり，日本語の勉強にも学校の勉強にも興味のない10代の若者たちは，自治会の人々から「お前ら，うろうろしてないで早く帰れ！」とよく罵声を浴びせられていた。

ところが，プロの日本語教師たちが去り，外国籍住民の大人達が自分たちで日本語教室を運営するような流れとなってから，場の雰囲気はもっと流動的なものとなった。もちろん，「日本語教室」「子ども教室」というある程度の場の機能と枠組みは存在していたが，10代の若者たちを受け入れる余地も生まれつつあった。Spたち「うちら」のメンバーも，時折，日本に来て間もない外国籍住民の通訳として「日本語教室」に入っていっていたし，子どもたちに手をひかれるように「子ども教室」に入って宿題の面倒をみることもあった。だが，役目をある程度果たすと，彼女たちはおもむろに廊下に出てきて，おしゃべりをするのが大抵だった。

また，「うちら」のように日本語教室等に出入りすることなく，ただ単に廊下にたむろしている10代の若者たちもいた。彼女たちは，「日本語教室」や「子ども教室」に来ている親や兄弟と一緒に集会所に来て，時間がくるまで廊下でおしゃべりをすることが習慣となっていた。

> 私たちが廊下で話をしていると，YkrとLsがキャーキャー言いながら，Tn先生とブラジルの男の子たちのいる和室（補足：子ども教室）に，玄関付近から視線を送っている。SbがLsたちのことを胡散臭がるので，Sbたちを教室に帰して，Lsのところへ近寄ってみた。「教室に入ったら？」というと，「教室は入りたくない」「勉強したくないもん」というので，「したくなくても寒かったら，してるふりしてさ，教室入っておしゃべりしてたらいいじゃん。あんたらも意外にまじめだね」と返すと，ケタケタと笑って「じゃあ，プリントちょうだいよ，先生！」と言うので，漢字のプリントをコピーして和室に入れる。帰り際，YkrやLsが近寄ってきて，「先生，うち達，今日はまじめに超勉強したよ！プリント見てみて！！ホラー！！」と言って，書き込みのしてあるプリントを見せてくれる。彼女たちの，私よりも上手なメイクの下，とってもあどけない幼さをみて，愛らしく思う。
>
> （2001年10月14日：フィールドノーツ）

LsやYkrというのは，それぞれ，ラオス難民の14歳，ボリビアの母と日系人の父を持つ16歳の少女だ。Ykrもそうであったが，Lsも後に高校進学はせず，また就職もバイトもせず，自称「プー（補足：学校や職場等に所属せずふらふらしている意）」であった。団地集会所に来る時は，シャワーを浴びてしっかりメイクをし，「今日は夕方起きてこれだけしかやってない」と笑うのだった。学校や仕事を頑張るSpやSbといった「うちら」とは「少し毛色が違った」が，廊下という場所が，彼女たちの居場所になっていた。また，このような「廊下つながり」で，彼女たちは新たな「うちら」を生み出し，後々，湘南プロジェクトの顔として一役買うことになるのだが，それは後の話である。

湘南プロジェクトは，「日本語教室」「子ども教室」という強固で強制的な枠組みをいったん崩壊させることによって，寄る辺のない10代の若者たちの居場所をもつことになった。そのことを目標に掲げて計画的になされたことではなかったが，「廊下会議」ということが違和感なく成立するほど，自然に成し遂げられたことであった。「お前ら，早く帰れ！」と声を張り上げていた自治会の姿も，外国人の若者を「支援対象」「通訳に育てよう」とするボランティアの姿もなかった。外国籍住民の人々を含め湘南プロジェクトはみな，そこに集ってくる若者たちを，ただ「迎え入れる」という姿勢であった。もちろん，それぞれのメンバーの間に，受け入れる幅や意味付けの違いは存在していたであろう。それでも，「廊下会議」を無意識に共有してしまう程度に，お互いのコンセンサスがそこに出来上がっていたのである。まるで吹き溜まってくるようにしてやってきた若い葉っぱたちに対し，排除するのでも組み入れようとするのでもなく，ただ一緒に風に吹かれていようという包容力がそこにはあった。

5.「見返したい」という叫び

「ふれあい祭」への出店が決まり，カンボジアの「うちら」はいよいよ祭への準備を開始する。2001年11月24日，祭前日。祭用のカンボジア風春巻きの具材を買いに，朝からSp，Bp，Sby，Sbの姉妹が業務用スーパーへ走った。そして，春巻きのタネづくりと皮を巻く作業は，SpとBp姉妹の実家を借りて行うことになった。

> 15時くらいから21時まで，材料を洗って練りこみ，春巻きの皮に包む作業に追われる（作った数は600～800個の間。途中Bpがジュースを春巻きにこぼし，かなりの春巻きがおじゃんになってしまったので正確な数がわからない）。安室やジェニファーロペスのポスター，ハイビスカスが部屋中に巻き付けられ，「ベビーピンク」な雰囲気の中，カンボジア料理を作り続ける。
>
> （2001年11月24日：フィールドノーツ）

湘南団地の間取りは，玄関からダイニングキッチン，風呂とトイレ，6畳と4畳半の部屋がある。そこで，Sp姉妹と両親，兄が暮らしていた。度々，彼女らの親族が，仕事を理由に居候していることもあった。小さな方の部屋が姉妹の部屋として確保されており，当時の「ギャル文化」に彩られた部屋になっていた。彼女たちは，団地の公園を遊び場にし，毎日のように集まっては「お金をかけないで遊ぶ」。おしゃれは「しまむら」や「100円均一」のものを工夫して楽しみ，時折，団地交番の駐在さんをおしゃべり相手としてつき合わせる。

図6-2　団地一室の間取り

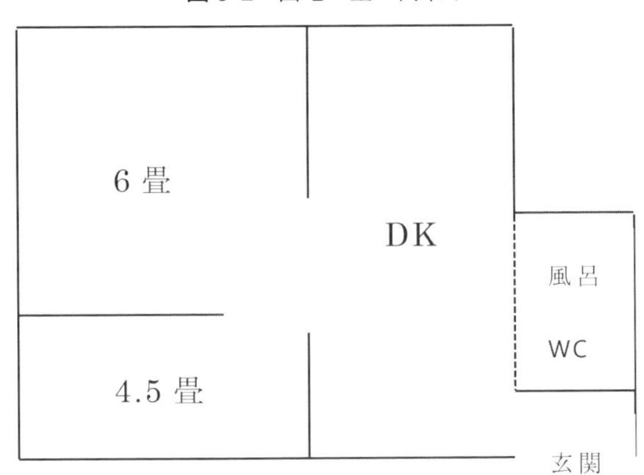

そんな日常のことを話すのだった。

> そんな話に巻き込まれていると，Spたちのお母さんがカンボジア語で何か言ってきた。Spは「うん，わかった」や単発的な日本語の単語を，とぎれとぎれ話す。彼女たちは，両親のカンボジア語の話を8割理解しているが，カンボジア語で返すことが難しく，両親は日本語もあまり分からないので，少々「間」がある会話が続いた。「ご飯を食べていきなって！お母さんが昨日の夜から汁を作ってさ，カンボジアのラーメンを先生に食べさせたいって頑張ってたんだよ」と言い，カンボジアのラーメンが運ばれてくる。こちらが手伝おうとすると，「カンボジアでは，お客さんに何もさせないのが礼儀。だから，姉貴は座っててくれた方がいいんだよ」と教えてくれる。春巻きは中断し，ラーメンを食べながら，みんなで写真をとる，彼女たちはとにかく写真が好きだ。　（2001年11月24日：フィールドノーツ）

彼女たちは，自分たちの写真を切り貼りし，コラージュボードをよく作っていた。そこには，ハイビスカスの花やティーン雑誌の切り抜きなども配置され，はやりの雰囲気をまとうものだった。しかし，そこに貼られている生身の彼女たちは，カンボジア語で生活する親に日本語で返答し，生活を支えるために工場で昼夜働き，同じような境遇の友人たちと団地の片隅で遊ぶ。彼女たちの冗談交じりのおしゃべりや装飾された写真コラージュは，こうした生身の彼女たちの姿と奇妙なねじれでつながり，独特の空間を生み出していた。

> へとへとになりながら，ようやく春巻きの皮が無くなり，私も帰路につく。今日はとても楽しかった。彼女たちの作り出している世界は，フィクションと現実の時間と空間がねじれている感じがして，とてもそこは心地が良い。架空の世界で，限りない承認欲求が満足させられる。「私たちの基準」が全てを支配している。時間や空間までも，一般的で均質な軸からはずれている。団地の小さな一部屋が，ぽっかり宙に浮いてしまったような感じ

になる。　　　　　　　　　　　　　（2001年11月24日：フィールドノーツ）

そして，祭の準備が終わった帰路，Spから一通のメールが送られてきた。記録は紛失してしまったが，記憶に鋭く刻まれた内容を書き留めておく。

明日はよろしくね！ぜったいに成功させたい。うちらにもできるんだってとこ，バカにしてきたやつらにもみせたい。見返してやりたいと思ってる。だから，みんなのためにも頑張りたいんだ。

それは，さっきまでフィクションの世界と現実の間を行き来して遊んでいた「うちら」から，突如鋭さをもって投げられた言葉だった。Spが，高校進学ガイダンスのスピーチにて，「ほんとは」と隠し持っていたナイフを出した時と同じような凄み。彼女たちは，自分たちの出自や難民として生きてきた経験を，公的な文章などに残るような形で語ることは無かった。「うちら」は，整理整頓した形で自分を物語ることはできない。いつも，おもむろに「湘南団地に住んでいる外国人の子どもで，いじめられたことのない子なんかひとりもいない」「外国人は国に帰れって言われても，好きで来たわけじゃないし」と話し出したかと思うと，「そういえば，○○と○○がつきあってて」という話題にスライドしていく。難民として日本へ移住し，カンボジアと日本のどっちつかずの身体を抱え，差別やいじめにあい傷つきながらも，それを受け流すようにしか生きてこざるをえなかった「うちら」特有の語り方がある。しかし，そんな「うちら」から，「何もできないとバカにしてきたやつらを見返してやりたい」という叫びが表出した瞬間だった。

「ふれあい祭」への意味付けは，「廊下会議」であったこともあり，湘南プロジェクトのメンバーの間では，フォーマルな形で共有されることは無かった。目的や動機なども，計画的に組まれたものは何もない。だが，「うちら」の間でそれは，「可哀そうな」難民の子ども達が活躍するための場ではなく，そのようにレッテルを貼られ支援されてきたすべての外国人，さらには支援対象にもならず「不良」「ネンショウゆき（補足：少年院への送致の意味）」と言われる若者たちが，自分たちに貼り付けられた負のラベルを剥がし，生身の自分たちを表し出すためのものとして意識されていたのだった。湘南プロジェクトのしたことは，こうした彼女たちを背後からただ黙って見守ることだけだった。けれども，吹き溜まりに落ちてきた若い葉っぱたちにとって，生々しい声をかき消さないでいてくれるそのような場所自体が，稀有なものだったのである。

6．ふれあい祭と収益9000円の行方

いよいよ「ふれあい祭」の当日を迎える。北風の強い寒空の下，カンボジアの「うちら」は，前日に巻いた春巻きをもって屋台の準備に励んでいた。自分たちの写真のコラージュが，屋台の片隅に飾られていた。屋台を準備していると，湘南プロジェクトのメンバーのほかにも，沢山の応援がやってきた。

> 昨日のメンバーと，鈴木，ヤマ，ヒデ，St，Pt，ヒデの友人，Tn先生，Ii先生が手伝いにきてくれた。Td さんが，「ホントにこんなもん売れるのかね」と屋台の骨組みができあがる頃に言うので，Sp 達はしょっぱなから不安になってしまう。（2001年11月25日：フィールドノーツ）

「こんなもん売れるのかね」と言ったTdさんは，湘南プロジェクトの立ち上げに尽力した湘南地区の民生委員である。「外国の料理なんか人気が無い」と言いつつも，外国籍住民が受けている差別や生活苦の現状に敏感であり，何か問題が生じている時には，いつも直接的に介入し，手助けをする人であった。少しわき道にそれるが，たとえば，こんなエピソードがある。2004年の団地祭にて，外国籍住民の子どもたちがフリーマーケットのような形で屋台を開いた時の話だ。日本語教室の屋台にて，外国籍の子どもたちが数名で店番をしていた。ちょうどはす向かいに輪投げの屋台を構えていたテキヤの女性が，「子どもたちがうるさい」「ちょろちょろとうざい」「商売の邪魔だ」「代表を出せ！！」と，

突如，怒鳴りこんできたことがあった。湘南プロジェクトの子どもたちは，限度を超えて騒いでいたわけでも，いたずらをしたわけでもなく，ただ，「いらっしゃい，いらっしゃい！」と元気に店番をし，道行く人に声をかけていただけである。その姿が「目ざわり」という言いがかりに対し，その場にいた私は強い口調で応対した記憶がある。それを見ていた子どもたちは「俺たち，間違ってないよね？山田さん（中里の旧姓。以下同様）」と不安そうにたずねてきた。いつもは，私のことを「おばさん」としか呼ばない子どもたちが，「山田さん」と言っていた。理不尽さに対する不安や恐怖，そして憤りを，子どもたちと一緒に背負うしかなかった。そんな時，民生委員の Td さんは，ことの経緯をすべて話さなくても，全体で起こっていることを察知し，より弱い立場にある人々のために動いてくれるのだった。

> Td さんがやってきて，調子はどうだい？と声をかけてくださる。Td さんにことの経緯を話す。Td さんはすぐにどこかへ行ってしまったが，ふと見ると，集会所の中で Td さんが自治会の人々と話をしているのが見えた。その後，Td さんがやってきて，「テキヤと自治会関係の屋台が衝突するのは話がまちがっとる。今それを話してきた。来年度からは，テキヤの店の出店を無しにして，自治会のテントだけにすると自治会の人も言ってくれた。だから安心せーな」と声をかけてくれる。来年度についてのその決定は，実際には実現しないだろう。けれども，少し泣きそうになった。
>
> （2004 年 8 月 8 日：フィールドノーツ）

さて，話を「ふれあい祭」にもどそう。Td さんの予言通り，「うちら」のカンボジア料理は，残念ながらあまり売れなかった。お昼時にわずかにはけ，利益は 9000 円ほどであった。

> 3 時に屋台が終わり，利益が 9000 円になった。Sp がホッとして，肩をなでおろしつつも「姉貴，ごめんね，うちらうまくできなくて，あんま売れ

なくて」と言うので，「大変だったけど，お金がどんだけ儲かったかよりも，Sp たちが頑張ったほうが何よりの財産だよ。湘南プロジェクトの先生たちもね，ずっとそれを待っていたんだと思うよ。自治会の Sk さんたちも，きっとびっくりしているはずだよ」と応える。「そういえば，前は Sk さんに道で会って挨拶しても，不愛想だったけど，最近妙にやさしいんだよね。何かあったら言ってきな！って言ってくれるし。そうなら嬉しいよ」と話を返してくれる。　　　（2001 年 11 月 25 日：フィールドノーツ）

会話の中で登場する Sk さんは，1999 年から団地自治会国際部の役員であり，湘南プロジェクトの会場予約や祭の申し込みといった細かい雑事から，外国籍住民からの相談や日本人からの苦情などを一手に引き受けている人だった。子どもたちからは「Y さん」と下の名前で親しまれ，その後 20 年来プロジェクトにかかわり続けている。

この祭以降，団地の Td さんや Sk さんといった「おじさん」が「よく話しかけてくれるようになった」（2001 年 12 月 16 日：フィールドノーツ）ことが「うちら」の励みになった。団地に住みながら外国籍住民にかかわってきた Td さんや Sk さんは，「外国人はがめつい」「つつましい日本人の方が逆差別されている」など（中里 2016：245-266），要求や主張ばかり強い外国籍住民がいることに一方で怒り，他方では，そうした外国籍住民と日本人住民の間に立ち，自分たちとは異なる過去を背負った外国籍や難民の人々の声を代弁し続けていた。とはいえ，当初彼らにとっては，Sp たち「うちら」もフラフラしている「不良」の一味であっただろう。それを Sp 達は敏感に感じ取ってもいた。そして「うちらにもできるんだって見返してやりたい」という想いも根底にはあった。だが，反発を感じていた「おじさん」たちが，「うちら」に話しかけてくれるようになったこと。「妙にやさしい」こと。それは祭の収益 9000 円以上の価値があることを，彼女たちは察したのである。

「ふれあい祭」以降，それまで廊下でたむろしていた「うちら」は，この 9000 円を大切に小箱にしまい，湘南プロジェクトの教室に入っていくようになった。

主に「子ども教室」に居場所を構え，小さな子どもたちの宿題の手伝いや，遊び相手として活動するようになり，いつの間にか「うちら」の姿は廊下からは消えていた。そしてしばらく経つと，Sp と Sb は「ふれあい祭」での 9000 円をどのように使うか，教室の子どもたちにたずねた。「お姉さんたち（Sp や Sb ら）と一緒にでかけたい」という声があがり，暖かくなった 3 月に河原でバーベキューをしようと，彼女たちは計画を立てたのだった。この話の経緯を報告してくれた時，Sp はこのように語っている。

> ふれあい祭は，彼女たちにとっては楽しい場所だったという。前からそういうのをやってみたかった…これまでもボランティア活動をしていたが，湘南幼稚園（団地の隣に面する幼稚園）とかたまに行って，子どもたちと遊んだりすることぐらいだった。ボランティア活動がしたいと思ったのは，定住促進センターに移ってきたときに，ちょうど私くらいの年齢（中里当時 26 歳）のお姉さんが，ずっと Sp たちの傍に寄り添い，学校まで一緒についてきてくれていたのを覚えていて，「大きくなったらうちらもそういうのやろう」と考えていたことがきっかけだったという。だから，湘南団地の子ども達と一緒に「何か小さな子どものためにやれたらいいなと思っている」としっかりした口調で話してくれる。
>
> （2001 年 12 月 7 日：フィールドノーツ）

Td さんや Sk さんといった，これまで自分たちを疎んでいた「おじさん」たちからの新たな眼差しに励まされ，「うちら」は，自分たちよりも小さな子どもたちを支えたいと，湘南プロジェクトのボランティアとして活動していくようになる。しかし，この「うちら」によるバーベキュー計画の話は，単なる「美談」のままでは終わらない。

> 旅行中の 1 週間，Sb や Sp，ヤマからひっきりなしに電話をもらう。こちらも落ち着かない日々を過ごす。Sk さん達が，突然 Sp 達に「肉はどうす

るのか？」「準備は進んでいるのか」と言ってきたのだそうだ。しかも，なぜか，Sp たちに対して，今までかなり好意的だった Sk さんたちが皮肉を言ったり（「所詮君たちには無理だ」とか），怒ってきている（「いつもダラダラして，しっかりしていない」とか）らしい。この9日のバーベキューは，自治会の人達がいつの間にか勝手に計画していたもので，私や Sp たちには直前まで知らされていなかった。彼女たちが手伝いならともかく，なぜ準備（肉の買い出し等）をしなければならないのかと…彼女たちは訳もわからず，とても不安がっている。返事の仕方が分からないので，助けを求めてきたのだ。すぐさま，中村君に電話を入れ，次の教室の時に，自治会の人達と話をしてもらうように頼む。　　　　（2002年3月9日：フィールドノーツ）

あまりに突然の自治会からの申し出に，「うちら」は翻弄されていたが，自治会の人々の想いはおそらくこういうことだったのだろう。外国人の若者が子どもたちのために，バーベキューを企画している。祭で稼いだ9000円を使うと言っている。その気持ちが嬉しいじゃないか。自治会としても，協力をしてやりたい。3月にバーベキューをやると言っているから，その時期に，自治会費から費用を捻出して場を設けよう。Sk さん，あんたから外国人の若者に準備をするよう伝えてくれ。金はこっちが持つから心配するなと…。

バーベキューは，自治会の人々や外国籍の子どもたちでにぎわい，盛況に終わったと聞いている。他の自治会役員から，半ば「無茶ぶり」をされた形の Sk さんが指揮をとり，「うちら」はジュースや肉の買い出しや，当日の料理をもくもくと頑張った。当初「うちら」が企画していた，たのし気なバーベキューとは似て非なるものであったが，これによって残された9000円には，もう一つの意味が込められたのだった。

それは，自治会の人々が，色々と皮肉を言ってくる裏側で，湘南プロジェクトの一員として「うちら」を認めたということ。声をかけ，気にかけてくれるようになっただけではなく，団地の自治会費をかけて，彼女たちの活躍の場を生み出そうとしてくれたということ。「うちら」には，自治会の「おじさん」の勝手に「付き合わされた」という感覚が残ってもいたが，それでも，このバーベキューを通し，湘南プロジェクトと「うちら」の関係性は確実に変化していった。

若い葉っぱが吹き溜まりに落ちてきて，お互いに距離を測り，牽制しながらも見守り，伴にあり続けた湘南プロジェクト。自治会による「うちら」への半ば強制的な歓迎の宴を機に，彼女たちは，小さな根をそこに生やした。彼女たちもまた，その無骨だけれど想いが込められた歓迎を受け入れたのである。

7.「おれら」という不定根

湘南団地のカンボジアの少女たちが，湘南プロジェクトに小さな根を生やすきっかけとなった「ふれあい祭」には，実はもう一つの不定根が存在していた。前掲の記録で，ふれあい祭の応援に来てくれたメンバーをもう一度ふりかえってみよう。

> 昨日のメンバーと，鈴木，ヤマ，ヒデ，St，Pt，ヒデの友人，Tn先生，Ii先生が手伝いにきてくれた。

この「ヤマ，ヒデ，St，Pt」というのは，難民や外国籍の若者を交えた10代～20代の集団のメンバーだ。ヤマとヒデは日本人の青年であり，StとPtは，二十歳になったばかりのラオス難民である。彼らは，鶴見，川崎，綾瀬，大和，相模原，平塚といった神奈川県内の外国籍の子どもたちを支援するボランティア団体や拠点，所謂「現場」それぞれを「回遊」し，10代，20代の子どもたちとの親交を深めていた。

彼らは自分たちのつながりに「Rの会」と名付けていたが，大抵の会話の中では「おれら」と表現していた。外側からはそのメンバーの境界は曖昧であり，活動内容も不明瞭である。彼らは「Rの会」の結成のいきさつを，当時，神奈川県国際交流協会が主催していた「Eキャンプ」と絡めて語る。「Eキャンプ」

とは，神奈川中の外国籍の子どもたちが集うキャンプであり，「おれら」もその参加者だった。だが「E キャンプ」が，回を重ねるごとに，参加する子どもたちの自主性を奪っていく方向になりつつあることに疑問を持ったヤマは，「このキャンプはおかしい」と声をあげ（新原 2016：397-413），その声に賛同した者たちが「R の会」を結成することとなった。ヤマを中心として，つながりは多方向に広がった。しかし，「おれら」は，「E キャンプ」への異議申し立てにより，外国人支援のメインストリームからは外れた存在となった。そして，そのような周辺域にいる者として何をすべきか，常に迷いながら体を動かしているのだった。ここに，当時の「R の会」が開いたミーティング記録がある。

ヤマ：7 月から R の会自体の活動をやってこなかった理由として

- RR の個人的な問題
- Pt の事故処理（補足：自動車に関連した事件）
- 夏のキャンプ（E キャンプの余波）の嵐に巻き込まれていた

R の会自体が一体何をしていたかを話したい。今回のミーティングに来てくれたメンバーのように，様々な現場にかかわっている人間，そしてそうではなく様々に移動する人間が集まって，一体何ができるかを考えてみたい。共通の問題点として描けるものはなにか。

（2001 年 11 月 11 日：R の会ミーティング記録）

「R の会」は，しばしば，そのメンバーの一人が直面しているトラブルや問題によって，活動を中断していた。この記録にある「RR の個人的な問題」というのは，「この半年失踪していた。親と喧嘩をして，家出をする。今は落ち着いたが近いうちに引っ越すことが決まっている」（2001 年 11 月 11 日：R の会ミーティング記録）ということや，「Pt の事故処理」というのは警察も絡んだ事件のことである。外国籍の青年や少女たちがどこかで事件に巻き込まれたり，自ら引き起こしたりすると，その現場にいつも駆け付ける「おれら」。そして，巻き込まれたメンバーが落ち着くまで寄り添い，会としての活動の方は後回しとなるのだった。

そんな彼らには，特定の活動拠点を持つことや，定期的で計画的な活動は不可能だった。しかし，そうであったからこそ，外国籍の子どもたちが最も誰かの力を必要としている際に，いつも傍にいてくれるのは第一に彼らでもあったのだ。特に，特定の「現場」で浮いてしまうような子どもたち，各教室に入れずに「廊下」にはみ出してしまう「うちら」のような子たちに，彼らは常に眼差しを向けており，声をかけ続けるのだった。

だが彼らは，メインストリームからは外れたものの，一方で周囲からの期待を敏感に感じてもいた。ヤマは，「何かやれ」「うちの現場に来てほしい」と期待されても，自分たちのしたいことは「わかりやすい形」にはなりえないという話を繰り返し語っていた。彼らの活動は，外国籍の子どもたちの言葉にはできないような声を聴くというシャドーワークだったからだ。そして，自分たちが外国人の若者という役割期待のシステムに回収されていくことに非常に敏感でもあった。

「Rの会」のミーティング時に，「おれら」のラオス人Stが書いた作文を，外国人を支援してきた団体のボランティアが冊子にして届けてくれた時のこと。その作文の内容は秀逸であったが，「おれら」はその冊子を受け取るや否や，揶揄するように作文を大声で朗読し始め，「模範難民」とされることを拒否するのだった。「おれら」は，外国人支援の枠組みに囚われることを良しとしない。自らがその内部に囲われることも，支援者として子どもたちを囲むことも，そのどちらにも安住することはなかった。支援の「現場」が持っている理念や枠組みといったものを，各現場の「廊下」にいる子どもたちと一緒に眺めることで，その限界を鋭く感じ取る存在としてあり続けた。さらに，その限界をどのように越えていくかという地点に，いつも立っていた。「Rの会」のミーティングでは，以下のようなことが議論されていた。

- 今後の活動のコンセプトとしては，物理的な境界移動や様々な出会いを通して「精神的な境界を乗り越える場」を作っていくことと，仮に設定してみる。

- しかし，「場」という言葉では，キャンプやイベントなどに活動範囲が狭まるし，そのような「場」に対するあらかじめ想定していた「意義（～を学んでほしい）」に縛られてしまう。
- また「精神的な境界を越える」ことは，単に，出会いの「場の提供」だけでは越えられない部分があるのではないか。
- これまで，イベント後などにあまり子どもたちと反省をする機会がなかったように思う。大切なのは，そのイベントの意味を子どもたちが考え，自分の場に持ち帰ることではないか。また，イベントの反省会に限らず，「話す場」「話せる場」「語る場」というものが不足しているように思う。
- しかし，「話せる場」というのは自然な到達点であって，それを段階的に作り出すのは難しい。子どもたちが心を互いに開いていない状態にあるときに，そうした場を意図的に作ろうとするほど暴力的なことはない。色々な試みの意図せざる結果として，「話せる場」ができていた，という方がよい。
- なんらかの「場の提供」ではなく，個々人がそれぞれに，それぞれの仕方で意味を持ち帰るための「材料の提供」ということをコンセプトにして，活動を柔軟な形に保つようにしたらどうか（たとえば，相模川クリーンプロジェクトで子どもが感じたことが「自然の中にいると落ち着く」であったとしてもいい。それは，管理の枠から抜け出したいという抵抗の力を養うことにつながる）。

（2001年11月11日：Rの会ミーティング記録）

そんな「おれら」は，湘南プロジェクトの代表であった新原や，湘南プロジェクトの創設にかかわったボランティアKtさんとの縁（新原 2016：375-416）で，湘南団地に顔を出すこともあった。「団地祭」などにやってきては，湘南プロジェクトの屋台のお客さんとして，場を盛り上げた。さらに2001年の「うちら」による「ふれあい祭」では，彼らはカンボジアの春巻きを屋台で揚げ，屋台に群がってくる外国籍の子どもたちの相手をし，テントの片づけやゴミ捨てを最後まで手伝った。実際には，湘南プロジェクトの「うちら」たちと「おれら」が知り合ったのは，2000年の「団地祭」と聞く。そのときは，同年代の若者として個人的に言葉を交わした。しかし2001年の「ふれあい祭」を契機に，同じ年頃の外国籍の「うちら」と「おれら」は互いの存在を意識しあい，意気投合し，その距離を縮めていった。

> （ふれあい祭を終えて）ファミレスで「お客さん（補足：「おれら」のこと）」も含めて打ち上げをする。狂ったように騒いだが，何を話したかは覚えていない。その後，ヤマやヒデ，Stに連れられて，相模原のカラオケに連れていかれる。ヤマが「疲れてるでしょ」と言って，私の車を運転してくれる。
>
> （2001年11月25日：フィールドノーツ）

「Rの会」こと「おれら」の活動は，なんらかの「成果」や「結果」として記録に書き記せるような形を持ってはいない。けれども，彼らは，湘南プロジェクトの「うちら」にとって，同じような痛みや苦しみを抱えてもがきながらも，「狂ったように騒」ぎ「楽しみ」を共有する存在となっていった。「話せる場を意図的に作ろうとするほど暴力的なことはない」と語っていた「おれら」は，形を持たないことによって，「うちら」たちの生の声に寄り添い，若々しいエネルギーを引き出す呼び水の役割を果たしていく。彼らは2002年4月に，湘南プロジェクトのメンバーとして名簿登録をし，2004年頃まで「うちら」の活動に寄り添った。

その後は，PtとStが中心となり，主に外国籍の青年たちによるサッカーチームを結成し，外国人の支援の「現場」からははみ出してしまうような若者たちの居場所を作っていた。そこには，外国籍というカテゴリーにとどまらず，社会的に生きづらさを感じている若者らが集うようになった。

> 午後3時過ぎにヤマからメールが入る。世間はまだ正月という雰囲気なのに，相模原でサッカーをしているのだという。昨年の5月くらいからPtと

Stを中心としたサッカーチームをやっている。いつも当日に「今やってるからこい」という誘いがある。寒いのでフィールドにはいかず，夕飯で合流することにする。相模原のファミレスの一番奥の席を，ヤマたちが20名前後で占領している。その中に，湘南団地で有名であったItもいた。髪の毛を黒くし，サングラスもせず，ヤマたちにひたすらお茶を運んでいる彼のことを，最初は誰だか分らなかった。「もしかして，It？」と声をかけると「そうっす，お久しぶりです」と返してくれる。彼は，引っ越しのアルバイトをし始めたと話してくれる。いつのまに，ヤマたちは彼を吸収したのか。その帰り道，ヤマに，Itをどのように吸収したのかと話題をふってみる。Itはラオス人の少年にくっついて，サッカーの練習をよく見に来ていたそうだ。最初はずっと斜に構えていてサッカーは馬鹿らしいと言い仲間に入ろうとしなかったが，PtとStの家で呑んでいる時に，全員で叱ったのだそうだ。フラフラして，外国人をくいものにするItを，PtやStが滅茶苦茶に叱り倒し，Itはそれ以来，サッカーの練習に加わるようになったという。あまりの叱責に，Itはビビッて，その時食べようとしていたカップラーメンも，「食べてよい」と言っても食べようとせず，ただひたすら反省をしていたそうである。　（2004年1月4日：フィールドノーツ）

このエピソードに登場する青年Itは，湘南プロジェクトの日本語教室にも何度か顔を出したことがあった。彼は，湘南団地に住むYkrの従妹の家に数ヶ月居候をしており，彼女たちが彼を教室に連れてきたのである。仕事をせず，居候生活を続けていた10代の青年であった。その後，しばらくして姿を見せなくなったItは，いつの間にか，相模原のヤマたちと伴に生きていた。彼がどのような事情で，外国籍住民の家を転々と渡り歩いていたのかは分からない。けれど，帰る家もなく，生きる術もまだ身に着けていなかった10代の青年にとって，本気で叱ってくれるPtやStたちとのつながりは，彼の生き方に影響を与えた。

PtやStたち自身も，かつて，いつも傍にいて叱ってくれる大人との出会いがあった。湘南プロジェクトの創設にもかかわった，ボランティアのKtさんとの出会いである。Ktさんは当時，相模原で小さな日本語教室を開き，外国籍の子どもたちや青年らの居場所づくりをしていた。いつも歯に衣着せぬ口調で，やんちゃをした子どもたちを「おしおき」するKtさんは，少年少女から「セーラームーン」と呼ばれていた。多くの子どもたちが彼女を慕っていた。叱られることを覚悟で，自分の悪事や，自分ではどうしようもなくなった問題を相談に行く。彼女は叱りながらも必ず手を貸し，少年鑑別所にいる青少年らの面会にも度々出かけていくのだった。そんなKtさんは2005年5月，生きづらさを抱える若者に最期まで寄り添いながら，逝ってしまった。

Ktさんの棺がある場所に行くと，そこは先ほどの喧騒が想像できないほど静かで，ほとんど人がいなかった。外国籍の子どもたちが抱き合って泣いている。気が付くとヤマが後ろに並んでいて一緒に顔を見た。ヤマは自分の持っていたものを足元において，しっかり合掌した。ハンカチで真っ赤になった顔を覆い，泣いていた。PtやStたちが，その後に続く。Ptへ「ハンカチはもっているのか？」とたずねると「俺は今風邪をひいているから，泣かない，大丈夫」というとんちんかんな返事をした。ここからは記憶がなく，気づくとまた外に向かって私は歩いていた。その途中，先ほど声をかけたばかりのPtとStが，人の気配の全くない階段の踊り場で，うずくまって泣いていた。声をあげて泣いていた。会場に戻り，放心していたヤマに声をかけると，ヤマは急に意識を取り戻したかのように，隣で声をかけた私を「佳苗さんはどこだ」と探し出した。誰もが混乱している。外の駐車場へ出るなり，Ptが「ああ，Ktさんに，もっとこれから叱ってもらいたかったんだけどな！！」と大きな声で叫ぶ。帰り際，PtとStが，「あの写真にはやられた」とKtさんの遺影について語り始めた。あの写真は，初めてPtたちがKtさんに出会ったキャンプでとられたものなのだそう。だから，その遺影を見るなり，どうしようもなく悲しくなったのだと語っていた。　　　　　　（2005年5月10日：フィールドノーツ）

この葬儀の前後，湘南団地のSpたち「うちら」は，Ktさんとの直接的な面識は無かったものの，「おれら」とその悲しみを自分のこととして共有していた。Spは，こんな手紙をよこした。

> 昨日Ptがお世話になった先生のお葬式があったってきいたよ。どんな人かあいたかったから残念だよ。うちもさお葬式って行ったことなくてさ。すっごいお世話になった先生がいて亡くなってさ。死を認めたくないのもあっていかなくてさ。ばかだよね。今，後悔してるんだ。ありがとうも言えないなんて失礼だなって。退院したら（墓参り）に行く予定だよ。
>
> （2005年5月10日：Spからのメール）

Sp自身が，仕事や生活の重圧から病に侵され，数か月入院をしている状態でもあった。数日前に，「うちら」と「おれら」の数人で，病に倒れたSpの見舞いをした，その矢先の悲しい出来事でもあった。

Ktさんが見守り育てた，ヤマやPt，Stを中心とした「おれら」は，湘南プロジェクトの不定根の一つである。その活動は，決して表立ったものではなかったが，彼らが生み出した人々のつながりには，「何かあれば駆けつける」というKtさんらが持っていた精神と同じものが存在していた。そして，湘南団地の「うちら」も，そんな彼らとの絡み合いの中で，影響を受けながら，若いエネルギーを発動させていったのである。

8.「うちら」の躍動

さて，「ふれあい祭」を契機に，「うちら」は徐々に湘南プロジェクトの内部に居場所を持つようになっていった。特に，自治会からの「バーベキュー」というサプライズ・プレゼント以降，彼女たちは湘南プロジェクトのミーティングに参加するようになる。それは，2002年4月22日のことだった。「廊下会議」を行っていた「うちら」が，初めて集会所ホールの中央，コの字に並べられた机に着席した。Sp，Bp，Sb が出席し，彼女たちが何かを発言することはなかったものの，自然とその場に集っていることが，プロジェクトに新しい風がやってきたことを予見させるものであった。

「うちら」がかつての「廊下」から，ミーティング等を通じて集会所のメインホールに居場所を移動していくにつれ，廊下にたむろしていた Ykr や Ls，Hd（Ykr の妹で中学 3 年生）という少女たちも，徐々に教室に入ってくるようになった。彼女たちは，Sb たち「うちら」からも時に「胡散臭」がられる，気合の入った「うちら」でもある。

2002 年 8 月の「団地祭」を，「ふれあい祭」で活躍した Sp たち「うちら」が担当することに決まり，その屋台の計画を立てていた時のことだ。Sp たちは 6 月頃から日本語教室の片隅にいすを並べて，団地祭に向けてのミーディングを行うようになった。「日本語教室」や「子ども教室」の邪魔にならぬよう，いつも 10 分から 15 分程度の簡単な話し合いだったが，そこに，Ls や Ykr といった「うちら」も入るようになっていった。Sb が Ls や Hd と同じ中学の同級生であり，「オメーらも何かやれよ」と声をかけたのがきっかけだったと記憶している。「だるい」「うざい」「めんどくせ」が口癖の Ls たちではあったが，蓋を開けてみれば，この年の団地祭は Ls と Ykr が中心となり屋台を回す運びとなる。

> 今日は Ykr や Ls から電話がきて，明日の打ち合わせをしました。彼女たちはハムを今日買い出しに行ってくれたそうです。油などのことも心配してくれ（一応こっちが用意したけれど），正直彼女たちが自ら考えて動いてくれるとは思ってもみませんでした。また，大量のジャガイモも，明日までに，彼女たちがゆでておいてくれるそうです。きっと，今頃，ようやくゆでが終わった頃だと思います。また，彼女たちは張り切って，明日は 8 時半に集会所の前で待機していると言っていました。こちらが遅れたら殺されそうな雰囲気です。
> （2002 年 8 月 10 日：新原先生へのメール）

「団地祭」では，かつて売り上げの良かった南米料理，エンパナーダを売ろうという案が出ていた。カンボジアの「うちら」では難しいので，南米出身のYkrの協力を求めることになった。Ykrはボリビア出身の母を持ち，幼少期はボリビアで過ごし，日系人の父親と伴に日本に移住した。スペイン語を巧みに操り読み書きもできるが，日本の高校へは進学せず，夕方ごろ起きてきて「TSUTAYA」で借りてきたビデオを見，夜は妹のHdやLsたちとクラブへ繰り出す生活を送っていた。Ykrの母やその友人の南米系の女性たちは，湘南プロジェクトの「日本語教室の崩壊」時に居合わせた人であり，外国籍住民が主体となった教室の創設に力を注いだ人々でもあった。彼らは，Ykrたちがエンパナーダの屋台をやる話に賛同し，「当日エンパナーダの皮を作ってあげるけど，準備はよろしく」とスペイン語を交えながらウインクで応えてくるのだった。

2002年8月10日，「団地祭」当日の屋台には，「8時半に待機」の言葉通り，YkrとLs，そしてHdの姿があった。ジャガイモで作られたエンパナーダのタネを大鍋一杯にして抱え，「先生，うちら寝ずに頑張ったんだけど」というYkrたち。Lsは，「準備はうちらがやったんだから，後はやってよね！！」と切れ気味の口調で叫んだかと思うと，屋台の傍の階段を陣取った。手伝いに来てくれた「おれら」のメンバーであるヤマ，St，Pt，Ad，そして，「日本語教室」の再生にかかわった中村（中村 2016）や鈴木（鈴木 2016）といった大学院生のボランティアに，Lsは階段の上から指示を飛ばし，楽しそうにこき使うのであった。

一方，Spたち「うちら」は，YkrやLsたちによる屋台の黒子に徹し，8月に入ってからは屋台の準備に尽力した。また，中学生のSbは，独自に新しい試みに挑戦しているのだった。

> ところで，3日に集うメンバーは今のところ以下です。中村・鈴木・ヤマ・St・Sp・Bp・Ykr・Hd・Ls・Sb・Sby。13時に団地集会所前に集合します。「ダンスの練習組」と「買い出し組」に分かれます。「練習組」はSbの指導のもと，集会所和室で17時まで練習です（長い）。「買い出し組」は，St&ヤマ，山田のグループに分かれて，厚木の方まで色々買いに行く予定です。16時くらいから，Ykrたちはデートだということなので，その前に

は買い出しを終わらせて，残った子たちと一緒にお茶をして解散という流れになると思います。

（2002年8月2日：湘南プロジェクトのメンバーへ送ったメール）

この記録にある「ダンスの練習組」というのは，Sb，Ls，Hdの中学生によって結成されたダンスチームのことである。彼女らは，団地祭にて，カラオケや婦人会のフラダンスなどが披露される仮設ステージにエントリーし，創作ダンスを披露するという。昨年も実は，SbとHdが友人と3名で出場予定であったが，友人が直前に「裏切り」，2人で虚しくダンスを披露したと語っていた。今年はそのリベンジをすべく，団地自治会のSkさんに自ら交渉して，出場権を獲得したのだった。「うちらだけではつまんない」ということで，「おれら」や男子学生に声をかけていたが，中村と鈴木の両大学院生が，その呼びかけに応えることになった。

このダンスチームは当初，「団地祭」の屋台のように，対外的に湘南プロジェクトをアピールする場という意味は持っていなかった。湘南プロジェクトの一環というよりは，個人的なエントリーという位置づけだ。エントリーを受け付けた自治会側の意識もそうであったし，湘南プロジェクトのメンバーやSbたち自身も，そのように思っていた。それゆえ，1年前にSbとHdが仮設ステージで踊っていたことも初耳だったのである。しかし，Sb，Hd，Lsによるダンスチームは，2002年の団地祭にて湘南プロジェクトを巻き込んでいった。

湘南プロジェクトは，普段，団地集会所が休みである月曜日に「日本語教室」と「子ども教室」のための場所を借りていた。これは，他の自治会活動で埋まっていた集会所に「特別枠」を設け，確保された空間だった（中里 2016：280-281）。湘南プロジェクトの立ち上げ時にかかわった団地自治会役員たちは，外国籍住民へのこのような特別待遇に対する住民からの不満を一身に引き受け，「自分たちが管理するから」と言い続けて場を守ってきた。通常の老人会等の自治会活動には，会長や事務局長といった自治会幹部は顔を出さないが，湘南プロジェクトのある日は，毎回自治会長らも事務所につめ，対外的な管理責任を果たすのであった。

そのような場所を，Sbらダンスチームは，2002年7月後半から8月にかけて，ダンス練習の場所としてイレギュラーに確保していった。「日本語教室」や「子ども教室」は夏休みに入っており，「教室のため」という名目では場所を予約することはできなかった。そのため，「湘南プロジェクトの団地祭出し物の練習」という名目で，集会所が空いている日を確保していった。これまで「うちら」を見守ってきた自治会の国際部長Skさんが，このような場所の確保に尽力した。

カンボジア，ラオス，ボリビアの少女たちと，「ダンサー」として巻き込まれた大学院生が，日々ダンス練習に勤しんだ夏。カンボジアやラオス難民によるダンスと聞けば，民族衣装に身を包んだそれをイメージするかもしれない。実際にこのダンスの話をすると，「自分の文化の踊りではないのか？」（2003年2月23日：フィールドノーツ）という疑問を持たれることも多い。だが，彼女たちが選んだのは，ブリトニー・スピアーズの曲にのせたヒップホップであり，当時流行していたパラパラであった。振り付けは，Sbたちが創作した。10代の少女たちが20代半ばの男性に「へたすぎるんだけど」と怒り，猛特訓となることもしばしば。そのような光景を湘南プロジェクトのSkさん，Tn先生らが休み返上で見守り，Spやヤマたち「うちら」が，ジュースのさし入れをもって応援に来るのだった。

いつの間にか，ダンスチームは，Sbらの個人的な表現の範囲を越えて，湘南プロジェクトの一部となっていった。本番の団地祭仮設ステージでは，「日本語教室の子どもたちと先生によるダンス」ということで紹介され，湘南プロジェクトの「顔」として，Sb，Ls，Hdがステージに立った。生き生きとヒップホップを踊る「うちら」に，体の堅い「先生」が必死でついていく。ステージを見ている誰もが，「先生が中学生を指導して」という構図や「外国人は自国の伝統的な踊りを披露する」という逸話を覆されていた。

2002年8月10日と11日に行われた団地祭では，SpやSbという「うちら」は，YkrやLsという新たな「うちら」と合流し，また様々にその組み合わせを変化させながら，周囲を巻き込んで湘南プロジェクトを表現した。それは，湘南プロジェクトの教室には入れず，かつては廊下にたむろしていた「うちら」による表現の場の創造であった。彼女たちの試みは，外側から湘南プロジェクト全体の動きを眺めた時，とるに足らない，成果や功績という形ではカウントされない存在でもある。けれども，「うちら」は，湘南プロジェクトの生きた吹き溜まりにやってきて，その隙間に自分たちの場を作り，根を張った。その場所はいつも廊下や教室の片隅だったけれど，湘南プロジェクトのメンバーは皆，その若い小さな根こそを，大切に思っていた。

写真 6-1　**写真 6-2**　**写真 6-3**

2002 年 8 月 3 日，団地集会所前での「うちら」（新原が撮影）。

2001 年 11 月 25 日，「ふれあい祭り」にてカンボジアの春巻きを作る（中里が撮影）。

2002 年 8 月 11 日，「団地祭」にてダンスを披露（新原が撮影）。

9．去っていく「うちら」

「うちら」が参加した 2001 年「ふれあい祭」以降，湘南プロジェクトが湘南団地のイベント事にかかわる際には，その中心にいつも「うちら」がいるようになった。ただ，これは 2002 年冬までのことであり，その後は，「うちら」という小集団の姿は，団地から徐々に消えていく。2001 年 11 月の「ふれあい祭」から，その 1 年後に参加した「ふれあい祭」が，「うちら」として活動を行った実質的に最後のイベントであった。

今年のふれあい祭りに店を出したのは，われわれ以外には一店のみだった。

1月並みの寒さの中，Tn先生とSbたちが買い出しに行った材料を使い，Spを中心とした女性たちは，カンボジア風のイモとバナナの揚げ物を作った。SpやSbyは仕事の合間のわずかな休憩の時間をささげ，この場に集った。　　　　（2002年11月24日：フィールドノーツ）

この「ふれあい祭」がなぜ最後になったのかは，「自然の流れ」からである。10代の若者である彼女たちそれぞれが，今後の生活を意識し，どのように生きるかということを考える時期にさしかかっていたこと。2003年に入ると，高校を卒業したBpが就職をしたのを機に，SpとBp姉妹は，湘南団地の実家を出て，二人で近くの団地に住居を構えた。また高校進学したSbとSby姉妹は，湘南団地の近くに一軒家を購入した家族とともに引っ越しをした。ボリビアのHdは夜間高校へ進学し，警備のアルバイトをしながら高校へ通う。Ykrは，団地住民の外国籍の若者との間に子どもができ，結婚と出産を経験。環境の変化とともに「うちら」の多くが，徐々に団地の教室へ通うことが難しくなっていった。時折，相変わらずの生活を送っているLs，そして，学校をサボったHdなどが教室へ足を運ぶ程度となっていた。

湘南団地の集会所へ足を運ぶ彼女らもまた，祭などを通して伴に動いてきた「うちら」の変化に敏感に反応し，自分の将来について思い悩むことが多くなった。集会所では会えなくなったSpやBpらと，久しぶりに食事をした時のこと。そこにはLsやHd，Sbといったメンバーも集い，食事会は「うちら」による小さな同窓会となった。その際，Lsがこのようなことをつぶやいた。

Lsはバイトをし始めたが，週3日なので，時間はたっぷりある。だが，一体自分が何をしたいのか，夢も希望もないのだと話す。LsとHdは時間がたっぷりある中で，様々な悪いことや遊びもすべてしつくしたという。Hdはその上で美容師への夢を持ったが，Lsは何もないという。Lsは，「私も働いて，Bpちゃんのように，買いたいものを揃えて，生活すべてを整えてみようかな」とポツンと言った。その後，SpやBpは偉いね！という話になった。そこで，Spたちも，以前は何度も職を転々として悩み，やっと今，みんなの前で話せる状況になったのだよと伝える。二人からは，深いおどろきとため息まじりに，「じゃあ，まだうちらも迷ってて大丈夫だね」という言葉が漏れる。　（2004年2月28日：フィールドノーツ）

この会話の中で，Hdが「美容師への夢を持った」と出てくるが，彼女は湘南団地の集会所で，その夢を語ったことがあった。

Hdが「聞いてほしいことがあって来た」というので，話を聞く。Hdは夜間高校で単位を落とし，留年となってしまったらしい。そこで美容師の専門学校へ進路を変更しようと思っていると話し始める。美容師の勉強なら頑張れそうだし，日本でもボリビアへ帰った時でも，手に職があったら仕事に困らないだろう，という考えを述べた。これまで，Sbや他の子に比べ，あまり自分の考えを述べるということのなかったHdが，自分の話をしたのは初めてのことであった。しかも，相手の相槌すらも拒絶するように，強い目線で，とても堂々と。その姿をみて単純に立派だと思ったので，「立派だと思うよ」というと，一緒に聞いていた子どもたちも「Hdはすごいよ」と賛同する。Hdは嬉しそうに，「そんなに誉められると思っていなかった。むしろ，こんなわけわかんないこと言っているから，バカにされるかなと思ってたよ。だから誰にも話せなかったんだ」と安心した顔つきに戻る。彼女は言った。「いつも常に，周囲から私はバカにされてきた。だから，見返してやりたいんだ。私は皆がいうほど馬鹿じゃないし，もっとできるんだってとこ，見せてやりたいんだ」…この言葉は，かつてSpが「ふれあい祭」で初めて春巻きを作る計画を立てた時に，言った言葉だった。だから，とてもはっとした。　（2004年2月9日：フィールドノーツ）

「うちら」のまとめ役であったSpが，「ふれあい祭」に参加することを決めた時，鋭く吐いたセリフを，数年後にHdが繰り返していた。彼女たちは「見返してやりたい」という言葉を，これらの時以外，口にしたことは無かったが，同じ想いを不可視的に共有しながら伴にあったことが分かる。Spは，湘南プロジェクトに参加する場面，Hdは自分の将来のことを語る場面でと，それぞれ異なる文脈であったが，そのどちらも，外国人として生きねばならない「生きづらさ」を，内側から突っぱねるように吐き出された言葉だった。

Lsや Hdが，「Bpちゃんのように」と手本にしていた Bpや Spたちも，実際にはその陰で，難民や外国人という立場から強いられた制限を背負いつつ，自分や自分の身近な人々の生活を少しでもよくするために，また守っていくために，もがき苦しんでいた。

> 団地祭にてボンヤリ独りで神輿を見ていると，Bpが傍に来てくれる。久しぶりに会えて話ができるのはいいねと言っていた。Spからお父さんの事情（仕事で身体を壊し，カンボジアへ両親が帰るという話が出ていた）を聞いたと伝えると，Bpは自分の仕事場の話をしてくれた。「自分が頑張って家族を支えたいと思ってはいる。しかし，毎日朝から晩まで働いていることがイヤになり，何度会社を嘘ついて休んだか分からない。Spに支えられて，仕事のできる Spがいるから会社でも Bpの地位が与えられて，会社を辞めさせられずにすんでいるが，正直辞めたいと何度も思った。最近は食べても吐いてしまい，ずっと吐いているからどうしようと思っていたが，ずいぶん，今は回復した。お父さんもカンボジアへ帰らないことになり，正直安心してホッとしている。職場には精神障害の人もいて，Spや私はいつもストーカーされている。Spは後ろから突然抱き着かれたり，下着のホックをとられたりして，嫌な思いを何度もしている。会社の人達が守ってくれようとしているから救われるけど，自分たちで守んないとダメな部分もある。」
>
> （2004年8月8日：フィールドノーツ）

Bpの姉 Spは，父親や家族の苦境に，自分ができることを常に探しながら生きていた。

朝にSpからメールが来ていて，その後電話をする。半年前に父親が仕事で手をおかしくしてしまい，その後会社を辞めた。腕が挙がらない状態なので，肉体労働である仕事は続けられなかったそうだ。腕もようやく回復してきたのに，仕事をせずにいることに焦りを感じ，父親は少しあれていたのだという。その時，家庭内では「帰ろう」という話も出ていた。母と父だけカンボジアに帰り，二人の兄とSpとBpで働いて仕送りをすれば，なんとかやっていけるのではないか，という話だった。現在もSpとBpは，二人の給料から毎月7万円，実家に入れているのだという。Spや兄たちは両親の帰国に賛成したが，Bpが妙に反対したため，実現はしなかった。Bpは「寂しい」「家族が一緒にいなくてはイヤだ」と強く主張したそうだ。それで，父親は職安に通い，最近やっと仕事が見つかった。だが，今度の職場も肉体労働で，さらに不法労働者が多い職場だと耳にし，明日，一緒にまた職安に行って他の仕事を探そうと思っている。Spは，一気にこの話をした。彼女は話をしてずいぶん気が楽になったという。でも，「ごめんね，自分のことばっかで」と何度も繰り返していた。

（2004年8月2日：フィールドノーツ）

ただ，こうした苦しみの中にあっても，彼女たちが保ち続けていた精神がある。彼女たちは，湘南団地を去ってからも，団地祭などのイベント時には必ず駆けつけ教室の手伝いをした。自分の楽しみのためも一部はあったが，その根底には，いつも「自分以外の誰かのため」という精神が流れていた。Spが自分の悩みを話す時に，よく「自分のことばっかで」と謝っていたように，「自分のことばかり」よりも先に周囲の人々に気を配る。それは，上の記録にもあるように，家族との関係といった個人的な場面でも，湘南プロジェクトでの試みの中でも，いつも根底にあって，彼女たちの動きの一つ一つが，どこかで「人のため」になされているものであった。一見，「うちら」の中でも最も破天荒に見えるLsにも，こうした精神は流れており，「自分でもなぜだかわからないけれど」，自分の利益よりも他者との関係を優先するのだった。

Lsとラーメン屋に行き，餃子とコーラを注文。Lsは「二人きりで食事をすることがとても嬉しいのだ」と言ってコーラを飲んだ。彼女はHdと一緒に始めたアルバイトをもう3か月くらい続けている。アルバイトは駅近くの野菜の袋詰め工場で，時給は800円くらい。しかし，シフトは不明瞭で，前日に翌日の勤務時間が決められる。朝早くから始まり昼前に終わったり，午後3時くらいから始まって2時間で仕事が終了したり。たまに10時間労働を強いられることもある。それでも，1ヶ月の給料は3万円に満たない状態であるという。友人に誘われ，Hdと一緒に採用手続きをするために履歴書を書いて持って行ったのだが，社長は履歴書など一切見ず，彼女たちの名前をたずねることすらなかったという。このことから，不法就労者が多いのだろうと彼女は話していた。社長は彼女たちに「お前ら日本語わかるんだからちゃんとやれ」とどなり散らすらしい。Hdは1ヶ月くらいで転職したが，Lsは辞められないのだと話している。なぜかというと，器用な彼女は仕事が早いので，他の人よりも仕事量が多くなって損ではあるが，自分が辞めてしまって他の人々にその負担がいってしまうのが，なぜか「悪い」と感じるからだそうだ。日本語を話せない外国人をみると，自分よりも生活が大変だと思う。「こんな仕事しかやれない人たち，この人たちは自分よりも年上なのに一生こんな仕事を続けてやっていくしかないと思うとブルーになってくる」と話した。女の人ならばともかく，男の人も自分と一緒にこの職場で働いていて，社長以外は正社員がいないようだから，将来はどうなるんだろうと思う。その人たちに子どもとかいるのか，心配になる。一緒に働いている人たちはみんな協力しあっているので，自分一人だけ抜けるのはできないと思っている。だからもう少し頑張ってみる，「偉いでしょ！！誉めて！」という話をしていた。

（2005年2月21日：フィールドノーツ）

かつて湘南プロジェクトにて躍動した「うちら」。彼女たちは，そのプロジェクトを母体として自分たちを表現したが，間もなく，より大きな社会という舞台で根を生やす場所を探しにいった。それは，吹き溜まりに落ちてきて，不定根を生やしたけれども，外国人として生きる生活の濁流の中でよろめくことによってやむなく移動してしまい，また根を生やす場所を探している姿にも感じられた。ただ，そのよろめきは，「自分以外の誰か」のために，常に引きずられるようにして起こっており，制限のない場所における自分探しのような「迷走」とは異なるものであった。団地集会所の「廊下」という片隅において，「うちらのために」「うちらのような子どもたちのために」と考えを巡らせていた彼女たち。湘南プロジェクトのメンバーが，このような「うちら」が去っていく姿を，どのような想いで見送っていたのかは分からない。けれども，おそらく誰もが彼女たちの持っている，「誰かのために」という公共精神を感じ取っており，たとえ場所は変わったとしても，彼女たちがいつも同じ姿勢を保ちながら伴にある人々だということは感じていたことだろう。

10.「挨拶」はなくとも伴にある

時同じく，「うちら」の姿が徐々に団地から消えていった2003年は，自治会の役員の入れ替えの年でもあった。湘南プロジェクトの発足に深くかかわりその維持に努めた，Ks会長，Si事務局長，Sk国際部長，Td民生委員の面々が，それぞれの役職を前年度で引退。国際部長のSkさんや民生委員Tdさんらは，引退後も「ボランティアとしてきた」と言いながら時折顔を見せることもあったが，Ks会長やSi事務局長は湘南プロジェクトの場に顔を出すことは無くなった。それは新しい役員たちへの配慮からだった。

しかし，役員を引退したとはいえ，湘南プロジェクトのメンバーであった彼らはその後，本当の意味で「陰ながら」湘南プロジェクトの教室を支える役割を担うようになる。ここに，湘南プロジェクトを発足させたかつての自治会の役員たちが，その後，どのように教室にかかわったのかを示すエピソードがある。2003年の夏，自治会役員が一新し，半年ほど経った頃の出来事であった。

午前中に Tk さんから連絡をもらう。「今日は警察が来るみたいなので，車で来る人は，集会所の裏にとめるなど工夫してください」という話であった。指示通りに，集会所の裏にとめ「日本語教室」という紙を貼っておく。集会所入口に近寄ると，Ls が「先生久しぶりー，超会いたかった」と飛びついてきた。現在は仕事を毎日していると誇らしげに報告してきた。ボリビアのお母さんが，Ykr の赤ちゃんである孫をつれて集会所にやってくる。その後，Hd と Sb，Au さん，Ii 先生がやってきた。赤ちゃんを囲んで，井戸端会議をしていると，集会所から痛い視線を感じる。2003 年度から国際部長になった方が，何かいいたげにこちらを見ている。文句を言われる前に，集会所へ入っていく。いつもウロウロしている大量の子どもたちが，今日は姿を見せないことが気にかかっていた。Tn 先生が，国際部長を引退された Sk さんから聞いた情報を，私たちに話してくれる。隣の事務所には，自治会の役員と警察が来ていて，今日は日本語教室の実態を監査しに来ているのだという。その話を聞き，午前中の Tk さんからの連絡や，子どもの姿がまったく見えないことが，Sk さんのご配慮だったことに気づく。Ii 先生も，子ども教室はお休みにした方がといいわねと，帰っていった。Sk さんは，おそらく事前に，集会所に集まってくる子どもたちに，子ども教室は休みだと声をかけてくれたのだと想像する。Sb と外の様子をうかがいに行く。子どもがいない集会所は気持ちが悪いね，という話をした。本当に子どもが一人もいない。集会所の上の 7 階にいた子どもたちが「先生！」と声をかけてきたが，下に降りてこようとしない。彼らなりに，教室を気にしつつも，何かいつもと違うことを察知しているのだろう。Sb は，「いるだけで嫌だ，と言われる外国人に，いったい何ができるというのか？」と，漏らした。　　　　（2003 年 9 月 8 日：フィールドノーツ）

Sb の言う「いるだけで嫌だと言われる外国人」という洞察は鋭く，新しい団地自治会の役員や警察の人々も，決して何か日本語教室が問題を起こしたから監査をしに来ていたわけではない。そこに「いるだけで」外国人を疎む団地住民から，「子どもがうるさい」「外国人の素行が悪すぎる」という苦情が来るのは日常茶飯事であった。湘南プロジェクトの創設にかかわった自治会役員たちが，それを盾になってなだめすかし，なんとかここまでやってきたというのが実情でもある。新しく自治会役員となった人々は，そうした苦情や攻撃を直接受ける立場となった。そして，自治会として日本語教室を監視・管理するという役割を担って今回動いたのだった。ただ，そこには，以前の自治会役員のように，湘南プロジェクトのメンバーとして「一緒に」教室を運営するという意識は無く，「ボランティアがやっている日本語教室」を管理するという枠組みとなっていった。

前自治会役員たちは，新しい自治会が，こうした外部からの外国人排除の圧力に対し同調的な動きをするのではないかという危機感を持っていた。実際に，外国人に対する強制的な支援の枠組みを持たないということが，メンバーにとって共有されていたことだったので（中里 2016：293-296），「日本語教室」も「子ども教室」も，外側から見れば，「何をやっているのか分からない」極めて無秩序な場にもとらえられ，それを問題視する側の論理も分からないわけではない。しかし，団地の窓口でもある自治会が，そのような場を監視・管理にとどまらず，排除的な方向で動いてしまうと，湘南プロジェクトは場所を失う。そのため，そうした事情を感じ取っていた前自治会役員たちは，陰ながら盾になって動いていた。ある時は，事前に情報を流して「品行方正」な教室運営となるよう手を貸したり，ある時は，現自治会の役員へ日本語教室の存在意義を申し立て，言い合いになることもあった。

だが，そんな前自治会の人々も，徐々に湘南プロジェクトから去っていくこととなる。かつて湘南地区の民生委員として，湘南プロジェクトの立ち上げに深くかかわったTdさんは，委員引退後，陰ながら日本語教室の維持に尽力した後，何も言わずに団地を去った。

鈴木君と一緒に，Tdさんの家に挨拶に行った。BpがTdさんの家のある1棟まで車で送ってくれる。1棟は，他の棟よりも古く駐車場が狭いという印象があった。こうして動いてみると，団地の敷地は広く，Tdさんの家から集会所までは，多分10分くらい歩く距離だったのではないかと思う。晩酌後に，どういう気持ちで集会所まで歩いてきたのか。Tdさんの家へ行ってみると，ポストや新聞受けがガムテープでふさがれており，明らかに「引っ越し後」であった。20日までこっちにいると聞いていたが，最後の挨拶もできずに，なんだかとても申し訳ない気持ちになった。

（2005年4月18日：フィールドノーツ）

10年近く外国籍住民と日本人住民の間に立ち，より弱い立場の人々の声を「しゃーねーな」と言いながらくみ取り続け，湘南プロジェクトを伴にやってきた人々の引き際。それは，「挨拶すらなしで去る」という，自身への執着を微塵にも感じさせない去り方であった。これは前Ks自治会長も，Si事務局長も同じである。彼らは去り際に，自分の「功績」をたくさん語ることはできたはずだ。しかし，そうした場を設けるどころか，挨拶すら無かったのである。だから，そこには，自己を越えた湘南プロジェクトへの想いと熱意だけが，残されていった。Tdさんは，団地を去る前に，こうした言葉を残している。

団地祭の屋台にTdさんがやってきて，「山田さん，新原先生に伝えてほしい」と言いつつ，自治会内で日本語教室が「不良の巣窟」と言われていること，（国際部長の）Skさんへの圧力が増していること，もう以前のようには続けられないところまで来ていることをお話しされる。「おれたちもなんとか思ってやってきたんだが，もうダメなところまできとる」「今の自治会や団地住民の感覚は，あんさんもわかるやろ」「たんに，うっとおしい，それだけなん」。その話の途中で「Oknさん，新原先生，山田さんとうちらは，一緒にやってきたメンバーだ。だから，いつでも力になる」，とおっしゃる。

Tdさんとの話の後で，「今年で教室も最後かもしれないな」とぼんやり思っていると，Bpがそばに来て，「なんかあった？」と聞いてくれる。少し話すと，「集会所が無くなっても，一生つきあっていく人だと思ってるから。ヤマちゃんとかともね。ずっと一緒だよ」と Bp が励ましてくれる。

（2004 年 8 月 8 日：フィールドノーツ）

Td さんとの会話を傍で聞いていた Bp は，「集会所が無くなっても，一生つきあっていく」という言葉を残した。彼女は団地から転居し，自分や家族の生活を守ることに必死な毎日を送りながらも，かつて集会所で過ごした仲間たちとのつながりを大切にしていた。「うちら」も含め，湘南プロジェクトのメンバーは，去り際の挨拶すら互いにしない関係であったが，そうした形式を越えて，「いつもどこかでつながっている」という感覚を共有していたのである。

この頃，湘南プロジェクトでは定期的なミーティングというものは，ほぼ行われなくなっていた。だが，団地自治会役員の交代を受けて，プロジェクトのメンバーによる会議が一度だけ開かれた。そこには，プロジェクト代表の新原を中心に，社会福祉協議会の Tk さん，Tki さん，ボランティアの Tn 先生たちや元自治会国際部の Sk さんという教室の創設時期に深くかかわってきたメンバーと，教室にまだかろうじて通ってきていた「うちら」の Sb，Ls，Hd が集った。しかし，その会場は団地の集会所ではなく，外の公的施設の会議室を借りての運びとなった。

18 時前に Tk さんの用意してくださった会議室に行くと，Sk さん，Tn 先生らがいらしていた。Sk さんが Ls や Sb の顔を見るなり，前回の日本語教室にて，現在の国際部長や自治会長と，教室のことについてやりあった話を，ほとんど前置き無しに始めた。Ls は相槌をうちながら真剣に Sk さんの話を聞いている。その様子を受けて，新原先生が話を始める。「一人の子どもが大きくなっていく途中に，親以外の大人がその子どもをいつも心配している状況，その状況を湘南団地に作ろうという考えで教室を作った。難民の親世代よりも，どんどんその子どもたちを取り巻く周囲の状況は厳しくなってゆくだろう。難民の子どもが日本文化を身に着けたとしても，である。それは悔しいことであるが，もし，Hd たちが生きる力を持てば，きっと苦境を生きていけるはずだ。少なくとも，今日ここにきた人たちは，君たちが困ったとき，手を貸すことを断らない人間だと思う。Hd たちの子どものことも，ずっと考えている。月曜日の集会所は，「蛾が光に集まるように」相模原や色々なところからそこにやってくることが習慣化した。何か教室でしようとするよりは，子どもたちを形にはめようとする力から守るということを考えてきた。今日は大人だけのミーティングではなく，Ls たちにももう話が分かるだろうと思って，君たちを呼んだ。ここに集った人は，1999 年からの湘南団地の歴史と自分自身の歴史がリンクしている人たちだ。人生そのものと，団地のことが入り混じっている。きっとこれは，Sb や Hd といったそこで育った子どもたちにも共通していることと思う。集会所が使えなくなった場合，形だけ残そうというよりは，形はなくなったとしても，また Ls たちと同じような若者が生まれるように，そのことを大切にしたいと考えている。方針無く（方針無いことを方針として）やれるところまでやってきたが，今日，このようにインフォーマルな状況で，自然に集えたことだけでも十分。これは，とても大きな力で，強いものだ。」

（2004 年 7 月 23 日：フィールドノーツ）

この会議は，湘南プロジェクトが，団地の集会所で会議を行わないという異例な状況であった。だが，逆にそのことが，場所は関係なく，集会所での試みやプロジェクトのことを想って集う人々を照らし，「形はないけれど確かにつながっている」という関係を象徴していると考える。「生きた吹き溜まり」のような湘南プロジェクトにかかわった人たちの間には，「いつでも力になる」「一生つきあっていく」「困ったとき，手を貸すことを断らない」という関係ができていた。それは，誰かが湘南プロジェクトの中心的な理念として掲げたものでも，会議で話し合って決めた目標などでもなかった。だが，まるで申し合わせたかのように，Bp が，Td さんが，そして新原が，自分たちの作り上げてきた関係について，同じことを同時期に語った。団地を去った者も，未だ残って教室をやっている人たちも，こうした関係を感じていた。そしてそれは，かつてのSpやLsたちのように，若い外国籍の子どもたちが小さな不定根を生やしていくための，土壌となっていったのである。

11. 不定根の継承

かつて「うちら」がたむろしていた集会所の「廊下」は，2003年頃から徐々に，新しく通ってくるようになった外国籍の子どもたちの居場所となっていった。勉強に関心が無く「子ども教室」では落ち着けない子どもたちは，廊下や教室の隅で，ウロウロしていることが多くなった。しかし，廊下の前住民であった「うちら」たちを見て育った子どもたちは，何かしら教室にかかわりたいという気持ちを持っていて，ちょっとした大人の頼み事には「我先に」と応じることが多かった。

7時になり，日本語教室が始まる。ベトナムの中3男子Jiが久しぶりに顔を出す。彼は子ども教室に小さな頃から通ってきていた子だ。今日は，2ヶ月前に日本に来た自分の叔父を連れてきた。以前も彼の知り合いの日本語が分からない男性を連れてきてくれたことがあった。今日も少し照れながら,「日本語を教えてあげてください」とやってきた。彼は日本人とベトナムの叔父の間に通訳として入ってくれる。鈴木君に日本語教室を任せて，私は集会所の片隅にあるロッカーの整理をし始める。JiとSbが手伝ってくれ，昔の子ども教室やプレハブの集会所の懐かしい写真を見ながら，その時々にいた人々のことを回想する。その周りをウロウロしていた子どもたちに，100円ショップでゴミ袋を買ってくるように頼んだ。お金を渡すと彼らの表情は，今まで見たことのないような「責任」の顔つきになり,「急いで買ってくるね！」と言って走り去った。その姿を見送って,「JiもSbも，あんなだったよね」と言うと，Jiは照れながら,「おれは来年から働くんだ」と呟いた。彼もまた，集会所から出ていく若者の一人だ。間もなく子どもたちが,「これね，10枚入りだよ！！」と言いながら，レシートとゴミ袋を渡しに来てくれた。きっとお店には様々なゴミ袋が並んでいて，その中でどれがいいか，みんなで選んだのだろう。

（2004年2月9日：フィールドノーツ）

廊下でウロウロするようになった子どもたちは，SpやLsたちよりもかなり年下で，小学3，4年生以下が多かった。教室のある夜7時～9時といった時間帯に親が仕事に就いている者が多く，子どもたちは，友達やボランティアたちと過ごせる集会所に居場所を求めていた。時に，そんな子どもたちと一緒に，日本語教室でミニパーティーを開いたり，かつてSpたちが活躍した「団地祭」に参加することもあった。小学生が中心となる団地祭の屋台は，食べ物等の出し物は難しかったため，日用品のフリーマーケットのような形をとったりした。

11時頃団地につくと，日本語教室の屋台は，きちんと準備されていた。ボランティアのFn君，Tr君が朝早くからテントの準備をしてくれる。子どもたちが屋台の看板を，段ボールで作っている。彼らは元気で，自分たちで持ってきた商品を得意げに店に並べて,「どれくらい売れるかな？」と目を輝かせている。いつもは殴ったり蹴ったりといったことで大人の注目を惹こうとする彼らも，今日は大人の顔つきで屋台の椅子に座っている。Lsたちは,「何もやること無い」「出る幕が無い」といいつつも，屋台の横の階段にずっといて，時々子どもたちに声をかけて指導している。お昼すぎから品物は案外順調に売れていく。子どもたちの準備したカード（じゃんけんで買ったら2倍のカードをもらえる仕組みまで彼らはいつの間にか創造していった）も，団地住民の子どもに大変人気である。普段は教室で見かけない日本人の子どもたちも，いつの間にかこの店にいつき，外国籍の子どもたちと混じって店番をしている。　（2004年8月7日：フィールドノーツ）

Spたち「うちら」から始まり，形を変えながら，より小さな子どもたちに受け継がれていった祭の屋台。この祭の屋台も，「ふれあい祭」は 2004 年，「団地祭」は 2007 年を最後に，湘南プロジェクトによる参加は終了する。湘南団地の日本語教室は，こうした祭への参加をすることで，団地住民からの承認と認知を得てきたが，教室が創設されて 10 年弱。2004 年の「ふれあい祭」参加が，「正式な申し込みをしていない」ということで，団地自治会より突如，不承認とされる。その後は，湘南プロジェクトも，祭という場での存在アピールという荷を下ろし，できるだけ目立たぬように大人を中心とした屋台の形で参加しつつ，教室の維持に努めた。しかし，子どもたちが中心となれる屋台ができなくなったとしても，かつての「うちら」を見て育った子どもたちの中には，祭という舞台で自分たちを表現したいという子もいた。「日本語教室」や「子ども教室」の片隅で，毎週ヒップホップの練習をする男子中学生たち。2005 年と 2007 年の祭では，「日本語教室の子どもたち」と紹介され，その雄姿を披露した（鈴木 2016：355-362）。

そのような後続の子どもたちもまた，「うちら」と同じように，一時期，湘南プロジェクトで自分たちなりの不定根を生やした後，団地集会所からは去っていくのだった。「不良の巣窟」と言われた湘南プロジェクトの吹き溜まりには，若い葉っぱが度々落ちてきては，不定根を伸ばし，そして消えていく。彼らの，まっすぐには伸びないその根は，とても脆弱で，強い圧力のある土壌ではうまく育たない。形の無い吹き溜まりのような場所であったからこそ，彼らは伸び，また，違う場所でも真っ当に生きる力を得て，去っていくことができるのだ。そして，去ってもなお残り続ける，「いつでも力になる」という関係性を，彼らはいつも肌で感じて生きている。

前回の集会所の教室で，湘南の七夕祭に行こうと，Ls と Hd に誘われる。人の流れに従って流れていくと「休憩所」のようなものにたどり着いた。流れてきた流木につかまるようにして，そこでひとまず足を休める。Ls の妹が声をかけてきた。「お金ちょうだい！！」とねだりつつも，友達が待っていると言い消えてった。私や Ls や Hd の顔を見るなり，目を真ん丸にして「あら～」と握手を求めてきたのは，Okさんだった。1999年～2000年度，毎週湘南団地の子ども教室に通ってきていた，現役の湘南市長だ。Okさんはかつて湘南団地に住んでいて生協運動を続け，団地を出た後も，周囲から「選挙活動」と陰口をたたかれながらも，湘南市の外国籍住民支援の場に足しげく足を運んでいらした方だ。いつの間にか市長になられていたが，背の高くなったLsやHdを見上げながら「こんなに大きくなって」と声をかけるまなざしは，一緒に団地祭でエンパナーダを売った「おばちゃん」のままだった。HdはOkさんの顔を覚えていて「あの人，教室に来ていたね」と言った。あの人は「市長さん」だと伝えても，「市長」というものが何かについてのリアリティが無い様子で，「他に知り合いはいないか」と，目が左右に動く。しばらくすると今度は，どこからともなく，顔なじみの団地住民がやってきた。教室が始まって以来，2001年に一旦教室が閉鎖されるまでの間，日本語教室に通ってきていたカンボジア国籍の彼だ。彼は日本語教室でも，教室のために様々な意見や提案を積極的に発言していた人だった。よく知っているのに，名前がぽっかり抜けてしまっていた。彼はこれまでも毎回，団地で通りすがりに会うたびに，「まだ教室やってるの？」「仕事忙しくなっちゃっていけないけど，頑張って！」と声をかけてくれ，今日もまた同じように質問し，同じように声をかけてくれる。LsやHdとも顔なじみらしく，少し話をした後，「またね」と言って去っていった。Lsたちに，彼の名前を忘れたことを告白すると，二人から「Sfさんだよ！Sbのお兄ちゃんでしょ？」と怒られる。次に，私たちを発見して近寄ってきたのは，Hdの妹や従妹だった。中学生になった彼女たちは，最近みるみるギャル化してゆき，背伸びした口調で話をするようになった。テキヤのライトがちかちかと痛くなってきたころに，ようやく「休憩所」を後にして祭を歩いた。途中，日本語教室に2002年冬から通ってきている，カンボジアの姉妹に出会い，言葉を交わす。その横にいた男性が，彼女の旦那さんらしい。彼はかつて，1999年頃に日本語教室に通ってきていた団地の住民だった。彼もまた，目で挨拶をしてくれる。しばらく歩くと，おもむろに Ls がかき氷をほおばりながら，女性と一緒にいる長身の男性の背中をどつきにいった。2001 年頃に，Tn 先生に勉強を教わりに通ってきていたブラジルの双子。「先生と来てるの！」と Ls たちが少し自慢げに言うと，愛嬌のある笑顔でこちらに目をやり，挨拶を交わす。
このような彼らと，偶然にも出会って言葉を交わした時間は，何十万人という人出の七夕祭の中で，一瞬にしてもたらされた，瞬間的な「湘南プロジェクト」だった。　　（2004 年 7 月 3 日：フィールドノーツ）

12. おわりに――吹き溜まりの不定根の「その後」

湘南プロジェクトの「その後」を書くにあたって，一つの問いが念頭にあった。これは，私がカンボジアの「うちら」に出会って一緒に活動する中，徐々に持つようになった問いであり，現在もまた，その問いに縛られ続けてもいる。

（団地祭の）ビデオを整理しました。Ad やヤマがビデオを映していてくれ，それぞれの目線の違いがあって面白かったです。特に Ad は，私たちが団地では顔は見たことはあるがあまり普段は目に入らないでいる外国籍の若者たちを映していて（どうも知り合いらしい）この記録にははっとさせられました。ちなみに，私たちが団地祭の屋台で働いていて見ることができなかった，「花火」もばっちり映っていた（怒）。いつも思うのは，外国籍の若者たちにとって，団地の集まりというのは，彼らなりのネットワークが既にある中で，毎回，毎回，どんな風に描かれているのかな？ってことです。彼女・彼たちが「おれら」とか「うちら」とか表現しているものと，「湘南」とか「集会所」と表現している集まりは，どんな風にミックスされているんだろう，といつも思うのです。
（2002 年 8 月 17 日：湘南プロジェクトのメンバーへ送ったメール）

問いとは，「うちら」や「おれら」にとって湘南プロジェクトの意味はなんであったのか，ということである。彼らは，吹き溜まりの「湘南プロジェクト」に，ほんの一時期立ち寄った人々である。その土地へ不定根を伸ばしたのは確かであるが，それぞれの事情で去っていった彼ら。プロジェクトの外側から眺めたら，彼らの歩みは，取り上げるほどのことはない，単なる「気まぐれ」な参加者にも見えるかもしれない。だが，彼らがプロジェクトの中で躍動した意味，一瞬であったとしても「湘南プロジェクト」という媒介を通して縁を持った人々が，その触れ合いの中に何を見い出していたのか，そのような問いは，起こった出来事に引きずられるようにして持たざるを得なかった。「うちら」に，湘南プロジェクトの意味を，改めて聞くということもできなかった。他人が分かるような語り方をあえてしない彼らに，その意味を直接問うことほど，愚かなことはないと感じていたからだ。そのため，「うちら」の動きを描くことで，その意味を考えるとともに，彼らの姿を含めた湘南プロジェクトの「その後」という小さな歴史を書き残したいと思った。

この問いに，あえて答えを出すのであれば，次のようにまとめられるだろう。このモノグラフは，フィールドノーツに書きとめた，膨大なエピソードから導かれるようにして書かれた。起こった出来事が，「うちら」にとっての湘南プロジェクトの意味を，鮮明に現し出してくれるのではと考えた。しかし，彼らは，わかりやすい形で，湘南プロジェクトという舞台で動くことはなかった。外国人支援の現場で育った子どもたちが，次世代の「担い手」として成長していくといった物語にも，また教室を卒業した後に「故郷に錦を飾る」という話でもない。相変わらず彼らは，「廊下」にたむろしていた「うちら」のままであり，社会的にも厳しい生活を送っている。けれども，そのままでありながら，不器用に吹き溜まりに不定根を伸ばし，生涯にわたって「いつでも手を貸す」と声をかけあえるような関係を作っていったということ，また，それを未だに維持して生きていることに意味があるのだと考えている。

湘南プロジェクトは，最初から最後まで，彼らを，「支援」や「教育」といった枠組みにはめることは無かった。プロジェクトがやったことと言えば，彼らが時に，たとえ「場違いだ」と思われるような発言や行動をした場面でも，彼らの伝えたい真意をくみ取り，ただひたすらに見守っていたこと。そして，そういう場として教室が維持されるように，外部や内部に生じる軋轢を処理していったことくらいだ。しかし，それは，一つの理念や計画に従ってなされたことではなく，そこに集ったメンバー一人一人が，そのことに意味を見出し，勝手に動いた結果，起こったことだったのである。集団としての理念も目標もなく，また形も定まってはいない自主的な活動が，ちょうどよく縫い目が重なっていくように，若い外国籍の子どもたちを受け入れ，見守る場所を作ったことが奇跡に思える。そして，その場所が，生涯互いが「どうであっても」手を貸すというつながりを，若い人々の中に芽生えさせた。この「神の采配」のような出来事の数々に，「うちら」にとっての湘南プロジェクトの意味と，湘南プロジェクトの「その後」の根幹があると感じている。不定根とは，そうした場所でしか息づかない，形のないつながりのメタファーである。

若者たちが不定根を伸ばすための土壌を作った，かつての「吹き溜まり」は，それぞれの土地にちらばりながら，また若い人々に受け継がれ，新たな吹き溜まりを生み出している。そのわずかな証として，本稿に登場した「うちら」や「おれら」たちが，現在どう生きているか記しておこう。

「うちら」の取りまとめ役であったSpは，3人目の子どもを出産したばかりだ。子どもが通う小学校に対し「配布されるプリントにフリガナが無いと，日本語が読めない外国人の保護者たちは困る」と意見を述べたことをきっかけに，新しく移住してきた外国人保護者の世話役を頼まれるようになった。そんなSpのパートナーは，「おれら」の一味であったラオス人のPtである。Ptは，中卒で働きに出て溶接の腕を磨き，現在はフリーランスとしてやっている。Spの両親を呼び寄せ，一家の大黒柱となった。土日返上で働いている彼は，夏や秋などのたまの休みに，相模原の河原でのバーベキューを企画し，かつての「うちら」や「おれら」の場を作ってくれている。

そこに集ってくるのは，最近結婚したSb。高校卒業後，専門学校へ進学した後，ゲームセンターで昼夜働く。夜勤明けの眠そうな面持ちで，「やっぱ，みんなと会いたいからさ」と河原にやってくる。Spの妹Bpは，やはり「おれら」

の仲間であったラオス人と結婚。Sbyは日本人と結婚し，仕事の関係で地方に暮らしている。LsやHdも，それぞれ仕事をし，相変わらず元気でやっている。Ykrの子どもは，ちょうどこの本に出てくる「うちら」と同年代になった。

そして，「おれら」のリーダーであったヤマは，一般企業に就職し，アルゼンチンにつながりのある女性と結婚。二児の父となり，毎日通勤電車に揺られている。未だに，外国人支援の仕事へのスカウトがくることもあるが，「今のところ」断っている。河原でのバーベキューの場では，「あいつ今どうしてる？」という形で，その場には集まれない人たちの近況に想いをはせる。そして，「うちら」として活動していた時には存在していなかった「新しい命たち」が，国籍や出自といったことは関係なく，分け隔てなくまじりあって遊んでいる風景がある。2018年8月，Spの出産祝いで，ヤマと私が家庭を訪問した際に，Spは私にこう言った。「祭で春巻き作ったね。懐かしい。自分の子どもたちにも体験させたいね！」（2018年8月16日：Spからのメール）。Sp家族の食卓には，「ふれあい祭」で「うちら」が初めて作ったカンボジアの春巻きが並べられ，私たちをもてなしてくれた。

かつて，湘南プロジェクトの「生きた吹き溜まり」に，小さな不定根を生やした「うちら」たち。その後も，湘南プロジェクトの「成果」として語れるような動きはないし，今後も分かりやすい形では発現しないかもしれない。だが，彼らは知っている。新しい命たちが，そして，自分たちと同じような境遇にいる若者たちが抱えるであろう，苦悩や生きづらさを。そして，これも知っている。いつも，どんな時にも，ありのままの形で「吹き溜まれる」「廊下」がそばにあるということを。そして，そのつながりが，時空を超えて，助け合うという精神に根付いているということを。湘南プロジェクトは「その後」も，不定根を伸ばした「うちら」たちによって，次の世代に伝えられていっている。

引用・参考文献

中村寛，2016「エピローグ」新原道信編『うごきの場に居合わせる――公営団地におけるリフレクシヴな調査研究』中央大学出版部。

中里佳苗，2016「生きた『吹き溜まり』――『湘南団地日本語教室』の創造まで」新原道信編『うごきの場に居合わせる――公営団地におけるリフレクシヴな調査研究』中央大学出版部。

新原道信，2016「『聴け！プロジェクト』のうごき――『聴くことの場』ふたたび」新原道信編『うごきの場に居合わせる――公営団地におけるリフレクシヴな調査研究』中央大学出版部。

新原道信編，2016『うごきの場に居合わせる――公営団地におけるリフレクシヴな調査研究』中央大学出版部。

野宮大志郎，2016「むすびにかえて」新原道信編『うごきの場に居合わせる――公営団地におけるリフレクシヴな調査研究』中央大学出版部。

鈴木鉄忠，2016「『教師』のいない『教室』――『治安強化』のなかで苦闘し葛藤する学生ボランティア」新原道信編『うごきの場に居合わせる――公営団地におけるリフレクシヴな調査研究』中央大学出版部。

鈴木鉄忠・中里佳苗・新原道信，2016「『湘南プロジェクト』『聴け！プロジェクト』年表 1996 年 4 月～ 2008 年 7 月」新原道信編『うごきの場に居合わせる――公営団地におけるリフレクシヴな調査研究』中央大学出版部。

第 7 章
「同時代のこと」に応答する“臨場・臨床の智”
――かたちを変えつつうごいていく“智”の工房――

新 原 道 信

もっともたやすきことは，実質のある堅固なものを［外側からいいとかわるいとか］裁く（beurteilen，批評／批判／判断する）ことである。難しいのは，それを把握する（fassen）ことだ。もっとも難しいのは，［この批評／批判／判断と把握という］二つの契機を結びあわせて，［自分ならどのようにできるのかを］表し出す（hervorbringen）ことだ。

ヘーゲル『精神現象学』「序論（Vorrede）」（Hegel 1986a［1807,1832］：13）より[1)]

現実と私たちとの間には，知らないうちに何かビニールの膜のようなものが出来ていて，現実の真実の姿がなかなか眼に映らないのである。形勢が重大になって来て，現実の方がこの膜を破って姿をあらわすまで，私たちは気づかずにいるか，或いは多少気づいても直視しようとはしない。そして，いよいよ眼がそむけられなくなったときには，もはや簡単には処置しようのなくなっている，という段どりは，現に私たちが，一九六〇年代の日本経済の高度成長を経て，深刻な公害・都市問題・インフレーションに直面するに至った過程で，実際に経験して来たことであるが，それは，かつて，五・一五事件や二・二六事件を経て，日本が完全に軍国主義に制圧され，軍部独裁の体制ができあがっていった過程でも私たちが痛い思いをもって経験したことなのである。私たちにとっては「いつか来た道」なのである。

吉野源三郎『同時代のこと―ヴェトナム戦争を忘れるな』(吉野 1974：22-23)より

“不条理な”苦痛――つまり各人が，自分の責任を問われる必要のないことから負わされる苦痛――を減らさねばならない……人がそれぞれの生涯に生きる価値（生きがい）とは，各人がまったくコントロールしえない自らの出自という“運命”のもとで，各人がそれぞれ特有に負わされている“不条理な苦痛”――より実在する問題性――を，どう処理してゆくかということにかかわっている。……多くの人々は，自分一個の“不条理な苦痛”を処理することで，精一杯となる。それを責めるつもりはもうとうない。……自分ではなくて他の人間が，自分が負うているのと同様の“不条理な苦痛”を軽減しようとして，自分に連帯を求めにくることが必然となる……この自覚に到達したとすれば，《現在での隔差のことなど，おれの知ったことか》という理窟だけですますことはできなくなるだろう。いや，おれはその理屈だけですませる，となおもいい張る人には，わたしは黙するしかない。われわれがすべてそういい張るなら，人間の運命はおしまいだね，とだけつけ加えながら……。

市井三郎『歴史の進歩とはなにか』（市井 1971：208-211）より

1．はじめに――“臨場・臨床の智”の工房の“背景”

本書では，なぜいま“臨場・臨床の智”の工房なのか，“智”のコミュニティはいかなるかたちで具体的に「普請」され続けるのかを見てきた。ここには，“臨場・臨床の智”は，いかなる瞬間にとりわけ輝きを宿すのかという根源的な「問いかけ」も含まれている。“臨場・臨床の智”の工房は，序章でも説明したように，W.F. ホワイトの「社会的発明」と初期シカゴ学派，そして，ブラジルで学びイタリアで開花させたメルレルの試み（FOIST/INTHUM）を“背景（roots and routes）”としていた。いま一つ，重要な“背景”となっているのは，1930 年代に京都や東京の下宿でなされた読書会の試み，すなわち限界状況において“智を身体化する（embedding/imprimere una “cumsientia” in corpus）”試みであった。

知識人の社会運動，“智を身体化する”コミュニティ，“複数の目で見て複数の声を聴き，複数のやり方で書き／描き遺していく”という文脈で，もっとも影響を受けたのは，哲学の師・真下信一であった。日本ファシズム下の 1930 年代，『美・批評』や『世界文化』などの雑誌の発刊を通じてファシズムへの抵抗を続けた恩師から，大学入学直後に贈られた言葉が，冒頭のヘーゲルの「もっともたやすきことは……」だった[2)]。恩師からはまた，ほぼ同時期に，『イソップ物語』の Hic Rhodus, hic salutus ！——「とつ国の旅より帰りし男ありて，各地にて見せし己れが珍しき技（わざ）の数々を日頃，吹聴しおれり。ある日，男の曰く『おのれ，かつてロードス島に在りしおり，オリュンピアの勝者もなお及びがたき跳躍をなしたり。もしかしこに居合わせし者ここに在らば証言せん』と。傍らに在りて聞きいたる一人の男，曰く「もし汝の言にたがいなくば，何ぞ証言をもちいん。ここがロードスなり，ここにて跳べ！」という言葉をいただいた。

あるいはまた，テレンティウス（Publius Terentius Afer 185-184 a.C.-159 a.C.）の「私は人間である。およそ人間に関することで，私に無縁なものは何一つとしてない(Homo sum, humani nil a me alienum puto)」(戯曲『自虐者（Heautontimorumenos)』v. 77）やニーチェの「運命愛（Amor fati)」，セネカの「彼は長生きはしなかったが，しかし永く存在した（Non ille diu vixit sed diu fuit）（Seneca De Brevitate Vitae)」や，ヴィーコの「真なるものはつくられたものに等しい（Verum ipsum factum)」など，人間の営み，共通感覚，構想力の歴史の意味を根拠付ける言葉をいただいた。

恩師からの教えは，アカデミックな哲学研究の方法というよりも，同時代に応答する学問，同時代の枠組みそのものを考える学問を創るべく，“たったひとりで異郷／異教／異境の地に降り立ち”，他者と“ともに（共に／伴って／友として）創ることを始める”ことにあった。すなわち，師（メンター）との出会いの瞬間から，その時の自分とは異なる他者となること——“メタモルフォーゼ(changing form / metamorfosi)”をして“かたちを変えつつうごいていく（changing form)”こと——が運命づけられていた。そして，ここから，生涯の「問いかけ」が生まれた。

社会的大事件のみならず個人の病，死も含めて，私たちの日常は“未発の瓦礫（macerie/rovine nascenti, nascent ruin）”によって満たされている。“瓦礫”は，実は既にそれに先立つ客観的現実のなかに存在していたのであって，ただ私たちが「同時代のこと」に対して選択的盲目を通していたにすぎない。学問とは，特定の状況，とりわけ限界状況においてこそ力を発揮する“臨床・臨場の智”であり，支配的な「知的状況」とは異なる「新たな問い」を提示し，「対立」の場の固定化を突き崩し，揺り動かす。そのような「学」はいかにして，表し出されるのか？

“臨場・臨床の智”の存立意義とは何か？――私たちは，自らの“故意の近視眼（意図的に目を閉ざし生身の現実に対して心に壁をつくる性向）”や“選択的盲目（現実から目をそらす性向）”によって，現実の生々しさを回避しようとあがいている。直視すべきは，この状況をつくりだす根本的なジレンマであり，警戒すべきは「狡知」である。学問は，“生身の現実（cruda realtà, crude reality）”，“生身の社会（living society: city, community and region）”で起こっている「同時代のこと」への応答を使命とする。すなわち，「いま，ここで」「時を同じくして」起こっていること（con-tempus）に対して「後で」「外から」ではなく，「その渦中で」「フィールドで」“思行（思い，志し，想いを馳せ，言葉にして，考えると同時に身体がうごいてしまっているという投企を）”し，記録・記憶し，“大きくつかみ（begreifen, comprendere）”，構想する試みである。そのためには，「同時代史」への“コミットメント（s'engager＝存在との契り）”――時を同じくし，時をともにして，決定的な瞬間（critical moments）をつかむ，あるいはその瞬間につかまれる[3]ことへの勇気と“地識（streetwise）”／“智恵（saperi）”／“知慧（sapienza）”／“智慧（saggezza）”は，いつの時代も求められている。

では，なぜ，とりわけいま，“臨場・臨床の智”が立ち上がることが求められているのか？――本章冒頭のエピグラフで，吉野源三郎が，「同時代のこと」に対して，若き日の1930年代を想起しつつ発した言葉は，「ヴェトナム戦争を忘れるな」，つまりは「おわったこと，なかったことにするな」だった。私たちはいま，吉野の「問いかけ」を想起せざるを得ない。なぜなら，いま私たちもまた，受難，死，喪失，社会的痛苦を「おわったこと，なかったこと」にする力に取り囲まれ，いまもなお，これからもずっと，放射能汚染水は流れつづけ，未解決・制御不能の問題を抱えているのに，自らの身心の問題でもある“惑星社会の諸問題”を意識することは出来ていないからだ。

「国民を守らない国家」であることが顕在化した「3.11以降」，それでもなお，「国民を守るためには一部の地域住民に一時的に多少の『ご不便』があったとしても，全体としての『成長』『拡大』をめざす（ためにはあえて『多少の犠牲』も厭わない）という断固とした態度を貫く（＝筋を通す）」という「維新」「革新」「進歩主義」が，かえって強固に存在している。この「一致」「団結」の方向に疑問を持ったり，「異を唱える」マイノリティは，守られない「国民」「地域」となる（国家に抗する地域である沖縄や，「自己責任」で戦地に行くジャーナリストなど）。誰が守られるべきでないかという「許認可」は，恣意的に行われ，「知のコンサルタント」はその“線引き（invention of boundary）”を「科学的」に権威づける。これは，「能力」があって「努力」していれば，システムに対して忠実であれば，「権力や権威」は「やさしく」してくれる（長いものにまかれれば大丈夫）という「信仰」によって支えられている。「権力や権威」に対しては，まだ努力が足りないのだと忍従し，他方で，（自分の「横」や「下」に在ると想定している）「外部」が，自分に服従する努力を怠ったと感じた場合には，（その「不条理さ」に対して）きわめて強い“根絶・排除”の情動に支配される。直接的な行動に表れなくとも，“無関心（exterior-esse / fuori-esse/ indifferenza / fremd, exogenous cause, not my cause, misfortune of someone else）”，存在（esse）の内側に（inter）入っていかない断絶・切断・隔絶・乖離・亀裂と暴力によって，“没思考の浄化主義（purificanismo spensierato）”“没思考の凱旋行列（trionfi di Geistlosigkeit）”を体現する。

吉野の言うところの「ビニールの膜」を突き破る“領域横断力／突破力（Einbruchskraft）”を持った，“生身の現実（cruda realtà, crude reality）”をつかみ，つかまれている“智”とは何か。市井三郎は，これまで「進歩」とみなされていたものが，「先行する時代のマイナスをプラスに転じた側面とともに，先行する時代にはなかった新しいマイナスをも生じる逆側面を，かならずともなうものであった」のであり，「そのパラドクスをこえるには，過去の“進歩”を導いた諸理念をもこえる必要がある」（市井 1971：207）と指摘した。つまりは，いま手元にある「知」をひとまずは手放し，ありあわせの道具による「日曜大工（bricolage）」で，「手製の品」をつくり直さねばならない。

ヘーゲルの「表し出す（hervorbringen）」という言葉は，“作る／造る／創る”“始める”にあたるものであり，表わし出そうと“[何かを] 始める（beginning to）”[4] ことが到達点でもある。原理・原則（Prinzip）とは，到達点であると同時に始まりであり，始めない限りは到達できないということが当人にもつかまれている状態である。その時点での限界も呑み込んだうえで，異質な他者へと変異（メタモルフォーゼ）するという投企であり，「問題解決」ではない。

そこからさかのぼって，fassen，すなわち何ごとかを大きくつかむ（把握する）という“道行き・道程（passaggio）”は，ゆったり，ゆっくりと，蛇行し，滞留・対流し，のたうちまわり，うねり，澱み，時として奔流・濁流となり，つまりは，自らにも“対位的（contrapuntal, polyphonic, disphonic and displaced）”となる。異なる声を同時にあげ，どこにいても不協和音となり，所在のない不均衡な存在として，現れては消え続けることとなる。

それは，具体的な生身の人間が，日々の現実のなかで，働く（lavorare）／書・描き遺す（scrivere）／練りあげる（elaborare）／創る（creare）／企図する（progettare）といった行為をいったり来たりすることとして現象する。「誠者天之道也，誠之者人之道也（誠は天の道なり，これを誠にするは人の道なり）」（『中庸』）のごとく，「天の道」を認識する孤絶した「知識人」としてではなく，「これを誠にする」プロセスの途上にありつづけるのが「人の道」ということになる。

“作る／造る／創る”“始める”は，他者の声を“聴く”こと（ここには既にこの世界にいなかったり，この場にいなかったり，まだ生まれ来たることのなかった非在の他者の声を“聴く”ことも含まれる），かろうじて受けとめた声の痕跡から染み出るその生命を，生きられたものとするために，そのためにのみ“声を発する”こと，この営みをともにする同伴者と旅をし，対比し，“返り／帰り／還り”“顧みる／省みる”こと，“伝える”こととのつらなり，“識ることへのうごき”のなかにある。

いま一人の哲学の恩師・古在由重は，「実体の一部分だけを抽象的に取り出して，ここが足りない，あそこが足りないというのでは不毛です。ただ批評者の優越性を見せようというだけのものに終わらざるを得ません。……かかわりあいのなかでよく吟味すること……いま火事がおこっているというこの事実をぬきにして，それを消しとめようとする姿勢がわるいとか道具がわるいとか（笑）いう品さだめではこまります。そのとき大事なことは，たとえすこしくらい不完全な道具でも仕方がないから，とりあえずそれでもって火事を消そうとすることが緊急な任務だといえましょう」（古在 1971：139-141）と言った。

それゆえ，“臨場・臨床の智”とは，重装備でなく，軽装の旅支度の小さなカバンにつめるような[5)]，ささやかな，手元にどうにかあるものであつらえた，「小作り」かつ軽快で臨機応変な「開かれた理論（teoria disponibile）」（Melucci 2000c = 2014：103），「声をかけられたら，なんとかありあわせの道具で現実の課題に応答するという哲学（filosofia di disponibilità）」（メルレルとの対話より）からの“思行（facendo cumscientia ex klinikós, pensare/agire, thinking/acting）”である。

いま，まさに必要とされていれば，声がかかれば，準備が整っていなくても，不十分な道具立てでも，「いいよ」と言って，何かが生起しつつある／うごいている場所に行き，遮蔽しようと思えば出来ないことはないと思われることがら，“識る”ことの恐れを抱くことがらをあえて境界をこえて選び取り，“引き受け／応答する（responding for/to）”という生の在り方（ways of being）である。

この在り方は，特定の他者との「間」の“拘束と絆（servitude humana, human bondage）”への勇気から生まれる。たとえば，本章冒頭のエピグラフでとりあげたヘーゲルの言葉は，真下信一からのものであり，市井三郎は真下の親友であり，吉野源三郎はまた，真下の親友である古在由重の親友であった。ここでの言葉のつらなりは，“智”の職人の工房から贈られたものである。

2．枠組みそのものを考える初代たれ「委員会」

> 出会いの苦しみと喜びは，微妙な均衡の中にある。他者性の挑戦に向き合えるかどうかは，自己を失うことなく他者の観点を引き受ける力にかかっている。感情移入（empathy）は，日常言語の中にいまや入り込んでいる用語であり，それは他者の近くにあること，他者の観点から物事を見ることができるということを示している。しかしこれは往路にすぎず，空虚や喪失から自分を守らねばならない。私たち自身のなかにしっかりと錨をおろしたまま，私たちの自己と他者の自己との間の空白に橋を架けるという力をもたないのであれば，そこに出会いはなく，単に博愛や善意があるにすぎない。出会いは，意味の二つの領域（region）をいっしょにする。そしてそれは，私たちが調整している異なった振動数をもつ二つのエネルギーのフィールドを，互いに共鳴するところにまでもっていく。出会いは，苦しみ，感情，病を・ともにすること（*sym-pathy*）である。すなわちそれは，自らの情動や力のすべてをふりしぼって，内からわきあがる熱意をもって，喜び，高揚し，痛み，苦しみに参加すること・ともにすること（*com-passion*），ある他者と・ともに・感じている（*feeling-with-another*）ということである。ここで発見するのは，意味は私たちに帰属するものではなく，むしろ出会いそれ自体のなかで与えられるものであり，にもかかわらず，それと同時に，私たちだけがその出会いをつくり出すことができるということである。　メルッチ『プレイング・セルフ』「他者との出会い」
>
> （Melucci 1996 ＝ 2008：139-140）より

中村雄二郎は，近代科学と現実とのずれに対して，本来は「主人公」であるはずの〈現実〉に即した『臨床の知とは何か』という「問いかけ」の冒頭で，メルッチの考え方には，自らの「〈臨床の知〉に通じる考え方がある」（中村 1992：2-4）としている。恩師である真下信一と古在由重，そして後に師友となったメルレルとメルッチとの間には，“未発の瓦礫”という「共通感覚（心身を串刺しにする“拘束と絆”の感触）」があった。すなわち，過去と未来の“瓦礫”の間を生きていることを“予感する（ahnen, presentire）”という在り方である[6)]。

2003年に中央大学に着任した頃，枠組みそのものを考える初代たれ「委員会」という“智”の「コミュニティ」をつくり活動していた。「委員会」という言葉の選択の“背景”には，恩師・真下信一と『美・批評』『世界文化』での活動をともにし，その『世界文化』誌上に掲載された中井正一の「委員会の論理」（中井 2003［1936］）が念頭にあった[7)]。

「初代」という言葉は，真下信一の弟子・島田豊や福田静夫からの「真下先生や坂田昌一先生（素粒子論）の歩いた跡をただ辿っていてはだめだ。引き継ぐには，『初代たれ！』というかまえで最初から始めないといけない」という激励に端を発している。

恩師・真下信一の『美・批評』『世界文化』から名古屋哲学研究会・哲学セミナー，古在由重の「版の会」，社会学の恩師である矢澤修次郎，古城利明たちの現代社会研究会，その後，メルレルのFOIST/INTHUM，メルッチ夫妻のCentro ALIAに学んだ。そのなかで，創ることを始め，「社会のオペレーター」養成講座，痛みの臨床社会学研究会，神奈川アカデミア，「湘南プロジェクト」，「聴け！プロジェクト」などを試みた[8)]。これらの場には，研究者のみならず，学問や地域活動に関心を持つ市民，学生，当事者など，多種多様なひとたちが出入りしていた。

枠組みそのものを考える初代たれ「委員会」は，1990年代後半より深くかかわってきた「神奈川の在住外国人」をめぐる状況が，「支援」から「治安強化」へと急転していくことへの応答の試みであり（新原 2016a：172-183），「湘南プロジェクト」をともにしてきたKtさん，金迅野，新原の間で，神奈川のトリアーデ（行政，学者，ボランティア）への対抗という「焦眉の課題（urgent problem）」に応答するべく，参集したのが始まりだった。この場には，〈調査研究／教育／大学と地域の協業〉をともにした中村寛，中里佳苗，鈴木鉄忠たち若い研究者，院生・学生，市民，ボランティア，（異端？の）行政関係者，「湘南プロジェクト」や「聴け！プロジェクト」の当事者などが，神出鬼没に現れ，旅立ち，別の場をつくっていった。そこでの共通理解となっていたのは，以下のようなものであった：

〈自らのかたわら，そしてなによりも自らの基底に現れたる亀裂，抑圧移譲，腐臭，死臭を，その内奥から嗅ぎとり，自らを撃ち抜く弾丸をもって世界をウンウン押す，この時代のまったくの汚辱の濁流から，まず自ら“ぶれてはみ出す”こと〉

⑴　自らがその渦中にある統治不可能な現実のその濁流のなかで自らをえぐり世界をふりかえること。そのためにこそ（単線的な目的の達成のためではなく），場の内的必然に引き寄せられるかたちで，他者から見れば「とるに足らない（banale）」とされる「汗かき仕事」を行う。身体をうごかし，実務的な文章・書類を作成し，その場を調整し，整理された情報を提供する。さらにこうした一連の営みを，ズレのともなった出会いを可能とするための企図として次の世代と共有する。

⑵「委員会」の場の記憶と記録を遺すことと並行して各自が，自己内対話として，「自らへのアイロニー（self-irony）」[9] とともに，日誌（Cf. 哲学ノート，獄中ノート，辺境ノート，戦中日記）をつけ，この記録もまた互いに共有する。

⑶　反射的反省のフィールド：それぞれの現場（ex. 大学，湘南団地，国際交流協会，教会，等々）で起こった“人間の亀裂（una spacattura antropologica）”について分析し，ふりかえること。

⑷　同時に死者との対話を静謐なる時間の流れのなかで行うこと。

⑸「作品」とするための作業日誌を整理し，ふりかえる。「作品」を生み出すプロセスもまた次の世代と共有する。

前任校の横浜市立大学から継続的に続けられた「委員会」は，前著『うごきの場に居合わせる』の舞台となった「湘南プロジェクト」や「聴け！プロジェクト」の“土台・足場（base）”であり“基点／起点（anchor points）”となっていた。参集したメンバーの間では，1990年代末から2000年代にかけての“状況と条件（situazione e condizione）”を，1930年代と“対比・対話・対位”させようとする意識が共有されていた。他方で，間近に迫った“瓦礫”を予見していた真下信一たち（かつての若者）が見ていた地平は，私たちには見えていないという「欠落」の自覚とともに，それでもなんとか想像力を働かせようというものだった。すなわちそれは，科学的認識というよりも，自らの“背景”に向けての身体感覚であった。ここでなされた議論を言葉にすると，およそ以下のようなものとなろう：

> 19世紀後半の帝国主義の時代の荒波に突然直面した日本社会は，あからさまな生存本能によって，地方，都市下層，そしてなによりも近隣諸国を喰らい尽くすという道を選択し，「大東亜戦争」の大敗北へとつきすすんだ。個々の局面での判断や選択が間違っていることに気づいたものがいたとしても沈黙を余儀なくさせる大きな圧力が存在した。そして少しでも声をあげるものとその周辺のひとびとに対しては，苛烈な弾圧が行われた。この全的な破壊行為，とりわけ1925年の治安維持法制定以後の，個々人の内面にまで及ぶ過酷な「治安強化」による異物の排除・根絶の鉄槌は，「その標的とならないために身をよじる」という日常の実践感覚を非意識的に育てたし，他方で，世界恐慌から国際的孤立への道程すなわち外界からの危機のインパクトは，たとえ自分の帰属する社会が滅亡へむかっていくのだとしても，当面はその内部世界における有利な位置取りをするための思想表明（宣言）をすること，その行為そのものを正当化することに必死だった。これは，多くのひとびとにとって，ごくふつうの家族の歴史である。身をよじるのであれ，宣言であれ，日本列島の住民のほとんどが，息をひそめ，呼吸をあわせてただひたすらに個人的な工夫や努力で苦境をのりきろうとしてきたことの行き着く先であった。
>
> 「日本人」は「自らの生存のためにはやむを得ない」「国益を守る」との理

由で，アジア・太平洋の村々を戦場とし，大量に虐殺した。1931 年の柳条湖で日本軍が一方的な略奪・破壊行為を顕在化させた時には，沈没への道をひた走る泥船に抵抗する集団や個人はほとんど壊滅させられていた。それゆえ，1930 年代に「大人」として対峙せざるを得なかった人間にとっては，汚辱にまみれた時代以外のなにものでもなかった。瓦礫の山から出発した戦後日本社会は，その敗北についての身体感覚が共有されていた時期がしばしあった。しかしそれも「朝鮮特需」という形で「対岸の火事」（それ自体を招来する原因はまさに自らが生み出したのにもかかわらず）による便益を享受した瞬間に「忘却」の大波に呑み込まれていった。しかし他方で，あの 1930 年代の汚辱を識るひとびと，その汚辱の歴史を自らのものとして追体験しようとし続けた少数のひとびとによって，かろうじてこの社会は，汚辱にまみれ続けることからの救いの道をわずかに残し続けた。そうしたひとたちに共通しているのは，「本来自分はこの場所で語るべき人間ではない，しかし運命の数奇から自分だけがこの場所に取り残されてしまった。それゆえ力不足は承知の上で，決して嵐の過ぎ去った後に解説したりするのでなく，徒手空拳で同時代の困難の前に身をのりだすしかない」という感覚だった。言葉で語らずとも，すでに身体はうごいていたし，細かい矛盾などは問題とならぬほどに歴史のダイナミズムのなかで全景をとらえ，行動し続けていた。もし不幸な点があったとすれば，恥じて生きることの勇気をもった初代の周囲には，初代が指し示す方角がなんであれ，より優位に立つための位置取りに熱心な「俊英」たちが集まってしまったということだ。この傾向は，数少ない初代たちがこの世を去るにつれて，ますます強まりつつある。

「同時代」の重みを，身体に刻み，心に刺青をして，その傷の癒えぬままに，じっと耐え，果敢に「余生」を生きた初代――多くを語らずに死んでいった個人の生の軌跡と痕跡をうけとめ，果たされなかった想い，たたかいに敗れ，汚れてしまった試みに身を投げ出したひとびとの「個人」（の「所属物」として「想像」されていたところの意図や意思，思考や思想や信条や「いきざま」）からはみ出たり，染み出したりしてしまっていた“願望”をうけとめ，“すくい（掬い／救い）とり，くみとる（scoop up/out, scavare, salvare, comprendere）”ことに意を注ぎたい。たとえ，これらの試みの初代たちと対立するようなことが起きたとしても，初代たちをただ「消費」することなく，自分ならその魂をどう引き継ぎ，いかなる実践をするのかを表し出したい。　　　（新原が作成した2003年9月5日の配布レジュメ）より

つたない理解ではあったが，メンバーの間では，私たちの「同時代」がすでに，世界恐慌後の1930年代に突入しているという「共通感覚」があり，“対話的にふりかえり交わる（riflessione e riflessività）”ことを，たとえ「かぼそい糸」であるとしても続けようとしていた。

“痛む／傷む／悼むひと（homines patientes）”に対する敏感さ（sensiblitià），傷つきやすさ（vulnerability），ふれかたをとことん追及すること，暴力の縮減にむけて愚かなまでに身を投げだすことは，このグローバリゼーションの時代（戦争とプロパガンダの時代）に対する無抵抗不服従運動である。

それは社会変動の大きな物語を流麗に語るものからは「弱者のルサンチマンだ」と批判される行為であるかもしれないが，それと同時に，実は強者の側に位置取りをしているのに「私もまたサバルタンだ」と「宣言」しつつ身をかわすことに対する根本的批判をも内包している。つまり，この時代に加担しつつ「空中戦」をくりかえす，すべてのものから離脱し（それは「脱落」「妥協」「敗北」として意識される），うごめき，その状況をふりかえり，おずおずと事態の内奥にふれ，その体験の道行きをささやかな表現として遺すことである。

すなわち，“異郷／異教／異境”のフィールドで自ら学ぶ（Learning/Unlearning in the “Unfamiliar Field”）ワーカーとして，食事・睡眠・筋トレ・ストレスコントロール／家事・育児・仕事などをセルフ・プロデュース／マネジメント／オペレートし，自分／組織・集団／コミュニティ・地域／社会の“多重／多層／多面”のそれぞれの場において“場（luogo, spazio, posto, sito, caso, circostanza, momento, condizione, situazione）”を創っていく。

「外部」の「権威」を求め，「外挿」による「肥大化」を回避しつつ，真に学び，すでに身体化している知識や智恵を丁寧に組み替えていくという“創造的プロセス（the creative process, il processo creativo）”を自ら／ともに“始める（beginning to）”。この“願望と企図”を促す試み（= iniziative culturali）の下支えをする。異質なものたちのコミュニティ／枠組みそのものを考える場の集団的な“共創・共成”／学問の世界の「結」（協働，協業）のための“寄せ集めるという骨折り”を続けていくというものだった。

これは，市井三郎の下記の言葉と共鳴するものだった。“引き受け／応答する（responding for/to）”こと，遮蔽しようと思えば出来ないことはないと思われることがら，“識る”ことの恐れを抱くことがらをあえて境界をこえて選び取るという投企であった。

「かぼそい」ものではあったが，このような「仮借なき探究（a relentless erudition）」[10]への「呼びかけ」に呼応してくれる異なる立場・年代のひとたちが，入れ替われ立ち替わり現れ続け，旅立ったことの意味，そしてその同時代との関係性についての考察はまた今後の課題である。

> 人間歴史の未来を創るのは，いうまでもなく人間である。多くの人間は過去，現在の惰性に押し流されるとしても……。不条理な苦痛を軽減するためには，みずから創造的苦痛をえらびとり，その苦痛をわが身にひき受ける人間の存在が不可欠なのである。

市井三郎『歴史の進歩とはなにか』（市井 1971：201, 148）より

3．“交感／交換／交歓”そして“拘束と絆”
――小さなことをこの惑星の異なる場でやり続ける

1942年トレントに生まれ，サンパウロで育ち，ブラジルの軍事政権下の限界状況を体験したメルレル[11]と，1943年リミニに生まれ，米軍の空襲を生き延び[12]，1960年代には，革新的なキリスト教青年運動のうねりに引き込まれたメ

ルッチは，イタリア社会学会のなかで異なる「派閥」に属し，まったく接点を持たない関係だった（両者と親しくしていることを，イタリアの社会学者たちからひどく不思議がられた）。しかしなぜか，この20歳近くも年長の智者それぞれとの間で，家族も含めた深い友情が生まれ（メルッチの死後はアンナ夫人そして二人の娘との間で）現在に至っている。いまこの「間柄」をふりかえるなら，そこには，“未発の瓦礫”への「共通感覚」とともに，“受難の深みからの対話（dialogue with passion from obscurity and abyss）”が存在していたと考えられる。

1999年3月に，新原はイタリアでの講義中に父親を亡くし，メルレルは6月に前妻ミケラを突然の「くも膜下出血」で亡くしていた。メルッチは，白血病での「余命」を強く意識しつつ，日々を過ごさざるを得ない条件下にあった。1999年9月8日，ミラノのメルッチ家から，サッサリのメルレル家へと移動した時のことだ。午前中にメルッチ家を訪ね，互いの健康を祈った。この言葉が「決まり文句」ではなく，あまりに現実的な重みを持っていることを体感していた。家を出る間際に，メルッチは，彼の故郷であるリミニの方言で書かれた「わたしの友だち（I miei amici）」という詩を，その場で巧みに「変奏」させつつ，朗読してくれた：

> いっしょに長い時間いて食事をしたり冗談をいったり日常性をともにする。そういう友だちもあるだろう。でも私の友だちは，いまたとえいっしょにいなくても，人生の道筋がどこか重なっていて，深いところでの理解を互いに持っていることを感じている，そんな友が少しだけいる。

別れを予感し，感情が高ぶる「友」の姿を見て肩に手をかけ書斎に招き入れ，詩を読み上げた後，これが私の気持ちだという合図をした。いい形での再会をただ祈り，強く互いを抱きしめ別れた。

アルゲロからサッサリへの旅程は多くの待ち時間を必要として，メルレル家に「帰り着く」ともう20時だった。メルレルは，息子・娘たちとともに，ブラジル，チリ，イースター島，タヒチの旅から帰ってきたところだった（この時，チリ滞在中のメルレルから，「三日後にイースター島で会おう」という連絡が入ったが，かなわなかった)。前妻のミケラの死後，子どもたちは急速に「大人」になり，メルレルを支えている様が伝わってくる。夕食も子どもたち二人で大騒ぎしながら準備している。ミケラの遺したレシピで作った夕食（温野菜，リゾット，ビーフロースト，チーズ）をともに食しながら，ポリネシアへの旅について，それぞれの家族の状況についてなど，12時過ぎまで話をした。

“臨場・臨床の智”という言葉自体が，メルッチとメルレルそれぞれとの間での“対話的にふりかえり交わる（riflessione e riflessività）”営みのなかで，“不協の多声（polifonia disfonica）”のかたちでやって来たものである。その〈エピステモロジー／メソドロジー／メソッズ／データ〉は，それぞれの個的で深い「生老病死」と分かちがたく結びついた場所――“固有の生の軌跡（roots and route of the inner planet）”の内奥――から発せられている。すなわちそれは，概念の言葉と日常の言葉で，「明晰判明さ（intelligible）」と“ほのかに感じとるしかない痕跡（segno, sign）”が混交した，たとえば以下のような言葉である：

いまこの社会で起こりつつあることがらに対して，大学や身のまわりの状況，世界の各所で起こっていることがらが意味するものを根本から把握するために，われわれは，どこからなにをなすべきか。つまり，大いなる事件が現に起こっている個々の小さな場にふれて，汚れつつ，その場の意味を，一見隔絶されているように見える他の小さな場の意味と対比しつつ，なにをどう考えるのかというところから考えるということ。つまりは，単一の基準によって構築された推論の同心円的拡大によって外界を規定し他者を支配するのでなく，移動し，（自らとも／自らの内でも）対位し，対比・対話し続けるということ。しかしこれは，「宣言」することでも「独断」することでもなく，動くことから始めるということ自体を考えることからうごき始めるという，閉じない循環の講造を持つ“思行（臨場・臨床の智）”であるのだ。

状況に応答しつつ動き，変わる。複数の眼で，見えないものをうっすらと知覚する。自身からはみ出し，染み出し，自らにも反逆し，対位する存在となる。一見疎遠に見えて実はつらなりを持つことがらを対比し，他者と対話を続ける。本質主義・原理主義がもたらす対立そのものに反逆し，支配的なる知とは別の補助線をひき，対立の場の固定化を突き崩し，揺り動かす。自らの“拘束”と内なる境界線の束をズルズルとひきずりつつ歩き，根こそぎにされた状態そのものを“根”として，不条理に根こそぎにされたものの存在の意味を証し立て，自分であれ他者であれ，この世界のもっとも根源的な“痛み”を絶対の基準とする。なにを考えるのかというところから自ら始め，多数派，正統派から見たら異物，異端，異教徒であるような存在として最初の一歩を踏みだし，撃たれつつ，遡行し，迂回し，蛇行し，進む。高く飛び低く這う鳥でもあり虫でもあり，上でもあり下でもあり，内にいて外でもあり，そのような自ら自身に絶えず反逆し，転倒し，神出鬼没に，対位的に，生身で衝突しつつ動く。常に，ここではないどこかをめざし続け，ある特定の条件・状況の中に拘束され串刺しにされ，それに根底から反逆することによって，姿形を変えるのみならずその組成にも変化を生みだし，異質にして他（多）端なるものへと常に成りゆく。

いま大学内でFOISTとして活動することはきわめて困難となっており，部屋も確保できなくなった。調査研究活動を続けるための唯一の場所となったINTHUMの部屋で，2018年8月，メルレルと新原は，以下のような話をした：

私たちの〈エピステモロジー／メソドロジー／メソッズ／データ〉の意味について，いまあらためて考えたい。いま社会科学においてはビッグデータの収集による国際比較が主流となっている。その対極に位置するかたちで，個別的な質的データを「珍重」する傾向も存在している。しかし，私たちの試みは，以下の特徴を持っている。

1. ricerca-azione（調査研究／活動）

   comparazione orizzontale da terra e dialogante（地に足を付けた対話からの水平的な比較）e non solo fra dati statistici（単に統計的データ間の比較だけでなく）

2. comunità non solo oggetto（コミュニティは単なる対象ではない）

   ma luogo e attori delle ricerche（調査研究のフィールドであり担い手でもある）con pluralità, specifità, tante isole possibili（多元性，特殊性，社会文化的な島々のいくつもの可能性を持った）

3. territorio e rete internazionale（領域と国際的なネットワーク）

図 7-1　メルレルの実際のメモ

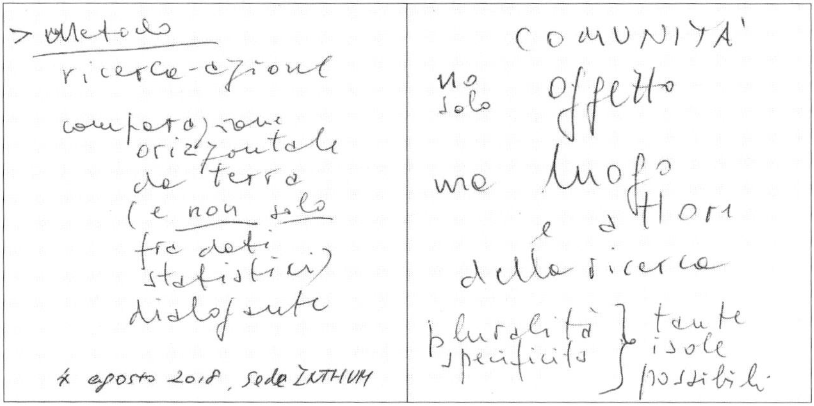

- 私たちの営みは，地球規模の調査研究と地域活動が結びついていて，分離し得ないだけでなく，調査者と当事者という境界線が，参与的研究で，“衝突・混交・混成・重合” していく（percorso composito）。
- 比較は，データの間の比較のみならず，個々の場における “衝突・混交・混成・重合の歩み” そのものを意味づけ，定位し，惑星社会で進行しつつある現象の全景把握のなかで “対話的にふりかえり交わらせる（fare le riflessione e riflessività）”。

• 調査者は，調査の社会文化的プロセスの渦中にあり，当事者との関係性の"うごき"のなかで，当初の「計画」から"ぶれてはみ出す（deviando, abweichend)"ことを余儀なくされていることを自覚的に明示化し，その"舞台裏（retroscena)"のプロセスも含めて，考察の範囲とする。

• 調査研究活動は，身近な場における"衝突・混交・混成・重合の歩み"を常に確保しつつ，同様の試み（affinità ［di ideabilità e progettuabilità］）を続けている同伴者との間での継続的かつ緊密な"対話的なエラボレイション（co-elabolation, coelaborazione, elaborazione dialogante)"により，〈エピステモロジー／メソドロジー／メソッズ／データ〉を創っていく。ここでの関係性は，「伝播」「輸入」「適用」などのかたちではなく，"共創・共成"のかたちをとる。

• "コミュニティを基盤とする参与的調査研究"という意味で，コミュニティは調査研究の「対象」とはなっているが，それ以上に，水平的にかかわりを持ってしまっているところのひとつの場（"うごきの場"）であり，コミュニティ自体が，社会そのものに波及する"うごき"をつくっていく「(社会構想の）担い手」となるような調査研究である。

• この在り方（ways of being）にとっては，場のなかにある複数性と特殊性，複数の島々の可能性こそが着目すべきものとなる。ここでの"島々"とは，「領域（territorio)」としての"社会文化的な島々（isole socio-culturali)"と，そこに暮らす個々人の内なる"社会文化的な島々"を含意している。また，かかわりある「領域」そのものが，地域のなかで，"社会文化的な島"として表象されているという側面も重要である（立川団地，サンタマリア・ディ・ピサなど)。

• 私たち（メルレルと新原それぞれの調査研究グループであるINTHUMと"臨場・臨床の智"の工房）は，この「無形の文化遺産（patrimonio immateriale)」を継承していくことを自らのミッションとする。

• 以上の方向性を，"交感／交換／交歓"そして"拘束と絆"とともに，小さなことをこの惑星の異なる場でやり続けることで，比較学（comparatologia, comparatology, comparative socio-cultural studies）として錬磨していく。

メルレルとの“旅をして，比較・対話し，ともに考え／自らうごいていく（viaggiare, comparare e pensare/agire）”試みのみならず，メルッチとの“旅する生／生を旅する（la vita viaggiando/viaggiando la vita）”試みもまた，アンナ夫人そして二人の娘との間で続けている[13]。特定の生身の個人との“交感／交換／交歓”そして“拘束と絆”から，サッサリ，ミラノ，立川などで，小さなことを異なる場でやり続けることへの確信が在る。

「よく知られたものの領域の間に広がる前人未踏の地」である「境界領域（frontier territory）」（Melucci 1996 = 2008：5）を歩き続け，自らの身体の病を通して“臨場・臨床の智”を表し出そうとしたメルッチなら，「小さなことを異なる場でやり続けること」に向けて，どう言葉を発しただろうか。

メルッチが大切にしたのは，この惑星社会のなかでは，実は「ごくふつうの人間」がいま直面している“見知らぬ明日”との“衝突と出会い（scontro e incontro）”のなかで“想像／創造の力（immaginativa/creativita）”が発揮される日常の場であった。

誰かに何かを遺すという“伝承・伝達”，生命の断裂と連続性の“閉じない循環”そのものが持つリフレクシヴィティのなかで発揮される“限界状況の想像／創造力”――「何もかも全てが暴かれたわけではないこと，全てが語られたわけではないこと，そしてきっと，全てが語られる必要はないということ」（ibid.: 197）を自覚しつつ，すでに生まれつつある“未発のリフレクション（riflessini nascenti）”に耳をすますことが出来る理論と方法を「創り直す」ことが調査研究者の使命となる：

> この社会の端／果てに棲息している微細な体験，毛細管現象のすべてに，社会の大きな変化の種子が含み込まれているということを考え続け，他者を理解しようとし続けることに絶望しないということです。……この惑星の隅々に至るまで体験や出来事や諸現象を多重／多層／多面化させている

相互依存の網の目にとって，それら小さきものこそが，根本的な資源となっているからなのです。

メルッチ「リミニ人の省察」（Melucci 1996 = 2008：vii）より

ここでの調査研究者（ricercatore）とは，既存の枠組みからの「飛躍」や「超越」をした思想家や哲学者ではない。むしろ，いま「出会ってしまった」“生身の現実（cruda realtà, crude reality）”から逃げ出すことも出来ず，かといって「問題解決」のあてもなく，その場に佇みつつ，それでも何らかの“責任／応答力（responsibility）”を発揮しようともがいている「ごくふつうの人間（la gente, uomo della strada, ordinary simple people）」である。だから，学生たちには，「亡命」や「離脱」はできない閉じられた惑星社会のなかで，プレーし続けるしかないと言ってきた。

「小さなこと」そして，“端／果て”から，“低きより（humility, humble, umiltà, humilis をもって，高みから裁くのでなく，地上から，廃墟から）”という在り方（ways of being）に対しては，研究者のみならず学生からも繰り返し，批判や冷笑を浴びてきた。しかしそれでも，繰り言のように，“不協の多声（polifonia disfonica）”を発し続け，身心をうごかし続けることでしか突破できないものがあると信じて歩む。

「開かれた理論（teoria disponibile）」（Melucci 2000c = 2014：103）という言葉を遺してくれたメルッチとの間での“交感／交換／交歓”とともに。そしてまた，まだ幸運にも，「声をかけられたら，なんとかありあわせの道具で現実の課題に応答するという生き方・哲学（filosofia di disponibilità）」をめぐって，生身の言葉を交わすことの出来るメルレルとの間での“共感・共苦・共歓（con-passione, con-patire）”に感謝しつつ。

喧騒のなか，上昇への欲望によって自分を見失ってしまう瞬間があるとしても，死者／他者はたしかにそこに居る。ずっとかたわらに在る。喧騒や汚辱や混乱のなかで，ふとその存在を垣間見，鼓動を聴くことのできた静謐の瞬間に，ふとふれる。妙に肉感的なのと同時に透きとおってもいる，その“存在と契りを結び（s'engager）”，ゆっくりと，やわらかく，深くつらなる。“臨場・臨床的な在り方（ways of being involved in the crude reality）”で，“跛行的に（unsymmetrically, contrapuntally and poly/dis-phonically）”に。

4．おわりに――かたちを変えつつうごいていく“智”の工房

ここまで本書で述べてきた“臨場・臨床の智”の工房という“願望と企図”は，いくつかの「盟約（promessa）」によって拘束されている。若き日の恩師・真下信一たちは，限界状況のなかで，自らの“智”の工房を，『美・批評』，『世界文化』，『土曜日』とかたちを変えつつ，1937年11月に治安維持法違反の容疑で検挙されるまで粘り強く続けた。「だが，生きた，多実な，本当の，力に充ちた，全能な，客観的な，絶対的な人間的認識の生きた樹」（真下 1980［1934］：46）の息吹は，遺されたテクスト以上に，肉声のかたちで，身体を串刺しにする“拘束と絆（servitude humana, human bondage）”として生き続けている。本書は，真下からの流れともつらなる市井三郎と鶴見和子の『思想の冒険』（鶴見・市井 1974）へのオマージュでもある。

社会学の恩師・矢澤修次郎との間では，知を身体化した社会学をするものの知的コミュニティの形成（知識人と社会運動）があった（矢澤 2006）（新原 2015a）。古城利明との間では，イタリア社会の社会学的研究の継承と中央大学社会科学研究所を「基地（ベース）」とした国際共同研究（国際的な地域の学）の継承があった（新原 2009a）（古城 2014）。奥田道大との間では，中央大学社会学研究室を「寄港地」としてフィールドワーク／デイリーワークのグループワーク（コミュニティ研究）の工房を作ることがあった（新原 2000; 2003b）。いずれも，なめらか／なだらかではない、暗黙知の“伝承・伝達（trasmissione）”として存在している。

これらに加えて，メルレル，メルッチそれぞれとの「盟約」がある。メルレルとの間では，“生身の社会（living society: city, community and region）”，そこに生きる生身の人間を“大きくつかむ（begreifen, comprendere）”という試み，いわ

ば“思行（facendo cumscientia ex klinikós, pensare/agire, thinking/acting）”の冒険であり，その実践そのものが新たな社会の構想となっているような学（scienza nuova），その「学」の“土台・足場（base）”“基点／起点（anchor points）”となる〈調査研究／教育／大学と地域の協業〉である。

それは，生身のコミュニティと〈合わせ鏡〉であるような“智”の「コミュニティ」の在り方――社会を構想する段階での関係性のなかにすでに組み込まれるべき関係性――の模索であり，友愛・信頼による小集団における形骸化の受難のなかで，受難の深みからの対話はいかにして可能となるかという「問いかけ」，絶えざる形骸化と革新を組み込んだ集合的な運動であった。これはまた，戦争状態，厄災といった「限界状況」，“未発の瓦礫”にむけて何を準備するかという課題の探求でもあった。

メルッチとの間では，“臨場・臨床の智”という概念をともに創り出す前に，“創造力（creatività）”という概念によってすすめていた“療法的でリフレクシヴな調査研究（ricerca terapeutica e riflessiva）”の継承である。「調査研究グループ自身の自らへのリフレクションを含みこみ」「内に在るのと同時に外にも在るような，観察に固有の新たなコードに関する知」（Melucci 2000c ＝ 2014：102）の創出にむけて，私たちの「工房」もまたうごいてきた。そしてまた，引き継いでいるのは，メルッチが直面した“創造力”を捉えることのジレンマである。以下，メルッチの言葉の「創造力」を，“臨場・臨床の智”に置き換えてみると，それはいままた私たちが直面している課題であることがよくわかる：

> ジレンマの第一は，**創造力**（以下，すべて**“臨場・臨床の智”**に読み替えてみる）というテーマに関してシステム化された研究がそもそも可能なのか，この概念の設定そのものが矛盾ではないのかという疑問である。第二は，モラルにかかわる問題である。すなわち，きわめて内的かつ自発的，高度に主体的な活動である創造の要素を，個々の実際の行為のなかから析出し，そのプロセスを客観化することは困難なのではないかという疑問である。第三の認知する側の問題とかかわるジレンマは，私たち研究グループの研究

成果は，新たな知を生産しているのか，それともすでに自分たちのなかに埋め込まれているステレオタイプをなぞっているだけなのかという問題である。こうしたジレンマに直面したことによって，かえって重要な意味を持ったのは，**創造力**（**"臨場・臨床の智"**）に関する実質的な定義を確定してしまわずに，当事者との対話や調査メンバー間の対話のなかで，解釈の配置変えをしていくことに対して**開かれた理論**（teorie disponibili）を創ろうとしたことだった。そこでは，ことなる文化的背景を持った専門的集団が，それぞれに**創造力**（**"臨場・臨床の智"**）を生み出している。調査のプロセスにおいては，大きく揺れ動きつつも，客観的な立場に立つということも，リフレクシヴでありつづけるということも，避けて通ることは出来ず，自らが生産する知や認識のあり方（流儀）の特徴に対して持続的な注意を払うというかまえを保ちつつ，このエピステモロジーのジレンマのなかで生きていくしかない。

……こうして，**創造力**（**"臨場・臨床の智"**）という概念には複数の意味が組み込まれたものとなり，この認識のあり方が調査研究グループ内部にも組み込まれ，これまでの調査研究のプロセスそのもののなかにある多重性が顕在化した。この自らに対してもリフレクシヴな調査研究の実践を通じて，社会を認識するための調査研究の意義を鼓舞する多元的で双方的な性質の意義を再確認したのである。　（Melucci 2000c＝2014: 102–103）より

メルッチの思想の"背景"にあったメルロー＝ポンティは，「書物にあらわされた哲学は，人々に問いかけることを止めてしまいます。……われわれはソクラテスを思い出さなければならないのです」（Merleau-Ponty, 1953 et 1964＝1966：226）というかたちで，「問いかける」"智"を語った。私たちは，第1章から第6章に至る「フィールドワーク」のなかで，他者と自らの内に／間に，「多元的で双方的な」"臨場・臨床の智"が立ち上がり／形骸化する瞬間に出会った。

メルッチは，ミラノの自宅で声をかすれさせながら，しかし，身体の奥深くから出てくる吐息とともにこう私に言った。「この困難な時代を生きる私たちに

必要なのは，建物の最上階にいてすべてわかってしまうような『優秀さ』ではないよ。『高み』でなく，低い場所から始めて，謙虚に，慎ましく，自分の弱さと向き合い，おずおずと，失意のなかで，臆病に，汚れつつ，貧相に，平凡に，普通の言葉で，ゆっくりとした動きのなかで，“臨場・臨床の智”を私たちの身体に染みこませていこう。そのためには，私たちの存在のすべて，個性のすべて，身体のすべてを賭けて，具体的な生身の相手とかかわりをつくるしかないのだよ」と。

それゆえ，本書は，乱反射する生身のリフレクション――生身で「人々に問いかけ」，“旅をして，比較・対話し，ともに考え／自らうごいていく（viaggiare, comparare e pensare/agire）”という“思行（思い，志し，想いを馳せ，言葉にして，考えると同時に身体がうごいてしまっているという投企）”――について述べてきたことになる。

では，あらためて，“臨場・臨床の智”の工房は，「同時代」のなかで何をめざしているのか：

① 【価値言明】としては，社会的痛苦の縮減――痛苦の増大を抑止し，縮減にむけての“多系／多茎の可能性”を誘発する“うごき”を促すために，既存の枠組み（境界線）から，ぶれてはみ出す旅をして，比較・対話し，ともに考え／自らうごいていく（viaggiare, comparare e pensare/agire）：ここでは，真下の親友である市井三郎の「不条理な苦痛を軽減する」（市井 1971：148）という“かまえ（disposizione）”が大きな影響を与えている。

② 【理論と方法】の課題としては，社会的痛苦を生み出す同時代の根本的ジレンマを把握／認識することをめざす：ここでは，メルッチ，メルレルそれぞれとの間での“対話的なエラボレイション”が，「背骨」となっている。

③ 【感性的人間的営み（実践）】としては，部分的修正による「問題解決」でも，現状をただ全否定する「決意」主義でもなく，あるいはまた「責任／応答の放棄（“無関心（mancanza d'interesse/lack of interest, distacco/detachment, estraneo/extraneous）”）」でもなく，「答えなき問い」に対して

「新たな問い」を探すことで根本的な選択をし続ける（determinatio est negatio）。

「選択」を根本から分かつものとなるのは，他者の“固有の生の軌跡（roots and route of the inner planet）”への人間的な“関心（inter-esse）”“コミットメント（s'engager＝存在との契り）”，“わがこと，わたしのことがら（cause, causa, meine Sache）”への扉を開く力を持てるかである。そこでは，「損な役回り」になぜかまきこまれてしまう性向（“［鳴いて撃たれるキジのような］傷つきやすさ／攻撃されやすさ（vulnerability）”）が試される。

④　この【思考と行為（理論と実践）の切り結び】は，“臨場・臨床の智（cumscientia ex klinikós, living knowledge）”の“思行”として立ち現れる。その“智を身体化する（embedding/imprimere una “cumsientia” in corpus）”プロセスとしての対話・理解・交感（という相互承認）の“うごき”は，いかにして“創起する（emergenti）するのか。

⑤　【“臨場・臨床の智”】が立ち現れ，社会の“うごき”をつくる条件としては，「いびつ」な限界のある存在，“偏ったトタリティ（totalità parziale）”を持った人々が，“対話的にふりかえり交わり（facendo riflessione e riflessività）”，日々の営みのなか，余裕のないなかで自らふりかえり続ける，その営みを特定の他者との間で“交感／交換／交歓”し続けようとする。

⑥　「他者を理解しようとし続けることに絶望」（Melucci 1996＝2008：vii）しないという“かまえ（disposizione）”で，惑星社会の諸問題を引き受け／応答する“臨場・臨床の智”としての「新たな学（scienza nuova）」を構想する[14)]。

こうした理解は，『うごきの場に居合わせる』（新原 2016a）で紹介したようなフィールドでの体験に由来している。私たちの意識の“端／果て（punta estrema/finis mundi）”におかれてしまってきた“境界領域を生きるひと（gens in cunfinem）”の“限界状況の想像／創造力（immaginazione/creativita delle situazioni-limite）”，“異郷化（spaesamento）”とその“異境で生き抜く力（una capacità di vivere oltre i confini)"に，目を開き，耳をすまさねばと考えやってきた。しかし，"境界領域を生きるひと（gens in cunfinem)"や"受難者／受難民（homines patientes)"が「問題解決」の「答え」をくれるわけではない。

それでもなお，やり続けようとしているのは，学問的な投企としての"フィールドワーク（learning/unlearning in the field)"，"うごきの場［特定の空間が特定の瞬間に在る状態］(Field, Nascent moments, momenti nascenti)"に"居合わせる（ Being there by accident at the nascent moments in which critical events take place)"というデイリーワークである。しかしこれ自体が終着点となるわけではない。むくわれるかどうかはわからない。若く「将来を考えている」調査研究者にはあまりおすすめできないやり方かもしれない。

「いまそこまで，豪雨の後の濁流のように迫ってきている新たな汚辱の時代に，それでも人智は宿るのか」という「問いかけ」は，あくまで個人的な"固執観念（obsession, ossessione, obsessio)"ではないかと思ったこともあった。

しかし歴史がそこまで来ている。"受難者／受難民の子や孫たち"がまた"受難者／受難民（homines patientes)"となるという予感が強くある。「3.11」の時，手元には，自らの身体を串刺しにする"臨場・臨床の智"――父母の記憶や恩師の言葉しかなかった。

既にみえなくなって／させられてしまった過去の"瓦礫"，いまやその姿を頻繁に現し，いまここでそのことを考えようとしなければ必ずや全方位的に顕在化してしまう"瓦礫"の間に立って，生き続けようとすること。くりかえし，ここにもどり，ここから始めることから始め続けること。――すなわち，"臨場・臨床の智"の工房は，「同時代」に応答し，"かたちを変えつつうごいていく（changing form)"しかない。

"存在と契りを結ぶ（s'engager)"かたちでかかわりを持ったひとたちの「間」で起こりうる"メタモルフォーゼ"，"コーズ"のつらなりが，後からやって来ることを「祈り」つつ。師友たちの"臨場・臨床の智"を，遅れてやって来る"メタモルフォーゼ（変身・変異 change form / metamorfosi)"に賭けて，次の世代に"想いを／あきらめない気持ちを持ち続ける力（power of idea)"[15] をつなぎたい。

いまあらためて，工房の“固有の軌跡”をふりかえりつつ，そう考えている[16]。“拘束と絆”のなかで，表わし出さねばと想いつつ。

> 人間が思想を自分のものとしてもつとは，それによって生きることができるコーズ cause をもつことである。そのために精神の真底から笑い，喜び，怒り，憂え，悲しむことができるなにか普遍的なもの，なにかパブリックなものをもつことである。そのとき，歴史は精神の外側に己れを展開する眺めではなくなって，自己のうちなるコーズそのものにかかわる出来事となる。　　真下信一「受難の深みより——思想と歴史のかかわり」
>
> （真下 1980［1957］: 190）より

注

1）この訳文は，読書会の場で，真下先生より直接いただいたものを自ら理解し直したものである。

2）新原は，大学入学後すぐに，真下先生のもとで，ヘーゲルの『精神現象学』を「前口上（Vorrede）」から一文ずつ読み進めていくという読書会に参加させてもらった。真下先生が，研究者のみの読書会に，あまり「優秀」ではない学部生に声をかけてくださったのは，2.26 事件から開戦そして終戦にかけて「国士」として政治にかかわった祖父を持つことへの“良心（の呵責）／罪責の感覚（das böse Gewissen）”を持った若者への「思慮（caring）」があったのではないかといま想像する。1980 年代の若者が，1930 年代の限界状況の哲学にふれたことの意味については，稿をあらためて展開する予定である。

3）ここでの「つかむ／つかまれる」は，W. ベンヤミン（Walter Benjamin）の「過去を歴史的に関連づけることは，それを『もともとあったとおりに』認識することではない。危機の瞬間にひらめくような回想を捉えることである」（Benjamin 1974 = 1994 : 331）という言葉からの示唆である。

4）E. サイード（Edward Said）もまた，その著書『始まりの現象』のなかで，『新たな学（*Principj di Scienza nuova d'intorno alla comune natura delle nazioni*）』（初版 1725 年，二版 1730 年，三版 1744 年）（Vico 1994［1953（1744e 1730）］= 2007-2008）の著者 G. ヴィーコ（Giambattista Vico）と「対話」しつつ，「始まり（beginnings）」とは何か，それはいかなる「活動（activity）」「瞬間（moment）」「場所（place）」「心構え（frame of mind）」を持つものかについて考察している（Said 1975 = 1992 : xiv ページ）。

5）「軽装の旅支度の小さなカバンにつめる」という表現は，1980 年代イタリアのエコロジー平和運動を牽引したA. ランゲル（Alexander Langer）の「エコロジカルに持続可能な文明はいかにして望みうるのか？ “より速く，より高く，より強く”の代わりに，“よりゆっくりと，深く，やわらかく”」（Langer 2011：18）という言葉から示唆を受けている。メルレルの知己であったランゲルは，イタリア語，ドイツ語，ラディン語（アルプス山岳地帯ドロミーティで話される言語）の文化が共存する歴史地域——イタリア語ではトレンティーノ＝アルト・アディジェ自治州，ドイツ語では南ティロル自治州と呼ばれる土地の出身であった。亡くなる直前まで旧ユーゴスラビアの民族紛争へのコミットメントを続けた彼の発言は，エコロジー平和運動の担い手のみならず，ヨーロッパの内なる「先住民族的マイノリティ」（バスクやカタルーニャなど）や「言語的マイノリティ」（ラディン語やスロヴェニア語，サルデーニャ語など，国家言語とは異なる言語を話す人々）が暮らす諸地域の差異の権利を求める運動の担い手に，大きな影響を与えていた。1994年9月8-10日に故郷ボルツァーノ自治県の町ドッビアーコで開催された『エコロジカルな豊かさ』に関するシンポジウムでの報告で上記の言葉を発した後，「悲しまないでください。正しいことを続けていってください」と家族や友人に書き残して，1995年7月に自殺した。遺稿集には『軽やかな旅人』（Langer 2011）というタイトルが付された。

6）「湘南プロジェクト」をともにした「盟友」金迅野は，大学の制度をこえて師事していた藤田省三より，「この場所はかつて瓦礫の山だったんですよ。君たちには見えますか。未来の瓦礫が」という言葉を聴いたという。

7）中井のなかの「矛盾，断絶」と，「思想集団の継続性と断続性」については，（後藤 2006）などを参照されたい。

8）これらの試みと同時代の関係についての知識社会学的な考察は，稿をあらためて行いたいと考えている。

9）下記のE. サイードの言葉が念頭にあった：

> 虚飾と尊大な身振りよりも，自己に対する冷笑こそ似つかわしく，言葉を濁すことよりも，ずけずけものをいうことのほうが似つかわしい。しかし，そうなると，このような表象行為を続ける知識人には，やむをえないことながら，政府高官とは，お近づきになれないし，彼らから国家的な名誉を授かることもなくなる。これは，孤独なむくわれない生きざまといえばまさにそのとおりである。けれどもこれは長いものに巻かれろ式に現状の悲惨を黙認することにくらべたら，いつも，はるかにまともな生きかたなのである（Said 1994＝1998：23-24）。

10）ここでもまた，下記のE. サイードの言葉が念頭にあった：

> そもそも，権力とは縁のない状態のままで，嘆かわしい事象の一部始終をつぶさにみてとる現場証人となることは，けっして単調で退屈なことではないだろう。このようなことをするには，かつてミシェル・フーコーが『仮借なき探究』と呼んだものをおこなわねばならない。すなわち，オールターナティヴな可能性を垣間見せる材源を徹底して探しまわり，埋もれた記録を発掘

し，忘れられた（あるいは廃棄された）歴史を復活させねばならない。また，このようないとなみを成功させるには，劇的なもの，反抗的なものに敏感に反応するような感性を養い，ただでさえすくない発言の機会を最大限利用し，聴衆の注意を一身にひきつけ，機知とユーモア，それに論争術で敵対者を凌駕するよう心がけねばならない（ibid.: 23）。

11）　メルレルは，軍事政権下のブラジルを離れ，1969年に，ダカール・シェイク・アンタ・ディオプ大学（Université Cheikh Anta Diop de Dakar）の客員講師としてセネガルに向かった。

12）　メルッチは，彼の故郷リミニが空襲された1943年に生まれている。「爆死あるいは食糧難による餓死や病死があたりまえの時期をたまたま生き延びた。それ以来，私の命は，贈りものなのだという感覚をずっと持ってきた」と話したことがあった。

13）　2018年3月12日，ミラノのリナーテ空港からマルペンサ空港に移動する短い時間を利用して，メルッチ夫人のアンナと会っている。2016年に行われたメルッチを追悼するシンポジウムの記録をもらう。アンナを車で送ってくれたFさんは，アンナの元患者さんで，イタリアの整体（biodinamico del corpo）について学びつつある。アンナが教えるミラノ・カトリック大学の学生は，人間の心理や神経科学について，知覚や認知のメカニズムについて個別的な論点を学ぶことはしているが，いかに人間に対する人間的な対応を「個別科学」の枠を揺り動かしつつ変革していったバザリアやユングたちの存在すら知らないという。J. ガルトゥングが指摘していた歴史性と社会性を欠いた枠組み内の思考をすることでシステム化された社会のなかでの「居場所」を確保するという「流れ」がここでも現象している。ランペドゥーザで出会ったひとたちは，この「流れ」に対して抵抗しようとしていた。科学が提供する「問題解決」とは異なるかたちでの“人間の内面崩壊／人間の亀裂（degenerazione umana/spaccatura antropologica）”の問題への対面の仕方について，共通の感覚があることを感じつつ2時間ほど話す。メルッチの知識人としての運命でもあった「予言者故郷に入れられず（Nessuno è profeta in patria）」という側面についても話す。イタリアの社会学「界」には理解者がいないと感じ，日本に来ることが本人にとっても大きな意味があったのだという。この後も，メルッチの命日9月12日が近くなると，アンナと二人の娘それぞれとのやりとりを続けている。父と同じ病とともに生きるようになった長女はエコロジーについて，次女は舞踏を通じて，子育てをしながら，父親の“智”をつないでいきたいと言う。二人にとって，生前には十分わかろうとはしていなかった父の考えを，ぜひ伝えてほしいと繰り返し，この十数年を過ごしてきている。

14）　“交感／交換／交歓”による“拘束と絆（servitude humana, human bondage）”という“臨場・臨床の智”の先にある「学」として，“個々人の内なる社会変動（change form / metamorphose,　metamorfosi nell'interno degli individui corpolali ）”がその「社会（の精神の現象）の学」となり得るものを構想できないかと考えた。ヘーゲルの『大論理学』（Hegel 1986d［1812–1816］＝2002）との対比であれば，むしろ『精神現象学』(Hegel 1986a［1807,1832］= 1998)，イエナ期の『実在哲学』(Hegel 1986b［1801-1807］= 1999)，『小論理学』(Hegel 1986c［1830］= 1996）などのなかに息づいていた精神と社会（メルッチの言い方に変換するなら，「惑星社会と内なる惑星」を持ち，切れ目をつくることなど出来ない“地域社会／地域／地（region and community/territory/terra)”）の現象学である。惑星地球は，「定常開放系（槌田敦)」――外界との間でエネルギーや物質の循環・移転があるが，それらの流れが定常状態（steady state）を保ちつつ自己を維持し続けるような系――であり続けたはずだった。しかし，いまや人間の社会は，その生体／生態としての恒常性（homeostasis ）を突き崩し得るレベルでの介入をしてしまえる段階に達した。惑星社会の現象学は，この新たな前提のもとに構想されねばならない。

15） “想いを／あきらめない気持ちを持ち続ける力（power of idea)”は，E. サイードが，N. マンデラ（Nelson Mandela）を評した言葉である。サイードは，亡くなる年の 2003 年，白血病の身体を奮い立たせ，飛行機に乗ってニューヨークからカイロまでやって来た。死の間際に，言葉の届かない（あるいは届くことがきわめて困難な）相手に対して，それでもなお声を発しつづける心境とはどのようなものだろうか。彼はカイロでの講演を，マンデラに捧げる“想いを持ちつづける／あきらめない気持ちを持ち続ける力（power of idea)”という言葉で話を締めくくった：

> 現在の敵意と未来の和解について，マンデラは解放闘争に勝つために，軍事的には決して目標に到達できないとの確信を持っていた。道徳の優位性がその勝利の理由だった。『一人に一票』の平等の原則はふたつの要素なしには実現しない。ひとつは，マンデラのように，自分の『敵』に直接語りかけること。彼は，27 年間の投獄を決定したその法廷で，全国民にむかって語りかけました。『他者』に語りかけること，これは中東での『譲歩』を意味しません。自分なりの視点を守るための道徳的手段なのです。『他者』を理解するには，彼らの文化・社会・歴史への深い理解が必要です。そして二つ目の要素は，組織的にたたかうことです。」「“想いを／あきらめない気持ちを持ち続ける力（power of idea)”は決して破壊することはできない。それは，平等，共存，持続可能な生活（*equality, coexistence, sustainable life*）という理念の力です。過去に夢を見出す幻想（*illusion*）はだめです。現在こそがわれわれの戦場です。そして最大の武器は智識（*knowledge*）なのです（BS プライムタイム「サイード 21 世紀の対話　イラク戦争を語る」 2003 年 4 月 26 日 BS1 より，英語は一部独自の訳を採用している)。

そして亡くなる間際，娘に，「闘い続けなさい，仲間内のささいな食い違いなど乗り越えて，ひたすら書いたり演じたりを，休むことなく続けていくんだ」という言葉を遺した。

16） 『うごきの場に居合わせる』（新原 2016a）の「聴け！プロジェクト」のキーパーソンであり，本書の第 6 章でも重要な役割を果たすヤマは，「聴け！プロジェクト」「湘南プロジェクト」の「その後」を生きるなかで，金迅野と以下のようなやりとりをしている：

ヤマより金迅野へ（2009.04.05）

……今自分は，企業戦士として生きています。ちょっと前の自分が見たら，同じ黒いスーツをきて出勤してる人たちをアリンコとか言ってました。今自分は多文化共生を考える……から少し離れたところにいます。

若い連中を見ていると，ちょっと前までいつも身近にいた連中とKtさんのことが頭に浮かびました。

「人間らしく」，「自分らしく」，あの時は必死に考えていました。悪い道に行く彼等，報われない彼等はどうしたら……と，ただ考えて，考えていました。

会社に入ってみて，「人間らしく」，「自分らしく」を考えることすら，難しくほとんどの人は組織の中で，YESマンとして，自分のプライドとこころを殺し，人間からアリンコになってしまいます。

前はそんな人たちをみて，違和感があり卑怯者と思ってました。しかし生きてく為の一つの技術であり，子供や家庭を守る為の手段でもあるのかな……と

でもやっぱり，そんなのおかしいんです。この国がおかしいのか，それとも人間がおかしいのか，きっとどこでも，いつの時代も納得のいかない矛盾はあるけど，「しょうがない」，でいいのか？　そんなおかしい時代の中，「人間らしく」，「自分らしく」，生きていくために，どうしたらよいのか？　自分自身，一応社会人？になり，余計わからなくなりました。

若い連中のラップの詩の内容は，「人間らしく」，「自分らしく」生きたい，そのための居場所を探す！という彼の心中だと受け取りました。俺の周りにいた連中もうまく表現はできなかったけど，きっと同じでした。

もしかするともう諦めてしまった奴もいるかもしれません。これから先，不景気の影響で，彼らの生活は真っ先に影響を受け，今よりきつい状況になると思います。

別に外国人に限ってのことではないし，敢えて限定してはいけないけど，「人間らしく」，「自分らしく」，生きてこうと必死にあがく連中が，自分も含めですが，変わるのをただじっと待つのではなく，変えなきゃいけないなと思ってます。

自分も，微力かもしれませんが，自分の今のフィールド内でアクションを起こします。

「湘南プロジェクト」を“ともに（共に／伴って／友として）”した中村寛との間では，「うごきの場での対話的なエラボレイション」（新原・中村　2016）と題して，「言葉の地図」を作成してきた。その後，阪口たちは，自らの理解の「地図」を“描き遺し”，手作りで作成した「辞書」や「手引き」を後輩に託している。きっと自分には見えていない場で，気付かぬうちに，いくつもの“多系／多茎の可能性“”が“創起するうごき（movimenti emergenti）”を始めていると達観している。

引用・参考文献

Benjamin, Walter, 1974, "Über den Begriff der Geschichte", in *Walter Benjamin Abhandlungen. Band I·2.,* Frankfurt: Suhrkamp.（= 1994, 野村修編訳「歴史の概念について」『ボードレール　他五編』岩波書店）Cf. 今村仁司, 2000『「歴史哲学テーゼ」精読』岩波書店。

古城利明, 2014「再び“境界領域”のフィールドワークから“惑星社会の諸問題へ”」新原道信編『“境界領域”のフィールドワーク――惑星社会の諸問題に応答するために』中央大学出版部。

後藤嘉宏, 2006「中井正一と思想の科学研究会に関する研究序説――思想集団の継続性と断続性に着目して」『コミュニケーション科学』24巻。

Hegel, Georg Wilhelm Friedrich, 1986a［1807,1832］, *Phänomenologie des Geistes*, Frankfurt am Main: Suhrkamp.（= 1998, 長谷川宏訳『精神現象学』作品社）

———, 1986b［1803-1804, 1805-1806］, *Jenaer Schriften 1801-1807*, Frankfurt am Main: Suhrkamp.［Gesammelte Werke, Bd.6（1975）und Bd.8（1976）, Hamburg: Felix Meiner.］（= 1999, 山崎純・加藤尚武・座小田豊・栗原隆・滝口清栄訳『イェーナ体系構想――精神哲学草稿 I（1803-04年）：精神哲学草稿 II（1805-06年）』法政大学出版局）

———, 1986c［1830］, *Enzyklopädie der philosophischen wissenschaften Ⅰ Ⅱ Ⅲ*, Frankfurt am Main: Suhrkamp.（= 1996, 真下信一・宮本十蔵訳『小論理学』岩波書店）

———, 1986d［1812-1816］, *Wissenschaft der Logik Ⅰ Ⅱ*, Frankfurt am Main: Suhrkamp.（= 2002, 武市健人訳『大論理学』岩波書店）

古在由重, 1971「座談会　唯物論研究会の活動」『現代と思想』第3号。

市井三郎, 1971『歴史の進歩とはなにか』岩波書店。

Langer, Alexander, 2011, a cura di Edi Rabini e Adriano Sofri, *Il viaggiatore leggero: Scritti 1961-1995*, Palermo: Sellerio.

真下信一, 1980［1934］「『美・批評』に就て――再刊の辞」『真下信一著作集5　歴史と証言』青木書店。

———, 1980［1957］「受難の深みより――思想と歴史のかかわり」『真下信一著作集5 歴史と証言』青木書店。

Melucci, Alberto, 1996, *The Playing Self: Person and Meaning in the Planetary Society*, New York: Cambridge University Press.（= 2008, 新原道信他訳『プレイング・セルフ――惑星社会における人間と意味』ハーベスト社）

———, 1998, *Verso una sociologia riflessiva: Ricerca qualitativa e cultura*, Bologna: Il Mulino.

———, 2000a, "Sociology of Listening, Listening to Sociology".（= 2001, 新原道信訳「聴くことの社会学」地域社会学会編『市民と地域――自己決定・協働, その主体　地域社会学会年報13』ハーベスト社）

———, 2000b, "Homines patientes. Sociological Explorations (Homines patientes. Esplorazione sociologica)", presso l'Università Hitotsubashi di Tokyo.（= 2010, 新原道信「A. メルッチの "境界領域の社会学" ——2000 年 5 月日本での講演と 2008 年 10 月ミラノでの追悼シンポジウムより」『中央大学文学部紀要』社会学・社会情報学 20 号（通巻 233 号）にて訳出）

———, 2000c, "Verso una ricerca riflessiva", registrato nel 15 maggio 2000 a Yokohama.（= 2014, 新原道信訳「リフレクシヴな調査研究にむけて」新原道信編『"境界領域" のフィールドワーク——惑星社会の諸問題に応答するために』中央大学出版部）

———, 2002, *Mongolfiere*, Milano: Archinto.

Merleau-Ponty, Maurice, 1953 et 1964, *L'œil et l'esprit*, Paris: Gallimard.（= 1966, 滝浦静雄・木田元訳『眼と精神』みすず書房）

Merler, Alberto (e gli altri), 1982, *Lo sviluppo che si doveva fermare*. Pisa-Sassari: ETSIniziative Culturali.

———, (e G. Mondardini), 1987, "Rientro emigrati: il caso della Sardegna", in *Antropos*, n. 18.

———, 1988, *Politiche sociali e sviluppo composito,* Sassari: Iniziative Culturali.

———, 1989,"Tre idee-forza da rivedere: futuro, sviluppo, insularità", in *Quaderni bolotanesi,* n.15.

———, 1990, "Insularità. Declinazioni di un sostantivo", in *Quaderni bolotanesi,* n.16.

———, 1991, "Autonomia e insularità. La pratica dell'autonomia, vissuta in Sardegna e in altre isole", in *Quaderni bolotanesi,* n.17.

———, (e M. L. Piga), 1996, *Regolazione sociale. Insularità. Percorsi di sviluppo,* Cagliari: Edes.

———, (con G.Giorio e F. Lazzari, a cura di), 1999, *Dal macro al micro. Percorsi socio-comunitari e processi di socializzazione,* Verona:CEDAM.

———, 2003a, *Realtà composite e isole socio-culturali: Il ruolo delle minoranze linguistiche*.（= 2004, 新原道信訳「"マイノリティ" のヨーロッパ—— "社会文化的な島々" は, "混交, 混成し, 重合" する」永岑三千輝・廣田功編『ヨーロッパ統合の社会史』日本経済評論社）

———, (con M. Cocco e M. L. Piga), 2003b, *Il fare delle imprese solodali. Raporto SIS sull'economia sociale in Sardegna*. Milano: Franco Angeli.

———, 2004, *Mobilidade humana e formação do novo povo / L'azione comunitaria dell'io composito nelle realtà europee: Possibili conclusioni eterodosse*.（= 2006, 新原道信訳「世界の移動と定住の諸過程——移動の複合性・重合性から見たヨーロッパの社会的空間の再構成」新原道信他編『地域社会学講座 第 2 巻 グローバリゼーション／ポスト・モダンと地域社会』東信堂）

———, (and A. Vargiu), 2008, "On the diversity of actors involved in

community-based participatory action research", in *Community-University Partnerships: Connecting for Change*: proceedings of the 3rd International Community-University Exposition (CUexpo 2008), May 4-7, 2008, Victoria, Canada. Victoria, University of Victoria.
———, (e M. Niihara), 2011a, "Terre e mari di confine. Una guida per viaggiare e comparare la Sardegna e il Giappone con altre isole", in *Quaderni Bolotanesi*, n.37. (= 2014, 新原道信訳「海と陸の“境界領域”——日本とサルデーニャを始めとした島々のつらなりから世界を見る」新原道信編『“境界領域”のフィールドワーク——惑星社会の諸問題に応答するために』中央大学出版部)
———, (e M. Niihara), 2011b, "Le migrazioni giapponesi ripetute in America Latina", in *Visioni Latino Americane*, Rivista semestrale del Centro Studi per l'America Latina, Anno III, Numero 5.
———, (a cura di), 2011c, *Altri scenari. Verso il distretto dell'economia sociale*, Milano: Franco Angeli.
中井正一, 2003『中井正一エッセンス』(鈴木正編・解説) こぶし書房。
中村雄二郎, 1992『臨床の知とは何か』岩波書店。
新原道信, 1998「境界領域の思想——『辺境』のイタリア知識人論ノート」『現代思想』vol.263。
———, 2000「〈書評〉奥田道大著『都市社会学の眼』を読む」『地域開発』通巻 432 号。
———, 2001「“内なる異文化”への臨床社会学——臨床の“智”を身につけた社会のオペレーターのために」野口裕二・大沼英昭編『臨床社会学の実践』有斐閣。
———, 2002「旅」永井均他編『事典　哲学の木』講談社。
———, 2003a「ヘテロトピアの沖縄」西成彦・原毅彦編『複数の沖縄　ディアスポラから希望へ』人文書院。
———, 2003b「〈書評〉“奥田山脈”渡戸一郎・広田康生・田嶋淳子編著『都市的世界／コミュニティ／エスニシティ——ポストメトロポリス期の都市エスノグラフィ集成』明石書店 , 2003 年」『地域開発』通巻 468 号。
———, 2004「生という不治の病を生きるひと・聴くことの社会学・未発の社会運動—— A・メルッチの未発の社会理論」東北社会学研究会『社会学研究』第 76 号。
———, 2007a『境界領域への旅——岬からの社会学的探求』大月書店。
———, 2007b『未発の「第二次関東大震災・朝鮮人虐殺」の予見をめぐる調査研究』科学研究費基盤研究 (C) 研究成果報告書 (研究代表者・新原道信)。
———, 2009a「変化に対する責任と応答を自ら引き受ける自由をめぐって——古城利明と A. メルッチの問題提起に即して」『法学新報』第 115 巻, 第 9・10 号。
———, 2009b,「境界領域のヨーロッパを考える——移動と定住の諸過程に関する領域横断的な調査研究を通じて」『横浜市大論叢』人文科学系列 60 巻, 第 3 号。
———, 2010「A. メルッチの“境界領域の社会学”——2000 年 5 月日本での講演と 2008 年 10 月ミラノでの追悼シンポジウムより」『中央大学文学部紀要』社会学・

社会情報学 20 号（通巻 233 号）。
———, 2012「現在を生きる『名代』の声を聴く——“移動民の子供たち”がつくる“臨場／臨床の智”」『中央大学文学部紀要』社会学・社会情報学 22 号（通巻 243 号）。
———, 2013a「“惑星社会の諸問題”に応答するための“探究／探求型社会調査”——『3.11 以降』の持続可能な社会の構築に向けて」『中央大学文学部紀要』社会学・社会情報学 23 号（通巻 248 号）。
———, 2013b「“境界領域”のフィールドワーク（3）——生存の場としての地域社会にむけて」『中央大学社会科学研究所年報』17 号。
———, 2014a『“境界領域”のフィールドワーク——惑星社会の諸問題に応答するために』中央大学出版部。
———, 2014b「“境界領域”のフィールドワーク”から“惑星社会の諸問題”を考える」新原道信編『“境界領域”のフィールドワーク——惑星社会の諸問題に応答するために』中央大学出版部。
———, 2014c「A. メルッチの『限界を受け容れる自由』とともに——3.11 以降の惑星社会の諸問題への社会学的探求（1）」『中央大学文学部紀要』社会学・社会情報学 24 号（通巻 253 号）。
———, 2015a「『3.11 以降』の惑星社会の諸問題を引き受け／応答する“限界状況の想像／創造力”——矢澤修次郎，A. メルッチ，J. ガルトゥング，古城利明の問題提起に即して」『成城社会イノベーション研究』第 10 巻第 1 号。
———, 2015b「“未発の状態／未発の社会運動”をとらえるために——3.11 以降の惑星社会の諸問題への社会学的探求（2）」『中央大学文学部紀要』社会学・社会情報学 25 号（通巻 258 号）。
———, 2015c「“受難の深みからの対話”に向かって——3.11 以降の惑星社会の諸問題に応答するために（2）」『中央大学社会科学研究所年報』19 号。
———, 2015d「“交感／交換／交歓”のゆくえ——「3.11 以降」の“惑星社会”を生きるために」似田貝香門・吉原直樹編『震災と市民　第 II 巻　支援とケア：こころ自律と平安をめざして』東京大学出版会。
———, 2016a『うごきの場に居合わせる——公営団地におけるリフレクシヴな調査研究』中央大学出版部。
———, 2016b「惑星社会のフィールドワークにむけてのリフレクシヴな調査研究」新原道信編『うごきの場に居合わせる——公営団地におけるリフレクシヴな調査研究』中央大学出版部。
———, 2016c「乱反射するリフレクション——実はそこに生まれつつあった創造力」新原道信編『うごきの場に居合わせる——公営団地におけるリフレクシヴな調査研究』中央大学出版部。
———, 2016d「『うごきの場に居合わせる』再考——3.11 以降の惑星社会の諸問題に応答するために（3）」『中央大学社会科学研究所年報』20 号。
———, 2016e「A. メルッチの“未発の社会運動”論をめぐって——3.11 以降の惑星社

会の諸問題への社会学的探求（3）」『中央大学文学部紀要』社会学・社会情報学26号（通巻263号）。
———, 2016f「サッサリ」他，サルデーニャに関するすべての項目（56項目）竹内啓一・手塚章・中村泰三・山本健兒編『世界地名大事典　ヨーロッパ・ロシアⅠⅡⅢ』朝倉書店。
———, 2017a「A. メルレルの"社会文化的な島々"から世界をみる試み——"境界領域の智"への社会学的探求（1）」『中央大学文学部紀要』社会学・社会情報学27号（通巻268号）。
———, 2017b「"うごきの比較学"にむけて——惑星社会の"臨場・臨床の智"への社会学的探求（1）」『中央大学社会科学研究所年報』21号。
———, 2017c「A. メルッチの"未発のリフレクション"——痛むひとの"臨場・臨床の智"と"限界状況の想像／創造力"」矢澤修次郎編『再帰的＝自己反省の社会学』東信堂。
———, 2017d「社会学的介入」「未発の社会運動」日本社会学会理論応用事典刊行委員会編『社会学理論応用事典』丸善出版。
———, 2018「"うごきの比較学"から見た国境地域——惑星社会の"臨場・臨床の智"への社会学的探求（2）」『中央大学社会科学研究所年報』22号。
新原道信・中村寛，2016「うごきの場での対話的エラボレイション」新原道信編『うごきの場に居合わせる——公営団地におけるリフレクシブな調査研究』中央大学出版部。
Niihara, Michinobu, 2003a, "Homines patientes e sociologia dell'ascolto," in Luisa Leonini (a cura di), *Identità e movimenti sociali in una società planetaria: In ricordo di Alberto Melucci*, Milano: Guerini.
———, 2003b, "Il corpo silenzioso: Vedere il mondo dall'interiorità del corpo," in Luisa Leonini (a cura di), *Identità e movimenti sociali in una società planetaria: In ricordo di Alberto Melucci*, Milano: Guerini.
———, 2008, "Alberto Melucci: confini, passaggi, metamorfosi nel pianeta uomo," nel convegno: *A partire da Alberto Melucci ...l'invenzione del presente*, Milano, il 9 ottobre 2008, Sezione Vita Quotidiana- Associazione Italiana di Sociologia, Dipartimento di Studi sociali e politici- Università degli Studi di Milano e Dipartimento di Sociologia e Ricerca Sociale- Università Bicocca di Milano.
Said, Edward W., *Beginnings: intention and method*, New York: Basic Books, 1975.（＝1992, 山形和美・小林昌夫訳『始まりの現象——意図と方法』法政大学出版局）
———, 1994, *Representations of the Intellectual: The 1993 Reith Lectures, London:Vintage*.（＝1998，大橋洋一訳『知識人とは何か』平凡社）
鶴見和子・市井三郎，1974『思想の冒険——社会と変化の新しいパラダイム』筑摩書房。

Vico, Giambattista, 1994 [1953 (1744 e 1730)], *Principj di Scienza nuova d'intorno alla comune natura delle nazioni: ristampa anastatica dell'edizione Napoli 1744*, a cura di Marco Veneziani (Lessico intellettuale europeo, 62), Firenze: Leo S. Olschki. [1953, *La scienza nuova seconda: giusta l'edizione del 1744, con le varianti dell'edizione del 1730, e di due redazioni intermedie inedite*, a cura di Fausto Nicolini, Bari: Laterza.]（＝2007-2008, 上村忠男訳『新しい学 1-3』法政大学出版局）

矢澤修次郎, 2006「身体化された社会学のために――大学と都市空間の知識化にむけて」新原道信・奥山眞知・伊藤守編『地球情報社会と社会運動　同時代のリフレクシブ・ソシオロジー』ハーベスト社。

吉野源三郎, 1974『同時代のこと――ヴェトナム戦争を忘れるな』岩波書店。

むすびにかえて

本書は３部構成・序章を含めて全８章で構成される著書である。

きわめて乱暴に本書の構成を記すと，新原道信による「序章　何をめざし，何を試みたのか――惑星社会と“臨場・臨床の智”――」が記されたのち，第Ⅰ部「“国境地域／境界領域”をめぐるフィールドワーク」が置かれる。イタリアと日本の国境島嶼の現実から思考する第Ⅰ部は，鈴木鉄忠「第１章　国境島嶼における平和裏の戦争状態――「同時代のこと」に応答する石垣島の反基地運動――」と新原道信「第２章　イタリアの“国境地域／境界領域”から惑星社会を見る――ランペドゥーザとサンタ・マリア・ディ・ピサの“臨場・臨床の智”――」から成る。

次ぐ，立川団地プロジェクトの社会的／社会学的実践について記述した第Ⅱ部「都市公営団地をめぐるフィールドワーク／デイリーワーク」は，阪口毅「第３章　立川プロジェクトの始動――新たな「契約」の行方――」，大谷晃「第４章　立川プロジェクトの展開――立川団地での「問い」の深化――」，鈴木将平「第５章　立川プロジェクトからの展開――戦時下の昭島市域における「八清住宅」と人々の移住――」の３本から成立する。最後の，湘南プロジェクトとそこから紡ぎ出された思考について言及する第Ⅲ部「乱反射する生身のリフレクション」は，中里佳苗「第６章　吹き溜まりの不定根――「その後」の湘南プロジェクト――」と新原道信「第７章「同時代のこと」に応答する“臨場・臨床の智”――かたちを変えつつうごいていく“智”の工房――」によってまとめられたものである。

本書の詳細は「まえがき」「あとがき」「序章」にて新原道信が詳述しているため，ここで改めて言及する必要はない。どのような歴史的・時代的・思想的文脈のもとで本書が成立し，本書がいかなる認識論と方法論に立脚しているかも丁寧に述べられている。私から新たに加えるべきことは何一つない。いずれの言及も理論的にも論理的にも妥当でありながら，幾重にも挑戦的な思考的・

社会実践的な試みになっている。また，各章の意図も企てもきわめて刺激的なものであり，いずれの問いと結論も納得できるものである。その醍醐味は直接読んでいただくほかないと思う。ぜひ丁寧に何度も反復して熟読されたい。

私がここで記しておきたいのは本書で記されていない以下の２点だ。これは本書の企てがどのような学問的・思想的・社会的言説の配置の中で位置しているかにかかわることだ。私は本書の刊行を可能にした新原道信を中心とする研究プロジェクトにかかわりながらも，時間的制約等から当該研究プロジェクトに強くコミットメントすることが困難であったがゆえに，本書がどのような言説的位置のもとで生まれ出でようとしているのか（nascent）を――各章の執筆者たちとは違った視点で――少しばかり語ることができるかと思う。もちろん，こうした「本書の学問的・思想的・社会的位置」をめぐる社会学的診断は別の大きな仕事にならざるを得ないため，以下ではそのことをめぐって生じる「読み手の困難／読み方の困難」に関してのみごく簡単に触れておきたい。

第一に，間違いなく本書は「読み手」を選ぶ本だ。序章にて「本書では，“臨場・臨床の智”の工房の展開についてふりかえることを通じて，惑星社会が抱えるジレンマと限界を凝視し，しかしながらそのような場所において見いだすべき“多系／多茎の可能性（le vie possibili verso i vari sistemi, the possible routes to the various systems）”を模索したいと考えている。本書はまた，「後からやって来る人たち」が〈調査研究／教育／大学と地域の協業〉を“ともに（共に，伴って，友として）創ることを始める”ための参考資料の提供を眼目としている」（3頁）と記されている通り，複数的・複層的な文脈から本書は設定されているがために，読者がその複数的・複層的文脈を意識的に位置づけながらテクストを読むしかない構造になっている。

したがって，本書を読むのは楽ではない。ある意味では，大変な労苦を強いられるし，大変な悦楽を運んでくれる。本書の土台・足場（base）と基点・起点（anchor points）は「社会的発明」と「社会のオペレーター」の社会的・社会学的思想に由来するとしても，各章の「調査研究」のテーマや調査設計もまた複数的・複層的な文脈のもとに置かれているし，それぞれの研究が遂行された「教育空間」もまた多層的・重層的な文脈のもとで展開されてきており，更には湘南プロジェクトや立川プロジェクトなどの「研究プロジェクト」もきわめて複雑な輻輳する文脈のもとで結実したものだ。その意味では，「多系／多茎の可能性」としか言いようがないにしても，読者がその一つ一つを読み解くのは容易ではない。

したがって，本書の企てが挑戦的であることは認めるものの，いずれの文脈に応じて本書を位置づけるかによってその評価は容易に変化するものであるからして，その評価は一義的なものを許さないであろう。文字通り，「読み手」を選ぶ本なのだ。「読み手」は，言うまでもなく，本書の「読み手」としてのみならず，この惑星社会の，この歴史・時代の只中での，その現実に対する私たちの応答／責任に対する「読み手」として逆に評価されることになる。したがって，本書は容易な読み方を決して許さないものだ。だから，本書は簡単に「消費」されるものではないし，簡単に「評価」されるものでもない。

第二に，本書は「読み手」を選ぶだけではなく，「読み方」をも選んでしまうものだ。実際，本書は各章を単体として読むことを許さない。本書は全体を読み込んではじめて読書を可能たらしめる。本書が指し示すように，まさにフィールドに分け入って研究調査する人間の「生を最大限生かし生ききること，存在と契り続けること」がまさに惑星社会のフィールドワーク／デイリーワークであり，それらを構想する“臨場・臨床の智”の工房をも構想していくという意味で，研究者の根っこ（roots）と生き方（routes）が研究それ自体に賭けられており，その研究は生存を可能とする地域社会それ自体によって可能となっている。だから，各章の「問い」と「結論」と「論証プロセス」を読み込んで「一丁上がり」とはならない。難儀な読み方を強いられるのだ。それは確かにしんどいことではあるが，私たちの生が，いま・まだここにない「未発のコミュニティ（nascent community）」を構想することの醍醐味を教えてくれる。研究とはどのように自らのギリギリの生存を賭けたものであるかを教えてくれる。

今どき珍しい硬派で難儀な本であるが，私たちは本書によっていまだここにはない世界を感受することができると同時に，私たちがいままさにここにこそ寄って立つ世界を感得させてくれる本でもある。

2018年12月20日

天田城介

あとがき

——ささやかな「“思行”の冒険」として——

人類は，地球に住むことの責任／応答力，そして種を破滅に導くような生産物に対して，絶対に侵犯してはならぬ境界を定めるという責任／応答力を引き受けねばならない。人間の文化は，存在しているものは何であれ，**ただ存在するという理由のみによって静かに尊重されるようなテリトリー**を，今一度確保すべきである。どのような人間社会も，そのような領域をそれぞれ独自の仕方で認めてきた。今や，自らを創造する力と破壊する力をも獲得した社会は，そのようなテリトリーを自ら定義し直さなければならない。惑星地球における生は，もはや神の秩序によって保証されてはいない。今やそれは，私たちすべての脆く心許ない手に委ねられているのだ。

A. メルッチ「地球に住む」『プレイング・セルフ——惑星社会における人間と意味』
（Melucci 1996 = 2008：176-177）

私たちは，地球規模の複合的諸問題に応答する“臨場・臨床の智”——惑星地球をひとつの海として，社会をそのなかに浮かぶ島々として体感するような“智”——を，いかにして紡ぎ出すのか。地球の，他の生き物の，他の人間の“不協の悲鳴（le grida disfoniche）”，同時多発的に継続的に，表面上の「調和」「安定」を揺りうごかす叫び声を感知することを，いかにして可能とするのか。そのための「工房」とは，いかなるものか。コミュニティ研究やフィールドワークに出来ることはあるのか。“惑星社会／内なる惑星のフィールドワーク（Exploring the Planetary Society/Inner Planet）”は，いかにして可能か，その条件は？

2018年9月から12月にかけて，いつも以上に忙しかった。大学でも自宅でも，常に飛び込んでくる様々な「事件」に応答しながら，本書を作成していた。「余裕のなさ」で，あたふたしているときはいつも，網野善彦先生から口伝てで教えていただいた「宮本さん」のことを想い起こす。私の哲学の師・真下信一先生と同年代ながら，アカデミアの外に居続けた宮本常一は，「祖父の昔話で育ち，父の教えによって歩いたひと／生身の一人一人の人間を大事にして，その『一期一会』を相手がずっと記憶しつづけるようなひと／『舞台』の中央からでなく，片隅にいて，ゆっくりとやわらかくものを見るひと／一人の目で日本全体を見るという気持ちで，村という村，島という島を歩いたひと／村の古老の話を聴きながら，旅先の宿で，移動中の列車のなか，いつも，『余裕のない』状態で，そのときの状況・条件にしばられつつ，もっとも大切なことだけを書き遺そうとしつづけたひと」（新原 2011：159）だった。私にとっては，真下先生の「思考」と宮本常一の「踏査・渉猟」という二つの“探究／探求（esplorando, exploring）”の在り方／生き方は，二・二六事件から戦中ずっと「国士」として活動した祖父とは異なる生き方への扉を開いてくれるものだった。この「思考」と「踏査・渉猟」の対位法がずっと身体にあった。

本書は，『思想の冒険』（鶴見・市井 1974）へのオマージュ（捧げ物）としての，「“思行”の冒険」である。“思行（facendo cumscientia ex klinikós, pensare/agire, thinking/acting）”とは，思い，志し，想いを馳せ，言葉にして，考えると同時に身体がうごいてしまっているという投企であるが，“生身の現実（cruda realtà, crude reality）”のなかでは，オロオロ，ズルズルと歩みつつ，日々を生きるしかない。たとえば，H. アーレント（Hannah Arendt）が，『精神の生活』で活写したソクラテスのように：

> ソクラテスがやったことの意味は行為そのものにある。……思考するということと十全に生きていることは同じであり，それゆえ思考は常にあらたに始まらなければならないものである。……意味を求める「探究」と私が呼んだものは，ソクラテスの言い方では愛である。……持っていないものを欲求することによって，愛は目の前にないものとの関係を作り上げる。（Arendt 1978＝1994：206-207）[1]

「路上で生きた智者」「古代ギリシアのフィールドワーカー」「いくにんもの生身の“ソクラテス”」というかたちで，ソクラテスについて書いたことがある（新原 2007：187-195）。路上に佇み，困難な日々をそれでも生きていくソクラテスは，「思考」と「踏査・渉猟」の対位的な“思行”をする。このような生き方は，ひとを「立ち止ま」らせ，不安にさせるものだというのは，アーレントの言うとおりかもしれない：

思考は二重の意味で麻痺症状を引き起こす。まずそれは本質的に立ち止まって考えること，他のすべての活動の中断なのである。……そしてさらに思考は人を呆然とさせるような後遺症をもたらすのであって，それにかかると，それまで何も考えずに行動していたときには疑いの余地がなさそうだったことに対して確信が持てないようになる。……ソクラテスのとりまきの中には，アルキビアデスやクリティアスのような人間がいた――しかし，彼らとていわゆる弟子連中のなかで最悪でないのはたしかだ。彼らはポリスを現実に脅かす存在になるのだが，それはしびれエイによって麻痺させられたからではなく，それどころか，あぶによって目を覚まされたからなのである。目覚めていきついた先は放縦とシニシズムだった。**彼らは，何かを教え込まれることなしに自分で考えるということで満足しないので，ソクラテス的な思考吟味が結果をもたらさないということを否定的な結果にすりかえたのである。** (ibid.: 204)

1994年から1995年にかけて，イタリアでFOISTのメンバーたちと，〈あるき・みて・きいて・しらべ・ふりかえり・ともに考え・かく〉という営みをともにした後，EUの教員・学生の交換プログラムが，エラスムス計画からソクラテス計画へと変わろうとした時期に，「いくにんもの生身の“ソクラテス”」について，以下のように“描き遺し”た：

今回の滞在で親しくなった20代から50代のエラスムスたち――マリアガブリエラ，ソーニャ，ロミーナ，キッカ，シルビア，グラッツィア，リナルド，ステファノ，ルーチョ，レナート，アンドレア，ブリッタ，スザンヌ，ローラ，カロル，これらエラスムスたちは，エラスムス計画がソクラテス計画へと名前を変えるからという訳ではないのですが，いわば未来のソクラテスだと思います。彼らの異文化体験が

> 醸成期間を経て，自らの内なる境界領域とそれにもかかわらずなんらかのまとまりをもっている複合的身体としての自分を再発見するきっかけを与えるでしょう。そしてかれらは，自分の中にある「いながらの“移動民（homo movens）”」に気がつくことでしょう。何も所有しないし，何物にもとらわれないソクラテスは，人間存在の不確かさとただ在ることの意味の双方を体現していたひとという意味で，まさにホモ・モーベンスだと思います。エラスムスたちの一人一人が未来のソクラテスたらんことを!!（新原 1997：217-218）

後に「社会のオペレーター」や大学人となった彼ら／彼女とは，その後も，日本とイタリア（あるいはドイツや，スペイン，スウェーデン），それぞれ異なる場所で，“ともに（共に／伴って／友として）”，それぞれに，「“思行”の冒険」をしてきた。時折，再会したときは，先を急ぐ社会（società rapida）のなかで，〈よりゆっくりと，やわらかく，深く，耳をすましてきき，勇気をもって，たすけあう（lentius, suavius, profundius, audire, audere, adiuvare)〉という生き方にともなう困難について言葉と気持ちを交わした（第2章では，こうした再会の場面の一つを紹介した）。

それぞれの「“思行”の冒険」は，“多系／多茎の可能性（le vie possibili verso i vari sistemi, the possible routes to the various systems)”を持つかたちでいまも展開している。しかしその異質性と多系／多茎性のなかで共有されていたのは，ひとつの“場”――冒頭のメルッチの言葉で言えば，人々（とりわけ，“惑星社会の諸問題の“受難者／受難民”）が，「ただ存在するという理由のみによって静かに尊重されるようなテリトリー」という「持っていないもの」――への欲求であったと思う。

メルッチは，「地政学的なブロックの間に依然として残っている亀裂，北と南との間のほとんど連結不可能なほどの裂け目，剥奪された人びとの間で鬱積している怒りの凄まじさ」を認めつつも，現在を生きる人間の“責任／応答力”による新たな視角，人類という「種の新しい文化」にまで考えを広げ，深めようとしていた（Melucci 1996 = 2008：176）。FOIST/INTHUM，そして“臨場・臨床の智”の工房という投企は，“衝突・混交・混成・重合”のなかで，和解しえないものへの理解に絶望せずに，異質性を含み混んだ，地球規模のコミュニティを願望し，複数の目でみて複数の声を聴き，複数のやり方で社会を構想し企図することだったかもしれない。

自らのかたわら，そしてなによりも自らの身体の基底に現れたる亀裂，抑圧移譲，腐臭，死臭を，その内奥から嗅ぎとり，自らを撃ち抜く弾丸をもって世界をウンウン押すという道行きに，日本で出会った若いひとたちが，加わってきてくれるようになってから，20年以上が経った。それゆえ本書は，これまでの若い研究仲間に，そして後からやって来るひとたちに向けてのオマージュ（捧げ物）として，その活動の意味と構造，“舞台裏（retroscena）”を伝えるためのものである[2)]。

2018年12月8日には，中央大学社会科学研究所主催の学術シンポジウム「地球社会の複合的諸問題への応答」において，いま現象しているグローバル社会に対して，「私たちは，地球をひとつの海，社会をいくつもの島々としてとらえることができるか」という議論をした。その翌日の12月9日には，長年のつきあいとなっている立川団地の方たちの前で，院生・学生諸氏が報告会を行い，いまここにない“未発のコミュニティ（nascent community, comunità nascente）”を，“ともに（共に／伴って／友として）創ることを始める”ことについて，理解を共有した。これもまた，“対位的・跛行的”なフィールドワーク／デイリーワークの試みである。それゆえ，“臨場・臨床の智”の工房は，“たったひとりで／ともに”という「思考」と「踏査・渉猟」の“対位的・跛行的な思行”のなかで滲み出た“智”を，“寄せ集めるという骨折り（spezzare le ossa per essere eterogeneo）”である。

これまで，国家・資本・情報などの理解を「一時保留」にして，空間的・時間的な“境界領域”でオルタナティヴの芽を探し回り，ここから，ひとつのまとまりとしての社会の全景把握を試みてきた。すなわち，この社会の「広がり」と「深まり」の「萃点」（鶴見 2001：185）となる場に“居合わせる（Being there by accident at the nascent moments in which critical events take place）”。“うごきの場”を選ぶと同時に，引き寄せられ，引き込まれ，巻き込まれる。場とそこに生きる人々の懐に入り込み，その場の水底から流動する全景を把握していく。一点突破全面展開。どの場所にいても“内なるよそ者（outsider within）”で在り続けることで，危機も含めた“うごき”を予感し知覚する。徹底した実践現象学，うごきのなかでうごきをとらえる「“思行”の冒険」である。

この迂回路のなかで，2019年3月に，地中海のアフリカ側に位置する「主権の及ぶ土地（Plazas de soberaní）」であるスペイン領セウタとメリリアに，メルレルとともに“旅”する計画を立てている。これまで着目してきた自然および社会・文化的な境界領域の島々に加えて，国家・資本・情報も含めた惑星社会の動態把握の「本丸」に，迂回しつつ，立ち戻りつつある。

踏みしめてきた道にこだわらず，“対話的／対位的に（dialogically and contrapuntally）”，“跛行的に(unsymmetrically, contrapuntally and poly/dis-phonically)”，声をかけられたらなんとかありあわせの道具で応答する力（disponibilità e responsabilità）を育て続けるしかないかと思っている。「放縦とシニシズム」も含めて，様々な危険を併せ持ちつつも，社会をつくる力が育つかもしれない土地（「工房」）の耕作に意と力を注ぎつつ。

2018年12月18日

「工房」での「“思行”の冒険」をともにする
すべての人たちのうごきに願望と企図を託しつつ　新 原 道 信

注

1）『精神の生活』の訳者である佐藤和夫さんには，ドイツ語，ラテン語など，様々な古典を読む読書会をしてもらったことがある。この時，いっしょにいた古茂田宏さんと佐藤さんとは，千葉大学において職場をともにし，身体感覚も含めた実践の学を追求する新学部の構想をともに練ったが，夢かなわず，古茂田さんは一橋大学に，新原は横浜市立大学に異動した。そして，新原のイタリア在外研究中に古茂田さんの訃報を聞くこととなった。

2) 毎年，卒論提出の時期に届く，「先輩」からのメッセージのなかに，大学院を終えて，いま「社会のオペレーター」として働く卒業生のものがあった。彼がいま，「立ち止まり」，“(軸足をずらし) 揺れうごきつつかたちを変えていく (playing and changing form)” なかで，ひとつの場（テリトリー）を「普請中」であると感じられる内容だった（以下，引用者により，一部省略しつつ紹介する）：

「たったひとりで，みんなで」，論文を書こうとすることは，①自分の「ひっかかり，こだわり」を捨てない力，②新たな「仲間」を見つける力に繋がります。通底するのは，③自分とは異なる他者を「説得する力」です。これらの力は，どうしても，「自分ひとりで」，そして，「(近くで，横で，隣で，同じように自分ひとりで奮闘している) 友と共に」，やるという条件の中でしか得られなかったなと思います。……
①「組織のために」，「利益（評価）のために」で正当化せずに，それとは対照的に，目の前で息をしている相手のために・とともに，考えたこと（そのなかにある私の「ひっかかり，こだわり」）を，捨てない力は，とても大事だと思います。……②私自身，院ゼミでは，ある意味「好き勝手に」やってきましたが，他のゼミ生や先生からの意見をなんとか，他の人より時間が掛かるけれど飲み込もうとしてきました。ムカついて，寝れないときもありました（笑）。それでも，自分にとっては異物であるものを取り入れること，お互いに「自分とは異なる他者」がちゃんと正面からぶつかってくれる関係があることは，利害関係とは別の人間の豊かさ，「差異を認め合う」関係や，「差異とともにいることができる」力を与えてくれます。……衝突した分だけ，自分のことも，相手のことも，そして，次に出会う自分や他者を知る機会も得られます。いま，私といっしょにやってくれる職場の数少ない仲間も，ゼミ生のつながりも，ゼミ活動のなかで与えられた力で獲得できました。……③説得する力についてですが，……自分が出会ったフィールドの方たちを，それを直接見たり，聞いたりはしていない読者や聞き手（これは，科学の世界の人たちだけでなく，隣にいるゼミ生も含めます）から「守ろう」「伝えよう」とするときに培われるものだと思います。……そのときの全身の感覚はいまでも鮮明に身体で覚えています。……「たったひとりで，みんなで」，論文を書くことは，自分も大切な人やことがらも不必要に奪われたり，損なわれたりすることなく生きていくことに繋がっていくと思いますし，もはや，そうした場所や関係は，あまり残されていないという意味で，この場所や関係を身体に残して，ゼミの外に出て，そうした場所や関係を作っていくことは，**ひとつの，社会運動でもあると思います**。……失敗は恐れずに，論文・報告書の執筆と，ゼミ活動を頑張ってください。とても羨しくも思っています。

（2018年11月21日の卒業生 Ck くんのメールより）

引用・参考文献

Arendt, Hannah, 1978, *The life of the mind*, San Diego-New York-London: A Harvest/HBJ book.（＝1994, 佐藤和夫訳『精神の生活　第一部　思考』岩波書店）

Melucci, Alberto, 1996, *The Playing Self: Person and Meaning in the Planetary Society*, New York: Cambridge University Press.（＝2008, 新原道信他訳『プレイング・セルフ――惑星社会における人間と意味』ハーベスト社）

新原道信, 1997『ホモ・モーベンス――旅する社会学』窓社。

―――, 2007「フィールドワークする“ソクラテス”」『境界領域への旅――岬からの社会学的探求』大月書店。

―――, 2011「出会うべき言葉だけを持っている――宮本常一の“臨場・臨床の智”」『現代思想　総特集＝宮本常一　生活へのまなざし』vol.39-15。

鶴見和子・市井三郎, 1974『思想の冒険――社会と変化の新しいパラダイム』筑摩書房。

鶴見和子, 2001『南方熊楠・萃点の思想――未来のパラダイム転換に向けて』藤原書店。

項目索引

ア　行

カ　行

サ　行

タ　行

ナ　行

ハ　行

マ　行

ヤ　行

ラ　行

ワ　行

人名索引

ア 行

カ 行

サ 行

タ 行

ナ 行

ハ 行

マ 行

ヤ 行

ラ 行

中央大学社会科学研究所研究叢書

菅原彬州編

19 連続と非連続の日本政治

A５判328頁・3700円

近現代の日本政治の展開を「連続」と「非連続」という分析視角を導入し，日本の政治的転換の歴史的意味を捉え直す問題提起の書。

斉藤　孝編著

20 社会科学情報のオントロジ
－社会科学の知識構造を探る－

A５判416頁・4700円

オントロジは，知識の知識を研究するものであることから「メタ知識論」といえる。本書は，そのオントロジを社会科学の情報化に活用した。

一井　昭・渡辺俊彦編著

21 現代資本主義と国民国家の変容

A５判320頁・3700円

共同研究チーム「グローバル化と国家」の研究成果の第３弾。世界経済危機のさなか，現代資本主義の構造を解明し，併せて日本・中国・ハンガリーの現状に経済学と政治学の領域から接近する。

宮野　勝編著

22 選挙の基礎的研究

A５判152頁・1700円

外国人参政権への態度・自民党の候補者公認基準・選挙運動・住民投票・投票率など，選挙の基礎的な問題に関する主として実証的な論集。

礒崎初仁編著

23 変革の中の地方政府
－自治・分権の制度設計－

A５判292頁・3400円

分権改革とNPM改革の中で，日本の自治体が自立した「地方政府」になるために何をしなければならないか，実務と理論の両面から解明。

石川晃弘・リュボミール・ファルチャン・川崎嘉元編著

24 体制転換と地域社会の変容
－スロヴァキア地方小都市定点追跡調査－

A５判352頁・4000円

スロヴァキアの二つの地方小都市に定点を据えて，社会主義崩壊から今日までの社会変動と生活動態を３時点で実証的に追跡した研究成果。

中央大学社会科学研究所研究叢書

石川晃弘・佐々木正道・白石利政・ニコライ・ドリャフロフ編著

25 グローバル化のなかの企業文化
－国際比較調査から－

A 5 判400頁・4600円

グローバル経済下の企業文化の動態を「企業の社会的責任」や「労働生活の質」とのかかわりで追究した日中欧露の国際共同研究の成果。

佐々木正道編著

26 信頼感の国際比較研究

A 5 判324頁・3700円

グローバル化，情報化，そしてリスク社会が拡大する現代に，相互の信頼の構築のための国際比較意識調査の研究結果を中心に論述。

新原道信編著

27 “境界領域”のフィールドワーク
－“惑星社会の諸問題”に応答するために－

A 5 判482頁・5600円

3.11 以降の地域社会や個々人が直面する惑星社会の諸問題に応答するため，“境界領域”のフィールドワークを世界各地で行う。

星野　智編著

28 グローバル化と現代世界

A 5 判460頁・5300円

グローバル化の影響を社会科学の変容，気候変動，水資源，麻薬戦争，犯罪，裁判規範，公共的理性などさまざまな側面から考察する。

川崎嘉元・新原道信編

29 東京の社会変動

A 5 判232頁・2600円

盛り場や銭湯など，匿名の諸個人が交錯する文化空間の集積として大都市東京を社会学的に実証分析。東京都ローマの都市生活比較もある。

安野智子編著

30 民意と社会

A 5 判144頁・1600円

民意をどのように測り，解釈すべきか。世論調査の選択肢や選挙制度，地域の文脈が民意に及ぼす影響を論じる。

中央大学社会科学研究所研究叢書

新原道信編著

31 **うごきの場に居合わせる**

－公営団地におけるリフレクシヴな調査研究－

Ａ５判590頁・6700円

日本の公営団地を舞台に，異境の地で生きる在住外国人たちの「草の根のどよめき」についての長期のフィールドワークによる作品。

西海真樹・都留康子編著

32 **変容する地球社会と平和への仮題**

Ａ５判422頁・4800円

平和とは何か？という根源的な問いから始め，核拡散，テロ，難民，環境など多様な問題を検討。国際機関や外交の意味を改めて考える。

石川晃弘・佐々木正道・リュボミール・ファルチャン編著

33 **グローバル化と地域社会の変容**

－スロヴァキア地方都市定点追跡調査Ⅱ－

Ａ５判552頁・6300円

社会主義崩壊後四半世紀を経て今グローバル化の渦中にある東欧小国スロヴァキアの住民生活の変容と市民活動の模索を実証的に追究。

宮野　勝編著

34 **有権者・選挙・政治の基礎的研究**

Ａ５判188頁・2100円

有権者の政治的関心・政策理解・政党支持の変容，選挙の分析，政党間競争の論理など，日本政治の重要テーマの理解を深める論集。

三船　毅編著

35 **政治的空間における有権者・政党・政策**

Ａ５判 188 頁・2100 円

1990 年代後半から日本政治は政治改革のもとで混乱をきたしながら今日の状況となっている。この状況を政治的空間として再構成し，有権者と政策の問題点を実証的に分析する。

佐々木正道・吉野諒三・矢野善郎編著

36 **現代社会の信頼感**

－国際比較研究（Ⅱ）－

Ａ５判229頁・2600円

グローバル化する現代社会における信頼感の国際比較について，社会学・データ科学・社会心理学・国際関係論の視点からの問題提起。

執筆者紹介（執筆順）

新原道信（にいはら みちのぶ）　中央大学社会科学研究所研究員，中央大学文学部教授

鈴木鉄忠（すずき てつただ）　中央大学社会科学研究所客員研究員，共愛学園前橋国際大学国際社会学部専任講師

阪口毅（さかぐち たけし）　中央大学社会科学研究所客員研究員，立教大学コミュニティ福祉学部助教

大谷晃（おおたに あきら）　中央大学社会科学研究所準研究員，中央大学大学院文学研究科博士後期課程

鈴木将平（すずき しょうへい）　中央大学社会科学研究所準研究員，中央大学大学院文学研究科博士後期課程

中里佳苗（なかざと かなえ）　中央大学社会科学研究所客員研究員，発達障がい児のための個別指導プロジェクト R's room 代表

天田城介（あまだ じょうすけ）　中央大学社会科学研究所研究員，中央大学文学部教授

“臨場・臨床の智”の工房

―国境島嶼と都市公営団地のコミュニティ研究―

中央大学社会科学研究所研究叢書 38

2019年3月26日　初版第1刷発行

編著者　新原道信

発行者　中央大学出版部

代表者　間島進吾

〒192-0393　東京都八王子市東中野742-1

発行所　中央大学出版部

電話 042(674)2351　FAX 042(674)2354

http://www2.chuo-u.ac.jp/up/

㈱遊文舎

ISBN978-4-8057-1339-6